Das große Radreisebuch Europa

Hinter dem Lungerersee geht es den Brünigpass hinauf.

Thorsten Brönner

Die schönsten Radwege in EUROPA

50 Routen von Island bis Kreta

Tour 10
Holländermühle im dänischen Ort Gedesby

Vorwort			9
Einleitung			10

50 TRAUMTOUREN ZWISCHEN POLARKREIS UND MITTELMEER

Nordeuropa

Tour 10
Blumenpracht im Frühsommer

1	Westfjorde und Hochland Erhaben, still, weit	●	1492 km	18
2	Helgelandküste Die Magie des Nordens	●	288 km	24
3	Fjorde und Fjell mit Rallarvegen Radreise durch die Heimat der Trolle	●	423 km	30
4	Nordseeküsten-Radweg Radeln wie durch einen Bildband	●	1039 km	34
5	Stockholm und Umgebung Wohlfühlrunde	●	287 km	40
6	Småland Fahrradtour für kleine und große Kinder	●	575 km	44

7	Ålandinseln und Schärengarten Radeln, wo sich Land und Meer vereinen	●	262 km	**48**
8	Saimaa-Seengebiet Panoramaradtour im Land der Seen	●	614 km	**52**
9	Seeland Autos sind hier zweite Wahl	●	426 km	**56**
10	Radweg Berlin – Kopenhagen Von Hauptstadt zu Hauptstadt	●	629 km	**60**

Tour 27
Radweg im italienischen Treviso

Westeuropa

11	Nordkanal und Sperrin Mountains Immer schön links fahren	●	562 km	68
12	County Cork Ein Urlaubstraum	●	465 km	74
13	Avenue Verte Paris – London Vom Eiffelturm zur Towerbridge	●	363 km	78
14	Flandern Schlemmen von Stadt zu Stadt	●	465 km	84
15	IJsselmeer-Runde Radlerland mit weiten Ausblicken	●	411 km	90
16	Kunstwegen-Vechtetalroute Ein Weg zum Staunen	●	233 km	96
17	Loire-Radweg Genussradeln durch das Tal der Schlösser	●	642 km	100

Tour 3 Der Rallarvegen ist bei norwegischen Familien sehr beliebt.

| 18 | Elsass | ● | 405 km | 106 |

Radtour durch das Schlemmerparadies

| 19 | Languedoc-Roussillon | ● | 348 km | 110 |

Auf den Spuren der Katharer

| 20 | Provence | ● | 394 km | 114 |

Sehnsuchtsziel im Süden Frankreichs

Mitteleuropa

| 21 | Seenroute | ● | 506 km | 122 |

Seen, Schoggi, Schweiz

| 22 | Alpenpanorama-Route | ● | 476 km | 128 |

Hoch hinaus!

| 23 | Graubünden-Route | ● | 322 km | 132 |

Ein Abenteuerspielplatz für Radler

| 24 | Inn-Radweg | ● | 530 km | 136 |

Auf leichten Wegen durch die Berge

| 25 | Via Claudia Augusta | ● | 369 km | 142 |

Das kulturelle Erbe Roms

| 26 | Von München nach Venedig | ● | 567 km | 148 |

Spektakuläre Fahrt an die Lagune

| 27 | Alpe-Adria-Radweg | ● | 406 km | 154 |

Ab in den Süden!

| 28 | Donau-Radweg | ● | 396 km | 160 |

Der Klassiker

| 29 | Salzkammergut-Radweg | ● | 282 km | 166 |

Seen, Sonne, Salz

| 30 | Drau-Radweg | ● | 283 km | 170 |

Radeln an der Drau? Ja, schau!

| 31 | Neusiedler-See-Radweg | ● | 124 km | 176 |

Hier rollt es!

Tour 27 Bahnradwege zählen zu den beliebtesten Strecken für Radler.

Osteuropa

#	Tour	km	Seite
32	**Geheimtipp Estland** Inselhüpfen und Altstadtzauber	500 km	**182**
33	**Ostseeküste** Stilles Radvergnügen im Osten	429 km	**188**
34	**Memel und Kurische Nehrung** Stadt, Land, Fluss	427 km	**192**
35	**Ostsee-Radweg** Panoramaradtour im Norden Polens	459 km	**198**
36	**Green Velo** Entdecke den Osten	700 km	**202**
37	**Moldau und Elbe** Ein Fluss wie eine Sinfonie	612 km	**208**
38	**Balaton** Radeln an der Badewanne der Nation	233 km	**212**
39	**Theiß-Radweg** Genussradeln im Tiefland	346 km	**216**

Südeuropa

Tour 9 Baumallee auf der dänischen Insel Seeland

#	Tour	km	Seite
40	**Piemont** Radeln im Land der Trüffel	205 km	**222**
41	**EuroVelo 9** Ein Land, eine Woche, ein Traum	368 km	**226**
42	**Istrien** Küstenperlen und Schlemmerparadies	280 km	**230**
43	**Transsilvanien und Region Moldau** Radtour durch die Zeit	233 km	**236**
44	**Toskana** Radeln mit Sonne im Herzen	206 km	**242**

| 45 | Algarveküste
Sonne und Me(h)er | ● | 233 km | 246 | **Tour 48** Der Frühling ist die ideale Jahreszeit für Radler auf Sizilien. |
|----|---|---|---|---|---|
| 46 | Andalusien
Al-Andalus – das kulturelle Erbe der Mauren | ● | 221 km | 250 | |
| 47 | Apulien
Im Rausch der Farben | ● | 390 km | 254 | |
| 48 | Sizilien
Im Schmelztiegel der Kulturen | ● | 244 km | 258 | |
| 49 | Dinarisches Gebirge und Skutarisee
Geheimtipp im Südosten Europas | ● | 622 km | 264 | |
| 50 | Kreta
Urlaubsfeeling der Extraklasse | ● | 483 km | 268 | |

Tourenliste	272
Register	284
Impressum	288

Vorwort

Der Kontinent der Radwege

Gehören Sie auch zu den Menschen, denen ein Lächeln über das Gesicht huscht, wenn Sie an Radfahren denken? Die im Winter schon Landkarten studieren? Und fast ihren gesamten Jahresurlaub für Reisen eintragen? Europa bietet spannende Touren: Jedes Land hat seine Stärken, jede Region ihren Charme. Auch Radler teilen sich in verschiedene Gruppen auf: Die einen zieht es in den Norden, dorthin, wo im Sommer die Tage lang sind. Andere lieben die Wärme des Südens, das Mediterrane. Abenteurer lockt der Osten Europas, denn auch dort gibt es lohnende Routen. Und Genießer? Diese folgen einem der Flussradwege, von Stadt zu Stadt. Unser Kontinent bietet die verschiedensten Landschaften auf engstem Raum. Die Alpen zum Beispiel – ein Traum für sportliche Radler. Oder die Küsten. Wer einmal mehrere Tage am Wasser entlanggerollt ist, der weiß, wie gelassen man wird, wie entspannt. In den nächsten Jahren entsteht ein weltweit einzigartiges Projekt. Es zielt auf den langsamen Tourismus. Die Rede ist von EuroVelo: The European cycle route network. Seit Mitte der 1990er-Jahre redet man, plant und schildert neue Radwege aus – Land für Land. Die Aufgabe ist enorm. Aktuell entstehen in 42 Ländern über 90.000 Kilometer Wege. Sie verbinden die Klippen des Nordkaps mit der Akropolis in Athen, genauso wie die Strände Spaniens mit denen in Zypern. In manchen Regionen kann man die Routen bereits gut befahren. Ganz oben auf der Wunschliste der Radler stehen die Flussrouten. Die Schlagworte lauten: Donau, Etsch, Loire und Rhône. Doch haben Sie schon einen der Geheimtipps kennengelernt? Denn interessante Fahrten versprechen auch Memel, Drau, Moldau und Theiß. Bergfreunde zieht es in die Alpen. Dort gibt es Klassiker wie die Via Claudia Augusta, den Alpe-Adria-Radweg und den Salzkammergut-Radweg. Radler stellen sich immer die gleichen Fragen: Welche Route passt zu mir? In welche Richtung soll ich fahren? Wo finde ich passende Unterkünfte? Und vor allem, wie fit muss ich sein? Hier hilft dieses Buch weiter. Ist das Rad erst einmal gepackt und man steht am Startort, geht alles wie von selbst: In den Sattel klettern, losradeln, genießen.
Erkunden Sie Europa mit dem Fahrrad oder E-Bike. Folgen Sie einem der Flussradwege, überqueren Sie die Alpen oder steuern Sie die Länder an der Ostsee an. Es lohnt sich. Ich wünsche günstigen Wind, Sonne satt und viel Spaß beim Nachradeln der Touren!

Thorsten Brönner

In Italien nutzt der Alpe-Adria-Radweg eine stillgelegte Bahntrasse (Tour 27).

Einleitung

Das Fahrrad

Wer mehrtägige Ausfahrten unternehmen möchte, ist mit einem Reise- oder Trekkingrad bestens beraten. Die robusten Gefährte lassen sich mit mehreren Packtaschen beladen. Breit bereifte Fahrräder kommen auch auf grob geschotterten Kieswegen gut voran. Sogar bei Flussrouten gibt es Anstiege zu bezwingen, sodass man auf eine bergtaugliche Übersetzung von 27 bis 30 Gängen achten sollte. Fahrräder sind simpel aufgebaut und doch wie ein Wunder, egal, ob Sie mit dem Zweirad die Heimat erkunden oder es als Türöffner zu fremden Kulturen nutzen. Jedoch fährt oft die Angst vor Defekten mit, denn wehe, es geht etwas kaputt! Meist hat man einen platten Reifen. Also zwei Reifenheber, eine kleine Luftpumpe und Ersatzschlauch einpacken. Bei längeren Ausfahrten sind zudem ein Kettennieter und Kettenöl hilfreich. Dabei zwei Paar Plastikhandschuhe und einen kleinen Lappen nicht vergessen! Ebenfalls in die Packtasche gehört ein Faltschloss, das spart Platz.

Linke Seite: Im Herbst verfärben sich die Bäume Montenegros farbenfroh (Tour 49).

Elektrorad, E-Bikes, Pedelec

Seit Jahren erleichtern einem Elektroräder das Reisen deutlich. Man sieht sie in den Städten, auf den Flussradwegen und vor allem in den Bergen. Dort spielen sie ihre Stärken aus. Als Radler schaltet man am Beginn der Steigung die Trittunterstützung zu und strampelt gewohnt weiter. Je nach Fitness wählt man die entsprechende Stufe. So können unterschiedlich starke Radler gemeinsam ihre Ausfahrt genießen. Bei Pedelecs (Pedal Electric Cycle) hilft ein Elektromotor dem Fahrer mit bis zu 250 Watt Leistung. Ab einer Geschwindigkeit von 25 km/h ist eine Sperre eingebaut, sodass man nur per Muskelkraft weiter tritt. Unter dem Fachbegriff E-Bike versteht man ein Elektromofa, bei dem man nicht in die Pedale tritt. Für längere Reisen empfiehlt es sich, mit einem Pedelec mit herausnehmbaren Akku auf die Tour zu gehen. Diesen kann man leicht an einer Steckdose laden, z. B. im Hotelzimmer oder unterwegs bei einer Rast in einem Café. Beachten sollte man das hohe Gewicht der Elektroräder. Dies spürt man vor allem bei der Anreise per Bahn. Oft bieten Reiseveranstalter Räder mit Trittunterstützung vor Ort an.

An der Küste Montenegros kultiviert man seit Jahrtausenden Olivenbäume (Tour 49).

An- und Abreise

Die umweltfreundlichste Art der Anreise erfolgt mit der Bahn. Einige Städte Europas erreicht man bequem über Nacht mit dem ÖBB-Nightjet (www.nightjet.com, Tel. +43/51717). Wer sein Fahrrad anmeldet, bekommt in einem speziellen Abteil einen Abstellplatz. Man kann nur in den ICE-Zügen der Baureihe 4 Fahrräder mitnehmen. Es besteht

In Dänemark führt der Radweg Berlin – Kopenhagen oft am Meer entlang (Tour 10).

jedoch die Möglichkeit, das Fahrrad an eine feste Adresse, z. B. die Hoteladresse oder einen Bahnhof liefern zu lassen. Die Bahn (www.bahn.de) bietet diesen Service in Kooperation mit Hermes für Deutschland, Österreich, die Schweiz und Italien an. Eine günstige Alternative sind die Fernbusse, die häufig auch Fahrräder befördern. Auf der Webseite www.fernbusse.de kann man aus verschiedenen Fernbuslinien das passende Angebot auswählen. Vor allem Eurolines (www.eurolines.de) und Flixbus (www.flixbus.de) steuern Ziele im europäischen Ausland an. Für die Anreise über ein Meer bietet sich die Anreise per Schiff an. Bei der Suche nach der richtigen Fährlinie hilft die Webseite www.aferry.de.

Navigation mit GPS

Verfahren hat sich wohl schon jeder. Zum Glück wird einem nun das Navigieren leicht gemacht. Denn GPS-Geräte und Smartphones zeigen zuverlässig den Weg an. Bei den Recherchen für den vorliegenden Radführer hat der Autor alle 50 Routen abgefahren und die Wegverläufe erfasst. Aus den Daten erstellte er für jede der Radrouten einen GPS-Track. Auf der Webseite http://gps.bruckmann.de können Interessierte die Touren herunterladen. Nach dem Aufspielen der Datei auf das GPS-Gerät oder Smartphone zeigt dieses die Strecke als farbige Linie an; ihr steuert man einfach hinterher. Erstklassige Dienste leisten die handlichen Geräte auch bei der Suche von Hotels, Pensionen, Campingplätzen, Restaurants, Sehenswürdigkeiten und Supermärkten. Kostenfreie Fahrradkarten kann man von der Webseite www.velomap.org herunterladen, auf dem PC installieren und zum Outdoorgerät übertragen. Streckenverläufe verschiedener Radwege weltweit gibt es auf cycling.waymarkedtrails.org. Für Smartphones ist die App OsmAnd die erste Wahl, denn die Karten decken ganz Europa ab. Besonders zu empfehlen sind die Points of Interest des ADFC. Aktuell beinhalten sie über 5.800 Bett+Bike-Gastbetriebe. Diese lädt man auf mobile GPS-Geräte (www.bettundbike.de).

Die EuroVelo-Routen

EuroVelo ist ein Projekt des Europäischen Radfahrer-Verbands (ECF). Das länderübergreifende Netz besteht derzeit aus 16 Strecken. Aktuell entstehen in 42 Ländern über 90.000 Kilometer Wege. Teile davon werden erst noch Beschildert. Infos gibt es bei ECF, Tel. +32/2/8809274, www.ecf.com und www.eurovelo.com.

EV1: Atlantikküsten-Route: Nordkap – Sagres (NO, GB, IE, FR, ES, PT), 11.150 km
EV2: Hauptstadt-Route: Galway – Moskau (IE, GB, NL, DE, PL, BY, RU), 5.000 km
EV3: Pilger-Route: Trondheim – Santiago de Compostela (NO, SE, DK, DE, BE, FR, ES), 5.400 km
EV4: Mitteleuropa-Route: Roscoff – Kiew (FR, BE, DE, CZ, PL, UA), 5.100 km
EV5: Via Romea Francigena: London – Brindisi (GB, FR, BE, LU, DE, CH, IT), 3.250 km
EV6: Atlantik-Schwarzes Meer: Nantes – Constanta (FR, CH, DE, AT, SK, HU, RS, RO), 4.450 km
EV7: Sonnen-Route: Nordkap – Malta (NO, SE, DK, DE, CZ, AT, IT, MT), 7.050 km
EV8: Mittelmeer-Route: Cádiz – Nikosia (ES, FR, MC, IT, SI, HR, ME, AL, GR, CY), 7.500 km
EV9: Ostsee-Adria-Route: Danzig – Pula (PL, CZ, AT, SI, IT, HR), 2.250 km
EV10: Ostseeküsten-Route: Rundkurs (NO, FI, SE, DK, DE, PL, LT, LV, EE), 9.000 km
EV11: Osteuropa-Route: Nordkap – Athen (NO, FI, EE, LV, LT, PL, SK, HU, RS, MK, GR), 6.650 km
EV12: Nordseeküsten-Route: Rundkurs (DE, DK, SE, NO, GB, NL), 7.050 km
EV13: Eiserner-Vorhang-Route: (NO, RU, FI, EE, LV, LT, PL, DE, CZ, AT, SK, HU, SI, HR, RO, RS, BG, MK, GR, TR), 9.950 km
EV15: Rhein-Radweg: Andermatt – Rotterdam (CH, LI, AT, DE, FR, NL), 1.500 km
EV 17 : Rhône-Radweg: Andermatt – Montpellier (CH, FR), 1.050 km
EV 19: Maas-Radweg: Langres - Rotterdam (FR, BE, NL), 1.050 km

Der Norden Polens ist bekannt für seine Baumalleen (Tour 35).

Der Radweg Parenzana passiert in Kroatien verschlafene Dörfer (Tour 42).

Einleitung 15

Nordeuropa

Großes Bild: Der Rallarvegen ist bei norwegischen Familien sehr beliebt (Tour 13); Links: Bei Sonnenschein ist Nordirland wie ein Traum (Tour 11); Rechts oben: Windmühle auf den finnischen Ålandinseln (Tour 7); Rechts unten: Die ruhigen Landstraßen Nordirlands sind ideal zum Radfahren (Tour 11).

1 Westfjorde und Hochland

Erhaben, still, weit

Wer sich von dem rauen Wetter Islands nicht abhalten lässt, den überwältigt die Landschaft: hier riesige Gletscher und donnernde Wasserfälle, dort aktive Vulkane und Geysire. Dazwischen radelt man durch bizarre Lavawüsten und wilde Fjorde. Die Natur ist hier draußen im Atlantik noch lange nicht fertig mit der Gestaltung.

Von Keflavík nach Stykkisholmur – 402 km Wer Radreisen wie einen Wettkampf sieht, für den ist Island die Weltmeisterschaft. Der kleine Mensch alleine gegen die überwältigende Natur. Stollenreifen gegen Pistengeröll. Entschlossenheit gegen Regen und Wind. Warum man sich das antut? Ganz einfach – weil Island ein Traum ist! Selten erlebt man eine Radreise so intensiv wie auf der größten Vulkaninsel der Welt. Hinter dem Flughafen von Keflavík beginnen die ersten Lavafelder, darüber macht man in der Ferne die ersten Vulkane aus. Nach 40 Kilometern tauchen die ersten Vororte Reykjavíks auf: moderne Wohnanlagen, Büroblocks, Parks. Hin und wieder sticht zwischen den Häusern der 74,5 Meter hohe, spitz zulaufende Turm der Hallgrimskirkja in den Himmel. Dort angekommen,

---

schwer   1492 km   ca. 25 Tage   Island

Charakter
Der Rundkurs beinhaltet unbefestigte Abschnitte und gute Asphaltstraßen. Die größten Höhenunterschiede bewältigt man in den Westfjorden und bei der Durchquerung des Hochlands. Das Fahrrad sollte aufgrund der Schotterpisten über breite, ausreichend profilierte Reifen verfügen. Bei dieser Tour muss man für die entlegenen Gebiete seine Lebensmittelvorräte vorplanen.

Wegmarkierung
Auf Island gibt es nur in den Städten Radwege und aktuell keine markierten Radrouten.

Bett & Bike
Für Unterkünfte siehe www.inspiredbyiceland.com, dazu gibt es Campingplätze, Berghütten und Ferienhäuser.

E-Bike
E-Bikes wären in Island sinnvoll, es gibt aber kaum Möglichkeiten zum Laden des Akkus. In Reykjavík (www.icelandbike.com) kann man Räder leihen.

An- und Rückreise
Vom Flughafen von Keflavík westlich von Reykjavík mit dem Bus weiter (www.flybus.is). Mit dem Schiff erreicht man ab DK-Hirtshals via Tórshavn auf den Färöern die Stadt Seyoisfjörour im Osten der Insel (Smyril Line, Sellspeicher Wall 55, 24103 Kiel, Tel. 0431/200886, www.smyrilline.de). Island verfügt über ein gut ausgebautes Busnetz (www.straeto.is). In den Überlandbussen kann man Fahrräder mitnehmen.

Information
www.inspiredbyiceland.com

In den Westfjorden gibt es gute Weidegründe.

erblickt man die Statue von Leifur Eiriksson dem Glücklichen. Er trug sich als Entdecker Nordamerikas in die Geschichtsbücher ein und schaut beherzt hinaus auf die Bucht, Richtung Westen. In Reykjavík wohnen 129 000 Einwohner, auf der gesamten Insel 357 000 Menschen. Also so viele wie in der Stadt Bielefeld. Dort pfercht man sich auf 258,82 Quadratkilometern zusammen; die Isländer schätzen die 103 000 Quadratkilometer ihrer Insel. Hier hat man also viel Platz für einen Aktivurlaub. Auf guten Radwegen steuern wir ostwärts aus Reykjavík hinaus. Hinter Mosfellsbær ist die Ringstraße erreicht, der Hauptweg Islands. Wir folgen ihr für eine Stunde, dann zwingt der 5800 Kilometer lange

Tunnel Hvalfjarðargöng Radler zu einem Umweg. Doch was heißt hier Umweg? Auf Island gibt es keine Umwege, nur Alternativen, und jene um den Fjord Hringvegur ist sehr lohnend. Die Piste ist ruhig. Überall sieht man von den steilen Berghängen Wasserfälle in Kaskaden herabstürzen. Wir überqueren einige große Flüsse, die sich durch das grüne Terrain zum Fjord hinunterschlängeln, und erreichen Borgarnes. Die Siedlung nimmt eine Landzunge im Borgarfjörður ein. Hier sollte man gut einkaufen, denn das nächste Lebensmittelgeschäft ist weit entfernt. Die Straße 54 führt uns wieder in die erhabene Landschaft hinein. Der Blick schweift über baumlose Flächen. Ziel ist die Snæfellsnes-Halbinsel. Dort ragt der mächtige Snæfellsjökull 1446 Meter auf. Um ihn ranken sich mehrere Island-Sagas. Weltweit berühmt wurde der Stratovulkan durch Jules Verne. In dessen Roman *Reise zum Mittelpunkt der Erde* ließ er hier seine Helden in die Tiefe steigen. Aber auch an der Oberfläche ist es spektakulär. Wir radeln vom Dorf Arnarstapi aus um den Westteil der Halbinsel; rauf und runter. Die Straße verläuft durch hohe Felder aus erkalteten Lavaströmen, die sich über das westliche Areal der Halbinsel ausbreiten und zum Meer hin abbrechen. Dazwischen ragen kleine Vulkanschlote auf und untermalen das düstere

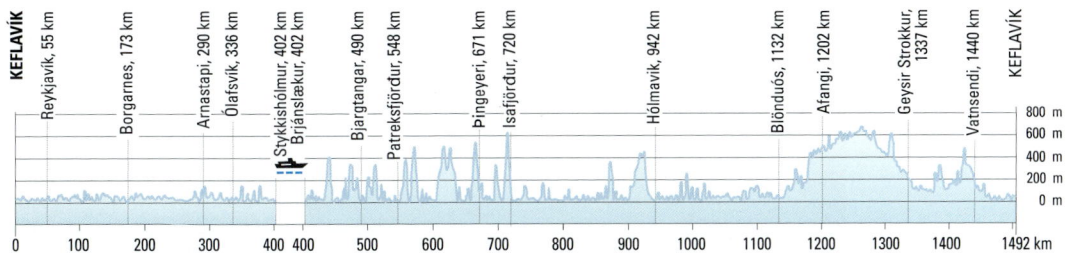

Tour 1 Westfjorde und Hochland

Die Ringstraße

Jeder Islandreisende kennt sie, fährt wenigstens ein Stück auf ihr – die Ringstraße. Sie ist fast komplett asphaltiert und 1340 Kilometer lang. Die Einheimischen nennen sie Hringvegur oder Þjóðvegur 1 (Nationalstraße 1). Sollte nicht gerade einer der gefürchteten Gletscherläufe Teile der Straße weggespült haben, kann man so einmal um die Insel strampeln. An der Ringstraße liegen zahlreiche Attraktionen wie Wasserfälle, Thermalfelder und mit dem Vatnajökull-Nationalpark eine Kulisse, die häufig in Filmen zu sehen ist. Immer wieder zweigen rechts und links Pisten ab. Eine Raftingtour? Einen Vulkan besteigen? Oder besser Tiere beobachten? Hier geht alles!

Landschaftsbild. Als wir die Nordseite der Halbinsel erreichen, empfängt uns ein heftiges Geschnatter und Gepiepse. Neben der Straße brüten überall Küstenseeschwalben auf dem Boden. Mit Scheinangriffen aus der Luft versuchen die mutigen Flieger die Fremden auf ihrem rollenden Etwas zu vertreiben. Da es auf Island bis auf wenige Polarfüchse keine Landraubtiere gibt und es draußen im Breiðafjörður nur so von Fischen wimmelt, befindet sich hier eine der größten Kolonien von Küstenseeschwalben. Die putzigen Vögel fliegen auf ihrem Zug in die antarktischen Überwinterungsgebiete eine Strecke von bis zu 30 000 Kilometern, so weit wie kein anderer Zugvogel.

Von Stykkisholmur nach Blönduos – 730 km Eine Woche steuern wir die Küste Islands entlang und nähern uns nun dem Höhepunkt der Tour, der uns seit über 400 Kilometern antreibt: Vestfirðir – die Westfjorde. Eine 14 Kilometer schmale Landenge verbindet den Nordwesten Islands mit dem Rest der Insel. Das von Meeresarmen durchzogene Bergland ist dünn besiedelt. Weniger als 7400 Menschen trotzen den Elementen der See. Vorbei an abgelegenen Farmen strampeln wir weiter. Rechts die dunklen Basaltberge, links das Meer. Nach 40 Kilometern dreht die Straße in Richtung Berge ab und wir erklimmen den ersten Pass der Reise. Um uns wird es still. Einzig das Murmeln der klaren Bäche ist zu hören. Das Wasser stürzt durch kleine Canyons, springt über Steine, umspült Flechten und Moose. Oben auf der Passhöhe halten sich hartnäckig die letzten Schneereste. Die Piste kippt ab, die Räder rollen los und kommen erst wieder an einem Schiffswrack zum Stehen. Es ist der Trawler Garðar aus dem Jahr 1912. Hier zweigt eine

Der Geysir Strokkur bricht regelmäßig aus.

Stichstraße zum Vogelfelsen Látrabjarg ab. Vor uns bauen sich nochmals zwei kräftezehrende Hügel auf, die die verbliebene Energie aus den Beinen saugen. Dann ist es geschafft, man steht am Kap Bjargtangar; 65° 30′ 16″ Nord, 24° 32′ 2″ West. Nur die Azoren liegen in Europa westlicher. Die Steilküste, an der sich Island mit dem Atlantik auf dramatische Weise vereint, nennt man Látrabjarg. Hier geht es nur zu Fuß weiter. Man spaziert die bis zu 440 Meter hohe und 14 Kilometer lange Steilküste entlang und hält ehrfürchtig inne. Unten krachen hohe Brecher an die Felsen – Stunde um Stunde, Monat für Monat, seit Jahrmillionen. Bis an die Gestade von Grönland nichts als Wasser, Wellen, Wind. Und Vögel. Papageitaucher tänzeln vor der Kameralinse. Darunter brüten Tausende Tordalken, Eissturmvögel, Dreizehenmöwen und Lummen. Es ist ein Kommen und Gehen, ein Geflatter und Geschnatter, ein großes Spektakel!

Die Fahrt durch die Westfjorde ist intensiv, das Höhenprofil sieht aus wie ein Herz-EKG, es geht steil hinauf, steil herunter, dazwischen kurze Verschnaufpausen. Dort folgt man einem Fjordufer. Die Halbinsel der Westfjorde hat eine Fläche von 9409 Quadratkilometern und umfasst 30 Prozent der Küstenline von ganz Island. Im Süden gibt es eine schmale Landenge, die einzige Verbindung mit dem Rest der Insel. Gegenüber, im Nordwesten, liegt die Dänemarkstraße, im Nordosten die Grönlandsee. Es kam schon vor, dass sich Eisbären hierher verirrten. Der Wasserfall Dynjandi ist einer der Höhepunkte der Region. Bereits von Weitem hören wir sein tiefes Donnern. Am Ende eines Seitenarms des großen Arnarfjörður stürzt der Dynjandi-Fluss über eine Basaltkante und bildet einen atemberaubenden Wasserfall mit einer Höhe von 100 Metern, der sich im unteren Teil bis zu 60 Meter breit auffächert. Die Siedlungen auf unserem Weg heißen Patreksfjörður, Þingeyri und Ísafjörður. Letzterer ist der Hauptort der Westfjorde. Hier widmet man dem einträglichsten Wirtschaftszweig, dem Fischfang, ein Museum. Die Anlage öffnet sich zum Eisfjord hin. Ein gutmütig dreinblickender »Seebär« mit Rauschebart führt durch die grasüberwucherten Fischerhütten. In einem der Häuser hängen getrocknete Fische von der Decke herab. Es riecht streng. »Eishai«, erklärt er freudig. Das Leben der isländischen Fischer war bis ins 19. Jahrhundert mühsam. In den Wintermonaten brachen fast täglich in aller Früh Nussschalen mit sieben Mann Besatzung auf. Die Seeleute mussten drei bis vier Stunden zu den reichen Fischgründen hinausrudern, bevor sie die Seile mit den Ködern auslegen konnten. Dann begann die Zeit des Wartens, der Kampf gegen die eisige Kälte. Nach Stunden holten sie die Netze ein, ruderten zurück. Am späten Abend trafen sie in ihrer Siedlung ein. Erst als der Fang eingesalzt sowie aufgehängt und das Boot an Land gezogen war, konnte man zum Abendessen gehen. Ein hartes Los. Auf den nächsten Etappen erklimmen wir

Die Besiedelung Islands

Zu welchem Zeitpunkt Island besiedelt wurde, kann man heute nicht genau sagen. Als Erster erwähnte im 4. Jahrhundert v. Chr. Pytheas von Marseille die Insel Thule in einem Reisebericht. Er stieß bei einer Entdeckungsreise »sechs Tagesfahrten nördlich von Britannien« auf Land. Lange war es still, dann verschlug es vermutlich irische Mönche auf die Insel. Auf den vorgelagerten Westmännerinseln legte man Grundmauern aus dem 7. Jahrhundert frei. Diese könnten von Wikingern stammen. Ihre eigentliche Besiedelung fand jedoch später statt und füllt die Seiten des Landnahmebuchs. Es listet 400 Siedler aus Skandinavien auf, die Island zwischen 870 und 930 als neue Heimat wählten.

Der Geysir Strokkur liegt am Goldenen Ring.

kurvenreiche Passstraßen, campen in abgelegenen Fjorden und sind begeistert von der rauen Schönheit Islands. Am Ende des Hrútafjörður hat uns die Ringstraße wieder. Auf dem Asphalt rollen die Räder leicht ins 80 Kilometer entfernte Blönduós, einem 900-Seelen-Ort an der Nordküste.

Von Blönduos nach Keflavík – 360 km In Blönduos beginnt ein neuer Abschnitt: die Kjölur-Hochlandpiste. Sie steht für 160 Kilometer Einsamkeit. Wer hier radelt, sollte ein Zelt dabeihaben und viel Proviant. Oben, in der endlos weiten Steinwüste, ist man alleine mit dem schneidenden Wind und dem wechselhaften Wetter. Wer Glück hat und einen sonnigen Tag erwischt, sieht in der Ferne den Langjökull. Er ist mit ca. 925 Quadratkilometern der zweitgrößte Gletscher Islands.

Der Gullfoss ist der nächste Höhepunkt der Reise. Schäumend donnert der Gletscherfluss Hivta über zwei breite Stufen in einen felsigen, bis zu 70 Meter tiefen Canyon. Das Dröhnen wird mit jedem Schritt bedrohlicher, die Wasserschleier mystischer. Eine Frau hatte eine besondere Beziehung zu dem Wasserfall – Sigríður Tómasdóttir. Sie lebte auf dem nahe gelegenen Hof Brattholt. Als Anfang des 20. Jahrhunderts eine britische Firma den Gullfoss kaufen wollte, um einen Staudamm samt Kraftwerk zu errichten, drohte Sigríður Tómasdóttir, sich in die Fluten zu stürzen. Die Umweltschützerin hatte Erfolg, der Staat kaufte das Gebiet, das heute zum »Goldenen Ring« gehört, einer beliebten Touristenstrecke. Ein noch beeindruckenderes Werk als den »Goldenen Wasserfall« hat die Natur mit dem geothermalen Gebiet Haukadalur geschaffen. Der Liebling der Fotografen ist der Geysir Strokkur. Man blickt auf ein großes, fast kreisrundes Loch, das in den malerischsten Blautönen leuchtet. Dann ein kurzes Blubbern. Eine Wassersäule bäumt sich auf. Explosionsartig schießt der Strahl in die Höhe, bis zu 30 Meter – einfach atemberaubend. Mit diesem Spektakel endet ein weiterer Tag unserer Reise auf der Insel der Kontraste.

Die dritte Attraktion des »Goldenen Rings« ist das 50 Kilometer entfernte Þingvellir. Den Ort kennt in Island jedes Kind. Denn hier gibt es nicht nur einen Nationalpark, sondern auch den geschichtlich bedeutendsten Punkt der Nation. Ab dem Jahr 930, also gegen Ende der Landnahme, versammelten sich die Siedler jedes Mal im Juni an diesem Ort, um die Versammlung Althing abzuhalten. Hier sprach man Recht und traf andere wichtige Entscheidungen, so beschloss anno 1000 die Versammlung die Annahme des Christentums. Am 17. Juni 1944 rief man in Þingvellir die Republik Island aus. Heutige Besucher staunen zudem über den Grabenbruch (Nordatlantischer Rücken). Denn hier sieht man hautnah das Auseinanderdriften der amerikanischen und eurasischen Kontinentalplatten. Ein wahrlich mystischer Flecken Erde, das fand auch die UNESCO und verlieh 2004 den Titel als Weltkulturerbe.

Rechte Seite: Der Wasserfall Dynjandi in den Westfjorden ist 100 Meter hoch.

Helgelandküste

Die Magie des Nordens

leicht · 288 km · ca. 8 Tage · Norwegen

Charakter
Die sehr ruhige, komplett asphaltierte Naturroute orientiert sich am Küstenverlauf und überwindet zwischen den Meeresarmen einige niedrige Bergrücken. Innerorts und in Siedlungsnähe gibt es oft Radwege.

Wegmarkierung
Diese Radtour ist Teil der Landesroute Nr. 1 und mit roten Schildern markiert.

Bett & Bike
Im kostenlosen Kystriksveien-Reisehandbuch sind auch Unterkünfte aufgelistet, einige für Radler.
Die Regionalfluggesellschaft Widerøe bietet ein »fly and bike«-Programm an. Dabei kann man Fahrräder am Flughafen abholen; aktuell in Namsos, Rorvik, Brønnøysund, Sandessjoen und Bodo (www.wideroe.no).

E-Bike
Verleih von E-Bikes und Fahrrädern über www.kystriksveien.no.

An- und Rückreise
Zum Startort Brønnøysund und vom Reiseziel Bodø per Flug via Oslo.
Anreise mit der Fähre ab Kiel (www.colorline.de), DK-Frederikshavn (www.stenaline.de) oder Kopenhagen (www.dfdsseaways.de), dazu zahlreiche Fährverbindungen unterwegs (www.kystriksveien.no)). Zurück nach Brønnøysund mit der Hurtigruten-Linie (www.hurtigruten.de).

Information
Helgeland Reiseliv AS, Ole Tobias Olsens gate 3, N-8602 Mo i Rana, Tel. +47/75/018000, www.visithelgeland.com; www.kystriksveien.no; Innovation Norway, Caffamacherreihe 5, 20355 Hamburg, Tel. 040/2294150, www.visitnorway.de; www.nordnorge.com; www.nasjonaleturistveger.no

Die Sommersonne scheint am nördlichen Polarkreis rund um die Uhr. 24 Stunden lang. Immer! Sie ist wie eine Vitaminspritze, die Radler vorantreibt. Auch weiter südlich wirken die Tage endlos, das Licht ist weich, die Wege nahezu leer. Besonders ist der Kystriksveien. Wer ihm gen Norden folgt, schaut rechts auf die Berge und links über das Meer.

Von Brønnøysund nach Sandnessjøen – 187 km Im Norden Norwegens, dort wo sich das Gebirge zu felsigen Inseln zerfranst, ragt ein lang gestreckter Bergrücken aus der kalten See, der stutzig macht. Fast genau in seiner Mitte klafft ein 35 Meter hohes und etwa 160 Meter langes Loch. Was ist das? Wie in aller Welt ist es entstanden? Die Einheimischen nennen den Berg, der aussieht wie ein Hut, Torghatten. In einer Sage heißt es: »Einst lebten am Vestfjord der König Vagakallen mit seinem Sohn und der Herrscher Sulitjelmakongen, der gleich sieben Töchter hatte. Als sich eines Abends der ungestüme Sohn Vagakallen in die Jungfrau Lekamoya verliebte, entbrannte eine wilde Verfolgungsjagd. Nach einer Weile enteilte Lekamoya dem Prinzen Hestmannen. Verzweifelt schoss dieser einen Pfeil auf sie ab. Der König Somnaberge sah die Szene und warf rasch seinen Hut dazwischen. Er landete zerschossen auf der Insel Torgar. In diesem Moment ging die Sonne auf und alle versteinerten an der Stelle, wo sie gerade standen. Aus dem Hut wurde der Torghatten, die sieben Schwestern bilden eine lang gestreckte Bergkette bei Sandnessjoen, und Lekamoya findet man in den Felsformationen der Insel Leka. Die wissenschaftliche Erklärung ist weniger romantisch. Forscher nehmen an, dass die Brandung der anrollenden See den Berg aushöhlte. Und doch haftet dieser Landschaft Magisches an. Sie beflügelt die Fantasie, schlägt Besucher sofort in den Bann. Vor allem Radfahrer folgen dem Ruf des Nordens an die Helgelandküste. Die Straßen sind leer, die Topografie leicht zu bewältigen und hinter jeder Kurve wartet eine neue Überraschung. Der Kystriksveien (»Küstenstraße«) ist ihre Leitlinie in Richtung Polarkreis. Sie führt über kühn geschwungene Brücken, zu Buchten und versteckt gelegenen Fischerdörfern.

Als Einstieg bietet sich der Flughafen von Brønnøysund an. Die Stadt hat etwa 5000 Einwohner und eine Anlegestelle für die Schiffe der Hurtigruten. Sonst ist hier nicht viel los und das ist gut so. Reisende zieht es vor allem deswegen hierher. Die entspannte Radtour durch den Schärengarten bringt uns nach sechs Kilometern mit einer Delikatesse in Berührung, die in Norwegen auf eine jahrtausendealte Tradition zurückblicken kann: dem Lachs. Bereits die Wikinger holten den nahrhaften Speisefisch aus den Wogen des Nordatlantiks. Heutzutage sind die Bestände des Atlantischen Lachses überfischt und das Geschäft mit den Fischfarmen floriert. Touristen können sich im Norsk Havbrukssenter in Toft über die Aufzucht informieren. Wenige Minuten

Linke Seite: Der Kystriksveien schlängelt sich zwischen imposanten Bergriesen hindurch.

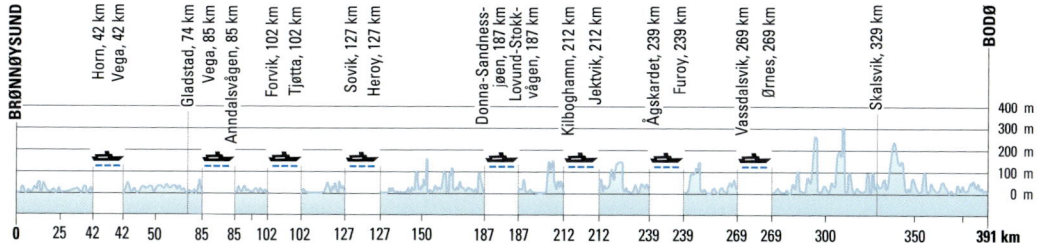

Tour 2 Helgelandküste

Das Reich der Mitternachtssonne

Nachts Rad fahren? Klingt nicht schlecht. Nördlich des Polarkreises wird dieser Traum wahr. Der Grund ist, dass die Erdachse um aktuell 23,43 Grad geneigt ist. So spricht man im Zeitraum der Sonnenwenden vom Polartag. In Bodø, dem nördlichsten Punkt dieser Tour, scheint die Sonne vom 4.6. bis 8.7. Fotografen und Romantiker haben es in Nordnorwegen leicht, denn die Küste öffnet sich Richtung Nordwesten. Also wandert der rote Sonnenball um Mitternacht am Horizont entlang. Ein Schauspiel, für das man spät zu Bett geht. Das Licht ist weich, die Wege nahezu leer. Lohnende Radtouren in Nordnorwegen gibt es zudem auf den Inseln der Lofoten, der Vesteralen und auf Senja.

sind es zum Fähranleger in Horn. Dort kann man weiterhin dem Küstenweg folgen oder auf die Insel Vega übersetzen. Letzteres sollte man sich nicht entgehen lassen.

An der Helgelandküste liegen rund 14 000 Inseln im Europäischen Nordmeer. Vega ist eine der größten und zählt seit 2004 zum UNESCO-Weltkulturerbe. Hier betreten Reisende das Reich der Eiderenten. Seit 1000 Jahren profitieren die Bewohner von den Zugvögeln. Alljährlich im März errichten sie zum Schutz vor Räubern Nistplätze unter Steinwällen und in Holzkästen. Nachdem die Eiderenten weitergezogen sind, erntet man die hochwertigen Daunen und exportiert sie ins europäische Ausland. In der Siedlung Nes ist den Tieren mit dem E-huset ein Museum gewidmet. Die Ausstellung mit einer breit gefächerten Sammlung residiert in einem dottergelb angestrichenen Haus. Die Holzwände versprühen eine heimelige Atmosphäre und sind mit Fotogalerien und Schautafeln ausgeschmückt. Davor können Besucher Exponate des Insellebens studieren. Wenige Schritte weiter kann man in einem Rorbu – einer ehemaligen Fischerhütte – Quartier für die Nacht beziehen. Aber was bedeutet das knapp unterhalb des Polarkreises? Mitte Juni gehen die Tage nahtlos ineinander über. Kurz vor 24 Uhr wandert der rote Sonnenball Richtung Horizont. Die Strahlen haben an Kraft verloren und modellieren die Konturen der Berge. Eine wohltuende Stille erfasst die Insel. Im Naturhafen stehen kleine Fischerboote neben bunten Holzhäusern kopf und fügen sich mit der archaischen Szenerie ringsum zu einem prächtigen Gemälde zusammen. Alles leuchtet! Zurück auf dem Festland, vertrauen wir uns der Straße Fv. 17 an. Hinter diesem schlichten Namen verbirgt sich eine der beeindruckenden Panoramastraßen des Kontinents. 18 Landschaftsrouten ziehen sich durch das Königreich; von der Barentssee bis zur Nordsee. Am Kystriksveien hat man an besonders schönen Plätzen Aussichtspunkte und Rastplätze eingerichtet. Die Straße verbindet die Städte Steinkjer und Bodø. Aufgrund der zahlreichen Fähren gibt es kaum Verkehr. Die Topografie der Strecke ist zudem für norwegische Verhältnisse äußerst radfahrerfreundlich.

Also weiter, in Richtung Norden. Die Anmut der Landschaft zieht einen von Stunde zu Stunde mehr in ihren Bann. Rechter Hand ragen über 1000 Meter hohe Berge in den Himmel. An den Flanken donnern Wasserfälle zu Tal, um sich wenig später in den nächsten Fjord zu ergießen. Auch kulturell ist am Wegesrand einiges geboten: Man kann im Dorf Forvik die älteste Handelsstation Nordnorwegens mitsamt der nördlichsten Kaffeerösterei der Welt besuchen und in Alstahaug per Audioguide das Petter Dass Museum kennenlernen. Die Sammlung befindet sich in einem futuristischen, nach den Plänen des renommierten Architekturbüros Snohetta AS errichteten Bauwerk. Besonders eindrucksvoll ist das moderne Panoramafenster. So eröffnet

Rechte Seite: Abendstimmung auf der Insel Lovund

Für norwegische Verhältnisse ist der Küstenweg leicht zu fahren.

sich, während man in das Leben des Dichterpriesters eintaucht, ein Blick hinaus auf die Bucht. Gewiss fand Petter Dass hier Inspiration. Auf zwei Ebenen veranschaulichen Vitrinen und Schautafeln sein Leben und Wirken. Dazu gibt es eine Diashow. Nebenan laden die Kirche von Alstahaug und der alte Bauernhof zu einer Zeitreise ein. Immer wieder lohnt es sich, die Hauptroute zu verlassen.

So setzen wir mit der Fähre zur vorgelagerten Insel Heroy über und stehen nach wenigen Minuten vor der Bygdesamling. Die Ausstellung ist Teil des Helgeland-Museums. Der Zusammenschluss von 17 Stationen verteilt sich auf die gesamte Inselwelt. Das Freilichtmuseum besteht aus sechs historischen Gebäuden, in denen man mehr als 8000 Exponate aufbewahrt. Der Sommer an der Küste ist ideal zur Tierbeobachtung. Am Himmel kreisen Seeadler. In den Fjorden erspäht man mit ein bisschen Glück die Fluke eines Schweinswals und die Wälder sind die Heimat von Hirschen und Elchen. Wo die Bäume enden, beginnt die Stadt Sandnessjøen, die sich am Fuß der Bergkette »der sieben Schwestern« ausbreitet. Im Zentrum erinnert ein nachgebildetes Langhaus aus der Wikingerzeit an die einstige Bedeutung des alten Handelsplatzes.

Von Sandnessjøen nach Ørnes – 82 km Haben Sie Lust auf einen unvergesslichen Ausflug? Wie wäre es mit einer ruhigen Insel, weit draußen im Nordmeer? Lovund ist so ein Sehnsuchtsziel. Das vom Golfstrom umspülte Eiland besteht aus dem 623 Meter hohen Berg Lovundfjellet und einem 450-Einwohner-Dorf. Die Menschen leben von der Fischzucht und den Sommertouristen. In der Siedlung gibt es ein Museum, eine Kirche, einen Supermarkt und ringsum sieben markierte Wanderwege. Was man hier macht? Die Seele baumeln lassen, die Papageitaucherkolonie fotografieren und die traumhaften Sonnenuntergänge auskosten. Wer nicht genug bekommt von Stille und Magie der See, kann gleich die Nachbarinsel Træna ansteuern. Das Schnellboot bringt einen zurück auf das Festland. Am Fähranleger Stokkvagen drehen wir den Lenker erneut gen Norden. Bis zur nächsten Schiffspassage sind es 25 Kilometer. Es ist eine besondere Fahrt. Vor dem Bug taucht eine metallene Weltkugel auf. Wir überschreiten bei 66° 33′ 44″ nördlicher Breite eine magische Linie – den Polarkreis. Hier beginnt das Reich der Mitternachtssonne!

Von Ørnes nach Bodø – 122 km Anschließend läuft der Kystriksveien zur Höchstform auf. Jede Hügelkuppe und jede Kurve verwöhnt mit frischen Eindrücken. Mal rastet man an einem der makellos weißen Sandstrände, dann wieder fotografiert man die bunten Holzhäuser einer Siedlung. Die nächstgrößere ist Ørnes mit 1600 Einwohnern. Es gibt einen Anleger für die Schiffe der Hurtigruten und in der Nähe den zweitgrößten Gletscher des Königreichs – den Svartisen. Er liegt im Saltfjellet-Svartisen-Nationalpark. Das Schutzgebiet ist riesig; in seine 2100 Quadratkilometer passt fast ganz Luxemburg hinein. Es ist ein Traum für jeden Naturfreund – und eine gute Gelegenheit, um Elche und Rentiere zu beobachten. Selbst wenn sich keine Tiere zeigen, lohnt der Blick in die Landschaft, denn hier wachsen Alaska-Rhododendron und Weiße Silberwurz. Aber der Hauptgrund hierher zu reisen, ist der Svartisen-Gletscher. Warum also nicht das Rad abstellen und mit einem Boot über den Fjord schippern? Vom anderen Ufer führt ein vier Kilometer langer Weg zur Gletscherzunge. In der Sommersaison werden täglich geführte Wanderungen auf dem Eis angeboten. Danach muss man kehrtmachen, denn der 7624 Meter lange Svartistunnel ist für Radfahrer gesperrt. Doch das ist kein Problem. Das ruhige Sträßchen mit der Nummer 452 bleibt an der Küste, und da gibt es immer etwas zu sehen.

Der Gezeitenstrom Saltstraumen ist der nächste Höhepunkt, der einem den Atem nimmt. Wenige Stunden im Sattel, dann hat man Bodø erreicht. Ein Besuchermagnet in der Hauptstadt der Provinz Nordland ist das Norwegische Luftfahrtmuseum. In ihm kann man Raritäten wie ein Lockheed U-2-Aufklärungsflugzeug und eine Junkers Ju 52 bestaunen. Weitere Attraktionen sind die Domkirche (1956), die Bodinkirche (1240), das Nordlandmuseum in einem der ältesten Häuser (1903) des Ortes und das Freilichtmuseum Bodøsjøen. Wer sich einen Überblick auf die Stadt der Seeadler verschaffen möchte, erklimmt auf dem Fahrweg das Ronvikfjellet. Dort heißt es Abschied nehmen. Abschied von der Mitternachtssonne, den Bergen, den freundlichen Menschen. Schließlich steigen Reisende mit der Überzeugung vom Fahrrad, eine der malerischsten Küstenlandschaften Europas kennengelernt zu haben.

Das Meer gleicht einem Fluss

Am Saltstraumen scheint das Wasser zu kochen. Abgeriegelt von einer Felsenbarriere, zwängt sich das Wasser der einsetzenden Flut durch zwei winzige Öffnungen. Sie verbinden den Skjerstadfjord mit dem großen Saltenfjord. Mit einer Austauschmenge von 400 Millionen Kubikmetern Wasser bildet das berauschende Naturschauspiel den stärksten Gezeitenstrom der Welt. Pro Sekunde jagen 3000 Kubikmeter Wasser mit bis zu 20 Knoten über die Fjordschwelle. Hier und da entstehen gewaltige, weiß schäumende Strudel. Am Ufer reiht sich ein Angler an den nächsten. Sie ziehen vor allem Kabeljau, Steinbeißer und Heilbutt aus dem Saltstraumen.

Tour 2 Helgelandküste

3 Fjorde und Fjell mit Rallarvegen

Radreise durch die Heimat der Trolle

schwer 423 km ca. 9 Tage Norwegen

Charakter
Der meist abwärts führende Rallarvegen verläuft auf teils holperigen Schotterpisten. Die Strecke durch Fjordnorwegen nutzt gut ausgebaute Straßen. Die drei Pässe sind lang, aber nicht allzu steil. Bis auf die Abfahrt hinunter zum Geirangerfjord gibt es kaum Verkehr.

Wegmarkierung
Die Route ist teils mit den roten Schildern der nationalen Routen 4 und 6 markiert, dazu helfen die GPS-Daten dieses Buches.

E-Bike
E-Bikes sind nützlich, aber schwer vor Ort auszuleihen, eigenes mitnehmen.

An- und Rückreise
Per Flugzeug nach Oslo oder mit der Fähre ab Kiel (www.colorline.de) und Frederikshavn (www.stenaline.de). Von hier aus mit der Bergenbahn bis Geilo (www.vy.no, Fahrradtransport). Die Züge transportieren Fahrräder. Ab dem Ziel Åndalsnes mit der Raumabahn nach Oslo zurück. Ålesund hat einen eigenen Flughafen. Fjordüberquerungen: Fodnes – Mannheller: mehrmals täglich (www.fjord1.no); Solvorn – Urnes: mehrmals täglich (www.lustrabaatane.no); Geiranger – Hellesylt: Mai bis September mehrmals täglich (www.fjord1.no); Øye – Ålesund: Ausflugsschiff 62 NORD AS-Hjørundfjords, Tel. +47/70/114430, www.62.no)

Information
Innovation Norway, Caffamacherreihe 5, 20355 Hamburg, Tel. 040/2294150, www.visitnorway.de; Fjord Norge AS, Torggaten 3, N-5014 Bergen, www.fjordnorway.com; www.cyclingnorway.no; www.nasjonaleturistveger.no

Die Alpen haben viele mit dem Fahrrad bezwungen. Doch wer hat sich schon an den Passstraßen im hohen Norden versucht? Naturfans zieht es nach Fjordnorwegen. Dort wechseln die Panoramen im Stundentakt. Die Tage sind lang und am Ende der Reise möchte man am liebsten für immer dableiben. Aber Vorsicht – das Wetter kann launisch sein.

Von Haugastøl nach Lærdal – 159 km Wenn Norweger eine Radtour empfehlen, fällt stets der Name »Rallarvegen«. Die rund 80 Kilometer lange Strecke nutzt einen alten Transportweg, den Tausende Wanderarbeiter – sogenannte »rallare« – zum Ausbau der Bergenbahn anlegten. Vierzehn Jahre lang rackerten sie bis zur Fertigstellung im Jahr 1909. Nebenbei schufen sie eine der spektakulärsten Fahrradstrecken Europas. Die Reise beginnt am Rande der Hardangervidda, der mit über 8000 Quadratkilometern größten Hochebene Europas. Hinter dem Bahnhof Finse ist der Weg geschottert, mal liegt er unter kleinen Schneefeldern verborgen. Von einem Moment auf den anderen brechen die Berge jäh ab, die Räder schießen das wildromantische Flåmdalen hinunter. Kurve folgt auf Kurve – insgesamt zwanzig Spitzkehren. 1200 Meter tiefer greift man am Ufer des Aurlandsfjords zur Bremse und gibt den Norwegern recht: eine Wahnsinnstour!

Das zweite Teilstück führt den Aurlandsvegen (auch Snøvegen) empor, eine mit 1300 Höhenmetern gespickte Passstraße. Der 47 Kilometer lange »Schneeweg« ist eine von 18 norwegischen Landschaftsrouten. Sie ziehen sich vom Skagerrak bis zum Europäischen Nordmeer durch das gesamte Königreich. Radler fotografieren den tiefblauen Aurlandsfjord, tasten sich ans Ende des hölzernen Aussichtspunkts Stegastein, der wie eine Skisprungschanze 30 Meter über den Fjord hinausragt, und stoppen nach dem Pass die Räder im Zentrum von Lærdal.

Von Lærdal nach Lom – 139 km Lærdal ist ein charmanter Ort mit blumengeschmückten Holzhäusern aus dem 18. und 19. Jahrhundert. Einen Steinwurf entfernt spiegeln sich steil abfallende Felswände in einem Seitenarm des Sognefjords. Die Einheimischen nennen ihn stolz »König der Fjorde«. Seinen Titel trägt er zu Recht, denn die Urgewalten der eiszeitlichen Gletscher lieferten mit ihm ein Glanzstück ab. Sie schabten kraftvoll in das Gestein, hobelten Trogtäler aus und bügelten die Hänge ab. Heute greifen die zergliederten Meeresarme der Nordsee weit ins Skandinavische Gebirge hinein – am Sognefjord 204 Kilometer. Wir schieben die Fahrräder über die Rampe, lösen die Tickets und schauen zu, wie der Bug gen Nordwesten pflügt. Steuerbord voraus zieht sich die malerisch in der Amla-Bucht gelegene Siedlung Kaupanger einen Hang hinauf. In der Nähe des Schiffsanlegers spitzt der Turm der Kaupanger Stavkyrkje (»Stabkirche«) aus einem offenen Laubwäldchen hervor. Durch einen hölzernen Anbau gelangen Besucher in das dezent von kleinen Fenstern beleuchtete Kirchenschiff. Die Augen mustern den Raum. Sie treffen auf zwei Säulenreihen, die wie ein kerzengerade gewachsener Fjordwald den Blick nach oben lenken. Gut 800 Jahre, ein stattliches Alter! Nebenan spaziert man durch das Volkskundemuseum.

Linke Seite: Pause am Sognefjord bei Urnes

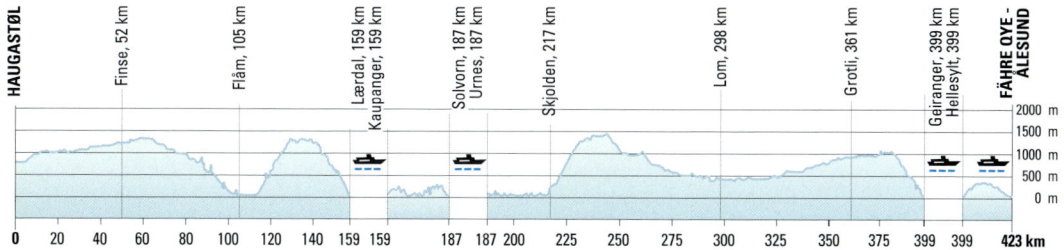

Tour 3 Fjorde und Fjell mit Rallarvegen

Der Rallarvegen wird von tosenden Wasserfällen begleitet.

Dann führt uns der Weg ins 23 Kilometer entfernte Etappenziel. Den Anfang macht die Kurvenabfahrt Richtung Sogndal, gefolgt von einer Rollpassage längs des Barsnesfjords.

Schließlich kommen die Häuser der Gemeinde Solvorn in Sicht. An der Ostseite des Lustrafjords breitet sich das Dorf Urnes aus. Hier spazieren Reisende zur ältesten Stabkirche Norwegens. Die UNESCO verlieh ihr 1979 den Titel Weltkulturerbe. Nach der Besichtigung nähern wir uns dem Nationalpark Jotunheimen. Der Fjord liegt keine fünf Kilometer zurück, da erinnert schon nichts mehr ans Meereswasser. Soeben waren da Fischer- und Ruderboote, jetzt sprießen zu beiden Seiten üppige Sommerwiesen. Soeben zerriss das Geschrei der Möwen die Stille, jetzt geben die Wohlklänge der Schafsglocken den Rhythmus der langsam kreisenden Beine vor. Auf der Straße 55 klettern wir auf kühn angelegten Kehren bergwärts. In 1000 Metern Höhe lassen wir die Baumgrenze hinter uns. Das Asphaltband erreicht eine Hochfläche, die von Moosteppichen und Flechten durchzogen ist. Hoch oben kommt man sich vor wie in der Arktis. Dann zeigt eine unscheinbare Markierung die Passhöhe auf 1434 Metern an. Nochmals 1000 Meter darüber ragen die mächtigsten Gipfel Skandinaviens auf: Galdhøpiggen (2469 m) und Glittertind (2472 m), die Stars des Nationalparks Jotunheimen. An ihren Flanken schicken weißgraue Gletscher gewundene Bäche auf die Reise. Daneben erstreckt sich ein Geflecht aus Seen, Schneefeldern und Findlingen. Mittendrin bietet sich die Krossbu Mountain Lodge als Unterkunft an.

Von Lom nach Ålesund – 125 km An der Ostseite des Passes rollen wir bis ins Zentrum von Lom. Den Ort zu besuchen lohnt aus drei Gründen: um die Stabkirche aus dem 12. Jahrhundert zu besichtigen, wegen des norwegischem Gebirgsmuseums und weil es hier das Fossheim Steinzentrum gibt. Es ist die größte Sammlung des Landes, in dem einheimische Kristalle und Mineralien ausgestellt sind.

Die Radroute führt nun über den Dalsnibba-Pass, an dessen Rückseite die Räder bergab zum Geirangerfjord sausen. Wir gehen an Bord einer Fähre und steuern den

Hafen Hellesylt an. Unsere nächste Station ist die abgelegene Niederlassung Øye. Dazwischen liegen 21 traumhafte Fahrradkilometer. Sie führen durch das tief eingeschnittene Norangsdalen, vorbei an verlassenen Gehöften und dem kristallklaren See Lygnstøylvatnet, den 1908 eine gewaltige Steinlawine aufstaute. Warum die schmale Straße hinunter zum Hjørundfjord nun Dronningruta – »Königinnenroute« – heißt, erfahren wir im 1891 erbauten Hotel Union Øye. In der Prunkresidenz trugen sich Königin Maud und König Haakon VII., Kaiser Wilhelm II., Königin Beatrix und der britische Schriftsteller Sir Arthur Conan Doyle in das Gästebuch ein.

Nachdem man das Haus aus der Belle Époque bestaunt hat, geht es zum Fähranleger. Das Ausflugsboot der Gesellschaft 62°NORD fährt durch auf den Hjørundfjord hinaus, der den Blick auf das Zackenband der Sunnmøre-Alpen freigibt. Eine gute Stunde später meistert der Kapitän eine Engstelle inmitten zweier Eilande. Dahinter rückt mit Ålesund der Verwaltungssitz der Provinz Møre og Romsdal ins Bild. 1904 brannte nahezu die gesamte Innenstadt nieder. Auf den Trümmern errichteten die Bürger die Stadt neu im Jugendstil – prächtiger und detailreicher wie zuvor. Heute nennen die 45 000 Einwohner ihre über mehrere Inseln verteilte Heimat die »schönste Stadt Norwegens«. Wehmütig spaziert man zur Hafenmole, wo ein Schiff der Hurtigruten gen Norden ablegt. Auf seinem Weg in Richtung Nordpolarmeer schrieb Fridtjof Nansen begeistert: »So fuhren wir, meist bei schönem Wetter, seltener in Regen und Nebel, zwischen Sunden und Inseln hindurch längs der norwegischen Küste nach Norden. Welch ein herrliches Land! Ich möchte wissen, ob es in der ganzen Welt ein Fahrwasser gibt wie hier.« Er trifft damit voll ins Herz der Nordlandfans. Im Norden warten einige Traumziele. Man könnte an der Helgelandküste von einem Eiland zum nächsten springen. Man könnte die schroff aus dem Nordmeer aufsteigenden Inselgruppen der Lofoten und Vesterålen erkunden und bis zur weltentrückten Finnmark fahren. Immer weiter, der Mitternachtssonne entgegen. Ach, Norwegen!

Kreuzfahrtschiffe steuern häufig den Aurlandsfjord an.

4 Nordseeküsten-Radweg

Radeln wie durch einen Bildband

schwer | 1039 km | ca. 18 Tage | Norwegen

Charakter
Die Tour ist sehr bergig, teils über Radwege, dann wieder auf Nebenstraßen. Der Untergrund wechselt zwischen Asphalt und Schotter.

Wegmarkierung
Als Kennzeichnung dient die rote Beschilderung der Landesroute Nr. 1.

E-Bike
Wegen der schweren Strecke ist ein E-Bike sehr hilfreich; eigenes Rad mitbringen.

An- und Rückreise
Nach Bergen mit dem Flugzeug oder Fähre (www.fjordline.com), dann per Zug nach Oslo und zurück mit dem Flugzeug oder mit der Color Line (www.colorline.de) nach Kiel. Mit dem Auto sind es von Berlin nach Bergen 1390 km, von Hamburg 1100 km, von Köln 1520 km, von München 1900 km. Parkplatzinfos unter de.visitbergen.com

Information
Innovation Norway, Caffamacherreihe 5, 20355 Hamburg, Tel. 040/229 41 50, www.visitnorway.de; Fjord Norge AS, Nordre Nøstekaien 1, N-5014 Bergen, www.fjordnorway.com; Tourist Info Bergen, Strandkaien 3, N-5012 Bergen, Tel. +47/55 55 20 00, www.visitbergen.com

Die Route verbindet acht Länder und bringt es auf 6200 Kilometer. In Südnorwegen greifen spektakuläre Fjorde in das Skandinavische Gebirge, schmiegen sich idyllische Städtchen an blaue Buchten. Rund 1040 Kilometer verteilt auf dreizehn Etappen, von Bergen an die schwedische Grenze immer am Meer entlang.

Von Bergen nach Egersund – 310 km Radler haben es in Bergen nicht leicht. Denn Norwegens Westküste gilt als niederschlagsreichste Region Europas. Jährlich regnet es an 250 Tagen. Mehr als 2500 Millimeter Niederschlag! Das Wasser prasselt auf die Jachten im Hafen. Es ergießt sich auf die Buden des Fischmarkts, um die sich Pfützen bilden. Die Verkäufer bieten die Schätze der Nordsee an: Königskrabben, Kabeljau, Seelachs, Krebse, Langusten. Wenige Schritte entfernt ragen die 60 Holzhäuser des Hanseviertels Bryggen auf. Einige der Gebäude, die die Brände von 1955 und 1958 überdauerten, sahen bereits die Händler der Hanse. Sie sind rot, weiß oder gelb angestrichen. 1979 zeichnete die UNESCO das Ensemble als Weltkulturerbe aus. Einige Bauten, die jene verheerenden Brände überdauerten, stammen noch aus der Epoche der Hanse. Sie war ein Machtimperium, ein Synonym für den Handel. In ihrer Blütezeit im 14. und 15. Jahrhundert kontrollierte sie die Wege im Ostseeraum und den Warenumschlag in Nord- und Westeuropa. Ihr Einfluss reichte von London über Brügge bis ins russische Nowgorod. Eines der Kontore lag in Bergen. Die Händler landeten Getreide, Bier und Salz an und luden im

Norwegens Südspitze ist sehr felsig.

Gegenzug Stockfisch auf ihre Hansekoggen. Seit Jahren sind es nun die Kreuzfahrttouristen, die jeden Sommer durch Bergen fluten und den Stadtsäckel füllen.

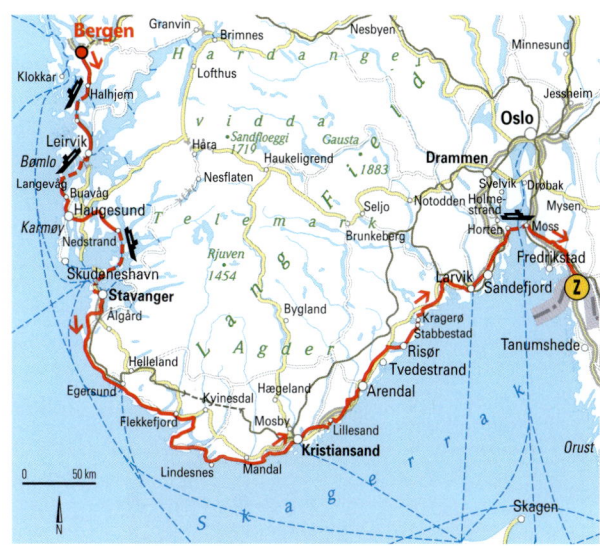

Wir fahren los und steuern den himbeerroten Schildern mit der Nummer 1 gen Süden nach. Die mit 270 000 Einwohnern zweitgrößte Stadt des Königreichs weicht seinen Vororten. Hier ist die Route sehr gut ausgebaut. Bergan geht es vorbei an gepflegten Gärten. Oben genießt man die Aussicht auf das Meer zur Rechten. Dann neigt sich das Terrain, die Räder rollen mal auf abgetrennten Fahrstreifen, mal über eigenständige Radwege. Die Bäume der Mischwälder reichen bis an das felsige Ufer der Nordsee. Gegenüber ragen die Berge der Provinz Hordaland auf. Die Tour erreicht die Insel Stord. An der Südspitze liegt das erste Ziel, die Stadt Leirvik. Hier gibt es das Stord Maritime Museum, dazu ein Freilichtmuseum und ringsum viel Natur. Vor allem sie ist es, die Radler vorantreibt. Es rollt gut auf den schmalen Straßen. Die Luft ist klar, die Sicht reicht weit. In der Ferne ziehen Frachtschiffe durchs Meer. Bei Haugesund dreht der Reiseweg Richtung Inland ab. Dort hält man auf die Siedlung Nedstrand zu, wo ein Speedboot – mit uns – über den Hardangerfjord ablegt. Die Fahrt führt zunächst ins Innere des Meeresarms. Zielstrebig navigiert der Kapitän zwischen den Eilanden, Schären und Felsbuckeln hindurch, die auf der Landkarte aussehen wie von einem Gletscher abgebrochene Eisberge. Der Hardanger ist der zweitmächtigste Fjord des Landes – 170 Kilometer lang und bis zu 725 Meter tief. Dörfer kommen und gehen. Ihre Häuser und Hütten klemmen sich in die Felsenlandschaft ein. An jeder Landungsstelle bildet sich eine kleine Menschengruppe. Manch einer trägt Tüten vom Einkauf mit sich, andere sind auf dem Heimweg von der Arbeit. Viele steuern die 133 000-Einwohner-Stadt Stavanger an.

In Stavanger schieben wir das Fahrrad von Bord. Bei klarem Himmel taucht die Abendsonne die kopfsteingepflasterten Gassen von Gamle Stavanger in ein weiches Licht. Dann spazieren Touristen freudig vorbei an den Zwillingstürmen des Doms zum Hafen. Die Kellner der Cafés haben die Tische nach draußen gestellt.

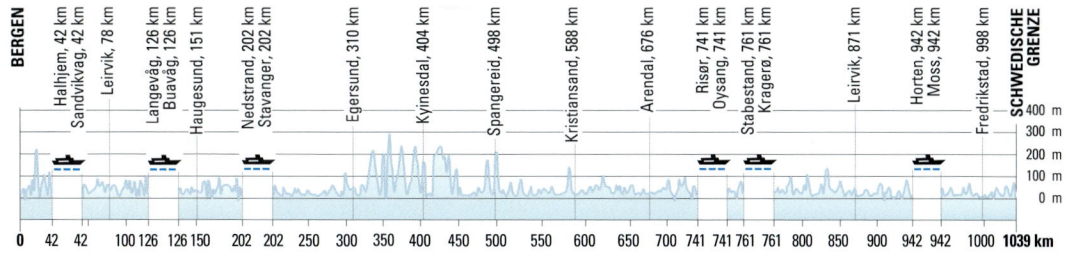

Tour 4 Nordseeküsten-Radweg

Der Fischmarkt in Bergen ist bei Touristen sehr beliebt.

Alle Stühle sind besetzt. Seinen Reichtum verdankt die Europäische Kulturstadt des Jahres 2008 den Ölfunden vor der norwegischen Küste. Es war am Weihnachtstag 1969, als man mit dem zwischen Großbritannien und Norwegen gelegenen Ekofisk-Ölfeld erstmals auf riesige Vorkommen stieß. Ein Boom setzte ein, aber ein tragischer, denn knapp 100 Taucher bezahlten die Ausbeutung der Nordsee mit ihrem Leben. Das schwarze Gold hat das Königreich innerhalb weniger Jahrzehnte zu einem der reichsten Staaten der Erde gemacht – leider auch zu einem der teuersten. Doch die Eindrücke sind die hohen Preise wert. Durch Norwegen zu reisen hat etwas Faszinierendes an sich. Es gibt viel zu sehen, stets imponiert die Natur. Besonders ist dies der Fall auf den 18 Landschaftsrouten. Der südlichsten nähern wir uns nun der Küste von Jæen. Hier verbinden die Straßen 507 und 44 den Ort Bore mit dem 41 Kilometer entfernten Ogna. Die Höhepunkte? Der Leuchtturm Kvassheim, das Naturhaus, Norwegens längster Sandstrand und der weite Horizont.

In den nächsten Tagen ist der Ablauf gleich: aufstehen, checken der Wetter-App, ergiebiges Frühstück. Dann radeln, einkaufen im Supermarkt, Picknick im Grünen, mal bei Sonne, mal in einer schützenden Bushaltestelle. Anschließend Fahrt bis in den Abend hinein. Die Strecke bleibt abwechslungsreich. Das schönste Stück geht über einen spektakulär angelegten Bahntrassenradweg der einstigen Jæbanen. Ab 1878 pendelten die Züge mit einer Spurweite von 1067 Millimetern zwischen Stavanger und Egersund. Auf einer der Infotafeln steht: »Die Eisenbahnstrecke hat man in einer Zeit gebaut, als es noch kein Beton gab und alle Arbeiten wurden mit roher Muskelkraft ausgeführt. Das Handwerk der Steinmetze breitete sich mit einheimischen und ausländischen Arbeitern aus, die in Norwegen Bahnstrecken und Häfen anlegten.« Staunend rollen wir durch die grob behauenen Tunnels, vorbei an Seen, Gebirgsflüssen und reizvoll gelegenen Rastplätzen.

Von Egersund nach Arendal – 366 km Nach gut 500 Kilometern steht man an einem weltabgeschiedenen Ort, dem Kap Lindesnes. Wie Buckel eines Untieres tauchen die abgerundeten Felsen ins dunkelblaue Meer ein. Seit 1915 sichert hier der Leuchtturm Lindesnes Fyr den Seeweg ab. Der Bau sieht mit seinem rot-weißen Anstrich aus wie ein riesiger Fliegenpilz. Kap Lindesnes ist der südlichste Punkt des Landes; zum Nordkap sind es 2518 Kilometer. Es gibt kühne Wanderer, die diese Gewalttour zu Fuß bewältigen.

Der Nordseeküsten-Radweg

Die Nordsee ist eine spezielle Region. Wer hier radelt, spürt hautnah die Elemente: Stürmische Böen zerren am Fahrrad, der Regen peitscht ins Gesicht, dann wieder wärmt die Sonne und das oft in einer Stunde. Die 7000 Kilometer lange North Sea Cycle Route führt durch acht Länder: Deutschland, Dänemark, Schweden, Norwegen, Schottland, England, Belgien und die Niederlande. Sie ist als EuroVelo-Route 12 markiert. Eine Reise via Esbjerg, Göteborg, Bergen, den Shetland-Inseln, Edinburgh und Den Haag. Nur eines sollte man bei einer Fahrt unbedingt beachten: von Westen nach Osten radeln! So ist einem der Wind meist gnädig.

Die Radlerbeine haben sich mittlerweile an das ständige Bergauf und Bergab gewöhnt. Jetzt geht es an der norwegischen Sonnenküste entlang. Das Fjell hält die aus Westen heranziehenden Wolken ab. Wälder wechseln sich mit Blumenwiesen und Feldern ab; dazwischen sieht man Fischerdörfer und mondäne Seebäder mit weiß angestrichenen Holzhäusern.

In den Provinzen Vest-Agder, Aust-Agder, Telemark, Vestfold und Østfold überbieten sich die Höhepunkte: Da ist die Festung Christiansholm in Kristiansand, dort der Hafen von Arendal. 1641 wählte der dänisch-norwegische König Christian IV. die geschützte Lage einer Bucht zur Gründung einer schachbrettartig angelegten Stadt. Der alte Handels- und Militärstützpunkt ist heute ein reizvolles Touristenzentrum mit interessanten Museen und Galerien. Eine herausragende Bedeutung besitzt das Kilden Performing Arts Centre. Direkt am Wasser setzt der 16 500 Quadratmeter umfassende Bau hochmoderne Akzente im historischen Stadtbild. Am Marktplatz ragt der Dom mit seinem 70 Meter hohen Turm in den Himmel. Die Altstadt ringsum bewahrte den Charme vergangener Tage und lädt mit ihren restaurierten Holzhäusern zum Einkaufen und Bummeln ein. Stolz sind die Einwohner auf den Kristiansand Dyrepark (Tierpark), der mit jährlich über 600 000 Gästen zu den meistbesuchten Attraktionen des Landes gehört. Auf einem 600 Hektar großen Areal wird einem die Begegnung mit rund 150 Tierarten ermöglicht. Neben Elchen, Großkatzen und Giraffen erfreut sich der Wasserpark reger Beliebtheit. Einen weiteren Trumpf spielt die Region mit ihren einladenden Sandstränden aus. Norwegens bekanntester Strand ist der Hamresanden. Hier erwärmt sich das salzarme Wasser im Sommer bis auf 22 Grad.

Von Arendal nach Fredrikstad – 363 km Die Verbindung der geschichtsträchtigen Seehandelsschifffahrt und dem romantischen Stadtbild macht den Reiz von Arendal aus. Besonders pittoresk ist es im Viertel Tyholmen, direkt am Bootshafen mit alten Holzvillen. Die Hauptstadt von Aust-Agder punktet zudem durch die stattliche Dreifaltigkeitskirche und den prächtigen Holzbau des Rathauses im Empirestil.

Die Küste Norwegens splittet sich in unzählige Buchten auf.

Auf der Fahrt Richtung Nordosten fotografieren Radler die Inseln von Kagerø und erreichen Larvik. Die Holzindustrie, die Seefahrt und der Schiffsbau begründeten den Wohlstand der Stadt. Im Schifffahrtsmuseum kann man auf den Spuren des Ethnologen und Abenteurers Thor Heyerdahl wandeln, der in Larvik zur Welt kam. Die zweite Persönlichkeit, die vor Ort wirkte, war der Schotte Colin Archer, der im Jahr 1892 das Polarschiff »Fram« fertigstellte. Das Schiff erlangte durch die Nordpolarexpedition (1893–1896) von Fridtjof Nansen und die Südpolexpedition (1910–1912) von Roald Amundsen weltweite Berühmtheit.

Auch uns zieht es nochmals auf das Meer hinaus. Denn die letzte Fähre der Reise führt zwischen den Städten Horten und Moss über den Oslofjord. An dessen Ostseite zieht die Radroute mal an den Schären entlang, mal durch die Wälder nach Fredrikstad. Wer den Ort auf einer Karte betrachtet, dem fallen sogleich die sternförmig angelegten Festungswälle auf. Sie entstanden im 17. Jahrhundert und schirmten Südnorwegen gegen Schweden ab. Der Schrecken der Militärs ist längst gewichen, die Altstadt mit ihrem Puppenhauscharakter ein Kleinod. Der Blick trifft auf nostalgische Ladenschilder, die die bunten Fassaden zieren. Wir fahren durch das steinerne Stadttor, überqueren den Fluss Glomma und folgen seinem Südufer Richtung Osten. Nach einer entspannten Passage im Sattel ist das Geburtshaus eines der gefeiertesten Entdecker erreicht – Roald Amundsen. Der Hof heißt Tomta. In

der Erinnerungsstätte blickt ein zähnefletschender Eisbär von einem Sockel herab. Er hat ein kitschiges Bändchen in den Nationalfarben Rot, Weiß, Blau umhängen. Daneben glänzt in einer Vitrine das Schiffsmodell der »Fram«. Mit ihr eroberte der berühmte Polarmann das Ende der Welt. Zusammen mit vier Begleitern pflanzte er am 14. Dezember 1911 die norwegische Fahne am Südpol auf.

Auch unsere Radroute dreht gen Süden und wir verleben die letzte Stunde der Reise. Bis zur schwedischen Grenze bleiben 15 Kilometer zum Abschiednehmen – Abschied von einem der schönsten Länder Europas. Radeln in Norwegen bedeutet: blaue Fjorde, Wälder, Bilderbuchstädtchen, freundliche Menschen. Die North Sea Cycle Route selbst geht noch weiter. Es gibt noch Tausende Kilometer zum Seeluftschnuppern!

Dieser Abschnitt in Norwegen zählt zu den schönsten des Nordseeküsten-Radwegs.

Linke Seite: Der Leuchtturm Lindesnes Fyr markiert Norwegens Südspitze.

Die norwegischen Radrouten

Im gesamten Königreich sind zehn Radrouten (www.visitnorway.com) ausgeschildert:
Nr. 1: Küstenroute – Grenze zu Schweden bis Kirkenes – 4500 Kilometer
Nr. 2: Kanalroute – Porsgrunn bis Stavanger – 466 Kilometer
Nr. 3: Fjord-Fjell-Route – Kristiansand bis Kristiansund – 1000 Kilometer
Nr. 4: Rallarvegen – Bergen – Oslo – 614 Kilometer
Nr. 5: Numedalsroute – Larvik – Molde – 950 Kilometer
Nr. 6: Sognefjellsweg – Røros – Hardanger – 300 Kilometer
Nr. 7: Pilgerroute – Halden – Trondheim – 600 Kilometer
Nr. 8: Trollheim – Oppdal – Molde – 160 Kilometer
Nr. 9: Hedmarkroute – Halden – Trondheim – 825 Kilometer
Nr. 10: Nordkap – Lindesnes – (Kilometer nicht bekannt)

5 Stockholm und Umgebung

Wohlfühlrunde

mittel   287 km   ca. 6 Tage   Schweden

Charakter
Die leichte Tour zeigt nur wenige und kürzere Steigungen. In den Städten radelt man über gute Radwege, außerorts auf Nebenstraßen. Schotterabschnitte sind selten.

Wegmarkierung
Die Route ist durch den Veranstalter mit Aufklebern markiert.

Bett & Bike
Bei der Wahl der richtigen Unterkunft hilft www.visitsweden.com.

E-Bike
E-Bike-Verleih über Bike Sweden oder www.rentabike.se; es geht aber auch gut ohne.

An- und Rückreise
Nach Stockholm mit dem Flugzeug oder mit einer Fähre (www.aferry.de) in den Norden. Über die Öresund-Brücke erreichen der Fernbus (www.fernbusse.de) oder die Bahn (www.dsb.dk und www.sj.se) Südschweden. Mit dem Auto sind es von Berlin nach Stockholm 1080 km, von Hamburg 980 km, von Köln 1040 km, von München 1630 km, Parkplätze in Stockholm über www.stockholmparkering.se.

Veranstalter
Bike Sweden bietet diese Tour als »Rundreise ab Stockholm« an, optional mit Gepäcktransport. Bike Sweden, Hammarsgårdsvägen 5, SE 74950 Ekolsund, Tel. +46/8/52 52 70 00, www.bikesweden.se.

Information
VisitSweden, www.visitsweden.com; Visit Stockholm AB, SE-10325 Stockholm, City of Stockholm, Box 16282, SE-10325 Stockholm, Tel. +46/8/508 285 08 (Visit Stockholm), www.visitstockholm.com

Wer in Stockholm Urlaub macht, kommt wegen der Altstadt Gamla stan, wegen des königlichen Schlosses oder des Freilichtmuseums Skansen. Dass man hier auch sehr gut Rad fahren kann, zeigt ein Ausflug ins Umland. Dort wechseln sich Wälder mit Seen und Kleinstädte mit roten Bauernhöfen ab. Typisch Schweden eben.

Von Stockholm nach Strängnäs – 114 km Es gibt Städte, die einen sofort in ihren Bann schlagen. Städte, in die man einmal im Leben reisen möchte. So ist es auch mit Stockholm. Wie man sich nähert, ist egal: Ob aus der Luft, per Schiff, durch den Schärengarten oder über Land – stets imponieren die Prachtbauten. Sie umschließen mehrere Seen und Flüsse, nehmen ganze Inseln ein, denn die Stadtgründer haben die Lage exzellent gewählt. Im Westen liegt der See Mälaren. Er ist stark verästelt. Der Riddarfjärden verbindet ihn mit dem Meer. So hatten die Siedler Zugang zur Ostsee und konnten weit ins Landesinnere vordringen. Kein Wunder also, dass die Könige Schwedens ihr Reich seit 1643 von hier aus regieren. Das Schloss ist eines der Wahrzeichen. Um dorthin zu gelangen, kann man sich einer geführten Radtour anschließen. Die Topografie ist nahezu flach, es gibt gute Wege, und die 14 Inseln der Stadt sind mit 53 Brücken verbunden. So kommt man leicht zu allen Sehenswürdigkeiten. Etwa zum Schwedischen Nationalmuseum, dem ABBA-Museum oder dem

Freilichtmuseum Skansen. Bei der Gründung 1891 war es das Erste dieser Art. Es nimmt mit seinen 300 000 Quadratkilometern den Westteil der Halbinsel Djurgården ein. Besucher schauen und staunen, inspizieren die 150 Häuser und Bauernhöfe. Man hat sie aus ganz Schweden zusammengetragen und hier aufgebaut. Sie wecken zusammen mit dem Tierpark und den Volkstänzen die Vorfreude auf eine Radtour durch die Provinzen Stockholms län und Södermanlands län. Start und Ziel der Runde ist das 1923 fertiggestellte Rathaus. In dem Werk des Architekten Ragnar Östberg

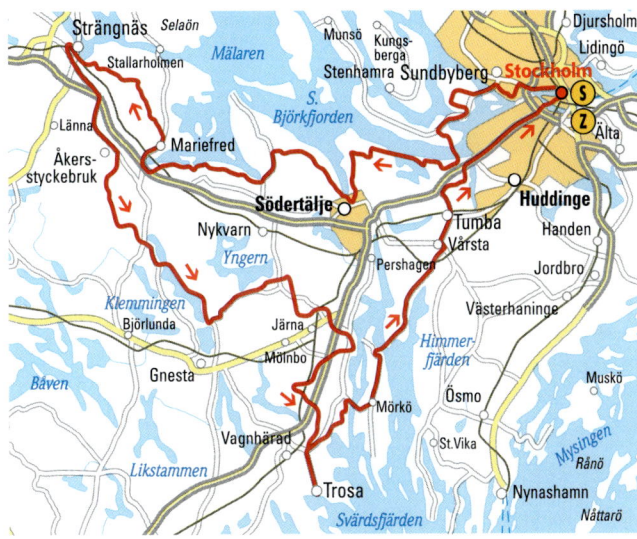

verbaute man acht Millionen Backsteine. Fotografen steigen die 365 Stufen des 106 Meter hohen Turms hinauf und genießen die Aussicht auf die Stadt. Jedes Jahr am 10. Dezember ziehen 1300 Gäste in den Blauen Saal ein und feiern die gegenwärtigen Nobelpreisträger. Die Stiftung geht auf den Stockholmer Alfred Nobel zurück, der durch die Erfindung des Dynamits zu Reichtum kam.

Die ersten zehn Kilometer verlaufen durch die Vororte Stockholms. Dabei rollt man über die guten Radwege von Regionalt cykelnät Stockholm. Das Netzwerk umfasst aktuell rund 500 Kilometer und verästelt sich von der Hauptstadt aus in alle Richtungen. Wir steuern gen Westen, überqueren zwei Arme des Mälaren-Sees und stehen vor dem Schloss Drottningholm. Die UNESCO setzte es 1991 als erste Stätte des Landes auf ihre Welterbeliste. In Schweden kennt den Bau jedes Kind, denn hier wohnt die Königsfamilie Bernadotte. Besuchern steht der französische Barockgarten offen. Bei einer Führung lernt man das Schlosstheater, mehrere Säle und den chinesischen Pavillon kennen. Beliebt ist die Bootsfahrt von Stockholm aus. Leider darf man auf ihr kein Fahrrad mitnehmen. Als Nächstes folgen wir der Route Mälardalsleden. Mal am Wasser, mal durch den Wald oder durch Felder führt die Fahrt via Ekerö, Södertälje nach Mariefred.

Linke Seite: Das Schloss Drottningholm ist Wohnsitz der schwedischen Königsfamilie und zählt zum UNESCO-Welterbe.

Von Mariefred nach Trosa – 119 km Urlauber zieht es aus dreierlei Gründen nach Mariefred: wegen der malerischen Lage am See Mälaren. Wegen der Östra Södermanlands Järnväg, einer 600-Millimeter-Schmalspurbahn. Und wegen Schloss

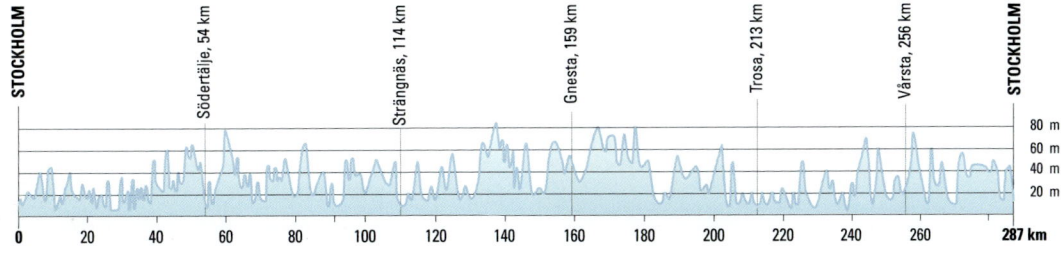

Tour 5 Stockholm und Umgebung

Gripsholm. Der rote Backsteinbau mit den vier mächtigen Türmen geht auf König Gustav I. Wasa zurück. Der Herrscher befreite Schweden im 16. Jahrhundert von der Regentschaft der Dänen. Mit dem Langlaufrennen, dem Wasalauf, erinnert man hierzulande an die dramatische Flucht des Königs vor den Soldaten des dänischen Königs Christian II. im Jahr 1521. Schloss Gripsholm überstand die Wirren der Zeit. Kurt Tucholsky machte es in Deutschland durch seinen 1931 erschienenen Roman *Schloß Gripsholm* bekannt. Der Schriftsteller starb 1935 im schwedischen Ort Hindås. Seine Asche setzte man neben dem Prachtbau unter einer Eiche bei. Auf dem Grabstein steht: »Alles Vergängliche ist nur ein Gleichnis.«

Radeln in Schweden hat etwas Verführerisches. Es ist ein sanftes Dahingleiten, hügelauf, hügelab, auf Nebenstraßen und Kieswegen. Sie führen uns ins zwei Stunden entfernte Strängnäs. Dort treffen wir wieder auf die Spuren von Gustav Wasa, denn hier wählte man ihn am 6. Juni 1523 zum König. Diesen Tag feiern die Schweden heute als Nationalfeiertag. Von landesweiter Bedeutung ist der dreischiffige Dom zu Strängnäs. Sein Turm ist 96 Meter hoch und spiegelt sich unten am Bootshafen im Wasser. Es ist noch immer ein Ast des Mälaren-Sees, der uns seit Tagen mit malerischen Bildern verwöhnt. Er ist mit seinen 1090 Quadratkilometern nach dem Vänern und dem Vättern der drittgrößte See im Lande. Flächenmäßig passt in ihn der Bodensee zusammen mit dem Genfersee hinein. Strängnäs markiert den westlichsten Punkt der Reise. Wir schlagen Kurs Südosten ein und radeln durch ein stilles Mosaik aus Wäldern, Seen und Wiesen bis zum nächsten Zwischenziel, Trosa.

Von Trosa nach Stockholm – 74 km Die Stadt Trosa sieht aus wie eine Filmkulisse. Sie liegt an der Mündung des Trosaån in die Ostsee. An beiden Flussufern steht eine Reihe Holzvillen. Hier und da führen kleine Brücken über das Wasser. Beim Flanieren inspiziert man die Werkstätten der Kunsthandwerker und spaziert hinunter zum Hafen. Darin ankern in den Sommermonaten unzählige Sportboote, denn in wenigen Minuten erreicht man von hier aus den Sörmlands-Archipel. Viele der 2800 Inseln sind unbewohnt oder Teil verschiedener Naturschutzgebiete. Wer sie erleben möchte, kann dort paddeln oder eine Ausflugsschifffahrt buchen. Zurück an Land, folgen wir dem Ostseeküsten-Radweg EuroVelo 10. Die erste Attraktion am Weg ist Schloss Tullgarn, eines der neun Königsschlösser Schwedens. Ende des 19. Jahrhunderts verbrachten König Gustav V. und Königin Victoria hier ihre Sommer. Der Platz ist gut gewählt. Ringsum erstreckt sich ein Park, der sich im Süden zu einer Bucht hin öffnet. Hier setzt die Radtour zum Finale an.

Wir steuern über die Insel Mörkö und erreichen den Stockholmer Vorort Tumba. Der Verkehr nimmt nun deutlich zu, sodass man über die guten Radwege froh ist. Sie führen uns wieder zum Rathaus. Nach knapp 300 Kilometern knipst man das Ankunftsfoto und stellt das Rad ab. Geschafft. Jetzt kann man die Stadt nochmals zu Fuß erkunden. Wie wäre es mit dem Vasa-Museum? Wer es anschauen möchte, sollte früh aufstehen, denn keine Sehenswürdigkeit in Skandinavien zieht mehr Besucher an als dies Museum. Bereits beim Näherkommen sieht man die markante Außenansicht mit den drei Masten. Die »Vasa« sollte der Stolz der schwedischen Marine werden: 61 Meter lang, 12 Meter breit und bestückt mit 64 Kanonen. Zum Einsatz kam die Galeone jedoch nie, denn sie sank bei ihrer Jungfernfahrt am 10. August 1628. Der falsch konstruierte Koloss schaffte nur 1300 Meter Strecke, bis er unterging. 1956 fand der Meeresarchäologe Anders Franzén die »Vasa« in der Stockholmer Bucht. Bei der Bergung war man überrascht von dem Zustand des Schiffes. Für die Wissenschaft stellte sich die Tragödie, die zahlreiche Menschenleben forderte, als Glücksfall heraus.

Linke Seite oben: Die Stockholmer Altstadt Gamla stan lädt mit ihren bunten Hausfassaden zum Verweilen ein.

Linke Seite unten: Musiker im Stockholmer Freilichtmuseum Skansen

In Stockholm verkürzen Fähren den Weg zwischen den Inseln.

Tour 5 Stockholm und Umgebung

6

Småland

Fahrradtour für kleine und große Kinder

schwer | 575 km | ca. 10 Tage | Schweden

Charakter
Die Runde verläuft auf asphaltierten Nebenstraßen und befestigten Forst- sowie innerorts Radwegen.

Wegmarkierung
Die Strecke ist nicht durchgehend markiert, nutzt aber die beschilderten Radrouten Smålandsleden, Astrid Lindgrensleden, Höglandstrampen, Vättern-Sommenleden und Rusken Runt.

Bett & Bike
In Småland gibt es keine speziellen Radlerunterkünfte.

E-Bike
Verleihstellen von E-Bikes über www.visitsmaland.se.

An- und Rückreise
Nach Jönköping per Direktflug von Frankfurt; nach Südschweden gut mit dem Fernbus (www.fernbusse.de) oder der Bahn (www.dsb.dk und www.sj.se). Die Fähren legen in Kiel, Travemünde, Rostock und Sassnitz ab (www.scandlines.de, www.ttline.com) oder von Kiel nach Göteborg (www.stenaline.de). Mit dem Auto sind es von Berlin zum Ruskensee 730 km, von Hamburg 630 km, von Köln 1040 km, von München 1270 km.

Veranstalter
Adventure of Småland, Langö-Tomteholm, S-57002 Stockaryd, Tel. +46/382/3 20 26, www.smalandreisen.de

Information
Smålands Turism AB, Tel. +46/36/351270, www.visitsmaland.se; Visit-Sweden, www.visitsweden.com

Umrahmt von malerischen Wäldern und Seen verteilen sich verschlafene Dörfer wie rote Farbtupfer über Südschweden. Die Szene scheint vertraut. Erinnert sie doch an die Kinderbuchhelden Pippi Langstrumpf, Michel aus Lönneberga und die Kinder aus Bullerbü, die in Småland ihre Abenteuer erlebten.

Von Rusken nach Eksjö – 237 km Småland bedeutet übersetzt »kleine Länder« und wurde einst aus mehreren Territorien gebildet. Doch der Name täuscht, umfasst die historische Provinz von der Grenze zu Västergötland im Westen bis zum Ostseeufer gut 32 000 Quadratkilometer. In den großen Nadelwäldern betten sich rund 5 000 Seen, von denen der 135 Kilometer lange Vättern mit Abstand der größte ist. Neben den Wasserflächen faszinieren den Besucher die weitläufigen Moorlandschaften. Bewahrt wird die Flora und Fauna in den Nationalparks Norra Kvill und Store Mosse, die durch Wanderwege erschlossen sind. Ideal zum Abschalten ist zudem ein Aufenthalt an der stark zergliederten Küste. Sie bringt es auf eine Länge von 1215 Kilometern. Ihr vorgelagert erheben sich von der Eiszeit glatt gehobelte Schären aus den Fluten der Ostsee.

Unsere Rundtour beginnt am Ruskensee in der Provinz Jönköpings län. Von hier aus steuern wir Richtung Osten, hinein in die Stille. Der Blick wandert ins nahe Dickicht. Wir sehen an den schlanken Kieferstämmen

graue Flechten hochklettern. Dazwischen grün-gelbe Farnpflanzen. Wir biegen in einen Naturweg ein und passieren die alte Mühle am Vrigstadsån, die sich malerisch in dem dunklen See spiegelt. Das Forststräßchen gewinnt rasch an Höhe. Hier und da erspähen wir kupferrote Holzhäuser mit weiß gestrichenen Tür- und Fensterrahmen. Vrigstad, Sävsjö und Ädelfors sind die Stationen auf dem Weg nach Vimmerby. Im Stadtteil Näs kam am 14. November 1907 die Schriftstellerin Astrid Lindgren zur Welt. Hier tobte sie sich mit ihren drei Geschwistern aus und fand Inspiration für ihre Figuren. Die berühmteste Schöpfung der Meisterin ist Pippilotta Viktualia Rollgardina Pfefferminz Efraimstochter Langstrumpf oder kurz: Pippi Langstrumpf. Die freche Göre mit den roten Zöpfen, den Sommersprossen und dem markanten Lachen verzauberte mehr als nur eine Generation. Wir steuern in die Storgatan, holpern über das Kopfsteinpflaster. Die Szene wirkt wie eine Zeitreise zurück zum Jahr 1900: zu beiden Seiten alte Laternen, dazu schmiedeeiserne Ladenschilder. Gut 20 Kilometer entfernt führt ein Abstecher zum Katthulthof, den die Michel-aus-Lönneberga-Geschichten bekannt machten. Wie kleine Kinder inspizieren wir das idyllische Gehöft. Neugierig schleichen wir um das Wohnhaus und Alfreds Knechtkammer. Man sieht die Fahnenstange, an der Michel im Film seine Schwester Klein-Ida hochzog. Daneben befindet sich der Tischlerschuppen, in den Michel gesperrt wurde, wenn er wieder einen Streich ausgeheckt hatte. Durch Wälder und vorbei an Seen nähern wir uns Eksjö.

Von Eksjö nach Gränna – 156 km Eksjö war einst eine Garnisonsstadt. Die Innenstadt gleicht einer Puppenstube und lädt zu einem ausgedehnten Spaziergang ein. Wir schlendern über das rund geschliffene Kopfsteinpflaster und kommen ins Schwärmen. Überall fällt der Blick auf heimelige Holzhäuser. Sie sind bunt angemalt

Linke Seite: Verkehrsberuhigte Asphaltstraßen durchziehen Småland.

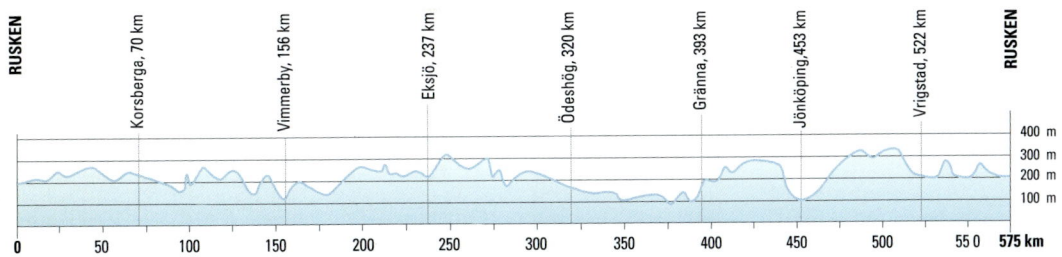

Tour 6 Småland

und stammen überwiegend aus dem 18. Jahrhundert. 1997 erhielt Eksjö das Europa Nostra Diplom für »den guten Erhalt der Bausubstanz und Denkmalschutz«. Wir radeln weiter und sehen hinter dem Ort Tranås, wie der Wald zurückweicht und in die offene Felder- und Wiesenlandschaft der Mittelschwedischen Senke übergeht. Von einer Anhöhe herab öffnet sich ein Fenster zum zweitgrößten Gewässer des Landes – dem Vättern! Am Ostufer sonnt sich Gränna. Der Ort ist für dreierlei bekannt: für seine Obstplantagen, für den Ballonfahrer und Polarforscher Salomon August Andrée und für Polkagris. Die Bäckerin Amalia Eriksson kreierte hier die rot-weiß gestreiften Zuckerstangen mit dem Pfefferminzgeschmack. Sie gelten heute in Schweden als Spezialität. In einem der Läden kauft man eine Tüte Polkagris und rollt hinab zu der im Hafen wartenden Fähre.

Der Katthulthof ist durch die »Michel aus Lönneberga«-Filme bekannt geworden.

Sie steuert die Insel Visingsö an, die sich vor unseren Augen ausstreckt und zu einem Ausflug einlädt. Nach der 20-minütigen Fahrt erleben wir den nächsten Zeitsprung. Auf dem 14,3 Kilometer langen Eiland fügen sich Grabfelder aus der Steinzeit zu einem spannenden Kulturausflug in die Vorgeschichte zusammen. Visingsö ist Radlerland. Nahezu steigungsfrei ziehen sich schmale Sträßchen von Bucht zu Bucht. Rechts und links schlagen die sanften Wellen des Vättern an die Strände. Das Tageslicht schwindet. Die Temperatur fällt. Voll mit Eindrücken des Tages lehnt man sein Fahrrad an einen Aussichtsturm und klettert hinauf. Draußen auf dem See sammeln sich Hunderte Wildgänse für die Nacht. Dahinter versinkt der Sonnenball am Horizont – großes Naturkino. Apropos Wildgänse. Die spätere Nobelpreisträgerin Selma Lagerlöf beschrieb den Landstrich in ihrem Buch *Die wunderbare Reise des kleinen Nils Holgersson mit den Wildgänsen* so: »Und weißt du wohl noch, dass die Lehrerin sagte, eine so schöne und abwechslungsreiche Gegend wie das Stück von Smaaland, das südlich vom Wetternsee liegt, gäbe es in ganz Schweden nicht? Denk doch nur an den herrlichen See und an die gelben Strandberge und an Grenna und Jönkoping mit der Streichholzfabrik und an Munksjö, und denke an Husquarna und an alle die großen Anlagen dort.«

Von Gränna nach Rusken – 182 km Hinter Gränna steigt unsere Route wieder bergan. Im Zickzack steuern wir in die Nachbarstadt Husqvarna. Dort betreibt der gleichnamige Weltkonzern ein spannendes Werksmuseum. Treppauf, treppab begeben wir uns auf eine 300-jährige Reise durch die schwedische Industriegeschichte. Man sieht Motorräder und Nähmaschinen neben Waffen, Fahrrädern, Rasenmähern und Motorsägen. Mittlerweile ist der Industrieort mit der 123 000-Einwohner-Stadt Jönköping zusammengewachsen. Der gut gelegene Handelsplatz erhielt 1284 die Stadtrechte und war Sitz mehrerer schwedischer Reichstage. Am 10. Dezember 1809 unterzeichnete man hier nach dem Dänisch-Schwedischen Krieg den Friedensschluss. Am Südufer des Vätternsees kann man ein Freilicht- und ein Streichholzmuseum besuchen, denn die Stadt ist international für ihre Zündholzindustrie bekannt. Die zündende Idee für die heute weitverbreiteten Streichhölzer mit dem roten Kopf hatte der deutsche Chemiker Rudolf Böttger. Er verkaufte das Patent nach Jönköping. Dort produzierte man die »Schwedenhölzer« im großen Stil und exportierte sie.

Wir rollen den Uferradweg entlang und nutzen den Smålandsleden in Richtung Ruskensee. Die Radroute klettert nach Tenhult hinauf. Je höher wir kommen, desto ruhiger wird es. Hier und da leuchten kleine Wasserflächen durch den Wald. Dann ist der Tomtabacken bezwungen, die mit 377 Metern höchste Erhebung des südschwedischen Hochlands. Zu unseren Füßen liegt ein endloses Waldmeer, das sich wie ein bunter Teppich über die Hügelkuppen gelegt hat. Das Asphaltband senkt sich, die Räder schießen auf der Südseite des Berges in ein lang gestrecktes Tal hinunter. Hinter Vrigstad umrunden wir noch den Ruskensee. Denn Småland ist ein Flecken Erde, von dem man nur schwer loskommt, zu dem man sich immer wieder zurücksehnt.

Ruhige Gewässer wie den Flugebosjön-See gibt es viele in Småland.

Tour 6 Småland

7 Ålandinseln und Schärengarten

Radeln, wo sich Land und Meer vereinen

leicht | 262 km | ca. 6 Tage | Finnland

Charakter
Die kinderfreundliche Fahrradroute verläuft meist auf befestigten Wegen oder wenig befahrenen Straßen. Schotterabschnitte bilden die Ausnahme.

Wegmarkierung
Die Radrouten sind mit grün-weißen Schildern markiert, am historischen Postweg mit blau-gelben Routenschildern sowie Posthorn.

Bett & Bike
Unterkünfte sollte man vorbuchen. Man ist hier sehr gut auf Radler eingestellt.

E-Bike
Für die flache Route benötigt man keine E-Bikes; Ausleihe z. B. bei RO-NO RENT, Mariehamn (www.rono.ax), siehe auch www.visitaland.com.

An- und Rückreise
Per Flugzeug zunächst nach Stockholm oder Turku und von dort aus per Fähre nach Mariehamn; Schiffe benötigen je 5:30 Std. bis zu den Ålandinseln (www.visitaland.com). Infos zu den kostenfreien Fähren zwischen den Inseln über www.alandstrafiken.ax und www.saaristo.org.

Information
Visit Åland, Storagatan 8, FIN-22100 Mariehamn, Tel. +358/18/240 00, www.visitaland.com; Pargas, Stad, Strandvägen 28, FIN-Pargas, Tel. +358/400/11 71 23, www.visitparainen.fi; Visit Turku, Aurakatu 2, FIN-20100 Turku, Tel. +358/22/62 74 44, www.visitturku.fi; Visit Finland, www.visitfinland.com; www.outdoorsfinland.com

Die Ålandinseln erheben sich zwischen Stockholm und Turku aus dem tiefblauen Wasser der Ostsee. Sie wurden einst von den Gletschern der Eiszeit modelliert. Bis heute gilt die Region zusammen mit dem Schärengarten als Geheimtipp für Naturliebhaber. Wer seinen Urlaub fernab des hektischen Alltagslebens verbringen will, ist hier genau richtig.

Von Mariehamn nach Hummelvik – 94 km Mariehamn – 60 Grad Nord, 20 Grad Ost – ist mit einer traumhaften Lage gesegnet. Die Hauptstadt der Ålandinseln hat 11 500 Einwohner, und auf dem gesamten Archipel leben nur gut doppelt so viele Menschen. Sie liegen bei weltweiten Umfragen zum Glücksindex meist auf den oberen Plätzen. Warum das so ist, erfährt man auf einer Reise von Eiland zu Eiland. Der Schärenarchipel der autonomen finnischen Region Åland ist wie geschaffen zum Abschalten: 6757 Inseln warten darauf, zu Fuß, mit dem Boot oder dem Fahrrad erkundet zu werden. Hier scheint die Sonne 1900 Stunden im Jahr. Die Sommertage sind lang und lau. Zum Erkunden ist der Schärenweg die erste Wahl. Er folgt einem alten Postweg von Schweden nach Finnland. Mariehamn liegt auf halber Strecke zwischen Stockholm und Turku. Der Name geht auf Maria Alexandrowna zurück, die Gemahlin von Zar Alexander II., der 1861 die Stadt gründete. Wenn man im Hafen sein Rad von der Fähre schiebt, fällt der Blick sogleich auf einen Viermaster. Auf dem schwarzen

Rumpf steht in weißen Buchstaben »POMMERN«. Die Bark wurde 1903 im Auftrag der Hamburger Reederei B. Wencke Söhne in Glasgow gebaut. Sie fuhr unter finnischer Flagge als Frachtsegler und bediente die Seestrecke von Australien nach Europa. Zu jener Zeit kaufte der auf den Ålandinseln geborene Seemann Gustaf Erikson eine Flotte an Segelschiffen zusammen. Die glorreichen Großsegler lieferten sich auf der Weizenroute um Kap Hoorn regelrechte Wettfahrten. Dazu gehörten auch die »Viking« und die berühmte »Passat«, die heute als Museumsschiffe Besucher anlocken. An diese Ära erinnert ebenfalls die »Pommern«. Auf den Decks verteilen sich 60 Vitrinen, darin alte Briefe und Fotografien.

Wir steuern auf Nebenstraßen im Zickzack über die Hauptinsel Fasta Åland. Wälder, Wiesen und Seen wechseln sich auf dem Weg nach Saltvik ab. Ein typisches Dorf, wie man es oft in Finnland antrifft. Es gibt eine Straßenkreuzung, an der ein kleiner Dorfladen liegt, eine Bank und einen Friseur. Zu den Attraktionen gehören im Wald versteckte Wikingergräber, eine verästelte Meeresbucht und eine Steinkirche aus dem 14. Jahrhundert. Unser nächstes Ziel ist das am Ende einer tief ins Land greifenden Bucht gelegene Schloss Kastelholm. Die eindrucksvolle Anlage mit ihren Wehrmauern und Türmen geht auf das Jahr 1384 zurück und galt aufgrund der Nähe von Stockholm als »Schlüssel zu Schweden«. Daneben erwartet uns im Freilichtmuseum Jan Karlsgården ein unterhaltsamer Ausflug ins 19. Jahrhundert. Damals gehörten die Ålandinseln zusammen mit Finnland zum russischen Zarenreich. Wir

Linke Seite: Die Åland-inseln wurden von der Eiszeit geformt.

werfen einen Blick in die reetgedeckten und mit Holzstangen gesicherten Gehöfte, inspizieren die Windmühlen. Man sieht sie überall auf den Inseln, nur hier stehen sie für Besucher offen. Ein Posthorn ist das Leitmotiv für die nächsten Kilometer. Die blau-gelben Routenschilder erinnern an den historischen Postweg. Einst mussten sich die Einheimischen per Ruderboot von Eiland zu Eiland mühen. Heute haben es Radler leichter. Sie fahren über die vom roten Granit eingefärbten Straßen, queren auf modernen Brücken die Sunde und kosten Tag für Tag die Stille in der Natur

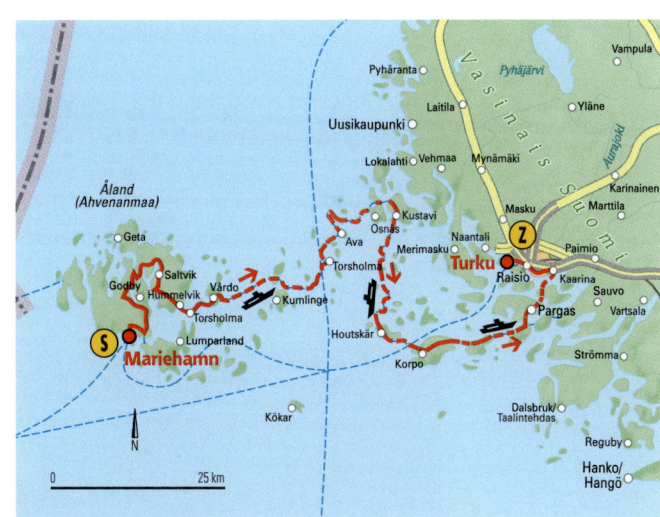

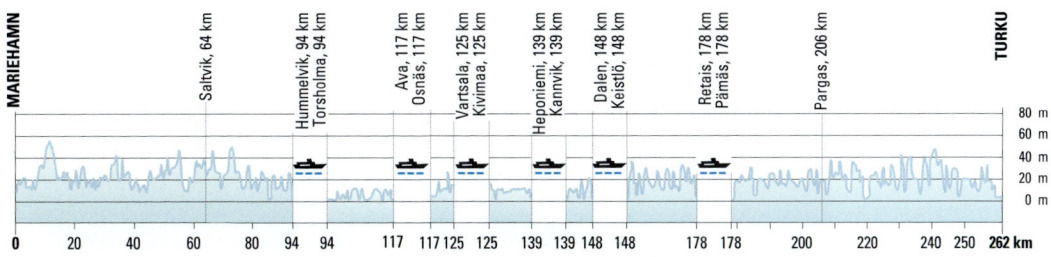

Tour 7 Ålandinseln und Schärengarten

aus. Wir stoßen auf verwitterte Mauerreste, die Großes erahnen lassen. Sie gehören zur ehemaligen Festung Bomarsund. Die englisch-französische Flotte zerstörte die Anlage am 7. August 1854. Anschließend erklärte man die Ålandinseln zu einer entmilitarisierten Zone. Wir rollen weiter zum Weiler Hummelvik, wo die Fähre Richtung Torsholma ablegt.

Von Torsholma nach Retais – 84 km Wir nehmen auf dem Sonnendeck Platz. In alle Himmelsrichtungen sieht man lang gestreckte Waldinseln, auf denen Leuchtfeuer den Weg weisen. In den nächsten Stunden läuft das Fährschiff immer wieder kleine Siedlungen an, die sich wie bunte Farbtupfer über die Wasserlandschaft verteilen. Die Region Åland bleibt zurück. Voraus liegt das Schärenmeer. Es markiert den Übergang vom Bottnischen Meerbusen im Norden zum Finnischen Meerbusen im Osten. Hier leben ca. 33 000 Menschen. In der Eiszeit drückten die Gletscher fast die komplette Region unter den Meeresspiegel. Nach dem Zurückweichen des Eises hoben sich blank geschliffene, an die 1,6 Milliarden Jahre alte Gneishöcker aus dem Wasser. Sie bilden heute die ca. 20 000 bis 50 000 Schären und Inseln. Der Prozess dauert bis in unsere Tage an. Jahr für Jahr sinkt der Wasserspiegel um 0,5 Zentimeter. Die Winter sind hier wärmer als in Schweden oder Finnland. Radler interessiert vor allem der Sommer. Diese sind oft sonnig und niederschlagsarm.

Hier passen wir die Trittfrequenz der Schären-Ringstraße an und springen gut gelaunt von Insel zu Insel. Der Touristenweg ist rund 250 Kilometer lang. Dazwischen liegen Brücken und entspannte Fährfahrten. Eine der Inseln ist Iniö. Dort hat man einen 2,5 Kilometer langen Naturpfad eingerichtet. Highlight ist der 40 Meter hohe Kasberg-Felsen. Oben steht ein Aussichtsturm mit einem Panoramablick vom Feinsten auf das Schärenmeer.

Von Retais nach Turku – 84 km Auf der Fahrt gen Osten werden die Inseln immer größer. Die letzte Fähre pendelt zwischen Kittuis und Galtby. Der Wald wird dichter. Schließlich erreichen wir Turku, Kulturhauptstadt Europas des Jahres 2011, Sitz des Erzbischofs und Universitätsstadt. Beliebter Treffpunkt der Studenten am Mittag ist

Der im Jahr 1300 geweihte Dom zu Turku ist das finnische Nationalheiligtum.

An der Küste erlebt man stimmungsvolle Sonnenuntergänge.

der Aurajoki-Fluss, an dem sich moderne Kunstwerke mit Cafés und Restaurants abwechseln. Wir reihen uns mit Blick auf die ankernden Schiffe in den Tross der zahlreichen Radfahrer ein und folgen der Flaniermeile bis zum Dom zu Turku. Das finnische Nationalheiligtum hat in seiner 700-jährigen Geschichte schon viel gesehen: Feuersbrünste, Fremdherrschaften und Königsbegräbnisse. Dass Turku durch die nahe Ostsee geprägt ist, bemerkt man vor allem unweit der mittelalterlichen Burg Turun linna rund um den Hafen. Hier versetzt einen das Forum Marinum mit ihren verschiedenen Schiffstypen ins Staunen. Besonders stolz ist man in der 178 000-Einwohner-Stadt auf die Werft von Turku, in der Arbeiter die zwei weltgrößten Kreuzfahrtschiffe der 360 Meter langen Oasis-Klasse bauten.

Turku bildet den Ausgangspunkt des Radfernwegs Kuninkaantie (»Königsroute«). Er verbindet die ehemalige Hauptstadt Turku mit Helsinki. Die Königsroute ist Teil einer der wichtigsten Ostwestachsen Skandinaviens, die seit dem 14. Jahrhundert durch den Süden Finnlands führt. Die Kaufleute brachten norwegische und mitteleuropäische Waren über Stockholm zu den Handelszentren an der Ostsee. Dort tauschte man sie gegen Pelze aus Nowgorod. Am Wegesrand entstanden damals Verpflegungsstationen, alte Kirchen und Kleinstädte, die den Besucher noch heute in ihren Bann ziehen. Es lohnt sich also, noch ein paar Tage in Finnland zu bleiben!

8 Saimaa-Seengebiet

Panoramaradtour im Land der Seen

mittel | 614 km | ca. 10 Tage | Finnland

Charakter
Die Tour orientiert sich an der Radstrecke »Große Seenrundfahrt« und glänzt durch eine ruhige Routenführung und Asphaltwege. Abschnittsweise muss man mit kurzen, aber steilen Steigungen rechnen. In allen Ortschaften gibt es Radwege.

Wegmarkierung
Die Fahrradroute ist nicht markiert. Deshalb sollte man die GPS-Daten aus diesem Buch verwenden.

Bett & Bike
Das Saimaa-Seengebiet ist eine beliebte Ferienregion mit vielen Unterkünften.

E-Bike
Das Auf und Ab der Rundtour ist ideal für E-Bikes, aber es gibt wenige Verleihstellen.

An- und Rückreise
Per Flugzeug nach Helsinki; Finnlines (www.finnlines.com) fährt die finnische Hauptstadt von Travemünde und Rostock aus an. Von Helsinki aus gibt es eine gute Zugverbindung (www.vr.fi) mitsamt Fahrradtransport zu den Städten Savonlinna, Lappeenranta, Mikkeli und Imatra.

Information
Imatra Region, Tel. +358/20/617 77 77, www.gosaimaa.com; www.visitsaimaa.fi; Savonlinna Region Tourist-Information, Riihisaari – Natur- und Kulturzentrum Saimaa; Riihisaari, FIN-57130 Savonlinna, Tel. +358/44/417 44 66, www.visitsavonlinna.fi; Visit Finland, www.visitfinland.com; www.outdoorsfinland.com

Im Süden Finnlands breitet sich die größte Seenplatte Europas aus. Sie bietet Radlern wechselnde Panoramen und viel Ruhe in der Natur. Die Städte dazwischen punkten mit verschiedenen Sehenswürdigkeiten und der einen oder anderen Kuriosität. Wer schon immer mal wissen wollte, wie weit ein Handy fliegt, ist hier genau richtig.

Von Lappeenranta nach Puumala – 226 km Finnland wird häufig das »Land der tausend Seen« genannt. Als Nordland-Fan kann man sich auf sage und schreibe 187 888 Seen freuen. Im Südosten der Republik bilden sie an der Grenze zu Russland ein Mosaik aus Wald und Wasser – das Saimaa-Seengebiet. Das Gewässersystem mit seinen 13 700 Inseln und der Uferlinie von 14 850 Kilometern ist eine Hinterlassenschaft der Weichsel-Kaltzeit. Für Abwechslung sorgt die »Große Seenrundfahrt«, eine rund 610 Kilometer lange Fahrradstrecke. Sie führt in einem stetigen Auf und Ab über Asphaltradwege und Nebenstraßen. Wer in Lappeenranta startet, hat von Helsinki aus mit dem Zug die kürzeste Anreise. Die südkarelische Stadt hat nicht nur einen originellen Namen, sondern ist auch gesegnet mit einer traumhaften Lage am Südufer des Saimaa-Sees. Die Keimzelle ist das ehemalige russische Festungsviertel Linnoitus. Es wurde unter Katharina II., Zarin von Russland, angelegt. Von den auf einem niedrigen Hügel errichteten Wehranlagen ist nichts mehr zu sehen,

Die Radtour Große Seenrundfahrt wird ihrem Namen voll gerecht und bietet täglich herrliche Ausblicke.

und die offene Anlage versprüht heute mit ihren charmanten Holzhäusern eine friedliche Atmosphäre.

Radwege leiten uns in Richtung Nordwesten aus der Stadt hinaus. Kaum liegen die Vororte zurück, passt sich der Rhythmus der fast magisch wirkenden Wasserlandschaft an. An beiden Straßenrändern stehen lilafarbene Lupinen Spalier und zeichnen den Reiseweg vor. Dieser springt über felsige Inseln. Hier verteidigen brütende Küstenseeschwalben lautstark ihr Revier. Später taucht die Straße mit der Bezeichnung 408 in grüne Wälder ein und passiert versprengte Bauernhöfe. Wir erreichen Mikkeli. Hier leben 55 000 Menschen. In den Straßen fallen die fielen Zweckbauten auf. Im Zweiten Weltkrieg war Mikkeli das Hauptquartier von Carl Mannerheim, von 1944 bis 1946 war er finnischer Staatspräsident. Sechsmal bombardierten sowjetische Flugzeuge das Zentrum. An die schmerzliche Zeit erinnert das Hauptquartiermuseum. Oft fotografiert wird darin der Salonwagen. In ihm fuhr Mannerheim durch das Land; von 1939 bis 1944 als Marschall und anschließend als Präsident. Ein Jahr danach fielen große Gebiete der historischen Landschaft Kareliens an die Sowjetunion. Um dem nächsten berühmten Finnen nachzuspüren, muss man vom Hauptbahnhof nur fünf der schachbrettartig angelegten Straßen überqueren. Dann sticht der Dom in den Himmel. Der Backsteinbau trägt die Handschrift von Josef Stenbäck. Er gilt als der produktivste Kirchenarchitekt Finnlands. Stenbäck plante 35 Kirchen und gestaltete 30 weitere um.

Von Puumala nach Savonlinna – 188 km Auch auf den nächsten Etappen bleiben Seen in allen Größen unsere ständigen Begleiter. Das kulturelle Highlight ist Savonlinna. Die Stadt verteilt sich über mehrere Inseln, die die Nahtstelle zwischen den Seen Haukivesi im Norden und Pihlajavesi im Süden verriegeln. An dieser strategischen Stelle ragt die Burg Olavinlinna auf. Das mehrfach umgestaltete Bollwerk scheint mit seinen drei Rundtürmen direkt aus den Felsen zu wachsen. Der Name geht auf die schwedischen Erbauer zurück, die 1475 die ersten Mauern hochzogen.

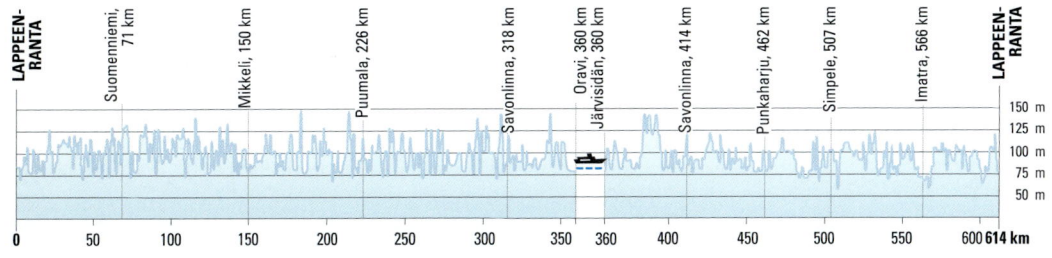

Tour 8 Saimaa-Seengebiet

Finnland punktet mit einsamen Nebenstraßen.

Sie widmeten die Burg dem Heiligen Olof. Im Juli und August verwandelt sich der Burghof in die stilvolle Kulisse der Savonlinna-Opernfestspiele. Sie wurden 1912 gegründet und locken jedes Jahr über 60 000 Besucher aus der ganzen Welt in die Stadt. Mit den Handyweitwurfweltmeisterschaften kann Savonlinna eine zweite Attraktion vorweisen. Der Wettbewerb findet seit dem Jahr 2000 statt. Der bisherige Rekordhalter mit 101,46 Metern ist ein Finne. Wen wundert es?

Unsere Radtour macht nun eine Extraschleife zum Dorf Oravi. Hier können Gäste in der Ferienanlage Saimaa Holiday Kajaks und kleine Motorboote ausleihen und zu Entdeckungstouren in den Linnansaari-Nationalpark aufbrechen. Dort gibt es 130 Inseln, zwischen denen sich Lachse, Hechte und Forellen tummeln. Auf sie machen Fischadler und die seltenen Saimaa-Ringelrobben Jagd. Das Linienboot bringt uns samt Fahrrad ans Westufer des Sees Haukivesi. Von da aus sind es 54 Kilometer zurück nach Savonlinna.

Von Savonlinna nach Lappeenranta – 200 km Kerimäki ist unsere nächste Station, die Erhabenes bietet. Hier steht die größte Holzkirche der Welt. Sie ist 45 Meter lang, 42 Meter breit und 27 Meter hoch. Das gelb-weiße Gotteshaus wurde am 25. September 1847 feierlich eingeweiht. In den Sitzreihen können 3400 Personen Platz nehmen. Das ist beeindruckend, denn Kerimäki war Mitte des 19. Jahrhunderts nur eine kleine Gemeinde. In den Sommermonaten nutzt man die Kirche für Veranstaltungen im Rahmen der Savonlinna-Opernfestspiele. 40 Kilometer entfernt versteckt sich das finnische Forstmuseum Lusto im Wald. Die Ausstellung verteilt sich auf zwei

Ebenen. Man spaziert von den Themen »Wälder der Finnen« zur »Alten Forstarbeiterstelle«, danach von »Zeit der Maschinen« zur »Stätte der Stille«. Der Rundgang macht Lust auf die restlichen Etappen durch den endlos erscheinenden Wald. Doch zunächst dominiert das Element Wasser.

Voraus liegt das Punkaharju-Os, eine der 27 sogenannten Nationallandschaften Finnlands. Diese Attraktionen haben einen besonderen Wert für die Geschichte, Kultur oder Natur des Landes. Hier handelt es sich um ein Os, einen sieben Kilometer langen und 25 Meter hohen Hügelrücken, der die Seen Puruvesi und Pihlajavesi voneinander trennt. Er entstand durch die Schmelzwasserströme der Eiszeit. Die Straße 14 führt aussichtsreich über die Anhöhe: rechts Wasser, links Wasser, darin bewaldete Inseln. In der Gemeinde Parikkala dreht die Route nach Süden und später Südwesten ab und läuft entlang der russischen Grenze. Als Finnland 1947 Teile Kareliens abtreten musste, verlor Parikkala ein Drittel seines Gebietes. Karelien reicht vom Weißen Meer über den Onega- und den Ladogasee bis zum Finnischen Meerbusen. Im Osten erstreckt sich heute die russische Republik Karelien; im Westen schließen sich Nord- und Südkarelien an. In Letzterem liegt die Stadt Imatra, bekannt für ihre Wasserfälle. Mitten im Stadtgebiet gibt es eine 500 Meter lange und 18 Meter breite Schlucht. Diese Engstelle hat der Fluss Vuoksi aus dem Granit herausgeschliffen. Der Vuoksi entwässert das riesige Saimaa-Seensystem. Im Jahr 1772 bestaunte bereits die Zarin Katharina die Große den Imatrafall, der seitdem ein beliebtes Touristenziel ist. Heutige Besucher müssen sich ihre Uhr jedoch genau stellen. Denn seit 1929 nutzt man die Energie des Wassers zur Stromgewinnung. Nur von Mitte Juni bis Mitte August öffnet man einmal am Tag für zwanzig Minuten die Schleusen. Über Lautsprecher ertönt das Stück »Es kocht der Strom« des finnischen Komponisten Jean Sibelius.

Mit diesen Klängen und Bildern im Kopf steuern wir nun den Endpunkt der großen Seenrundfahrt an – Lappeenranta. Hier lässt man die Reise mit einer Kreuzfahrt auf dem Saimaa-Kanal ausklingen. Auf dem Tacho stehen über 600 Kilometer. Jeder Abschnitt war gespickt mit Natureindrücken und eine kostbare Erfahrung für sich.

Die Kirche von Kerimäki ist die größte Holzkirche der Welt.

9 Seeland

Autos sind hier zweite Wahl

| leicht | 426 km | ca. 8 Tage | Dänemark |

Charakter
Die ruhige Strecke ist nahezu komplett asphaltiert und führt über Radwege und Nebenstraßen. In den Städten gibt es Fahrspuren für Radler. Das Terrain von Sjælland ist sanft wellig.

Wegmarkierung
Es gibt eine lokale Beschilderung, die im Begleitbuch des Veranstalters beschrieben ist.

Bett & Bike
Bett+Bike-Unterkünfte über www.aktivdanmark.de. Hilfreich ist zudem die Bett+Bike-App. In Dänemark gibt es auch heimelige Ferienhäuser und Campingplätze (mithilfe der BIKE & STAY DK-App).

E-Bike
E-Bikes sind nicht nötig. Mietmöglichkeiten beim Veranstalter oder über www.visitcopenhagen.com.

An- und Rückreise
Nach Kopenhagen mit dem Flugzeug oder Zug und mit dem Zug weiter nach Sjælland, oder mit dem Fernbus (www.fernbusse.de). In manchen Orten können Radler in einen Zug (www.dsb.dk) steigen und Abschnitte abkürzen. Mit dem Auto sind es von Berlin nach Kopenhagen 440 km, von Hamburg 340 km, von Köln 750 km, von München 980 km.

Veranstalter
Die »Große Seeland Rundreise« (inkl. Gepäcktransport) organisiert der Tourenanbieter Die Mecklenburger Radtour GmbH, Zunftstraße 4, 18437 Stralsund, Tel. +49/3831/30 67 60, www.mecklenburger-radtour.de.

Information
VisitDenmark, www.visitdenmark.de; VisitCopenhagen, www.visitcopenhagen.de

Die Insel Seeland wird den Vorstellungen der Radfahrer vollkommen gerecht: Sie ist sanft-hügelig, reich an Sehenswürdigkeiten und punktet durch beschauliche Strände. Das Beste: Mit Kopenhagen lernt man die radlerfreundlichste Metropole der Welt kennen. Doch wo ist es am schönsten? Zwischen den Königsschlössern oder auf dem Land?

Das Schloss Holsteinborg wurde oft von Hans Christian Andersen besucht.

Von Kopenhagen nach Naestved – 120 km In Kopenhagen kann man gut Radfahren, heißt es oft. Aber was man vor Ort erlebt, ist doch anders. Kaum ein paar Meter zurückgelegt, ist man umzingelt: überall Radler – vorne, hinten, an der Seite. Man kommt sich vor wie in einem Schwarm wilder Bienen. Laufräder summen. Ab und zu ertönt eine Klingel. Man drängelt, schert aus, überholt. Die Horde strampelt durch die Altstadt, reiht sich an einer Ampel auf. Pause. Dann startet das Rennen von Neuem. Darunter sind teils sonderbare Gefährte mit Ladeflächen. In manchen sitzen zwei Kinder nebeneinander, einige haben drei Räder. Sie rollen über rot und blau angepinselte Fahrstreifen. Die Wege sind breit, haben keine Kanten. Nach einer Weile ändert sich die Wahrnehmung. Man fühlt sich fast geborgen; die Autofahrer nehmen Rücksicht. Radlern ist die Hauptstadt Dänemarks auf Anhieb sympathisch.

Dänemark! Ein Name, so erholsam wie ein Urlaub in einem Ferienhaus, so idyllisch wie der Nyhavn, so spannend wie ein Märchen von Hans Christian Andersen. 400 Kilometer Radwege erschließen Kopenhagen. Sie führen zu Museen, Schlössern und Parks. Weltweit kopieren Stadtplaner das durchdachte Streckennetz. Doch 2015 führt die Hauptstadt Dänemarks weiterhin das Ranking der fahrradfreundlichsten Städte an. Von hier aus möchten wir Seeland erkunden. Die Insel ist mit einer Fläche von gut 7000 Quadratkilometern die größte in der Ostsee. Hier leben mehr als 2,3 Millionen Menschen – also jeder Vierte im Land. Dennoch genießt man außerhalb der Städte ruhige Wege. Man kann sich in dem Königreich wochenlang austoben, denn zwischen Nord- und Ostsee warten 10 000 Kilometer beschilderte Radwege. Das Kernstück bilden die elf nationalen Routen. Zu den Klassikern zählen die Fernwege Berlin – Kopenhagen, Heerweg, Fjordstien, Limfjordroute und Grenzroute. Im Osten splittet sich Dänemark in mehrere Inseln auf und lockt Radfahrer mit abwechslungsreichen Touren, so auch auf Seeland.

Wir steuern den Schildern mit den Nummern 6 und 9 nach. 340 Kilometer umfasst die Strecke. Sie sieht auf der Landkarte aus wie ein Viereck. Die Statue der Kleinen Meerjungfrau von Kopenhagen ist keine 15 Minuten entfernt, da übernimmt die Natur die Regie. Gerade ragten moderne Spiegelfassaden in den Himmel, jetzt dehnt sich vor dem Lenker eine steppenähnliche Landschaft aus. Gerade huschten Passanten vorüber, jetzt grasen hier Rinder. Es folgen Strandparks, Badeorte und die ersten Hügel. Das Tagesziel ist Køge. Die Mittelalterstadt bildet den Auftakt einer Reihe ähnlicher Flecken, die wir in der kommenden Woche kennenlernen

Die Trelleborg ist eine rekonstruierte Wikingerburg, die um das Jahr 1000 errichtet wurde.

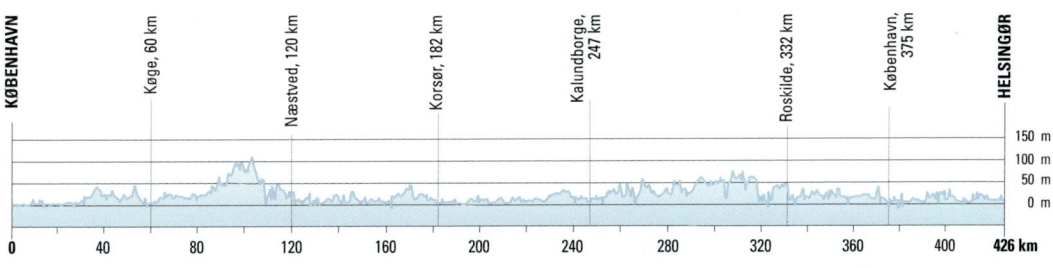

möchten. Stets gibt es einen charmanten Hauptplatz, ringsum von bunten, mehrstöckigen Bürgerhäusern umrahmt. An den Fassaden ranken Stockrosen empor. Hier und da zweigen kopfsteingepflasterte Gassen ab. Sie führen auf Kirchen zu oder hinab zu einem Hafen. Das Rad rollt mühelos auf ruhigen Landstraßen voran. 60 bis 70 Kilometer sind es pro Etappe. Der höchste »Berg« Seelands ist der 123 Meter aufragende Kobanke, eine bewaldete Anhöhe. Kein Punkt der Insel ist weiter als 30 Kilometer von der Ostsee entfernt. Oft tut sich in der Ferne ein Uferstreifen auf, erspäht das Auge eine Bucht oder das offene Wasser.

Von Naestved nach Tollose – 180 km Hinter der 42 000-Einwohner-Stadt Næstved ist es so weit: Wir greifen zur Fahrradbremse – die Insel Seeland ist durchquert. Die Wellen platschen leise an den Strand. Was man hier macht? Urlaub! Touristen mieten ein Ferienhäuschen, breiten ihr Handtuch auf dem 700 Meter langen Strand aus, versinken beim Spaziergang mit den Füßen im Sand. Im Süden folgt ein Wiesenpfad dem steil abbrechenden Ufer, im Norden sind es nur wenige Gehminuten zu den Eisdielen der Siedlung Enø. Die Radschilder mit der Nummer 51 lotsen einen direkt an der Küste entlang. Mal schlagen die Baumkronen einer Allee über uns zusammen, dann wieder führt der Reiseweg an einem Schloss vorbei. Die Orte heißen Bisserup, Skælskør und Korsør. Linker Hand quert die 18 Kilometer lange Brücke Storebæltsbroen die Meeresenge des Großen Belt; rechts Felder, Gehöfte, verschlafene Dörfer. Der Lenker steht nun auf Kurs Nordost. Im Kopf speichern sich unentwegt Eindrücke ab. Hier die Wikingerfestung Trelleborg am Fluss Tudeå, dort die Frauenkirche in der Stadt Kalundborg – ein mächtiger Bau mit fünf Backsteintürmen.

Längs des malerischen Nyhavn reihen sich zahlreiche Restaurants aneinander.

Von Tollose nach Helsingor – 126 km Mit Roskilde öffnen Radler das nächste Tor in die Vergangenheit. Die einstige Königsstadt zu besuchen lohnt aus drei Gründen: wegen des Festivals, der Kathedrale und des Wikingerschiffmuseums. Die

viertägige Musikveranstaltung ist die größte Europas und zieht seit 1971 Feierwillige an. Der Dom zu Roskilde ist der Gegenpol. Er ist erhaben, würdevoll, respektgebietend. 110 Jahre lang schichteten die Erbauer Backstein für Backstein auf. 1280 feierten die Bürger die Einweihung des zweitürmigen Baus. 1995 stieß man auf die Ernennung zum UNESCO-Weltkulturerbe an. Ihn kennt in Dänemark jedes Kind, denn hier ruhen die dänischen Könige. Die 39 Grabmäler sind kostbar gefertigt. Die prominenteste Persönlichkeit hat man nie gekrönt – Margarethe I. Ihr Sarkophag steht vor dem Altar. Obenauf ruht eine lebensgroße Figur aus Alabaster. Im 14. Jahrhundert reichte das Herrschaftsgebiet Margarethes von Grönland über Island und die Färöer bis Schweden, von Nordnorwegen bis Holstein. Unser Ausflug in die Geschichte geht weiter. Wir rollen hinunter zum 800 Meter entfernten Wikingerschiffmuseum. 1962 hoben Archäologen im Roskilde-Fjord fünf Wikingerschiffe. Sie sind heute die Stars der Ausstellung. Die große Halle ist zum Wasser hin offen. Durch die hohen Fenster flutet viel Licht herein. Das Alter der Schiffsrümpfe? Fast 1000 Jahre! Ihr Zustand? Sehr gut. Doch was war damals geschehen? Eine Schlacht? Ein Unwetter? Neugierig betrachtet man die Planken aus Eichen- und Kiefernholz, studiert die Infotafeln, schaut einen Film im Museumskino an. Die Lösung des Rätsels ist unspektakulär: Die Bucht ist hier teils nur einen Meter tief. Man versenkte die Schiffe, um die Stadt von der Seeseite durch eine schmale Fahrrinne zu schützen. Aber die Rechnung ging langfristig nicht auf. Der Fjord versandete im Lauf der Zeit, Roskilde verlor an Bedeutung. 30 Kilometer östlich schwang sich ein anderer Küstenort auf – Kopenhagen.

Dort führt die Fahrt jetzt hin. Wir strampeln ein letztes Mal über sanfte Hügel, blicken auf Weizenfelder. Schließlich wird die Weite zu Vororten, die Vororte zum Reiseziel. Man spaziert nochmals zum Nyhavn. Einheimische wie Touristen bummeln umher. Das Bild gleicht einem Schauspiel; die Tische der Restaurants sind die Logenplätze. Das Publikum trinkt Bier oder Wein, mustert die bunten Hausfassaden und die ankernden Boote. Unser Bühnenvorhang schließt sich hier: Sieben Tage durch Dänemark radeln – gerne wieder! Hans Christian Andersen traf es auf den Punkt: »Das Leben ist das schönste Märchen, denn darin kommen wir selber vor.«

Schloss Amalienborg ist die Kopenhagener Stadtresidenz der dänischen Königin Margrethe II.

Tour 9 Seeland

10 Radweg Berlin – Kopenhagen

Von Hauptstadt zu Hauptstadt

mittel   629 km   ca. 12 Tage   Deutschland, Dänemark

Charakter
Die Route nutzt überwiegend asphaltierte Wege und ist meist eben, da sie oft Flüssen, Seen und später der Ostseeküste folgt. Wo es Anstiege gibt, sind sie kurz, aber knackig.

Wegmarkierung
Die Tour ist durchgängig beschildert, in Deutschland mit einem blauroten Schriftzug »Radweg Berlin – Kopenhagen« und sonst mit den blauen Schildern (Nr. 9 und Nr. 6) der nationalen Radtouren Dänemarks.

Bett & Bike
Radlerunterkünfte über www.bettundbike.de und die Bett+Bike-App; siehe auch www.aktivdanmark.de.

E-Bike
MTB-Tours verleiht E-Bikes und andere Räder in Kopenhagen und Berlin mit Abgabemöglichkeit am Reiseziel. MTB-Tours, Gl. Hareskovvej 321, DK-3500 Vaerloese, www.mtb-tours.com

An- und Rückreise
Berlin und Kopenhagen verfügen über eine gute Bahn-, Fernbus- und Flugzeuganbindung. Mit dem Auto sind es von Hamburg nach Berlin 290 km, von Köln 570 km, von München 590 km. Zu den (teuren) Langzeitparkplätzen und Park & Ride siehe www.berlin.de.

Information
www.bike-berlin-copenhagen.com; Tourismusverband Ruppiner Land, Fischbänkenstr. 8, 16816 Neuruppin, Tel. 03391/65 96 30, www.ruppiner-reiseland.de; Tourismusverband Mecklenburg-Vorpommern, Konrad-Zuse-Str. 2, 18057 Rostock, Tel. 0381/403 05 50, www.auf-nach-mv.de; VisitDenmark, www.visitdenmark.de

---

Wer mit dem Fahrrad durch den Ostseeraum reist, wird verwöhnt: Die Landschaften sind weit und leer. Doch wo ist es schöner? In der Mecklenburger Seenplatte oder an der dänischen Küste? Ein Ländervergleich, der sich sehen lassen kann. In puncto Fahrradfreundlichkeit liegt eine der Hauptstädte klar vorne – Kopenhagen!

Von Berlin nach Wesenberg – 155 km Was verbindet Berlin mit Kopenhagen? Ein Radweg, klar. Aber was noch? Es sind ihre Wahrzeichen. Hier die Quadriga auf dem Brandenburger Tor, dort die Kleine Meerjungfrau. Beide haben schon einiges durchgemacht. Die 123 Zentimeter kleine Statue im Hafen von Kopenhagen litt in den letzten Jahrzehnten immer wieder unter Vandalismus. Mal fehlte ihr der Kopf, mal ein Arm. Wer 2010 in die Hauptstadt Dänemarks aufbrach, fand den Findling, auf dem die Meerjungfrau sonst sitzt, verwaist. Das Wahrzeichen von Kopenhagen verschwunden? Was ist da los? Der Blick fiel auf eine Leinwand. Sie zeigte eine Liveübertragung vom dänischen Pavillon der Expo in Shanghai. Besucher umringen die Statue, machen Fotos; nur nicht hier, sondern 8200 Kilometer entfernt. Jenes Vierergespann, das Touristen heute im Herzen Berlins so gerne fotografieren, reiste nicht so weit.

Das Reichstagsgebäude in Berlin ist seit 1999 Sitz des Deutschen Bundestages.

Im Jahr 1806 siegten Napoleons Truppen in der Schlacht von Jena und Auerstedt über das Königreich Preußen. Der Kaiser ließ die Quadriga nach Paris schaffen. Dort sollte sie den Arc de Triomphe oder die Porte Saint-Denis zieren. Doch die Geschichte wollte es anders. Berlins Wahrzeichen kam zurück und wurde zwischen 1961 und 1989 zum Sinnbild der Teilung Deutschlands, Europas und der Welt. Ronald Reagan sprach am 12. Juni 1987: »Herr Gorbatschow, öffnen Sie dieses Tor! Herr Gorbatschow, reißen Sie diese Mauer ein!«

Nach der friedlichen Revolution kann man in unserer Zeit hinreisen, wo man möchte, so auch gen Norden. Im Schatten der Friedensgöttin Eirene auf der Quadriga klicken die Pedale. Wir rollen durch das Regierungsviertel und vorbei an Kanälen aus der Metropole hinaus. Es folgen die Havelseen, Oranienburg, dann nur noch Stille. Urlaub, gute Wege – was will man mehr? Die Luft ist klar und riecht nach Kiefernduft. Hinter dem Naturpark Barnim führt die Fahrradroute in die Vergangenheit, in den Ziegeleipark Zehdenick. Er liegt in einem Mosaik aus Dutzenden Seen, die einst der Tonabbau hinterließ. 1871 wurde Berlin Hauptstadt des neu gegründeten Deutschen Reichs. Ein Bauboom brach aus. Zehdenick entwickelte sich zu einem der größten Ziegelgebiete des Kontinents. Alleine im Jahr 1910 brannten die 6000 Arbeiter in 63 Ringöfen über 625 Millionen Ziegel. Man spaziert umher und staunt. Anschließend radeln wir durch den Naturpark Uckermärkische Seen. Hier gibt es rund 230 Seen, Bachläufe, Moore und Kleingewässer. Die nächsten Stunden vergehen so: das Kloster Himmelpfort besichtigen, im benachbarten Weihnachtspostamt einen Stempel abholen und in der Wasserstadt Fürstenberg/Havel eine Pause einlegen.

Von Wesenberg nach Seehafen Rostock – 365 km Ende des 19. Jahrhunderts schwärmte der Märker Theodor Fontane über die Gegend: »Im Norden der Grafschaft Ruppin, hart an der mecklenburgischen Grenze, zieht sich von dem

Städtchen Gransee bis nach Rheinsberg hin eine mehrere Meilen lange Seenkette durch eine menschenarme, nur hie und da mit ein paar alten Dörfern, sonst aber ausschließlich mit Förstereien, Glas- und Teeröfen besetzte Waldung.« Der dünn besiedelte Landstrich hat bis heute nichts von seinem Zauber verloren.

Wir fahren von Brandenburg hinüber nach Mecklenburg-Vorpommern, das uns mit sanften Hügeln empfängt. Hier führt der Reiseweg in die Wasserlandschaften des Müritz-Nationalparks hinein. Das Naturparadies umfasst 322 Quadratkilometer, eine Fläche so groß wie die Insel Malta. Mit seinen einladenden Gewässern gehört es zu den idyllischsten Flecken, die unser Land zu bieten hat. Die oft glasklaren Seen sind ein ideales Brutgebiet für Wasservögel. Wer Glück hat, sieht Fisch- und Seeadler durch die Lüfte gleiten. Unterwegs ist alles so, wie man es von vielen Bildern kennt: Sträßchen schlängeln sich durch schier endlose Wälder. Steil runter ein See. Steil hoch eine winzige Siedlung, in deren Mitte eine urige Feldsteinkirche in den blauen Himmel sticht. Ankershagen ist eines dieser beschaulichen Dörfer. Dort besucht man das Heinrich-Schliemann-Museum. Der Forscher, der hier einen Teil seiner Kindheit verbrachte, war Krämer, Kaufmann, ein Sprachgenie, Millionär, romantischer Visionär, Getriebener mit Hang zum Größenwahn und bei der Fachwelt von jeher umstritten. Unbestritten ist, dass er zu den angesehensten Archäologen zählt. Von größter Bedeutung war Schliemanns Entdeckung der Altertumsstadt Troja, bei der er auf den Schatz des Priamos stieß. Wir klettern wieder in den Sattel, radeln durch den Nationalpark.

Die Kirche von Fanefjord ist mit kostbaren Fresken ausgeschmückt.

Die Gletscher der Eiszeit modellierten die Anhöhen der Moränenzüge. Sie hobelten Seebecken aus und hinterließen eine malerische Landschaft. Wer auf dem Radweg Berlin – Kopenhagen unterwegs ist, erlebt besinnliche Tage. Die Welt besteht aus

Strampeln, Schauen, Spüren: Im Naturpark Nossentiner/Schwinzer Heide schaut man auf dem Damerower Werder die halbwilden Wisente an und spürt den angenehmen Fahrtwind auf der Haut. Krakow am See bleibt zurück; voraus liegt die einstige Residenzstadt Güstrow. Herrlich ist das im Renaissancestil erbaute Schloss. Dahinter spaziert man über den Marktplatz. Beherrscht wird er von Bürgerhäusern und Backsteinkirchen. Die Barlachstadt verschwindet im Rücken. Bützow ist das nächste charmante Städtchen. Hier haben Radler die halbe Wegstrecke bis Kopenhagen bewältigt; das Seengebiet weicht offenen Feldern, die in den Sommermonaten mit Mohnblumen gesprenkelt sind.

Eine Tagesreise nördlich flacht das Terrain ab. Unser Weg erreicht Rostock. Zwischen dem Kröpeliner Tor im Westen und der 117 Meter hohen Petrikirche steht Giebelhaus an Giebelhaus. Im späten 12. Jahrhundert taucht zum ersten Mal der Name Roztoc auf, ein slawischer Handelsplatz, der sich um 1400 zu einer der bedeutendsten Hansestädte aufschwang. Die Hanse war ein Machtimperium, das zur Blütezeit im 14. und 15. Jahrhundert den Handel im Ostseeraum und den Warenumschlag in Nord- und Westeuropa kontrollierte. Damals schlossen sich mehr als 200 Städte zusammen. Ihr Einfluss reichte von London über Brügge bis ins russische Nowgorod. Auch uns lockt es aufs Meer – Kurs Nord!

Ostseeküstenroute

Im Osten splittet sich Dänemark in mehrere Inseln auf und lockt Radfahrer mit abwechslungsreichen Touren. Auf dem 800 Kilometer langen Ostsee-Radweg lernt man mit Ærø, Langeland, Lolland, Falster, Møn, Seeland und Fünen die größten Inseln kennen. Zusätzlich gibt es in der Region noch die EuroVelo 10 und 26 Panorama-Radrouten. Garniert wird das Ganze mit historischen Kleinstädten, Schlössern und Kreidefelsen. Auch das Unterkunftsangebot kann sich sehen lassen, denn die meisten Bed&Bike-Betriebe in Dänemark finden sich an der Ostsee. Insgesamt gibt es in Dänemark 11 nationale Routen. Infos unter www.visitdenmark.de.

Von Seehafen Rostock nach Kopenhagen – 632 km Zielstrebig durchpflügen die Fähren »Berlin« und »Copenhagen« die Ostsee. Nach eineinhalb Stunden erkennt man am Horizont die Insel Falster. Die Südspitze Skandinaviens wird größer, gewinnt an Kontur. Vor uns ein neues Land, neue Eindrücke, neue Routenschilder. Sie tragen die Nr. 9. Wir rollen auf herrlich einsamen Nebenstraßen durch Felder, vorbei an Windmühlen. Anschließend schmiegt sich der Weg an den Guldborgsund. Gegenüber ragt die flache Insel Lolland auf. Wo eine Klappbrücke beide Inseln verbindet, liegt Nykøbing. Romantiker zieht es vor die Tore der Stadt, ins mittelalterlich wirkende Zentrum. Kostümierte Darsteller geben Einblick in das Leben um das Jahr 1400. Aus einem der Holzgebäude dringt das Hämmern eines Schmiedes; im Naturhafen schaukeln vertäute Boote in der Dünung. Mittags schreiten alle Besucher zur Turnierarena. Die Tribünenränge füllen sich. Plötzlich erklingen Fanfaren. Dann laute Jubelrufe. Kinder rutschen auf ihren Sitzen umher. Die Show beginnt! Ein Redner stellt festlich gekleidete Ritter vor. Visiere fallen herunter, Pferde preschen voran. Lanzen splittern. Wieder und wieder.

Zurück in der Gegenwart, steuern wir über das grüne Eiland. Auf der anderen Seite blitzt die Ostsee zwischen den Laubbäumen hindurch. Der Radweg schwenkt Richtung Norden ab. Mit dem Meeresrauschen im Ohr treten die Beine wie von alleine. Das Inselhüpfen setzt sich fort: von Bogø hinüber nach Møn, von Møn zur größten Insel der Ostsee – nach Sjælland. Dort lotst uns die vorbildliche Beschilderung durch ländliche Regionen nach Præstø. Das Herz der romantischen Küstenstadt schlägt am Hafen, an dem dänische und ausländische Freizeitsegler ankern. Wir lassen das Koldkrigsmuseum Stevnsfort bei Rødvig rechts liegen und halten auf das charmante Dorf Højerup zu. Wo die Reetdachhäuser enden, sitzt ein kleines Kirchlein spektakulär auf einem steil abfallenden Kreidefelsen. Unten nagen die anrollenden Wellen der Ostsee an den Klippen. Die Steilküste rückte im Laufe der Jahrhunderte immer näher an das 1250 erbaute Gotteshaus heran. Im März 1982 passierte es: Der Chor stürzte in die Tiefe. Seitdem ist die Kirche ein Besuchermagnet. Die dramatische Lage auf der wildromantischen Halbinsel Stevns ist atemberaubend. Der Blick schweift auf das ruhig daliegende Binnenmeer. In der Ferne erkennt man die im Jahr 2000 eingeweihte Øresundbrücke. Ein kurzes Wegstück entfernt blickt das Schloss Gjorslev auf eine 600-jährige Geschichte zurück. Noch älter ist die herausgeputzte

Rechts: Stevns Klint ist eine Steilküste im Südosten der dänischen Ostseeinsel Seeland.

Links: Das auf der Insel Seeland gelegene Præstø bezaubert durch seinen Bootshafen.

seeländische Hafenstadt Køge mit dem wohl am besten erhaltenen Ortskern von ganz Dänemark. Das Herzstück bildet der prachtvolle Marktplatz, an dem man das älteste Rathausgebäude des Landes bestaunt.

Hier beginnt das finale Teilstück in die dänische Hauptstadt. Wir bummeln entspannt über den einladenden Uferradweg. Anschließend folgen wir dem nationalen Radweg Nr. 6. Er führt in das Kalvebod Fælled hinein, eine steppenähnliche Landschaft, in der Rinder grasen. Dahinter erheben sich die ersten Hochhäuser der 590 000-Einwohner-Stadt. Wir sind am Ziel und klinken uns in das Radwegenetz der Königsstadt ein. Die 400 Kilometer Fahrradspuren sind breit und vorbildlich markiert, führen zu Museen, Prachtbauten und Parks. Weltweit kopieren Stadtplaner das durchdachte Streckennetz. Denn seit Jahren nimmt Kopenhagen einen der vorderen Ränge in der Liste der fahrradfreundlisten Städte ein. Gut ein Drittel der 580 000 Einwohner fährt täglich mit dem »Cykle« zur Arbeit oder in die Schule. So strampeln die umweltbewussten Städter jedes Jahr 1,2 Millionen Kilometer mit dem Rad – im Sommer wie im Winter.

640 Kilometer liegen seit Berlin hinter uns. Wir haben uns müde gestrampelt, mit Eindrücken vollgesogen. Beide Länder sind gut auf Radler eingestellt. Zufrieden flaniert man zum Nyhavn, fällt vor einem der Restaurants in die Korbsitze. Rechts die bunten Häuserfassaden, links schaukeln die Holzboote im Wasser. Die Reise hat sich den schönsten Moment bis zum Schluss aufgespart.

Links: Farbenfrohe Giebelhäuser schmücken den Nyhavn im Herzen Kopenhagens.

Rechts: An der Ostseeküste sieht man immer wieder reetgedeckte Häuser.

Tour 10 Radweg Berlin – Kopenhagen

Westeuropa

Großes Bild: Blick in die Schlucht Gorge de la Nesque (Tour 20); Links: Lavendelfelder vor der Abtei Notre-Dame de Sénanque (Tour 20); Rechts oben: Seaford an der englischen Kanalküste (Tour 13); Rechts unten: Im Südwesten Irlands laden mehrere Halbinseln zu ruhigen Radtouren ein (Tour 12).

11 Nordkanal und Sperrin Mountains

Immer schön links fahren

schwer · 562 km · ca. 10 Tage · Nordirland

Charakter
Die Route führt auf verschiedenen Straßen, innerorts meist auf Radwegen oder Radspuren. Nordirland ist überwiegend hügelig bis bergig, entlang der Flüsse und Seen naturgemäß eben.

Wegmarkierung
Die Tour ist mit den Nummern 93, 92, 91 und 99 des National Cycle Network markiert (rote Ziffern auf Blau).

Bett & Bike
Herbergen über www.cyclistswelcome.co.uk und www.discovernorthernireland.com.

E-Bike
E-Bikes sind nützlich und zu mieten über Belfast City Bike Tours, Norm's Bikes, Smithfield Marketplace, 18 Winetavern Street, Belfast, BT1 1JE, UK, www.belfastcitybiketours.com oder über www.cycleni.com.

An- und Rückreise
Per Flug nach Belfast oder Dublin und mit dem Flughafenbus (www.aircoach.ie) weiter. Am Ziel in Newcastle mit dem Taxi nach Newry und per Bahn nach Dublin oder Belfast. Fähre von Cherbourg nach Rosslare und Dublin, oder über Großbritannien. Irish Ferries, Tel. +49/421/1762 18, www.irlandfaehre.de. Mit dem Auto sind es von Berlin nach Belfast 1890 km, von Hamburg 1530 km, von Köln 1380 km, von München 1940 km.

Veranstalter
Iron Donkey Tours, 15 Ballyknockan Rd, Saintfield, Northern Ireland, BT24 7HQ, UK, Tel. +44/7780/49 69 69, www.irondonkey.com

Information
www.discovernorthernireland.com; www.cycleni.com

Das Wetter ist in Nordirland wechselhaft. Aber scheint erst einmal die Sonne, kommt man sich vor wie in einem fernen Land. Vor Ort gibt es Tausende Kilometer Radrouten. Sie erschließen alle sechs Countys. So folgt man der spektakulären Küste und strampelt anschließend durch die weiten Graslandschaften im Landesinneren.

Von Belfast nach Coleraine – 165 km Wer den Namen Belfast hört, dem kommt der Nordirlandkonflikt der 1970er-Jahre in den Sinn. Andere denken an die RMS »Titanic«, die hier gebaut wurde. Am Hafen widmet man dem am 14. April 1912 vor Neufundland untergegangenen Luxusliner ein Museum. Vor über 100 Jahren baute man hier in der Belfaster Werft Harland & Wolff die größten Ozeanliner der Welt. Darunter die drei, knapp 270 Meter langen Dampfer der Olympic-Klasse: RMS »Olympic«, RMS »Titanic« und HMHS »Britannic«. Heutige Besucher stehen staunend vor einem modernen Bau, der mit seiner spitz zulaufenden

An der Queens University Belfast wird seit 1810 unterrichtet.

Fassade einen Schiffsrumpf nachempfindet. Man weihte die Ausstellung im Jahr 2012 ein. Innen erzählen Fotos, Filme und Computeranimationen vom Bau und Untergang des Passagierschiffs der britischen Reederei White Star Line.

Wir radeln durch das Titanic Quarter, die ehemaligen Schiffswerften. Die Wasserbecken sind teils noch erhalten, doch ringsum fällt der Blick auf verglaste Hochhäuser. Wo sie enden, schlängelt sich der Lagan dem Meer zu. Wir überqueren den Fluss und erreichen das Zentrum. Die schachbrettartig angelegten Straßen halten auf eine Grünfläche zu. Mittendrin ragt die Belfast City Hall auf. Man vollendete sie 1906 im Renaissancestil. Interessierte können bei einer Führung die prächtige Eingangshalle bestaunen und sich im Rathaussaal auf dem Thron des Amtsinhabers niederlassen. Nach der Besichtigung folgt man den Blicken der Statue von Queen Victoria die breite Royal Avenue hinauf. Wer ihr nachgeht, erreicht das Kathedralenviertel. Dort reiht sich Pub an Pub. Wir lassen uns von der Atmosphäre anstecken und spazieren die gepflasterten Gassen entlang. Eine führt zum Schriftstellerplatz mit seinen bemalten Hausfassaden, andere zum Oh Yeah Music Centre oder zur St. Malachy's Church. In der Gegenrichtung liegen das Grand Opera House, die Queen's University Belfast und das Ulster Museum. Es macht mit seinen irischen Kunstwerken Lust auf die nächsten Tage im Fahrradsattel.

Wir steuern zum Fluss Lagan und folgen den Schildern mit der Nummer 93.

Die Hügelketten von Nordirland bieten sich für ruhige Radtouren an.

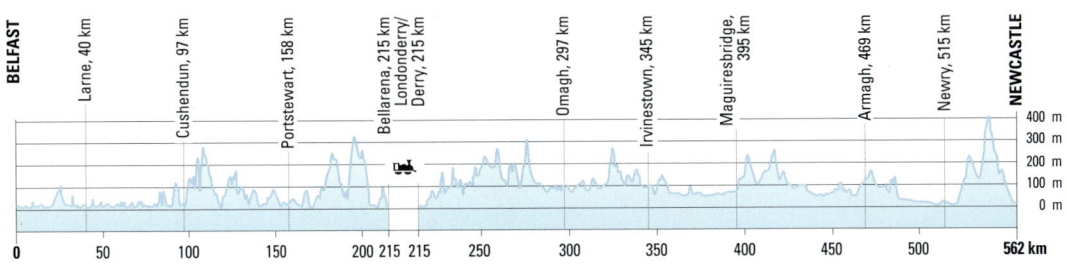

Tour 11 Nordkanal und Sperrin Mountains

In Belfast erinnert das Titanic Museum an den Bau und Untergang des berühmten Passagierschiffs.

Touristen erwartet mit der Causeway Coastal Route eine der schönsten Küstenstraßen Europas. Zunächst beginnt sie unspektakulär. Der Radweg verläuft zwischen der A 2 und dem Meer gen Norden. Die Vororte sind Carrickfergus, Whitehead und Larne. Dahinter gewinnt die Landschaft an Reiz. Zudem wird es ruhig. Wir erklimmen den Torr Head. Hier gibt es nur eine Straße. Sie ist sehr schmal, dass einem kaum Fahrzeuge begegnen. Das Asphaltband durchschneidet Schafweiden. Tief unten schlagen die Wellen des Nordkanals, ein Ausläufer der Irischen See, an das steile Ufer. Gegenüber der felsigen Landzunge erheben sich in 20 Kilometer Entfernung die Berge Schottlands. Das spektakulärste Werk hat die Natur mit dem Giant's Causeway geschaffen. Der »Damm des Riesen«, so die Übersetzung, besteht aus knapp 40 000 gleichmäßig geformten Basaltsäulen. Sie ragen im County Antrim spektakulär in die See. Vor rund 60 Millionen Jahren riss die Erde zwischen Grönland, Island und Schottland immer wieder auf. Auch an der Nordküste Irlands drang die Lava an die Oberfläche und erstarrte zu jenen Polygonsäulen, die heutige Betrachter so verzücken. 1986 erklärte die UNESCO die dunkelgrauen Felsen zum Welterbe.

An weiteren Stellen lohnt es sich, das Rad abzustellen und Wanderungen am Meer zu unternehmen. Die Wege führen zu Sandstränden oder über Hängebrücken, andere zu Höhlen, Burgen und Ruinen. Viele von ihnen dienten in der Fantasieserie *Game of Thrones* als dramatische Kulisse. Unsere Radroute führt nun in den Ort Bushmills. Dort blickt eine der ältesten Whiskeybrennereien der Welt, die Old-Bushmills-Brennerei, auf eine 400-jährige Tradition zurück. Fans des goldenen Gebräus können an einer geführten Besichtigung samt Verköstigung im hauseigenen Pub teilnehmen. Hinter Bushmills folgen wir zunächst noch der Küste und anschließend dem Fluss Lower Bann stromaufwärts in die Stadt Coleraine.

Von Coleraine nach Enniskillen – 200 km Westlich des Verwaltungssitzes des Bezirks Coleraine unternehmen wir einen Ausflug ins Hinterland. Das Gelände steigt vom Downhill Forest anfangs steil

Die Radrouten in Nordirland

Mit dem Fahrrad kann man alle Regionen Nordirlands durchqueren. Auf der Webseite www.cycleni.com gibt es Karten und Broschüren zum Herunterladen. Die Touren sind nach drei Längen sortiert. Zudem kann man Strecken in bestimmten Countys auswählen. Man hat viele auf der Straße markiert und auch welche im Gelände. Für Mehrtagestouren eignen sich die folgenden Routen: Ballyshannon to Larne (452 km), Belfast to Ballyshannon (390 km), The Kingfisher Cycle Trail (370 km), The North West Trail (326 km), Loughshore Trail (182 km), Cycle Sperrins (160 km), Strangford Lough Trail (132 km), Coast Road (113 km). Mountainbikerouten listet die Seite www.mountainbikeni.com auf.

bergan. Rings um die ruhigen Farmstraßen breiten sich Heideflächen, Wälder und Weiden aus. Während der Abfahrt ziehen die umliegenden Tafelberge die Blicke an. Sie begleiten uns bis zur Station Bellarena. Um dem starken Verkehr entlang der Ballykelly Road (A 2) zu entgehen, steigen wir dort in den Zug nach Londonderry. 108 000 Menschen leben in der zweitgrößten Stadt Nordirlands. Ihr Zentrum ist das einzige auf der irischen Insel, das komplett von einer Stadtmauer umgeben ist. Sie hat eine Länge von eineinhalb Kilometern und eine Höhe von acht Metern. Oben kann man von Turm zu Turm und von Kanone zu Kanone spazieren. Das Auge wandert über Kirchtürme und mehrere Wohnblocks. Die Häuser sind meist in lang gestreckten Reihen angeordnet. Diese Bilder gingen zwischen 1969 und 1998 mehrfach um die Welt. Tief ins Gedächtnis der Nordiren hat sich der 30. Januar 1972 eingebrannt. Damals protestierten die Bewohner im Katholikenviertel Bogside für Bürgerrechte und gegen die Internment-Politik der britischen Regierung. Als die Demonstration eskalierte, eröffneten britische Fallschirmjäger das Feuer. 14 Männer starben, weitere wurden verletzt. Künstler wie John Lennon und Paul McCartney verarbeiteten die Tragödie in ihren Songs. Bekanntheit erlangte vor allem der Protestsong Sunday Bloody Sunday der irischen Rockband U2.

Wer heute durch die Rossville Street spaziert, tut dies mit gemischten Gefühlen. Einige der Hausfassaden sind bemalt. Sie zeigen Soldaten, Demonstranten, Verwundete und Bürgerrechtler. Wo sich die Straße gabelt, steht das Bloody Sunday Monument. Es listet alle 14 Opfer auf. Sie waren zwischen 17 und 59 Jahre alt. Unter den Namen prangt der Schriftzug: »Who were murdered by Britisch Paratroopers on Bloody Sunday 30th January 1972«. Der Konflikt hat seine Wurzeln im Jahr 1921. Damals wurde die Insel in die Republik Irland und Nordirland geteilt, das heute zum Vereinigten Königreich Großbritannien und Nordirland gehört. Je nach Religion verwenden die Einwohner der Stadt mal den Namen Derry, mal die offizielle Bezeichnung Londonderry. Die anglikanische St. Columb's Kathedrale ist die größte Nordirlands. Zwischen 1628

Der Giant's Causeway überrascht mit gleichmäßig geformten Basaltsäulen.

Die Landschaften Nordirlands

Mit 13 843 Quadratkilometern Fläche ist Nordirland kleiner als das Bundesland Schleswig-Holstein. Gerade für Radler lohnt die Anreise, denn hier erlebt man auf engstem Raum die verschiedensten Landschaften. Im Norden und im Osten kann man am Meer entlangradeln oder zu einer der Halbinseln übersetzen. Im Landesinneren ragen drei Höhenzüge auf: die Sperrin Mountains, das Antrim Plateau und die Mourne Mountains. In Letzteren ragt der höchste Berg Nordirlands auf, der Slieve Donard (849 m). Ebenfalls gut zum Radfahren eignet sich der größte See der Britischen Inseln, der 30 Kilometer lange und 15 Kilometer breite Lough Neagh.

und 1633 schichtete man den graugrünen Schieferbau auf. Ebenfalls sehenswert ist das Tower-Museum. Es gibt Einblick in die Stadtgeschichte und präsentiert zudem Exponate der spanischen Galeone »La Trinidad Valencera«. Sie sank 1588 als eines der größten Schiffe der Armada, die in jenem Jahr bei dem Versuch einer Invasion Englands scheiterten.

Wir begleiten den breiten Fluss Foyle ein Stück, dann zweigt die Route Nr. 93 in die Berge ab. Die bis zu 670 Meter hohen Sperrin Mountains gefallen mit ruhigen Sträßchen. Sie führen durch Dörfer, Schafweiden und Heideflächen. Unsere nächsten Stationen sind Omagh und Enniskillen. Auch diese Städte waren traurige Schauplätze des Nordirlandkonflikts. In Omagh starben 29 Zivilisten am 15. August 1998. 1987 verloren in Enniskillen elf Menschen durch einen Anschlag ihr Leben. Wer heute durch die Zentren spaziert, spürt von den Spannungen jener Tage nichts mehr.

Von Enniskillen nach Newcastle – 197 km Enniskillen liegt malerisch zwischen den Lower Lough Erne und dem Upper Lough Erne. Der gleichnamige Fluss verbindet beide Seen miteinander. Am Ufer spiegelt sich das Enniskillen Castle im Wasser. Es bewahrt hinter den dicken Mauern ein Museum, das Einblick in die Geschichte, Kultur und Naturgeschichte der Grafschaft gibt.

Mittlerweile sind wir im District Fermanagh and Omagh angekommen. Er ist der westlichste des Landes. Hier beginnt die Radroute Kingfisher Trail. Wer sie befahren möchte, kann zwischen einer 370-Kilometer-Tour und einer 115 Kilometer langen Variante wählen. Wir nutzen den Weg ein Stück und schwenken anschließend gen Osten.

Zurück in Nordirland, ist Armagh die nächste Station. Das religiöse Zentrum der Insel hat zwei Kathedralen, die demselben Heiligen geweiht sind, dies ist weltweit

Die Mourne Mountains erreichen eine Höhe von bis zu 849 Metern.

In Londonderry erinnern Schriftzüge und Bilder an den Nordirlandkonflikt.

einmalig. Auf den Hügeln der Stadt stehen die St. Patrick's Cathedral der Church of Ireland und die römisch-katholische St.-Patricks-Kathedrale. Man nimmt an, dass der heutige Nationalheilige im Jahr 445 hier am Callan River eine steinerne Kirche errichtete.

Wir klettern wieder in den Sattel und treffen am Bahnhof Scarva auf die Radroute Nummer 9. Sie nutzt den Newry Canal Way. Der Kanal band als Erster seiner Art in Großbritannien ab dem Jahr 1742 den Lough Neagh an das Meer an. Wo einst auf dem Treidelpfad Pferde die Boote von Schleuse zu Schleuse zogen, rollt man heute entspannt der Stadt Newry entgegen. Als man in den 1850er-Jahren die Bahnlinie Belfast – Dublin baute, verlor die Wasserstraße ihre Bedeutung. Die kommenden zehn Kilometer sind das komplette Gegenteil. Sie verlaufen zwar auf einem Radweg, dieser geht aber nahtlos in eine vierspurige Straße über, sodass man sich vorkommt wie auf einer Autobahn. Hinter dem Ort Warrenpoint wird es erneut ruhig. Wir folgen dem Kilbroney River bergan in die Mourne Mountains. Die Gipfel sind baumlos und von den Gletschern der letzten Eiszeit rund geschliffen. Der schmale Weg kippt in einer Höhe von 400 Metern ab und führt hinab in den Tollymore Forest Park. Man radelt durch einen Torbogen hindurch und findet sich in einer gepflegten Grünanlage wieder. Die Hamilton-Familie pflanzte hier seit dem 18. Jahrhundert viele Bäume, darunter Sitka-Fichten, Himalaya-Zedern, Monterey-Kiefern und Riesenmammutbäume, die mittlerweile zu einer stattlichen Größe herangewachsen sind. Der Park lädt mit Sicht auf die Berge zum Picknick ein.

Die Abfahrt endet in der nahe gelegenen Stadt Newcastle. Hier gibt es einen ansprechenden Sandstrand, an dem man wunderbar die Füße von sich strecken kann. Hier hat man einen schönen Blick auf den Slieve Donard, den mit 849 Metern höchsten Gipfel des Landes. Und hier vollzieht unsere Reise einen würdigen Schluss.

12 County Cork

Ein Urlaubstraum

schwer | 465 km | ca. 8 Tage | Irland

Charakter
Das County Cork bietet Urlaubern unverbaute, hügelige bis bergige Landschaften, eine perfekte Infrastruktur und viele interessante Besichtigungen. Die Straßen sind gepflegt.

Wegmarkierung
In der Region gibt es mehrere markierte Radrouten.

Bett & Bike
Radlerunterkünfte über www.ireland.com

E-Bike
In dem bergigen Terrain Irlands sind E-Bikes nützlich; eigenes mitbringen oder bei einem Veranstalter ausleihen (www.ireland.com).

An- und Rückreise
Neben den Flughäfen Cork und Kerry besitzt Cork einen Fährhafen, der via Roscoff (Frankreich) mit dem europäischen Festland verbunden ist (www.brittanyferries.de, 14-Std. Überfahrt). Um an die Endpunkte der Tour zu kommen, bucht man bei South West Walks Ireland einen Transfer, denn es gibt dort keine Zugstrecken. Mit dem Auto sind es von Berlin nach Kinsale 2000 km, von Hamburg 1680 km, von Köln 1480 km, von München 2040 km. Parkplätze in Kinsale über www.kinsale.ie.

Veranstalter
Ireland Walk Hike Bike bietet neben fertigen Programmen auch individuelle Wunschreisen an (inkl. Leihrädern). Ireland Walk Hike Bike, Tel. +353/667/18 61 81, www.irelandwalkhikebike.com

Information
Irland www.ireland.com; https://purecork.ie/

Liebliche Wiesen, hohe Küstenberge und schroffe Felsklippen – die Radtour durch den Südwesten Irlands ist wie eine Reise durch die Erdgeschichte. Wer hier von Bucht zu Bucht springt, trifft auf viel Kultur und freundliche Menschen. Doch wo ist es schöner? Am Meer oder im ruhigen Hinterland?

Von Kinsale nach Durrus – 160 km In der zerklüfteten Küstenlinie der Keltischen See greifen schmale Meeresarme weit ins Land hinein und schaffen ideale Bedingungen für geschützte Naturhäfen, so auch in Kinsale. Die Kleinstadt überrascht mit bunten Hausfassaden und liebevoll dekorierten Läden. Zwischen den Hügeln öffnen sich herrliche Ausblicke. Hier auf die ankernden Segelboote; dort auf die beiden Forts. Sie spielten im Winter 1601/1602 in der Schlacht von Kinsale eine wichtige Rolle. Die Luft ist salzig und appetitanregend. Kein Wunder also, dass vor dieser Kulisse jedes Jahr im Oktober das Kinsale Food Festival steigt. In den elf beteiligten Good Food Circle Restaurants kann man als Gourmet drei Tage lang schlemmen und probieren. Die Gabentische sind hier im äußersten Süden der Insel reich gedeckt: Das Meer liefert neben Seefisch auch Hummer, Muscheln, Austern sowie Krabben. Aus dem grünen Hinterland stammen Rinder und Schafe. All dies wird von renommierten Köchen zu appetitlichen Garnierungen zusammengefügt, die während der Saison den Stadtbesuch abrunden. Annähernd 500 Kilometer möchten wir im County Cork zurücklegen. Bereits zu Beginn präsentiert sich Irland, wie man es von vielen Fotos kennt: Verschlafene Country Roads führen an dunkelblauen Buchten mit sichelförmigen Stränden entlang, passieren Rinderherden und alte Steinkirchen, die den Kern kleiner Dörfer bilden. Timoleague ist eine dieser beschaulichen Siedlungen. Hier schauen sich Reisende die Ruine Timoleague Friary an. An der Mündung des fischreichen River Arigideen errichteten Franziskaner um das Jahr 1400 ein Kloster. Die Glaubensgemeinschaft verdankt ihrem Aufschwung dem lukrativen Weinimport aus Spanien. Die Abtei war der englischen Krone ein Dorn im Auge. So brannte sie das Areal 1642 nieder. Heute erobert die Natur das Terrain zurück. Das Dach des Kirchenschiffes fehlt. In dem hohen Gras sieht man umgefallene Grabsteine. Aus den übereinandergeschichteten Steinen wächst eine dichte Vegetation hervor und legt sich wie ein Spinnennetz über das alte Gemäuer.

Unsere Reise führt längs der Südküste durch reizende Ortschaften. Dazu zählen etwa Clonakilty. Hier kam 1890 der Unabhängigkeitskämpfer Michael Collins zur Welt. Ebenfalls charmant ist das Fischerstädtchen Baltimore. Ringsum scharen sich flache Inseln. Die heimliche Hauptstadt von West-Cork ist jedoch Skibbereen. In der Upper Bridge Street, direkt am Ufer des Ilen Rivers, trifft man auf das Heritage Centre. Es erinnert schmerzlich an die Große Hungersnot, die Irland in den 1840er-Jahren heimsuchte. Ausgelöst durch Kartoffelmissernten forderte die Tragödie landesweit geschätzte eine Million Menschenleben. In jener Zeit wanderten zudem rund eineinhalb Millionen Iren nach Übersee aus. Nachdenklich kehren wir der Küste den Rücken und radeln auf wagenbreiten Sträßchen ins hügelige Hinterland hinein. Farmen, Schafherden und jede halbe Stunde ein Auto – mehr passiert hier nicht.

Linke Seite: Die Beara Way Cycle Route folgt der Küste der gleichnamigen Halbinsel.

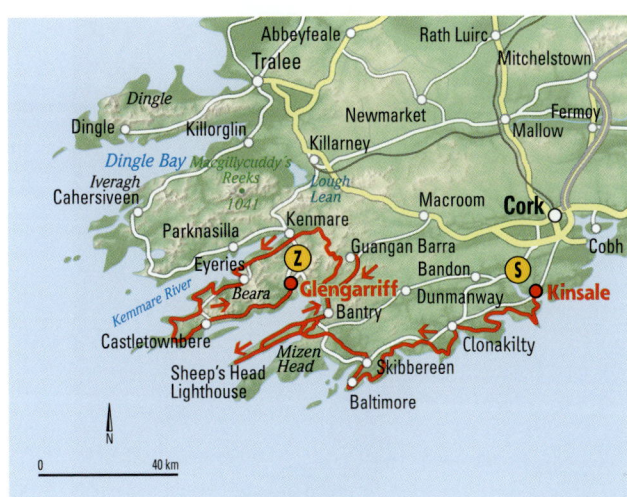

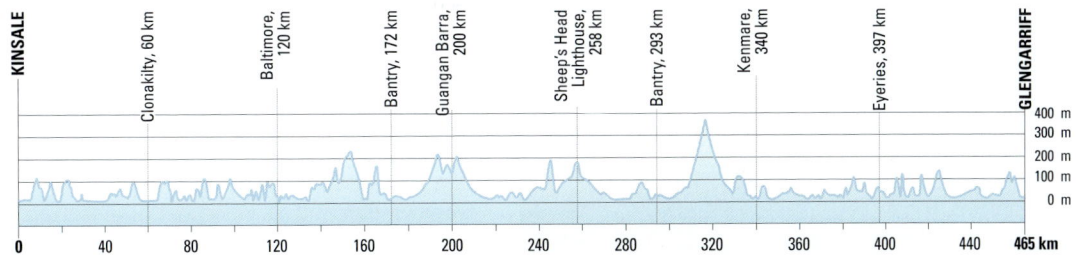

Tour 12 County Cork

Die Kilgarvan Road führt aussichtsreich durch ruhiges Farmland.

Von Durrus nach Kenmare – 180 km Mit dem Bantry House treffen wir auf den nächsten kulturellen Höhepunkt. Aber was heißt hier House – es ist ein Paradies! Der Prachtbau sitzt über Bantry Bay. Im Norden fällt der Blick auf die lang gestreckte Caha Mountains mit ihrem 686 Meter hohen Hungry Hill. Eingefasst wird der Wohnsitz der Familie White von einem geometrisch geordneten Park. In seiner Mitte steigt eine über Terrassen angelegte Barocktreppe an und verschafft dem Besucher einen Panoramablick auf die Gartenarchitektur. Die Stadt Bantry bietet sich als Ausgangspunkt für Ausflüge ins Umland an. Im Südwesten führen beschilderte Radrunden um die Sheepshead-Halbinsel und die Mizen-Halbinsel. Dort tragen die Dörfer Namen, als stammten sie aus der Feder des Schriftstellers J. R. R. Tolkien: Glanlough, Durrus, Ahakista, Goleen, Toormore.

Wen es eher in Richtung Landesinnere verschlägt, unternimmt einen Abstecher zum Gougane Barra Lake. Die Benennung geht auf den heiligen Finbarr zurück, der im 6. Jahrhundert hier in der Gegend ein Kloster gegründet haben soll. Im rechten Drittel des Sees ragt eine Landzunge ins Wasser hinein. Darin spiegelt sich ein steinernes Kirchlein mit seinen Buntglasfenstern. Wieder in Bantry angekommen, steuert man einen Irish Pub an. Diese zwei Worte stehen für Bier, Whiskey und Gute-Laune-Musik. Dass man in den traditionellen »Public Houses« auch ausgezeichnet speisen kann, beweist der neu eingeführte Titel »Eating out in Pubs« des renommierten Michelin-Guides. Der Gourmet-Gürtel Irlands liegt im County Cork und das zu Recht. Denn die Region heimste mit gleich sechs Kneipen die begehrte Auszeichnung ein. Die Irish Pubs sind tief in der Gesellschaft verwurzelt. In ihnen schlägt das Herz einer jeden Siedlung. Hier trifft sich Jung und Alt zu einem Plausch. Aus den Zapfhähnen rinnt das schwarze Guinnessbier und als Reisender fühlt man sich rasch heimisch.

Von Kenmare nach Glengarriff – 125 km Ein malerisches Bild erlebt man ein Stück weiter nördlich von Bantry. Hier schmiegt sich die 138 Kilometer lange Beara Way Cycle Route eng an die knapp 700 Meter hohen Berge. Die Beara-Halbinsel ist rund 50 Kilometer lang und 15 Kilometer breit. In der Stadt Kenmare beginnt der berühmte Ring of Kerry. Doch uns zieht der benachbarte Geheimtipp an – die ruhige R 571. Die Straße ist so schmal, dass sie für Reisebusse und große Wohnmobile gesperrt ist. So steuern wir Richtung Atlantik. Wer unterwegs aufmerksam das Terrain studiert, dem fallen sonderbare Landmarken auf. Auf der Beara-Halbinsel gibt es viele Steinkreise, Hügelgräber und Menhire, sogenannte Hinkelsteine. Markant ist der Oghamstein von Ballycrovane. Er ist sehr schlank und mit seinen 5,30 Metern der höchste seiner Art. Wissenschaftler datierten ihn auf die Endperiode der Bronzezeit auf 800–700 v. Chr. An einer der Ecken steht die Inschrift: MAQI – DECCEDDAS TURANIAS – »von dem Sohn des Deich, Nachkomme des Torainn«.

Eyeries ist die nächste Siedlung und gibt mit seinen Hausfassaden die ganze Palette der Pastellfarben wieder. Man sieht Gebäude in schrillem Pink, zartem Gelb, dick aufgetragenem Blau und flammendem Rot – alles wirkt, wie von einem künstlerischen Maler inszeniert. Filmfreunde kennen das bühnenbildgleiche Dorf aus Streifen wie »Falling for a Dancer« mit Colin Farrell und »The Purple Taxi« mit Peter Ustinov. Die Straße wendet sich erneut dem Meer zu und führt in einem stetigen Auf und Ab dicht an den ausgefransten Klippen entlang. Nur wenige Pedalumdrehungen trennen uns von der Westspitze der Beara-Halbinsel. Dort brandet der offene Atlantik an die schroffen Felsen – Stunde um Stunde, Monat für Monat, seit Jahrmillionen. Bis an die Gestade von Labrador sind es gut 3000 Kilometer. Dazwischen nichts als Wasser, Wellen und Wind. Es ist ein Traum, hier im Südwesten Irlands Rad zu fahren.

Das ehemalige Kloster Timoleague Friary

Das Bantry House ist seit 1750 Wohnsitz der Familie White und kann besichtigt werden.

Tour 12 County Cork

13 Avenue Verte Paris – London

Vom Eiffelturm zur Towerbridge

mittel 363 km ca. 7 Tage Frankreich, England

Charakter
Die kinderfreundliche, teils hügelige Route verläuft meist auf befestigten Wegen (wenige Schotterabschnitte) oder ruhigen Straßen. Zwischen Conflans-Sainte-Honorine und Saint-Germer-de-Fly gibt es zwei Routenoptionen.

Wegmarkierung
Die Strecke ist in Frankreich mit grün-weißen Schildern markiert, in England mit blauen Schildern und roten Nummern.

Bett & Bike
Radlerunterkünfte über www.avenuevertelondonparis.com und www.cyclistswelcome.co.uk

E-Bike
E-Bikes sind vorteilhaft. Manche Veranstalter bieten Ausleihe in Paris und Abgabe in London an.

An- und Rückreise
Paris ist mit dem Zug (de.oui.sncf/de/), Fernbus (www.fernbusse.de) und Flugzeug erreichbar. Von London aus per Flieger oder Zug (www.eurostar.com; 2:30 Std.) zurück nach Paris. Die DFDS-Fähre (www.dfdsseaways.de) verkehrt zwischen Dieppe nach Newhaven. Mit dem Auto sind es von Berlin nach Paris 1050 km, von Hamburg 900 km, von Köln 500 km, von München 840 km.

Veranstalter
Rückenwind Reisen bietet Fahrräder und E-Bikes zum Verleih sowie Gepäcktransport an (auch in umgekehrter Fahrtrichtung). Rückenwind Reisen, Am Patentbusch 14, D-26125 Oldenburg, Tel. 0441/48 59 70, www.rueckenwind.de

Information
Atout France – Frankfurt am Main, de.france.fr; www.francevelotourisme.com; www.avenuevertelondonparis.com; www.visitengland.com; www.visitbritain.com

Fragt man Städtereisende, wo es am schönsten ist, fallen oft die Namen Paris und London. Doch kann man da gut Rad fahren? Und wie kommt man hin? Am besten per Muskelkraft! Seit dem Jahr 2012 sind beide Metropolen durch einen Radweg verbunden. Wer ihn bereist, ist begeistert: Hier sieht man Flüsse und Schlösser, dort Kreidefelsen und Prachtbauten im Empirestil.

Von Paris nach Gisors – 118 km Paris – Stadt der Liebe! Da denkt man an den Eiffelturm, den Louvre, die Place de la Concorde oder die Kathedrale Notre-Dame. Wir sind in der 2,2-Millionen-Metropole, tauchen ein in die Geschichte, erliegen dem Charme der Prachtbauten. Paris durchziehen 700 Kilometer Velowege. Mal sind sie vorbildlich ausgebaut, mal verwinkelt und zugeparkt. Doch die Franzosen bauen fleißig ihr Routennetz aus. Im gesamten Stadtgebiet können Radler an 1800 Stationen eines der 23 600 Leihvelos von »Vélib« mieten. Lohnende Ziele gibt es in Paris genügend. Eines steuert jeder Besucher an – das Seine-Ufer. Es gehört seit 1991 zum Weltkulturerbe. Die UNESCO würdigte die Reihe gotischer Meisterwerke und den Gesamtkomplex, der großen Einfluss auf die Stadtentwicklung in anderen europäischen Hauptstädten hatte. Auf der

Die Skyline von London ist bekannt aus den James-Bond-Filmen.

Seine-Insel Île de la Cité markiert das erste der grün-weißen Veloschilder den Reisebeginn. Auf ihm ist zu lesen: »Londres 408 km«. Wie wohl dort die Radwege sein werden?

Von der Innenstadt aus strampeln wir auf der Velo Traversée Nord Sud eine Anhöhe hinauf. Es folgen Vororte, Industriegebiete, Schienenstränge und Autobahnen. Hinter Villeneuve-la-Garenne wird es schlagartig ruhig. Die Seine beschert uns einen idyllischen Flussradweg, der eine 180-Grad-Schleife vollführt. An beiden Ufern ziehen sich Kleinstädte in die Länge. Eines davon ist Maisons-Laffitte – unser Tagesziel. Das Wahrzeichen ist das Schloss. Es stammt aus dem 17. Jahrhundert und steht für Besucher offen. Der französische Dichter Charles Perrault schrieb über den Bau: »…eines der schönsten Dinge, die wir in Frankreich besitzen.« Er diente als Vorlage für das Château de Franconville in Val-d'Oise und den Bahnhof Plaza Constitución in Buenos Aires. Zwölf Kilometer nördlich teilt sich die Avenue Verte Paris – London in zwei Wegstränge auf. Die Strecke im Westen, die in der Karte eingezeichnet ist, verläuft zum Fluss Epte, der einen nach Gisors und Gournay-en-Bray führt. Fällt die Wahl auf die Ostroute, so kann man sich auf drei Höhepunkte freuen: das Kloster Royaumont, die Altstadt von Senlis und die Kathedrale von Beauvais.

Von Gisors nach Dieppe – 120 km Gisors hat 12 000 Einwohner und liegt im Département Eure. Die Gründer der Siedlung haben den Standort gut gewählt, denn hier vereinen sich die Flüsse Epte, Troësne und Réveillon. Der Ort scheint eine besondere Beziehung zu der Zahl

Die Route trägt in England die Nummer 21.

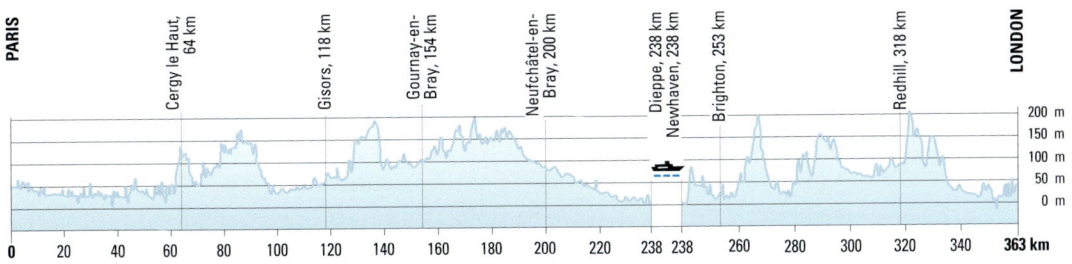

Tour 13 Avenue Verte Paris – London

Der Eiffelturm ist 324 Meter hoch und mit rund sieben Millionen Besuchern im Jahr eines der meistbesuchten Wahrzeichen der Welt.

Drei zu haben: Drei goldene Lilien zieren das Wappen. Dreimal schlossen der König von Frankreich und der König von England, der zugleich auf dem Herzogsthron der Normandie saß, den Frieden von Gisors, das war 1113, 1180 und 1188. Die Festung schließlich nannte man »Burg der drei Wagen«. Bekannt ist sie durch den Schatz der Tempelritter, der angeblich im Jahr 1307 hier versteckt wurde. In der Burg, einem massiven Rundbau, hat man bereits vergebens gegraben. Schatz hin oder her – wer auf den Hügel steigt, kann zumindest die schöne Aussicht auf die Altstadt genießen.

Wir radeln weiter dem Epte nach und erreichen Gournay-en-Bray. Da treffen die West- und die Ostroute zusammen. Die Landschaft, die wir nun bereisen, sieht aus wie auf Claude Monets Gemälde Mohnfeld bei Argenteuil: wogendes Grün, dahinter sanfte Hügel mit Baumgruppen. Seine Wahlheimat, die Normandie, ist wie geschaffen zum Radfahren. Verschlafene Landsträßchen führen durch Dörfer, zu Schlössern und Parks. Das angenehmste Stück beginnt im Etappenort Forges-les-Eaux – 40 Kilometer auf einer ehemaligen Bahntrasse. Der Radweg ist breit, komplett asphaltiert und führt leicht bergab. Bergab zum Meer! Dort bewacht das Hafenstädtchen Dieppe die Mündung des Flusses Arques. Wie man hier den Urlaub verbringt? Die Burg besuchen, die Alabasterküste mit ihren 100 Meter aufragenden Steilklippen erkunden. Oder an der Strandpromenade die Picknickdecke auf den taubeneiergroßen Steinen auslegen, Eis schlecken und dabei die Wellen beobachten, wie sie leise am Ufer ausrollen und das Brandungsgeröll durchmischen. Der markante Küstenabschnitt ist 120 Kilometer lang und erstreckt sich von der Stadt Le Havre an der Mündung der Seine bis an die Grenze zur Region Picardie. Uns zieht es zum Meer.

Radler haben nun 240 Kilometer in den Beinen stecken; die Avenue Verte Paris – London setzt zum zweiten Teilstück an. Die Räder verschwinden im Bauch der weiß-gelb angestrichenen Fähre. Man entert das Sonnendeck, macht es sich oben bequem. Behutsam steuert der Kapitän die 142 Meter lange Fähre aus der schmalen Hafenausfahrt hinaus. Die salzige Luft legt sich auf die Lippen. Frankreich verschwindet im Kielwasser; voraus eine vierstündige Fahrt über den Ärmelkanal. Weit draußen auf dem Meer segeln Basstölpel hinter dem Schiff her. Ab und zu gleitet ein voll beladener Containerriese vorbei.

Von Newhaven nach London – 127 km Auf einer Europakarte sieht es aus, als hätte sich Großbritannien, die neuntgrößte Insel der Welt, vom Kontinent gelöst und ist auf die Nordsee hinausgetrieben. In der Tat ist der Meeresarm recht jung: Vor rund 8000 Jahren war das heutige England noch mit dem Festland verbunden. Die Isolation brachte für uns Sonderbares wie den Linksverkehr hervor. Als wir im Pulk der Paris-London-Radler durch Newhaven fahren, ist er noch ungewohnt. Folgt man hier der Küste wenige Kilometer gen Osten, so erreicht man die Kreideklippen von Seaford. Sie gehören zu den Seven Sisters in der Grafschaft East Sussex und sehen aus wie ein abgebrochenes Stück weiße Schokolade. Geologisch sind sie identisch mit der gegenüberliegenden Alabasterküste in Frankreich. Die Hauptroute führt über Eastbourne und Mayfield in Richtung London.

Velowege in Frankreich

Frankreich. Ein Name, so gewaltig wie der Mont Blanc, so prickelnd wie Champagner, so elegant wie ein Seebad an der Côte d'Azur. Seit Jahren baut die Nation ihr Radwegenetz aus. Hier gibt es alles: Flussrouten, Küstenstrecken, Städtetouren, Hochgebirgspässe. Zu den beliebtesten Strecken zählen: Loire-Radweg, Via Rhôna, La Bretagne à Vélo, Veloscenic Cycle Route, La Vélodyssée l'Atlantique à vélo und Le Canal des 2 mers à vélo. Bei den Destinationen bieten die Provence, das Burgund und das Elsass spannende Routen für Radler. Wer diese verbindet, erhält eine wirklich abwechslungsreiche Reise. Infos gibt es unter www.francevelotourisme.com.

Uns zieht es auf die Alternativstrecke durch das Hinterland. Dort begleitet uns der Cuckmere River ins Hügelland der South Downs. Das Bild wechselt zu saftigen, mit Baumgruppen bestandenen Weiden. Rinder ziehen umher, Kanadagänse ruhen sich für den Weiterflug aus. Wir stoppen an einem Rastplatz im Arlington Reservoir und lassen uns zufrieden auf einer der Sitzgruppen nieder. Der kurz geschnittene Rasen erinnert an einen Golfplatz. Ringsum halten Hecken und ein Wäldchen den Wind ab. Dazwischen tauchen Reiter auf. Einheimische führen ihre Hunde aus, picknicken und genießen den Blick auf den See. Wir steuern über Lewes, Peacehaven und Rottingdean in das Seebad Brighton. Eine breite Promenade säumt das Ufer und

Die Seebrücke Brighton Pier wurde 1899 eröffnet.

schafft mit der Architektur im britischen Regency-Stil genau jenen Anblick, für den Kurgäste in das adrette Seebad reisen. 1840 bekam Brighton einen eigenen Bahnhof. Damals brachten die Dampflokomotiven Reisende in 52 Minuten von der Londoner Victoria Station an die Küste. Die 273 000-Einwohner-Stadt versprüht noch immer den Charme vergangener Tage. Der Royal Pavilion zieht die Fotografen magisch an. Er ist eine Schöpfung des Baumeisters John Nash, der den Palast nach dem Vorbild indischer Mogulpaläste für den Fürst von Wales Georg IV. errichtete. Wir spazieren durch die Häuserkarrees vorbei am Riesenrad hinunter zum Strand. Dort wird die Szene von der Seebrücke Brighton Pier bestimmt, die sich 524 Meter weit ins Meer schiebt. Einst gab es einen Konkurrenten – den West Pier. Doch die Natur meinte es nicht gut mit dem Bau. Er brach 2002 bei einer Sturmflut in sich zusammen. Drei Monate später brannten die Aufbauten aus; ein Sturm im Sommer 2004 besorgte den Rest. Die elegante Seebrücke wurde zum Relikt einer vergangenen Epoche. Wie ein Schiffswrack ragt das Stahlskelett aus der See.

Rechte Seite: Die Radroute beginnt vor der Kathedrale Notre-Dame de Paris.

Beiderseits des Ärmelkanals fallen hohe Klippen zum Meer hin ab.

Der Tagesablauf der nächsten zwei Etappen ist vertraut: English breakfast; Radeln durch Felder, über Hügel, durch Waldgebiete; Picknicken auf einer Wiese, weiterradeln bis zum Nachmittag; Abenddinner. Wir steuern von Brighton nach Crawley, von Crawley zum Flughafen Gatwick. Zwischen Chaldon und Coulsdon schnaufen wir den Anstieg auf die Anhöhe Farthing Downs hinauf. Die Bäume treten zurück. Der Weg trennt einen lang gestreckten Wiesenstreifen in zwei Hälften. Weit im

Norden erkennt man nun die Skyline von London. Die Grünflächen schrumpfen zu Parks; die Dörfer weichen Vororten, die nahtlos in die Hauptstadt des Vereinigten Königreichs übergehen. Hier leben 8,9 Millionen Einwohner. FAST NEUN MILLIONEN! In der gesamten Metropolregion zählt man sogar 14,1 Millionen Menschen. Es ist ein Gewimmel auf den Einfallstraßen: außen Fußgänger, daneben eine gestrichelte Radlerspur. Es folgt die BUS LANE, die für die roten Doppeldeckerbusse und Taxis des schnuckeligen Typs LTI TX4 reserviert ist. Dann die Fahrbahnen für den normalen Verkehr, der hier häufig stillsteht.

Wir erreichen die Themse. Am Ufer zieht der Palace of Westminster die Blicke an, gegenüber dreht sich das London Eye – wir sind am Ziel. Der Regierungssitz ist alles in einem. Finanzplatz, UNESCO-Welterbe, Nullmeridian, Einkaufsparadies. London ist museal, modern, altbacken, cool, international, überteuert, voll und besonders ein würdiges Reiseziel. Auch für Radler? Immer wieder liest man in den Medien Artikel zu futuristisch anmutenden Plänen. Es gibt Entwürfe für Fahrrad-Highways und Wege auf Stelzen. Mal ist die Rede von einem schwimmenden Radweg auf der Themse, mal von Strecken in stillgelegten U-Bahn-Tunnels. Eine verlockende Idee! Darin wäre es trocken, man käme zügig und sicher vom Hotel zu den Museen, den Restaurants und Wahrzeichen. Noch ist vieles davon Zukunftsmusik. Man darf gespannt sein, was die Stadtplaner umsetzen werden. Bisher ist das Netz der markierten Cycle Paths überschaubar. Durchdacht sind aktuell der gute Streckenplaner und das funktionierende Fahrradverleihsystem. Zündende Einfälle braucht London auf jeden Fall, denn die City wächst rasant. Ein Projekt hat man bereits realisiert, den Radweg von Paris nach London. Eine Woche per Rad: Man hat den Eiffelturm fotografiert, französischen Wein gekostet, ist in beiden Ländern über die Kreideklippen gewandert. Hier Avenue des Champs-Élysées, Abtei Montmartre, Arc de Triomphe; dort Brighton, Big Ben, British Museum – die Liste der Höhepunkte und Sehenswürdigkeiten auf der Avenue Verte ließe sich beliebig verlängern!

Das Radnetz von Großbritannien

England, Schottland, Wales und Nordirland haben ein zusammenhängendes Radroutennetz. Es heißt National Cycle Network und umfasst rund 22 500 Kilometer. Die Webseite www.sustrans.org listet verschiedene Strecken auf und zeigt deren Verlauf auf einer Karte. Die Hauptrouten erkennt man an den einstelligen Ziffern. Daneben gibt es noch zwei- und dreistellige Wege. Alle hat man vor Ort mit roten Nummern auf blauem Grund markiert. So kann man z. B. den Küsten folgen oder einer ehemaligen Bahntrasse nachgehen. Geschichtlich ist der Hadrian's Cycleway interessant. Naturliebhaber steuern die Inseln Orkney, Shetland und Hebriden an.

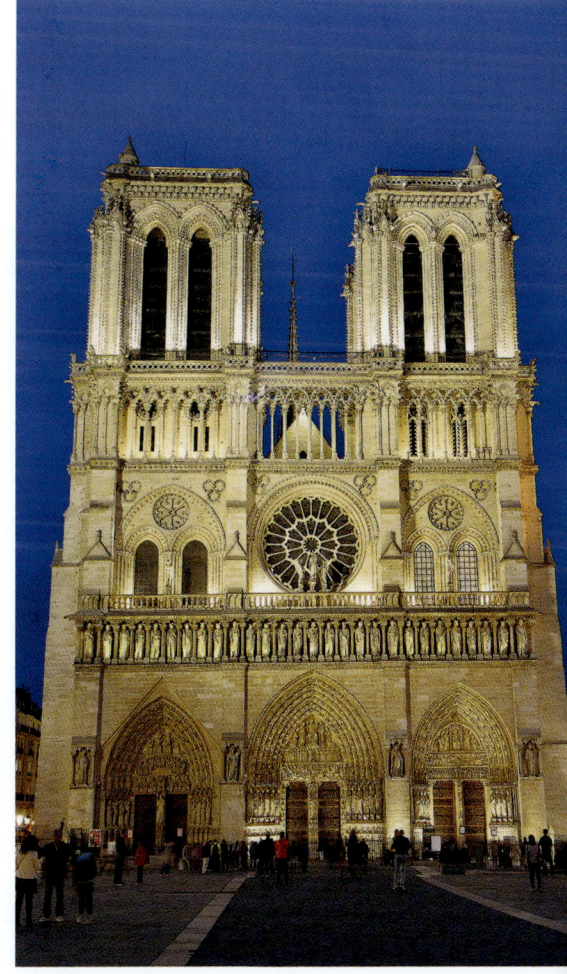

14 Flandern

Schlemmen von Stadt zu Stadt

schwer   465 km   ca. 8 Tage   Belgien

Charakter
Die Tour auf guten Asphaltradwegen und ruhigen Nebenstraßen weist nur anfangs leichte Steigungen auf.

Wegmarkierung
Die Strecke ist mit den blauen und grünen Schildern des Knotenpunktsystems markiert (www.fietsnet.be).

Bett & Bike
Es gibt viele Radlerunterkünfte.

E-Bike
Für den zweiten Reiseteil ab Antwerpen kann man beim Veranstalter Weinradel Elektroräder ausleihen.

An- und Rückreise
Mit dem Zug oder Fernbussen (www.fernbusse.de) nach Belgien. In den belgischen Regionalzügen (www.belgianrail.be) kann man Fahrräder transportieren. Rücktransport über Weinradel. Mit dem Auto sind es von Berlin nach Tongeren 700 km, von Hamburg 520 km, von Köln 140 km, von München 700 km.

Veranstalter
Weinradel organisiert die Strecke zwischen Antwerpen und Brügge (inkl. Gepäck- und Rücktransport). WEINRADEL – Reisen per Rad, Weststraße 7, 52074 Aachen, Tel. 0241/87 62 62, www.weinradel.de

Information
Tourismus Flandern-Brüssel, Stolkgasse 25–45, Köln, www.flandern.com; Toerisme Limburg www.toerismelimburg.be; www.fietsnet.be

Flandern liegt im Norden Belgiens und ist bekannt für sein Bier, für Fritten und Schokolade. Doch der eigentliche Grund, durch die Provinz zu fahren, sind Städte wie Tongeren, Antwerpen, Gent und Brügge. Dort erfährt man, was die zum UNESCO-Weltkulturerbe gehörenden Beginenhöfe und Belfriede sind.

Von Tongeren nach Antwerpen – 200 km Limburg gehört zu Flandern und ist schon seit Jahren die beliebteste Fahrradprovinz Belgiens. Tourenradlern steht ein rund 2000 Kilometer langes Routennetz zur Verfügung. Es verteilt sich wabenförmig über das ganze Land. Tongeren ist unser Startpunkt und liegt im Osten nahe der Grenze zu Nordrhein-Westfalen. 400 Jahre lang war die durch zwei Verteidigungsmauern gesicherte Siedlung Drehkreuz für Waren auf der Via Belgica. Die Römerstraße verband Köln mit der Atlantikküste bei der heutigen französischen Stadt Boulogne-sur-Mer. An jene Epoche erinnert das spannende Gallo-Römische Museum. Es erhielt 2011 den Titel »Europäisches Museum des Jahres«. In chronologischer Zeitfolge durchlaufen Besucher den Verwandlungsprozess vom Jäger und Sammler ab dem Jahr 500 000 v. Chr. bis hin zum sesshaften Stadtbewohner am Übergang des Römischen ins Frankenreich. Rund 2200 archäologische Objekte, Filme, Animationen und interaktive Anwendungen beleuchten die Geschichte des alten Kontinents. Jüngeren Datums, nämlich aus dem 13. Jahrhundert, ist der Beginenhof von Tongeren mit seinen backsteinernen Wohnhäusern. Das Kleinod genießt zusammen mit zwölf weiteren flämischen Beginenhöfen seit 1998

Historienbauwerke fassen den Grote Markt in Dendermonde ein.

besonderen Schutz als UNESCO-Weltkulturerbe. Vier dieser architektonischen Juwele möchten wir uns in den nächsten Tagen auf einer Radreise in Richtung Nordseeküste ansehen. Flanderns Städte erlebten im Mittelalter dank des florierenden Handels einen wahren Bauboom, der heutige Touristen auf Schritt und Tritt zum Fotoapparat greifen lässt. Die Altstädte mit ihren kopfsteingepflasterten Gassen, den Türmen und ihren reich dekorierten Fassaden versprühen noch immer den Charme vergangener Tage. Zu jener Zeit erblühte

die Malerei unter den flämischen Meistern wie Peter Paul Rubens, Pieter Bruegel oder van Dyck, die Werke von Weltrang hervorbrachten. Fällt heute das Schlagwort »Flandern«, muss man unweigerlich auch an die lange Bierbrautradition, an Schokolade, hausgemachte Fritten (oder Frieten, wie es in Belgien heißt) und belgische Waffeln denken, die einem allesamt den Aufenthalt versüßen.

Voller Erwartung drehen wir noch eine Runde durch das Zentrum. Zu Füßen der Liebfrauenbasilika erblicken wir das erhabene Standbild des belgischen Nationalhelden Ambiorix, der verblüffend dem gallischen Comichelden Asterix ähnelt. An der Stadtmauer lotst uns der erste Knotenpunkt mit der Nummer 107 auf das Land hinaus. Die Beschilderung schickt uns auf befestigten Flurwegen durch hoch stehende Maisfelder und kleine Waldstreifen, zwischen denen sich versprengte Dörfer verteilen. Belgien ist Radlern vor allem durch seine Rennradrennen ein Begriff. Jedes Jahr finden hier die Rennen Gent – Wevelgem, La Flèche Wallonne und die Tour de Wallonie statt. Einen besonderen Stellenwert genießt die Ronde van Vlaanderen – die Flandern-Rundfahrt. 2013 feierte man ihr 100-jähriges Jubiläum. Der Tag, an dem die Rennradprofis 250 Kilometer zurücklegen, ist für die Fans hierzulande wie ein nationaler Feiertag.

Wir aber gehen unsere Radtour gemächlich an. So bleibt mehr Zeit zum Umherschauen. Sanft wellt sich die Landschaft. Sie bildet die liebliche Kulisse für erstklassige Sehenswürdigkeiten wie das herrschaftliche Schloss Alden, das alte Zechenareal C-mine in Genk und das Freilichtmuseum Bokrijk. Auf dem 550 Hektar großen Areal stehen 140 historische Gebäude. Man hat sie auf drei Dörfer verteilt, die drei Regionen repräsentieren: Ost- und Westflandern, Haspengau und Kempen. Sogar

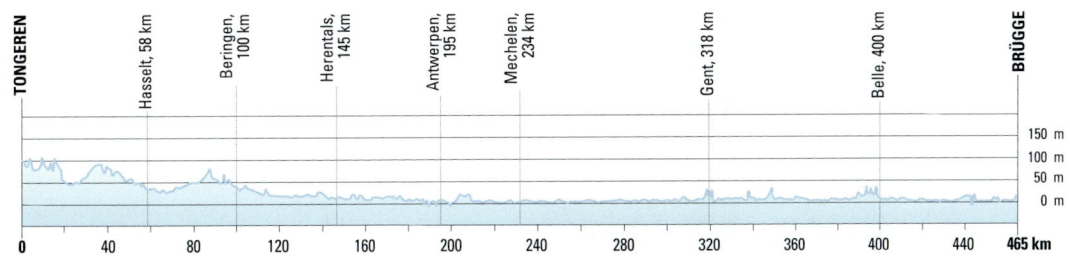

Entlang der Grachten von Brügge stehen alte Steinbauten.

Das Wasserschloss Alden Biesen liegt in der Provinz Limburg.

eine Stadt hat man mit Häusern aus Antwerpen zusammengestellt. Sie umfasst 17 Gebäude vom späten 14. bis zum 16. Jahrhundert. An der Seite des Albert-Kanals geht es in Richtung Westen. Oft schlägt die Route Haken ins Hinterland. Das Gelände wird zusehends flacher. Unterwegs überbieten sich die Höhepunkte: Da ist die Koerselse Heide, die Norbertinerabtei in Tongerlo mit ihrem Da Vinci Museum und unsere nächste Station Herentals. Dort zieht das prächtige Rathaus die Aufmerksamkeit auf sich.

Von Antwerpen nach Gent – 118 km Der Hafen dieser Stadt ist größer als der in Hamburg, ihr mittelalterlicher Kern gehört zum UNESCO-Weltkulturerbe und ihr Ruf klingt nach Diamanten. Und doch ist sie ein Geheimtipp. Nicht aber Mitte August. Dann ist »Bollekesfeest« und Antwerpen feiert! Bolleke? Der Name stammt von dem Bier der Stadtbrauerei De Koninck. Der Grote Markt verwandelt sich dann in eine Partymeile: Jeder Zweite hat eines der halbrunden Gläser in der Hand. Das bernsteinfarbene Bier hat 5,2 Prozent Alkohol, schmeckt ein wenig bitter und verströmt ein leichtes Hopfenaroma. Man sagt, dass in den vier Tagen des Bollekesfestes 85 000 Gläser über die Theke gereicht werden. Na, dann Prost! Prost auf die Livemusik, auf die netten rotweißen Zeltbuden und auf den Stadtplatz. Er bietet die Bühne für das Spektakel. Den ersten Platz nimmt das mit Fahnen dekorierte Rathaus ein. Das Stadhuis ist der Stolz Antwerpens. Als man es zur Mitte des 16. Jahrhunderts errichtete, gehörte die Hafenstadt zum Gebiet der Spanischen Niederlande. 450 Jahre sind seitdem vergangen. Dazwischen verjagte man die Habsburger, schlug Napoleon bei Waterloo und trotzte dem Raketenbeschuss der Wehrmacht. Aber das Rathaus sieht noch immer glänzend aus. Drei Wappen zieren die Fassade. Sie erinnern an die wechselvolle Geschichte der alten Seefahrerstadt, die heute der weltweit bedeutendste Diamantenhandelsplatz ist. Neben dem Stadhuis ragen Zunfthäuser in den blauen Himmel.

Wir rollen aus der Rubensstadt hinaus und orientieren uns weiterhin an den Knotenpunkten. Also von 57 zu 59 und weiter zu 41. So liegt die wehrhafte Burg Stehen schnell hinter uns. Inmitten der Wiesen und Baumgruppen wirft die Schelde ihre Schleifen. Sie war einst der Garant für den Aufstieg von Antwerpen, denn der Mündungstrichter des 360 Kilometer langen Flusses schneidet tief ins Land. Auf dem Wasser ziehen Frachtkähne vorbei. Wir folgen einem davon. Er biegt links ab in den Nebenfluss Rupel. Wer ihm nachgeht, erreicht Mechelen. Unser Etappenziel hat rund 85 000 Einwohner und wirkt doch beschaulich. Vor einem weißen Denkmal hält man an. Die Statue erinnert an Margarete von Österreich. Sie war bis zu ihrem Tod im Jahr 1530 die Statthalterin der Niederlande. Dahinter ragt die Kathedrale von Mechelen auf. Man legt unweigerlich den Kopf in den Nacken und mustert den Bau. Sein Turm schwingt sich 98 Meter in den Himmel. Alles reichlich überdimensioniert, denkt man sich für so eine kleine Stadt. Sint Rombout zählt jedoch zu den Hauptwerken der europäischen Gotik. Die nächste Etappe führt durch Dendermonde. Es ist wieder so ein bezaubernder Ort. Die Höhepunkte? Der Marktplatz, der Belfried und der Beginenhof. Die ersten Städte der Reise sind fesselnd, aber sie sind nur das Vorprogramm – denn wir erreichen Gent.

Von Gent nach Brügge – 147 km Die Abendsonne malt die Kulisse, der Hafen Graslei ist die nächste Bühne. Rechts und links Prachtbauten. Dazwischen haben Einheimische, Studenten und Touristen die Tische der Restaurants erobert. Wie Antwerpen bescherte der Seehandel auch Gent großen Reichtum. Ein ansehnlicher Turm genügte den stolzen Händlern der Stadt nicht – gleich drei mussten

Fähre über den Fluss Schelde

Das flämische Knotenpunktsystem

Radfahrer haben es in Flandern leicht. Sie genießen gute Radwege mit Knotenpunkten. Knotenpunkte? Ja, hier hat man die Routen wie ein Netzwerk über die Provinz gelegt. Jede Kreuzung trägt eine Zahl. Von dort zweigen die nächsten Nummern ab, die mit Pfeilen markiert sind. Zusätzlich gibt es eine Übersichtskarte mit allen Strecken. Es ist wie beim Malen nach Zahlen, man springt von Ziffer zu Ziffer. Erfunden wurde das auf die Niederlande und den Nordwesten Deutschlands übertragene Netzwerk 1995 in der Provinz Limburg. Auf der Webseite www.fietsnet.be kann man sich eine Wunschroute erstellen und dazu die GPS-Daten herunterladen.

es sein, einer fantastischer und höher als der andere, stehen sie dicht hintereinander aufgereiht da. Der erste Turm ist der 95 Meter hohe Belfried. Die daneben gehören der Sint-Niklaas-Kirche und der Sint-Bavo-Kathedrale. Darin befindet sich der Genter Altar, eines der bedeutendsten Kunstwerke des Mittelalters. Diese Schöpfung von Jan van Eyck und Hubert van Eyck lockt jedes Jahr rund 700 000 Menschen aus aller Welt an.

Gent ist der Ausgangspunkt für einen Tagesausflug entlang des Flüsschen Leie. Die Radwege bringen einen sicher durch den Speckgürtel. Nach fünf Kilometern wird es schlagartig ländlich. Das Pulsieren der 250 000-Einwohner-Stadt scheint mit einem Mal weit entfernt. Die Äste der Bäume ragen über das Wasser hinaus. Hausboote tuckern vorüber und verscheuchen die Enten. Wir fahren zum Wasserschloss Ooidonk und weiter nach Brügge. Ein breiter Dammradweg folgt dem Wasserkanal, der Gent und Brügge verbindet. Dann ist es so weit – wir erreichen Brügge! Venedig des Nordens, Perle Flanderns, Hauptstadt der Schokolade. All diese Namen trägt die Europäische Kulturhauptstadt des Jahres 2002 zu Recht. Sie kam einst durch den Handel zu Wohlstand. Brügge war eines der vier Kontore der Hanse. Die anderen Niederlassungen lagen in London, Bergen und im russischen Nowgorod. Das Flüsschen Leie und seine Kanäle umschließen die gesamte Altstadt. So waren die Einwohner Brügges gut vor Angreifern geschützt. Als Erstes kommen wir zum Beginenhof, steigen aus den Sätteln, schieben die Räder durch einen Torbogen und staunen. Dahinter wird es still. Besucher blicken umher, mustern

Unten: Brügge lässt sich bequem per Kutsche erkunden.

Ganz Unten: Das belgische Gent ist durch den Seehandel groß geworden.

Belfriede und Beginenhöfe

Belfried nennt man in Flandern und im Norden Frankreichs die hohen, schlanken Glockentürme der Kirchen. Sie gehören ebenso zum Weltkulturerbe wie die Beginenhöfe. 13 von ihnen stehen unter dem Schutz der UNESCO. Man findet sie in den wichtigsten Altstädten Flanderns. Meist sind sie in einem guten Zustand, stets gruppieren sich die Gebäude um einen Innenhof. Ab dem 13. Jahrhundert entstanden die Beginenhöfe von den Niederlanden bis nach Oberitalien. Alleinstehende Frauen, die man Beginen nannte, lebten hier ohne Männer. Der Unterschied zu Nonnen war, dass sie kein Gelübde ablegen mussten und jederzeit austreten konnten.

die weiß getünchten Fassaden. Inmitten des Idylls ragt eine Gruppe Eichenbäume auf und bringt mit ihrem satten Grün Leben in die Stadt. Von irgendwoher dringt Pferdegetrappel und reißt uns aus den Gedanken. Vor dem Beginenhof sehen wir Pferdekutschen über das rund geschliffene Kopfsteinpflaster klappern.

Unser Weg führt nun ins Herz des Mittelalterensembles von Brügge. Immer wieder schwingen sich Steinbrücken über die verzweigten Grachten. Unten gleiten weiße Sightseeingboote zwischen den Backsteinhäusern hindurch. Hier und da öffnen sich lauschige Plätze. Die Cafés und Restaurants haben ihre Tische nach draußen gestellt. Der zweite Halt gilt der Liebfrauenkirche. Ihre mächtigen Mauern behüten die weltberühmte Plastik »Madonna mit Kind« von Michelangelo. Brügge hat es gar nicht nötig, sich mit fremden Künstlern zu schmücken, wirkten in der Stadt doch Maler wie Jan van Eyck, Adriaen Isenbrant oder Gerard David. Wer hierher reist, kommt sich vor, als bummelte er durch ein Gemälde altniederländischer Meister. Der Rozenhoedkaai bildet das nächste Motiv, das man sich zu Hause einrahmen möchte. Er ist die wohl romantischste Ansicht Belgiens. An dieser Stelle treffen zwei Kanalarme aufeinander. Sie geben den prächtigen Häusern darüber gebührenden Raum, um sich in Szene zu setzen. Als Krönung spitzt ganz hinten der Brügger Belfried hervor. Perfekt.

Prächtige Gildehäuser schmücken die Straßenzüge Korenlei und Graslei in Gent.

15 IJsselmeer-Runde

Radlerland mit weiten Ausblicken

leicht 411 km ca. 7 Tage Niederlande

Charakter
Die kinderfreundliche Fahrradroute verläuft meist auf befestigten Wegen. Abschnitte mit Schotter bilden die Ausnahme. Wo man Straßen benutzt, herrscht wenig Verkehr.

Wegmarkierung
Der Rundkurs ist als LF21/22/23 Zuiderzeeroute beschildert.

Bett & Bike
Infos für Radunterkünfte über www.hollandfahrradland.de

E-Bike
E-Bikes sind an der Küste nützlich (starker Wind), für Verleih in Amsterdam siehe www.iamsterdam.com.

An- und Rückreise
Amsterdam verfügt über eine gute Bahn- und Fernbusanbindung (www.fernbusse.de). Mit dem Auto sind es von Berlin nach Amsterdam 660 km, von Hamburg 470 km, von Köln 270 km, von München 830 km. Parken ist in Amsterdam (www.iamsterdam.com) sehr teuer. Daher parkt man an der ersten Unterkunft oder außerhalb des Zentrums.

Information
www.holland.com; Amsterdam Tourist Information, Stationsplein 10, NL-1012 Amsterdam, www.iamsterdam.com; www.holland-fahrradland.de

Unser westlicher Nachbar macht es Radlern leicht: Hier gibt es unzählige Radwege, unter denen die Runde um das IJsselmeer herausragt. Man steuert durch altehrwürdige Hafenstädte wie Amsterdam, Hoorn oder Enkhuizen. Dazwischen schweift der Blick über weite Polderlandschaften und man hofft, dass der Wind von der richtigen Seite herweht.

Von Amsterdam nach Den Oever – 124 km Fahrräder sind in Amsterdam einfach überall. Es gibt hier über 800 000 Stück, also fast eines pro Einwohner. Sie füllen riesige Parkhäuser und lehnen an den Geländern über den Grachten. Man sieht sie auf den Radspuren oder Radwegen. Sogar im Rijksmuseum. Wie bitte? Ja, dort strampelt man unter den Torbögen ins Stadtzentrum hindurch. Vor dem Prachtbau spiegelt sich der Schriftzug »I Amsterdam«. So heißt der Tourismusverband und dessen »Rabaddkarte«. Mit ihr bekommt man freien Eintritt in mehr als 25 Museen und Attraktionen. Dazu zählen das Van Gogh Museum, das Tropenmuseum, De Oude Kerk und auch das 1885 eröffnete Rijksmuseum. Hinter der reich dekorierten Fassade präsentiert die Ausstellung über 8000 Exponate. Darunter ist eine bedeutende Gemäldesammlung niederländischer Meister aus dem 17. Jahrhundert. So schreitet man begeistert von Rembrandt van Rijns weltberühmter »Nachtwache« zu Jan Vermeers »Dienstmagd mit Milchkrug« und weiter zu Frans Hals' »Der fröhliche Trinker«.

Historische Klappbrücken verbinden die Ufer entlang der Entwässerungskanäle.

Derart eingestimmt erkunden wir die Hauptstadt der Niederlande. Kaum eine Stadt der Welt lässt sich so angenehm per Fahrrad bereisen. Über 400 bestens ausgebaute Radwegekilometer durchziehen die an der Amstel und dem IJsselmeer gelegenen Stadt. Wir reihen uns in den Tross der so zahlreichen »Fietse« ein, wie man hier sagt, und rollen die beschaulichen Grachten entlang. Man hob sie Anfang des 17. Jahrhunderts aus. 2010 erklärte sie die UNESCO zum Weltkulturerbe. Ebenfalls diesen Status genießt auch die Ende des 19. Jahrhunderts errichtete Stellung von Amsterdam. Dabei handelt es sich um einen Zusammenschluss von Forts, Batterien, Deichen, Wehren und Wassergräben. Nach wenigen Kilometern treffen wir auf den als Zuiderzeeroute beschilderten Radfernweg. Ihm vertrauen wir uns in der kommenden Woche an. Jenseits des östlichen Stadtrandes vollzieht die Umgebung einen abrupten Wechsel. Aus den dunkelroten Ziegelsteinbauten werden prächtige Windmühlen, aus den Stadtparks grünes Deichland mit Schafen und Kühen. Die Dammwege sind breit und asphaltiert. Vor dem Fahrradlenker entfaltet sich in den nächsten Stunden eine weit einzusehende Wiesenlandschaft. Sie wird von unzähligen Gräben durchzogen, in denen schnatternde Wasservögel umherpaddeln. Am Nachmittag erblicken wir über einer geschwungenen Bucht die Türme der Stadt Hoorn.

In den gepflasterten Gassen mit ihren denkmalgeschützten Fassaden scheint die glorreiche Zeit der Niederländischen Ostindien-Kompanie noch immer lebendig. Im Hafen schaukeln an der Mole stattliche Segler mit hölzernen Masten sanft auf und ab. Was heute ein beliebter Abenteuerausflug für Schulklassen und Freizeitkapitäne ist, blickt auf eine lange Tradition zurück: Als sich Europas Seefahrernationen ab dem 15. Jahrhundert aufmachten, um neue Schifffahrtswege zu finden, nahmen die Niederlande eine bedeutsame Rolle ein. Mehrere ihrer Seefahrer trugen sich in die Geschichtsbücher ein oder verewigten ihre Namen auf Landkarten. So entdeckte Willem Barents 1596 Spitzbergen und Nowaja

Im Wasserdorf Giethoorn kann man schön an den Kanälen entlang radeln.

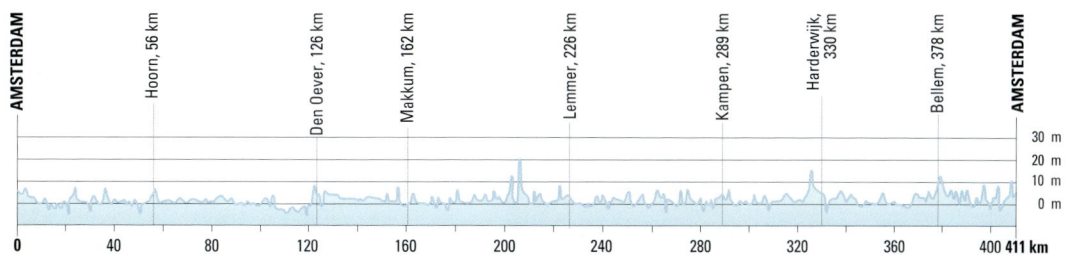

Tour 15 IJsselmeer-Runde

Semlja. Willem Jansz sichtete 1606 Australien und Abel Tasman 1642 Neuseeland. Im Jahr 1616 bezwang der aus Hoorn stammende Willem Cornelisz Schouten die windumtoste Spitze Südamerikas und taufte sie Kap Hoorn. Jene Blütezeit nannte man in dem kleinen Land an der Nordseeküste das »Goldene Zeitalter«. Die Ostindiensegler brachten begehrte Gewürze von den Inseln der Molukken, chinesische Luxuswaren, Tee und Kaffee in die westliche Welt. Mit dem Handel sprudelten die Einnahmen. Der Städtebau wurde vorangetrieben und die niederländische Malerei gelangte zur großen Blüte.

Keine 25 Kilometer entfernt erwartet uns mit Enkhuizen die nächste Seefahrerstadt am Wegesrand. Auch hier profitierte man von dem einträglichen Geschäft mit den Kolonien. Dies sehen heutige Besucher an den alten Giebelhäusern und stilvollen Villen. Direkt am IJsselmeer liegt das Zuiderzeemuseum. Besucher bestaunen auf dem Freilichtgelände original erhaltene Gebäude des ehemaligen Zuiderzeegebiets. Darin kann man zahlreichen Handwerkern über die Schulter schauen, die altes Brauchtum pflegen. Das dorfähnliche Ensemble präsentiert unter anderem eine Kirche, eine Fischräucherei, eine Mühle, eine Käserei mit Lagerhaus, Geschäfte und Wohnhäuser aus den umliegenden Fischerdörfern.

Unten: Das Muiderschloss diente schon mehrmals als Filmkulisse.

Rechte Seite: Galleriehölländerwindmühle am IJsselmeer

Die Sturmfluten an der Nordsee

Die Nordseeküste in den Niederlanden und Deutschland verdankt ihr heutiges Gesicht dem Wind und den Wellen. Immer wieder riss der »Blanke Hans«, wie man die Sturmfluten hier nennt, ausgedehnte Landmassen mit ins Meer. Die tobende See sorgte für großes Leid unter der Bevölkerung und formte die großen Meeresbuchten Zuiderzee, Dollart und Jadebusen. Naturkatastrophen wie die Julianenflut, die Grote Mandränke, die Allerheiligenflut oder die Weihnachtsflut haben sich mit Tausenden Todesopfern tief ins Gedächtnis der Küstenbewohner eingegraben. Jahrhundertelang kämpften die Friesen gegen das unbeugsame Meer an und errichteten in mühevoller Arbeit hohe Deiche.

Von Den Oever nach Kampen – 164 km Der Ortsname Den Oever bedeutet »das Ufer«. Hier muss man eine Entscheidung treffen. Nach Westen steuern? Richtung Den Helder und der vorgelagerten Insel Texel? Oder gen Osten über den 30 Kilometer langen Abschlussdeich? Diesen Weg wählen wir. 1932 deichten die Niederländer die Zuiderzee ein. Aus ihr wurde das Binnengewässer IJsselmeer. Unweigerlich denkt man, dass es genau andersherum heißen müsste. Aber hier deutet die Endung »zee« auf ein Meer hin. Wenn man nun jedoch eine Bezeichnung mit »meer« sieht, steht man vor einem »See«. Die Namen sind friesischen Ursprungs. Die Menschen, die das Küstenland besiedelten, haben ihre Wurzeln in einem germanischen Volksstamm. Geht man in unserer Zeitrechnung rund 8000 Jahre zurück, so gab es die Nordsee in ihrer heutigen Form noch gar nicht. Damals konnten die Steinzeitmenschen nach Britannien gehen. Forscher nennen das untergegangene Gebiet Doggerland. Als sich die Gletscher weiter nach Skandinavien zurückzogen, umspülte das Meer im Lauf der Zeit das Land, riss Teile

Fahrradnation Niederlande

Unser westlicher Nachbar lädt mit seiner flachen Landschaft regelrecht zum Radfahren ein. Doch für eine gelungene Radtour muss die Infrastruktur passen. Und hierzulande ist sie top.
Die Niederlande sind eines der besten Radreviere Europas. Neben den 25 Radfernwegen mit den LF-Nummern gibt es noch ein landesweit ausgeschildertes Knotenpunktsystem. Mit dem Onlineradroutenplaner von www.hollandfahrradland.de kann man seinen Radurlaub beliebig gestalten.
Zu den beliebtesten Radfernwegen zählen: Rhein-Radweg, Maas-Radweg, Niederlande-Runde und der Nordseeküsten-Radweg.

heraus. Es bildeten sich Inseln und Buchten. Heute ist die Gefahr von Sturmfluten immer noch groß. So macht der Afsluitdijk, der Abschlussdeich zwischen Den Oever und Zurich, aus dreierlei Gründen Sinn: Mit ihm gewann man ein großes Stück Land zurück. Er bietet Schutz vor Hochwasser und dient als schnelle Verkehrsverbindung zwischen den Provinzen Nordholland und Friesland.

Der Radweg, der direkt am Wasser und der Autobahn Rijksweg 7 entlangzieht, erreicht wieder das Festland. Bisher sind wir den Radschildern mit der Aufschrift LF21 nachgesteuert. Nun geht es der LF22 gen Süden nach. Die nächsten Stopps gelten dem historischen Rathaus in Warum, den Grachten von Hindeloopen und dem Woudagemaal im Dorf Tacozijl. Der niederländische Bauingenieur Dirk Frederik Wouda lieh ihm den Namen. Dabei handelt es sich um das größte und einzige noch arbeitende Dampfschöpfwerk der Welt. Königin Wilhelmina reiste im Oktober 1920 eigens zur Einweihung an. Vier Doppel-Dampfmaschinen mit je 500 PS betreiben das Schöpfwerk. Um das Land zu entwässern, bauten die Niederländer mehrere Pumpwerke. Die UNESCO würdigte 1998 die Technik und Architektur und erhob die Anlage zum Weltkulturerbe. Eine Radstunde südlich trifft man auf die nächste Welterbestätte. Dieses Mal schützt man die Polderlandschaft Schokland. Im Mittelalter gab es hier eine gleichnamige Insel. Da sie stetig absank und dadurch schrumpfte, löste man die Gemeinde im Jahr 1859 auf. Mit dem Abschlussdeich gewann man das Terrain zurück; die einstige Insel verschmolz mit dem Festland. So symbolisiert Schokland den uralten Kampf der Siedler gegen die See.

Von Kampen nach Amsterdam – 122 km Auf den nächsten Etappen radeln wir mitten hinein in das traditionsreiche Friesland, wie man es von vielen Bildern kennt: Verschlafene Landsträßchen schlängeln sich durch endlose Graslandschaften, durchqueren hier und dort eine kleine Stadt mit historischem Ortskern. Von allen Stationen der Rundreise ist das beschauliche Wasserdorf Giethoorn die charmanteste. Radler sollten zeitig aufbrechen, denn dann ist es hier noch ruhig. Man folgt einem schmalen Wassergraben, der die lang gestreckte Siedlung in zwei Hälften teilt. In regelmäßigen Abständen überspannen weiß angestrichene Brücken die Gracht, in der kleine Holzboote friedlich an den Stegen vertäut liegen. Entlang des Ufers ziehen reetgedeckte Bauernhäuser mit bunten Blumenbeeten die Aufmerksamkeit auf sich und versetzen Reisende zurück ins 18. Jahrhundert, als man hier noch fleißig Torf stach. Hinter Giethoorn erreichen wir das größte zusammenhängende Niedermoorgebiet Nordwesteuropas und genießen den angenehmen Wechsel aus lichten Waldstreifen, Tümpeln und Heuwiesen in vollen Zügen. Dort, wo heute Radler entspannt in Richtung Westen rollen und auf die Binnenseen Zwarte Meer, Drontermeer und Veluwemeer schauen, lag vor Jahrzehnten die große Meeresbucht Zuiderzee. Nachdem das heutige IJsselmeer durch den Abschlussdeich vom Meer abgetrennt war, begann man mit dem Eindeichen und Trockenlegen riesiger Landflächen. Sie bildeten ab 1986 die neue Provinz Flevoland. Ein Stück südlich wird das romantische Festungsstädtchen Elburg von einem breiten Wassergraben umspült und verströmt mit den im Schachbrettmuster angelegten Straßenzügen einen besonderen Reiz.

Am letzten Tag weisen uns die Routenschilder mit der Aufschrift LF23 zuverlässig den Weg Richtung Westen. Schilfbewachsene Wasserkanäle säumen die herrlich zu fahrenden Asphaltradwege. Hinter der Stadt Harderwijk bietet die Zuiderzeeroute vom Fahrradsattel aus prächtige Panoramablicke auf das Gooimeer. Kurz darauf grüßt aus der Ferne die unverkennbare Stadtsilhouette von Naarden mit einem komplett erhaltenen, sternenförmig angelegten Festungswall. Die Siedlung besteht seit dem Beginn des 14. Jahrhunderts und besticht durch malerische Winkel mit einheitlichen Gebäuden. Vor den Toren von Amsterdam hält die abwechslungsreiche Radtour mit dem mächtigen Muiderschloss noch eine Überraschung bereit. Es bewacht die Mündung der Utrechtschen Vecht in das IJsselmeer. Hinter den dicken Mauern und Türmen residiert ein Nationalmuseum. Wer es besucht, bekommt Gemälde und Möbel aus dem Goldenen Zeitalter und Waffen zu Gesicht.

Wir klettern ein letztes Mal in den Sattel. Nach einer Stunde tauchen am Horizont die ersten Vororte der Radmetropole Amsterdam auf. Man passiert ein modernes Wohngebiet mit schwimmenden Häusern und holpert schließlich über das rund geschliffene Kopfsteinpflaster der historischen Handels- und Seefahrerstadt. Zurück am Museumplein, zeigt das GPS-Gerät 410 Kilometer an. Jedes Teilstück davon imponierte uns durch ansprechende Landschaften und packende Sehenswürdigkeiten. Es ist ein Traum, die Niederlande mit dem Fahrrad zu erkunden.

Links: Käse im Zuiderzeemuseum

Rechts: Die Route führt bei Eemdijk direkt am Wasser entlang.

16 Kunstwegen-Vechtetalroute

Ein Weg zum Staunen

leicht | 233 km | ca. 4 Tage | Deutschland, Niederlande

Charakter
Die kinderfreundliche Route verläuft meist auf befestigten Wegen mit nur kurzen Abschnitten mit Schotter und auf ruhigen Straßen.

Wegmarkierung
Die Strecke ist durch grün-weiße Schilder mit der Aufschrift »Vechtetalroute« gekennzeichnet.

Bett & Bike
Die Webseite www.bettundbike.de listet im Web und auf der Bett+Bike-App Unterkünfte für Radler auf, für die Niederlande siehe www.hollandfahrradland.de.

E-Bike
E-Bikes sind bei Gegenwind nützlich. Im Münsterland gibt es viele Verleih- bzw. Ladestationen für E-Bikes, siehe www.muensterland.com.

An- und Rückreise
Per Zug nach Coesfeld und 15 Kilometer per Rad nach Darfeld. Von Zwolle aus fahren Züge (www.ns.nl) zurück nach Coesfeld. Oder mit dem Fernbus nach Münster oder ab Amsterdam und mit der Bahn weiter. Mit dem Auto sind es von Berlin nach Darfeld 490 km, von Hamburg 300 km, von Köln 150 km, von München 680 km.

Information
Grafschaft Bentheim Tourismus, NINO-Allee 2, 48529 Nordhorn, Tel. 05921/96 11 96; www.grafschaft-bentheim-tourismus.de; Münsterland Tourismus, Airportallee 1, Greven, Tel. 02571/94 93 92, www.muensterland-tourismus.de; www.holland.com; www.kunstwegen.org

Zwei Länder, eine Route: Kunstwegen – wer wird da nicht gleich neugierig? Der Fluss Vechte geleitet Radler durch weite Landschaften und reizvolle Kleinstädte. Unterwegs sorgen fantasievolle Installationen für Abwechslung und Inspiration. Vom Münsterland bis ans Zwarte Water in den Niederlanden. Eine 230 Kilometer lange Reise, die alle Sinne anregt.

Von Darfeld nach Nordhorn – 82 km Es gibt viele Gründe, um an die Vechte zu reisen: Wegen der 80 Skulpturen, die beiderseits des Flusses stehen. Oder weil ihm ein Radweg folgt, der vom ADFC als Qualitätsradroute ausgezeichnet wurde. Los geht es unspektakulär. Ein schlichtes Holzschild mit der Aufschrift »Vechtequelle« markiert einen Quelltopf. Wir sind im westlichen Münsterland. Der Flecken Erde steht für prächtige Herrensitze, für Krimis und Radfahren. Ordnet man Deutschlands Fahrrad-Destinationen in einer Rangliste, nimmt das Münsterland stets einen der vorderen Ränge ein. Hier gibt es etwa 4500 Kilometer ausgeschilderte Radwege, darunter über 20 Mehrtagestouren. Eine ist die Vechtetalroute. Nach wenigen Minuten im Sattel setzt sich das Wasserschloss Darfeld inmitten einer Teichlandschaft in Pose. Der Bau wurde 1902 nach einem Brand im Neorenaissancestil ausgeschmückt und trägt die Handschrift des Münsteraner Architekten Gerhard Gröninger. Grün-weiße Schilder lotsen durch Waldstücke und Felder. Immer wieder kreuzt die mittlerweile zu einer beachtlichen Größe angewachsene Vechte den Weg. Der Fluss nimmt uns mit in die Grafschaft Bentheim, die wie die Nase eines Puzzleteils ins Territorium der Niederlande hineinragt. Zweimal ergatterte die Tourismusregion den begehrten Preis für den fahrradfreundlichsten Landkreis Niedersachsens. In den letzten Jahren stellten sich zahlreiche Gastbetriebe auf die Bedürfnisse der Radfahrer ein. 15 Servicestationen stehen zum Aufladen von E-Bike-Akkus bereit. 2015 richtete man an den Radrouten sieben außergewöhnliche Picknickplätze ein. Sogar an einen Fahrradbus dachten die Touristiker.

Im Süden des engmaschigen Wegenetzes liegt Bad Bentheim und bietet für sich einen Ausflug an. Wahrzeichen ist die Burg Bentheim, die seit annähernd tausend Jahren den Logenplatz auf dem lang gestreckten Sandsteinfelsen über der Stadt einnimmt. Der Wehrbau ist seit fünf Jahrhunderten im Besitz der Grafen und Fürsten zu Bentheim. Mit seiner

Ringmauer gibt er ein fast unüberwindbares Bollwerk ab, das Feinde jedoch mehrfach belagerten und eroberten. Haben Sie noch Zeit für Besichtigungen? Wie wäre es mit dem Brasilienmuseum? Sie zieht es eher ins Grüne? Dann nichts wie in den Schlosspark, den Kurpark oder zur Freilichtbühne. Ausgezeichnet entspannen kann man im Badepark und in der Bentheimer Mineraltherme. Reisende, die hinter Bad Bentheim der Vechtetalroute folgen, fallen unterwegs zahlreiche Installationen auf. Die Kreationen gehören zum länderübergreifenden Projekt Kunstwegen. Es läuft parallel zur Flussroute und wurde im Sommer 2000 von der niederländischen Königin Beatrix feierlich eröffnet. Einem 130 Kilometer langen Freilichtmuseum gleich soll die Themenroute Radler für die Kunst begeistern und Kunstfreunde in die Natur locken.

Die Vechtetalroute zeichnet sich durch ihre flache Wegführung aus.

Von Nordhorn nach Hardenberg – 80 km

25 Kilometer entfernt wird Nordhorn von zwei Flussarmen umschlossen. Die Kreisstadt verdankt ihren Aufschwung der Textilindustrie, die bis ins Jahr 1839 zurückreicht. Wie sehr die Geschichte der Stadt mit der Herstellung von Bekleidungsstoffen verwoben ist, zeigt das in drei denkmalgeschützten Industriebauten untergebrachte Stadtmuseum. Vorbei am Black Garden von Nordhorn und an anderen Kunstwerken entlang der Vechte steuert der Reiseweg das Kloster Frenswegen an. Die Oase der Stille wurde im Jahr 1394 gegründet und erlebte bis zu seiner Auflösung zu

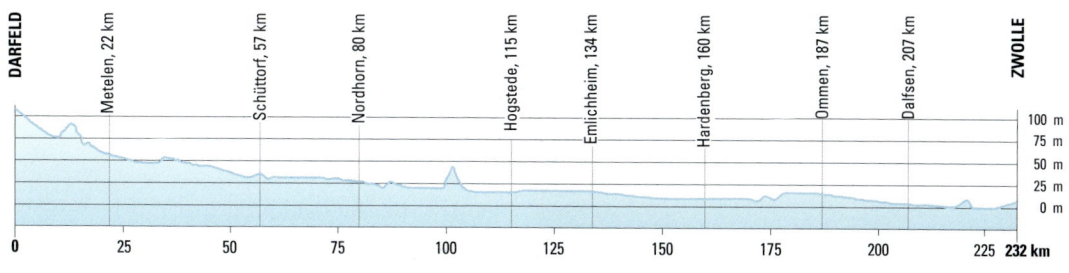

Tour 16 Kunstwegen-Vechtetalroute

Beginn des 19. Jahrhunderts turbulente Zeiten mit mehreren Kriegen. Heute ist das ehemalige Augustiner-Chorherrenstift eine ökumenische Begegnungsstätte. Ein besonderer Anblick ist die in der Nähe installierte 6,5 mal 60 Meter große Fotowand No Peep Hole. Die 360°-Panorama-Aufnahme erklärt den Werdegang von einer historischen Burgruine zum modernen Neubauviertel und verschmilzt auf spielerische Weise die Vergangenheit mit der Gegenwart.

Auf dem Weg nach Emlichheim passiert man den Grabhügel Spöllberg. Der Ausgrabungsort wird seit 1877 erkundet. Funde wie ein goldener Becher deuten darauf hin, dass die zwischen 60 Zentimeter und zweieinhalb Meter hohen Hügel aus der Bronzezeit stammen. Anschließend ist die Brünas Heide rasch erreicht. Das neun Hektar große Naturschutzgebiet wartet mit der Montage »Ein Weg durchs Moor« auf. Stunden später ist die sattgrüne Landschaft topfeben und liegt nur wenige Meter über dem Meer. Aufgelockert wird das Bild vom sanft geschwungenen Band der Vechte, die uns bis zum Ort Laar eine beschauliche Uferfahrt beschert. Dort angekommen, führt ein Wiesenweg zu einer sonderbaren Plastik, die neugierig macht. Die Skulptur ist ein Werk der New Yorker Künstlerin Bonnie

Collura, die darin Elemente aus der europäischen Kulturgeschichte mit dem alltäglichen Leben der Region verknüpft. Nach ein paar Minuten im Sattel stehen wir an der deutsch-niederländischen Landesgrenze. Hier ließ sich der russische Konzeptkünstler Ilya Kabakov von der Flusslandschaft inspirieren und nutzte sie als Kulisse für die Edelstahlkonstruktion »Wortlos«. Die zweiteilige Kunstschöpfung zeigt ein Mädchen, das vom niederländischen Ufer hinüber auf die deutsche Seite blickt, auf der ein junger Mann sitzt.

Die Niederlande: Unser Nachbar im Westen ist ohne Zweifel eine radbegeisterte Nation. Zwischen der Nordsee und der Grenze zu Belgien führen über 32 000 Kilometer Radwege durch das Königreich. Auf einer Fläche, die mit 41 500 Quadratkilometern etwas kleiner ist als das Bundesland Niedersachsen, leben rund 16,8 Millionen Menschen. Auf steigungsfreien Wegen fahren wir nun an versteckt hinter Bäumen gelegenen Herrenhäusern vorüber. Wir freuen uns an den zahlreichen Windmühlen und holpern über weiß angestrichene Klappbrücken, die das weitverzweigte Wassergrabennetz für Radler zugänglich machen.

Von Hardenberg nach Zwolle – 71 km Hardenberg, Ommen und Dalfsen bilden die nächsten Stationen. Jede der Städte glänzt mit ausgeklügelten Kunstinstallationen, zu denen sich altehrwürdige Kirchenbauten gesellen. Unweit des Kloster St. Agnietenberg sehen wir zu, wie die Vechte vom Fluss Zwarte Water aufgenommen wird. Wenig später ist das Reiseziel Zwolle erreicht. Die Hauptstadt der Provinz Overijssel beeindruckt zuerst mit dem sternförmig angelegten Wassergraben, der die Altstadt umgrenzt. Das Hansezentrum lebt von seinen Traditionen und Geschichten. Eine handelt von den Blauwvingers (»Blaufingern«). Im Mittelalter erhielt Kämpen nach einem Brand das Glockenspiel der Großen Kirche aus Zwolle, das mit einem Wagen voller Geld bezahlt wurde. Als die Bewohner von Zwolle beim Zählen der kupfernen Vierhellerstücke blaue Finger bekamen, hatten sie ihren Spitznamen weg. Hier im Zentrum der Kopfsteinpflastergassen ist Schluss mit dem Treten. 230 Kilometer hat man in den Beinen. Sie waren gespickt mit Kunstwerken und Natureindrücken. Pablo Picasso schrieb einst: »Kunst wäscht den Staub des Alltags von der Seele.«

Linke Seite oben: Ruhiger Rastplatz am Gräberfeld Spöllberg.

Linke Seite unten: Bis zum Zielort Zwolle kann man überall Kunstwerke bestaunen.

Die Fotowand No Peep Hole ist 6,5 Meter hoch und 60 Meter lang.

17 Loire-Radweg

Genussradeln durch das Tal der Schlösser

leicht | 642 km | ca. 12 Tage | Frankreich

Charakter
Auf dem gut ausgebauten Flussradweg gibt es kaum Steigungen. Ein Großteil der Strecke verläuft auf asphaltierten Rad- und Wirtschaftswegen sowie auf verkehrsberuhigten Straßen und ist daher äußerst familienfreundlich.

Wegmarkierung
Die Radroute ist in beiden Richtungen mit dem Logo »La Loire à Vélo« ausgeschildert.

Bett & Bike
Auf www.loire-radweg.org sind Radlerunterkünfte aufgelistet.

E-Bike
E-Bikes braucht man grundsätzlich nicht, man kann sie sich aber bei einem Tourenveranstalter ausleihen.

An- und Rückreise
TGV (de.oui.sncf/de). Von Paris mit der Regionalbahn weiter bis Nevers oder mit dem Fernbus (www.fernbusse.de) dorthin. Mit dem Auto sind es von Berlin nach Nevers 1290 km, von Hamburg 1140 km, von Köln 730 km, von München 850 km.

Information
La Loire à Vélo, www.loire-radweg.org: Région Centre – Val de Loire, Regionales Tourismuskomitee, www.visaloire.com; Société publique régionale des Pays de la Loire, www.enpaysdelaloire.com; de.eurovelo.com

Ordnet man Europas Fahrradrouten in einer Rangliste, so nimmt der Loire-Radweg einen der vorderen Plätze ein. Den naturnahen Flusslauf stets im Blick, radelt man vorbei an Schlössern, Klöstern und geschichtsträchtigen Städten wie Orléans, Tours und Nantes in Richtung Atlantikküste.

Von Nevers nach Orléans – 204 km In und um Nevers vereinigen sich drei Flüsse, die Loire, ihr mit 420 Kilometern längster Nebenfluss Allier, und der Nièvre mit seinen 50 Kilometern. Solche strategisch günstigen Stellen boten sich schon immer als Siedlungsstandorte an. Die Ursprünge von Nevers gehen auf die Häduer zurück, einen Keltenstamm. In der Stadt stimmen wir uns auf die kommenden Tage ein. Unter den Bauten sticht die 100 Meter lange und 44 Meter breite Kathedrale hervor. Die Besonderheit ist, dass sie zwei Chöre hat. Der im Westen ist romanisch; jener im Osten gotisch. Verwundert steigt man in den Sattel, um weitere Kuriositäten zu entdecken. Wo einst die französischen Herrschaften über ruppige Uferwege ritten, rollt heute das radelnde Volk leicht voran.
1995 entstand die Idee zu einer Radroute. Sie verbindet zwei Regionen (Centre und Pays de la Loire) und sechs Departements (Cher, Loiret, Loir-et-Cher, Indre-et-Loire, Maine-et-Loire, Loire Atlantique). Ihr Name ist La Loire à Vélo. Im Juni 2012 war es so weit, man weihte den letzten Abschnitt feierlich ein. Tourenradlern stehen 800 bestens ausgebaute und lückenlos beschilderte Routenkilometer zur Verfügung. Meist folgt man dabei dem Fluss. An lohnenden Stellen hat man zudem Alternativrouten ins Hinterland eingerichtet. Die ersten Stationen sind La Charité-sur-Loire,

In der Stadt Blois lebte zeitweise der französische König.

Cosne-Cours-sur-Loire und Gien. Stromabwärts markiert das Schloss Sully-sur-Loire den Beginn des Tales der Könige. An der Loire und ihren Nebenflüssen gibt es rund 400 Burgen und Schlösser. Man fragt sich unweigerlich, warum so viele? Warum hier? Der Grund ist, dass die Loire während des Hundertjährigen Krieges, der von 1337 bis 1453 loderte, häufig die Grenze bildete. Im Norden lagen die besetzten Gebiete der Engländer, im Süden das französische Kernland. So entstanden viele Festungen. Als sie ihre strategische Funktion verloren hatten, wandelten ihre Besitzer sie nach und nach in Schlösser um oder bauten gleich neu. Im 15. und 16. Jahrhundert, dem Zeitalter der Loire-Könige, spielte sich das politische Geschehen in dieser Region ab und Paris büßte an Bedeutung ein.

Von Orléans nach Saumur – 218 km Jedes Jahr Anfang Mai feiert die Stadt Orléans ihre Befreiung durch Jeanne d'Arc. Ihrem Sieg im Jahr 1429 gegen die englischen Belagerer widmet die Stadt ein mehrere Tage andauerndes Mittelalterfest mitsamt historischem Markt, Umzug und fesselnder Lichtschau. Wie Schatten huschen bunte, auf die mächtige Kathedrale projizierte Bilder umher. Sie zeichnen die Ereignisse des Hundertjährigen Kriegs nach – von der gewonnenen Schlacht der später heiliggesprochenen Jungfrau von Orléans bis zu deren heldenhaftem Tod. Der breite, vorbildlich beschilderte Radweg führt uns zielsicher aus dem Ballungsraum hinaus. Rasch werden die grau-weißen Häuserkarrees von blumengeschmückten Dörfern abgelöst. Auf dem Weg nach Meung-sur-Loire ziehen kleine Inseln, Wiesen und Felder an uns vorbei. Hier trifft der Blick auf einen Schwarm Wasservögel, dort grüßt ein Rennradler mit einem freundlichen Bonjour. Das Loire-Tal war schon immer

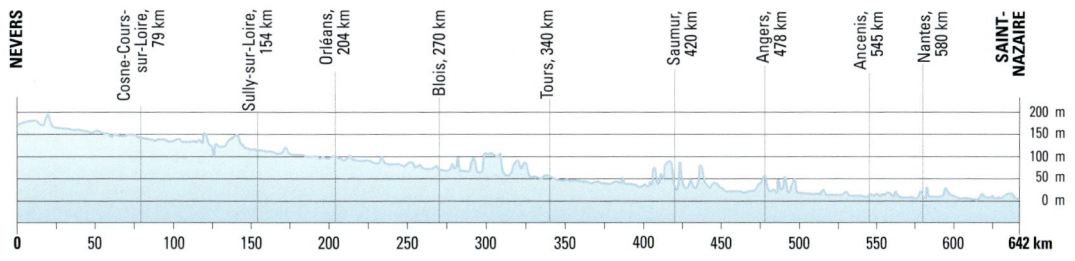

Tour 17 Loire-Radweg

1000 Flusskilometer

Mit einem Einzugsgebiet von 117 500 Quadratkilometern ist die Loire einer der bedeutendsten Flüsse Frankreichs. Von der Quelle im Zentralmassiv aus fließt er zunächst nach Norden und knickt bei Orléans Richtung Westen ab, um nach über 1000 Kilometern bei Saint-Nazaire in den Atlantik zu münden. Dort bildet er einen 30 Kilometer langen Mündungstrichter (Ästuar). Die Loire verlagerte in den letzten Jahrhunderten mehrfach ihr Bett, überschwemmte das Hinterland und lagerte Sand und Kies ab. Diese Sandbänke und Flussinseln erschwerten die Schifffahrt. So bewahrte sich das Tal seinen Charme und lockt heute Radler zu ausgedehnten Fahrten in der Natur ein.

gesegnet mit Gaumenfreuden. Entsprechend reich gedeckt sind die Stände im Schatten des Château Meung-sur-Loire, an denen so ziemlich alles angeboten wird, was die Bauern der Region produzieren. Vor unseren Augen türmen sich verschiedene Käsesorten und lokale Wurstspezialitäten. Es duftet nach frischem Baguette. Stunden später biegen wir auf einen Nebenradweg ins Hinterland ab und stehen nach sechs Kilometern vor dem erhabensten Bauwerk der Region – dem Château de Chambord. An diesem romantischen Flecken Erde ließ sich der kunstliebende König Franz I. ein Jagdschloss im Renaissancestil erbauen. Wenn auch unvollendet, so unterstreichen hinter den alten Mauern die 400 Räume, Gemächer und Säle die glänzende Hofhaltung der mehrmals wechselnden Hausherren.

Nach der Besichtigung begleiten wir das Flüsschen Le Cosson hinein in einen schattigen Auwald. Wir steuern über den steinerne Pont Jacques Gabriel, die sich mit elf Bögen über die Loire spannt, und rollen ins Zentrum der ehemaligen Königsstadt Blois. Dort lassen wir uns von der Atmosphäre des Château Royal de Blois gefangen nehmen. Bedeutende Personen haben hier ihre Spuren hinterlassen und sorgten für eine rege Bautätigkeit. So sind die Namen Katharina von Medici, Heinrich III. und Ludwig XII. eng

Vom Château Saumur genießt man einen weitreichenden Blick über die gleichnamige Stadt.

Das märchenhafte Château de Chambord ist das Schmuckstück der Loire-Schlösser.

mit dem Schloss von Blois verbunden. Von der Aussichtsterrasse schweift das Auge über die blaugrauen Schieferdächer der Stadt zur erhabenen Kathedrale Saint-Louis. Die Loire nimmt uns auf ihrem gewundenen Lauf weiter mit gen Westen. Die nächsten Höhepunkte sind die Schlösser in Chaumont-sur-Loire und in Amboise. Nahe dem Château d'Amboise steht das von einem reizvoll bewaldeten Park umgebene Herrenhaus Clos Lucé. Hier verbrachte das Universalgenie Leonardo da Vinci seinen Lebensabend. Der kunstliebende König Franz I., der ihn nach Frankreich geholt hatte und ihn mit »mein Vater« anredete, soll über ihn gesagt haben: »Nie wurde ein anderer Mensch geboren, der so viel wusste.« Verzückten uns bei den ersten Schlossbesuchen stets die prächtigen Fassaden und Innenräume der Herrensitze, so ist es beim Château de Villandry der streng geometrisch angelegte Lustgarten. Das sechs Hektar große Areal liegt nahe der Flussmündung des 370 Kilometer langen Cher in die Loire und wurde von Jean le Breton entworfen. Er war während der Regentschaft Franz I. Finanzminister Frankreichs und Botschafter in Italien, wo er sich zur Gestaltung dieses Meisterwerks der Gartenbaukunst inspirieren ließ. Der heutige Besucher spaziert durch ein Labyrinth aus gestutzten Buschhecken und Gemüsebeeten, die durch schmale Kieswege und Treppen miteinander verbunden sind.

Zwei spannende, mit Highlights um die mittelalterliche Stadt Tours gespickte Tagesreisen weiter westlich liegt die von bewaldeten Hügeln eingerahmte Stadt Fontevraud-l'Abbaye in bester Lage über dem Loire-Tal. Unübersehbares Wahrzeichen ist die weitläufige Abbaye Royale de Fontevraud. Sie wurde um das Jahr 1100 von Robert d'Arbrissel gegründet. Geschützt durch die Grafen und den Papst entwickelte sich das Kloster zu einem der bedeutendsten geistigen Zentren Frankreichs. Ausgestattet mit Audioguide und Faltblatt schreitet man durch den großen Kreuzgang und die schlicht gehaltenen Säle zur Grabeskirche. Dort ruhen das englische Königpaar Heinrich II. und Eleonore von Aquitanien mit ihrem Sohn Richard Löwenherz. Auf den nächsten Kilometern begleiten uns hellgrüne Rebstockreihen, die in alte, teils verfallene Steinmauern gefasst sind. Unten glitzert die Loire, die als segensreiche Wasserader für Fruchtbarkeit und qualitative Erträge sorgt. Vorbei an Höhlenwohnungen, die man vor Hunderten von Jahren in den Kalktuff schlug und heute Cafés und Ateliers beheimaten, führt die Fahrt nach Saumur.

Die Schlösser der Loire

Angezogen von der Schönheit des Loire-Tales ließ sich der Adel in der Renaissance prächtige Schlösser und Herrensitze erbauen. Die beschauliche Landschaft und die Fülle der kulturellen Zeugnisse bewog die UNESCO im Jahr 2000, das Tal zwischen Sully-sur-Loire und Chalonnes-sur-Loire zum Weltkulturerbe zu küren. Besonders würdigte man dabei die Städte Blois, Chinon, Orléans, Saumur und Tours. Unter den Bauwerken ragt das Château de Chambord hervor. Es wurde in der ersten Hälfte des 16. Jahrhunderts unter König Franz I. als Prunk- und Jagdschloss errichtet. Vom Loire-Radweg führt ein markierter Abstecher dorthin.

Von Saumur nach Saint-Nazaire – 220 km Wie zur Begrüßung sitzt das viertürmige Schloss hoch über der Stadt. Besucher genießen einen weitreichenden Blick über die zahlreichen Sandbänke und Brücken. Wir rollen hinunter in das verschachtelte Gassengewirr. Bekannt ist Saumur für den Schaumwein Mousseux und seine einträgliche Champignonzucht. Rund die Hälfte der französischen Produktion stammt aus den Tuffsteinhöhlen der Stadt, die sich zudem einen Namen als Zentrum der Springreiterei gemacht hat. Stunden später kehren wir der Hauptroute den Rücken und steuern auf herrlich einsamen Flurwegen den Parc naturel régional Loire-Anjou-Touraine an. Der Radweg hält auf den kanalisierten Fluss Authion zu, an dem weit und breit keine Brücke in Sicht ist. Dann stoppen die Räder abrupt. Wir stehen vor einer winzigen Kettenfähre, die geradeso zwei beladene Fahrräder mit Packtaschen fasst. Nach der Überfahrt dürfen sich die Arme wieder ausruhen, und die Beine haben auch nur noch ein paar Kurbelumdrehungen vor sich. Diese führen durch das ehemalige Abbaugebiet des blauen Schiefers von Angers. Der Radweg beginnt zu steigen. Um uns herum breiten sich nun große Flächen von zerstoßenem Schiefer aus, in die sich blau schimmernde Seen betten. Angers ist die Hauptstadt des Département Maine-et-Loire und hütet ihren größten Schatz im wehrhaften Château du Roi René – den kostbaren Teppichzyklus der Apokalypse. Das hundert Meter lange und 4,5 Meter hohe Kunstwerk wurde im Auftrag von Ludwig I., dem Herzog von Anjou, in Auftrag gegeben und vermutlich 1382 vollendet. Der gewebte Bildteppichzyklus stellt die Offenbarung des Johannes mit all seinen düsteren Prophezeiungen dar, die man mit Szenen der damaligen Zeit versehen hat.

Der Radweg La Loire à Vélo führt durch mehrere Weingebiete.

Vor der Benediktinerabtei in Saint-Florent-le-Vieil startet das nächste Teilstück. Der über 400 Meter lange Pont suspendu d'Ancenis schwingt sich ans Nordufer der Loire hinüber, von wo uns die grün-weißen Routenschilder zielsicher weiterleiten. Der Fluss wird träger, verzweigt sich in mehrere Wasserarme, schiebt an einigen Stellen große Sandinseln auf. Jahrhundertelang scheiterten die Versuche, die ungezügelte Kraft des Wassers zu bändigen. Die Waren transportierte man daher mit den traditionellen Schiffstypen Gabarre und Toue, die sich durch ihren geringen Tiefgang auszeichnen. Links und rechts sichten wir am Ufer immer wieder Kais und kleine Häfen, die an den regen Handel erinnern. Auf halbem Weg nach Nantes kontrollierte der mittelalterliche Turm von Oudon einst den Gütertransport auf der Loire. Grund genug, um erneut von den Fahrrädern zu steigen. Die Wehranlage, die seit 1866 unter Denkmalschutz steht, ist ein Werk von Alain de Malestroit aus dem Jahr 1392. Innen überrascht modernste Museumstechnik. So schweben wir in einem virtuellen Ballon über das Flusstal, sehen die Glanzpunkte der letzten Tage noch einmal aus der Vogelperspektive und tauchen abermals in die Geschichte ein. Weinberge begleiten uns nun bis an den Stadtrand von Nantes. Ab hier ist der Fluss schiffbar. An seiner Seite zieht sich das Asphaltband La Loire à Vélo in die Länge. Das uns mittlerweile lieb gewonnene Gewässer strömt seinem Ziel entgegen, der Mündung in den Atlantik bei Saint-Nazaire.

Links: Orléans wird jedes Jahr zu Ehren von Jeanne d'Arc mit bunten Fahnen geschmückt.

Rechts: Das Château de Chambord ist üppig ausstaffiert.

Tour 17 Loire-Radweg

18 Elsass

Radtour durch das Schlemmerparadies

mittel 405 km ca. 7 Tage Frankreich

Charakter
Das Radwegenetz des Elsass mit fast 2500 Tourenkilometern verteilt sich auf gute Radwege und nur spärlich befahrene Flur- und Wirtschaftswege. Im Rheinhinterland ist das Terrain eben und eignet sich sehr gut für eine Familientour mit Kindern. Sportlicher ist der Radweg der elsässischen Weinstraße.

Wegmarkierung
In Frankreich sind die Radschilder grün-weiß, die EuroVelo-Routen 5, 6 oder 15 haben blauen Logos.

Bett & Bike
Die Seite www.radfahrenimelsass.de von Alsace à vélo listet Unterkünfte auf.

E-Bike
Es gibt ein dichtes Netz an Verleih- und Reparaturstätten von E-Bikes, siehe www.radfahrenimelsass.de.

An- und Rückreise
Alle größeren Städte im Elsass lassen sich bequem mit dem Zug erreichen. Mit dem Auto sind es von Berlin nach Mulhouse 850 km, von Hamburg 800 km, von Köln 480 km, von München 470 km. Auf www.tourisme-mulhouse.com gibt es Infos über die Parkangebote. In Mulhouse gibt es auch eine App dazu.

Information
www.visit.alsace/de/; www.radfahrenimelsass.de; www.elsass-weinstrasse.com; Explore France, de.france.fr/de, www.francevelotourisme.com

Sie lieben leckeres Essen und möchten viel Kultur erleben? Dann nichts wie ab ins Elsass! Im Westen ragen die Höhenzüge der Vogesen auf. Darunter betten sich romantische Fachwerkorte in die Weinberge. In Richtung Rheinebene liegen Städte wie Mulhouse, Colmar und Strasbourg. Die Radwege der Region führen einen hin.

Von Mulhouse nach Colmar – 105 km Das Alte Rathaus von Mulhouse ist prächtig anzusehen. An der Schauseite führt eine Prachttreppe in den ersten Stock. Die Fassade hat man üppig mit Figuren ausstaffiert. Wir stehen auf der Place de la Réunion. Jahrhundertelang hielten die Bürger hier Markt ab; mal Deutsche, mal Franzosen. Hier ragt die protestantische Stephanskirche auf. Einer Bühne gleich dehnt sich das rötliche Kopfsteinpflaster vor ihr aus, um ihre imposante Erscheinung noch deutlicher hervortreten zu lassen. Wir radeln durch die Wilhelm Tell Gasse (Rue Guillaume Tell) hinunter zum Rhein-Rhône-Kanal. Die 112 000-Einwohner-Stadt bleibt zurück. Von Zeit zu Zeit teilt eine Klappbrücke die Wasserstraße. Beiderseits ziehen Wiesen und Maisfelder vorüber. Aus ihnen stechen schlanke Kirchtürme in den Himmel, kündigen das nächste Dorf an. Siedlungsnamen wie Froeningen, Illfurth oder Hagenbach unterstreichen die wechselhafte Vergangenheit, in der das Elsass als Zankapfel mehrfach zwischen beiden Reichen hin- und hergerissen wurde.

All das ist längst Geschichte und die deutsch-französischen Beziehungen tragen seit Jahrzehnten Früchte. Denkt man an das Elsass, fallen einem edle Tropfen ein. Das Aushängeschild der Ferienregion ist die Elsässer Weinstraße. 2013 stieß man in den 70 Weindörfern auf das 60-jährige Jubiläum der Touristenstrecke an. Grund genug, den malerischen Flecken Erde auch für Radfahrer zu erschließen. Mit der Véloroute du Vignoble schufen die Touristiker eine Bilderbuchtour. Sie umfasst von Marlenheim, dem Tor zur elsässischen Weinstraße, bis nach Thann im Süden 140 Kilometer. Wir entscheiden uns für die Gegenrichtung und fahren am zweiten Tag zur Stiftskirche Saint-Thiébaut in Thann. Das Westportal ist in Frankreich einmalig. Zu sehen sind drei mit Details überbordende Giebel, in denen rund 500 religiöse Figuren Szenen aus dem Leben der Heiligen Jungfrau Maria und Jesus darstellen.

Die Brunnen und Erker der Kleinstadt verschwinden im Rücken. Jetzt bestimmen ansteigende Rebstockreihen das Bild. Im Westen erheben sich die bewaldeten Höhenzüge der

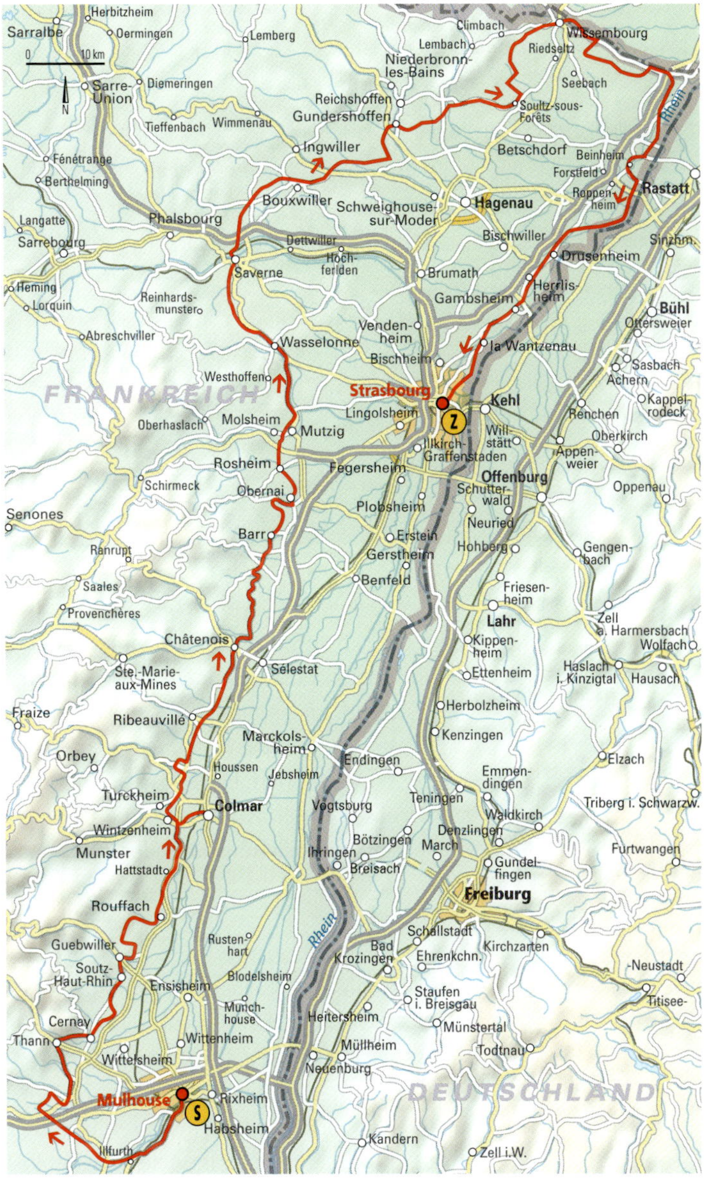

Linke Seite: Besuch der Pâtisserie Rebert in Wissembourg

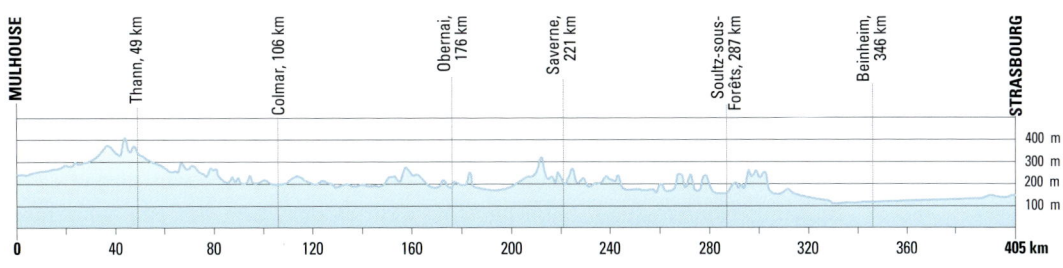

Tour 18 Elsass

In der Altstadt La Petite France in Strasbourg lässt es sich bis weit in die Nacht hinein verweilen.

Vogesen. Gegenüber, weit im Osten, jenseits des Rheinstroms ist das Schwestergebirge, der Schwarzwald, schemenhaft zu erkennen. Am Rand des Dörfchens Wuenheim liegt ein Platz, an dem Weinliebhaber schwer vorbeikommen – der Keller Vieil Armand. Im Untergeschoss gibt es ein Museum. Daneben kann man Wein kosten: Pinot Gris, Riesling Grand Cru Château Ollwiller. 110 Weinbauern beliefern die Winzergenossenschaft. Die Reben profitieren von dem mit 450 Millimeter Regen im Jahr recht trockenen Klima und von der intensiven Sonneneinstrahlung. Auf den Mergel- und Sandsteinböden reifen fruchtige Qualitätsweine, die zahlreiche Preise einbrachten.

Von Colmar nach Saverne – 116 km Das romantische Ortsbild von Colmar mit den Fachwerkhäusern ist wie geschaffen, um das Rad der Zeit zurückzudrehen. In den engen Kanälen der Altstadt spiegeln sich die bunten Hausfassaden mit ihren dunkelbraunen Holzbalken. Dicht an der Wasserkante führen gepflasterte Wege entlang. Wir schlendern zur Stiftskirche Sankt Martin, fotografieren die Dominikanerkirche mitsamt dem Bildnis Maria im Rosenhag und mustern das Kopfhaus mit seinen 105 skurrilen Gesichtern. Der Besuchermagnet Colmars ist das im Dezember 2015 wiedereröffnete Musée d'Unterlinden. Es residiert in einem ehemaligen Dominikanerinnenkloster. Jährlich umrunden 200 000 Kunstinteressierte den mittelalterlichen Kreuzgang. Sie schreiten von Ölbildern von Martin Schongauer zu Gemälden von Lucas Cranach dem Älteren und Hans Holbein dem Älteren. Doch deren Werke sind hier nur Beiwerk, denn der Star der Ausstellung ist der Isenheimer Altar. Er ist mit seinen drei Schautafeln eine ausdrucksstarke Schöpfung des Malers Matthias Grünewald. Zusammen mit dem Bildschnitzer Niklaus von Hagenau fertigte er zu Beginn des 16. Jahrhunderts ein Sinnbild der deutschen Kunst – ein Meisterwerk.

Die älteste Weinstraße Frankreichs führt uns nun auf ihrem geschwungenen Weg Richtung Norden durch blumengeschmückte Dörfer. Hier lädt eine gemütliche Weinstube zur Rast ein, dort ein Weinkeller. Das Elsass warf immer hohe Erträge ab. Kein Wunder, dass man alle paar Stunden eine Festung erblickt. Sie tragen Namen wie Hohkönigsburg, Burg Fleckenstein, Holandsburg und Burg Lichtenberg. Mit fast 2500 Kilometer Radwegen bietet das Elsass ein besonders dichtes Netz mit unzähligen Möglichkeiten für Ausflüge. Die Städtchen Ribeauvillé, Baar und Obernai bilden die nächsten Glanzpunkte. Ab Molsheim verläuft die Route auf der Trasse einer 1993 stillgelegten Bahnstrecke. Sie bringt uns vor die Tore von Saverne. Unübersehbares Wahrzeichen der 12 000-Einwohner-Stadt ist das aus rotem Vogesensandstein errichtete Rohan-Schloss mit seiner 140 Meter langen Fassade.

Von Saverne nach Strasbourg – 184 km Auf der Fahrt Richtung Nordosten steuern wir in den Parc naturel régional des Vosges du Nord. Die UNESCO wies ihn 1998 zusammen mit dem Naturpark Pfälzer Wald als erstes grenzüberschreitendes Biosphärenreservat Europas aus. In Wissembourg steigen Gourmets erneut aus dem Sattel. Mitten in der Historienkulisse betreibt Daniel Rebert eine Pâtisserie. Kenner schätzen ihr Warenangebot, das von klassischen Backwaren über Macaron-Doppelkekse mit feiner Füllung bis zu vielen anderen sündigen Süßigkeiten reicht. Gesättigt rollt man nach Wissembourg auf dem deutsch-französischen Pamina-Radweg östlich durch das reizende Lautertal zum Rhein hinunter. Nun biegen wir nach Süden um: Auf der gepflegten Véloroute du Rhin sind die Anstiege der letzten Etappen vergessen. Der Strom und seine stillen Auwälder geben den Takt für den finalen Abschnitt vor. Nach drei Stunden gemächlichen Kurbelns künden rechtwinklige Hafenbecken das Reiseziel an: Strasbourg. Strasbourg ist Europa-Hauptstadt und Kunstmetropole. 1988 feierte man das 2000-jährige Jubiläum. Im gleichen Jahr erteilte die UNESCO ihren Ritterschlag und erhob die Altstadt zum Weltkulturerbe. 12 v. Chr. bestand der heutige Stadtkern aus dem römischen Lager Argentoratum. Seine erste Blütephase hatte Strasbourg im Mittelalter, als es zum Heiligen Römischen Reich Deutscher Nation gehörte. In diese Zeitspanne fällt der Bau des Strasbourger Münsters. Wenige Gehminuten sind es zu den Fachwerkbauten des Postkartenviertels La Petite France. Die Abendsonne hat Einheimische wie Touristen an die Tische der Restaurants gelockt. Man speist im Schatten ausladender Platanenbäume. Die Kellner servieren Leckereien wie Baeckeoffe und Flammkuchen. Daneben stellen sie erlesene Elsässer Weine und Biere auf den Holztischen ab. Langsam senkt sich die Dämmerung auf Strasbourg. Die Laternen gehen an. Wir ziehen weiter durch die Gassen, spazieren zu den drei Wehrtürmen Ponts Couverts. Es sind die letzten Eindrücke der Reise. Die Gedanken schweifen zurück zu Flüssen, Wäldern und Weinbergen. Sie schweifen zu Dörfern, Burgen und Kirchen, allesamt verbunden durch ein dichtes Radwegenetz, das hier in Strasbourg seinen Höhepunkt findet.

Unterwegs auf der Véloroute du Vignoble

19 Languedoc-Roussillon

Auf den Spuren der Katharer

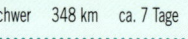

schwer   348 km   ca. 7 Tage   Frankreich

Charakter
Die Abschnitte an der Küste und längs des Canal du Midi weisen keine Steigungen auf und eignen sich daher gut für eine Familienreise. Aber in den Pyrenäen ist es sehr steigungsintensiv. Bis auf das Teilstück am Canal du Midi genießt man immer gute Asphaltwege. Die Region zwischen den Pyrenäen und dem Mittelmeer ist bekannt für ihre teils starken Winde aus den verschiedensten Richtungen.

Wegmarkierung
Die Strecke ist nicht beschildert.

Bett & Bike
Für die Herbergen siehe www.tourismecanaldumidi.fr

E-Bike
Für den zweiten Reiseteil sind E-Bikes sehr hilfreich. Man bringt sie am besten von zu Hause mit.

An- und Rückreise
Die Flughäfen Toulouse-Blagnac und Marseille Provence sind nah zur Radroute, von dort per Zug (www.sncf.com) zu den Start- und Zielorten Sète und Narbonne. Mit dem Auto sind es von Berlin nach Sète 1560 km, von Hamburg 1470 km, von Köln 1070 km, von München 1700 km. In Sète gibt es kaum Parkplätze. Daher stellt man sein Auto an der ersten Unterkunft ab.

Information
Office de Tourisme Intercommunal du Canal du Midi, www.tourismecanaldumidi.fr; Atout France – Französische Zentrale für Tourismus, de.france.fr; www.francevelotourisme.com

Flaches Radwandern am Canal du Midi oder einsame Kletterpartien in den Pyrenäen? Der Südwesten Frankreichs präsentiert für jeden Geschmack die passende Strecke. Garniert wird das alles von weiten Ausblicken, charmanten Dörfern und köstlichem Essen. Der Höhepunkt ist die Festungsstadt Carcassonne, die einen spielend ins Mittelalter zurückversetzt.

Von Sète nach Caunes-Minervois – 131 km Kulinarische Versuchungen gibt es in Frankreich überall. Einen besonderen Hochgenuss für den Gaumen verspricht die Region Languedoc-Roussillon. Die Namen Cassoulet, Anchovis oder Muscat zergehen auf der Zunge und machen Lust auf eine Schlemmerfahrt. Sète ist wie geschaffen für eine sanfte Einstimmung auf den Midi, den Süden. Ein angenehmes Klima, neue Farben und Bilder – wir schalten sofort in den Entdeckermodus. Mit der salzigen Meeresluft in der Nase schlendert man den belebten Cadre Royal entlang. Er trennt die gemütliche Kleinstadt in zwei Teile. Auf dem dunkelblauen Wasser schaukeln bunte Segelboote. Dahinter erheben sich auf beiden Seiten geschlossene Gebäudefronten mit verspielten Balkonen. Einige entstanden in der zweiten Hälfte des 17. Jahrhunderts, als der französische König Ludwig XIV. an dieser Stelle einen Hafen errichten ließ. Er band somit den Canal du Midi an das Mittelmeer an. Wir nehmen Abschied von Sète. Die Strandpromenade überrascht mit einem sehr guten Radweg, der uns

Zu Beginn der Strecke fährt man auf guten Radwegen direkt am Mittelmeer entlang.

zur 18 Kilometer langen Lagune Étang de Thau führt. Dem aufmerksamen Betrachter fallen darin riesige Holzgerüste mit Seilen auf, welche der Austernzucht dienen. Die Freizeitmöglichkeiten sind hier breit gefächert: So kann man sich auf der Lagune umherschippern lassen, Flamingos fotografieren oder im Musée-Parc des Dinosaures die Nachbildung eines Dino-Nestes mitsamt Eiern bestaunen. Uns zieht es zum Canal du Midi, der in den nächsten Tagen die Leitlinie ist. Die künstliche Wasserstraße war seinerzeit eines der kühnsten Bauvorhaben Frankreichs. Jahrhundertelang träumten Könige und Bauingenieure von einer Verbindung zwischen dem Atlantik und dem Mittelmeer. Pierre-Paul Riquet hat den 240 Kilometer langen Kanal realisiert. Um das durchschnittlich 2,20 Meter tiefe und bis zu 20 Meter breite Becken auszuheben, schufteten in seinem Auftrag zeitweise bis zu 12 000 Menschen. Das 1681 fertiggestellte Verkehrsprojekt verlor erst an Bedeutung, als man überall Eisenbahntrassen und Autobahnen anlegte. Der Canal du Midi dient heute Freizeitkapitänen aus der ganzen Welt als Spielwiese. Somit vereint er die Tradition mit der Moderne. Das gefiel auch der UNESCO, die alle 63 Schleusen, 126 Brücken, 55 Aquädukte und sieben Kanalbrücken als Weltkulturerbe in ihre Liste eintrug.

Unser Reiseweg führt weiter nach Béziers. Aus dem roten Dächermeer ragt erhaben die Kathedrale Saint-Nazaire auf. Ihr zu Füßen überspannt der mittelalterliche Pont Vieux den Fluss Orb. Dass die Stadt noch mehr bietet, zeigt die wenige Fahrminuten

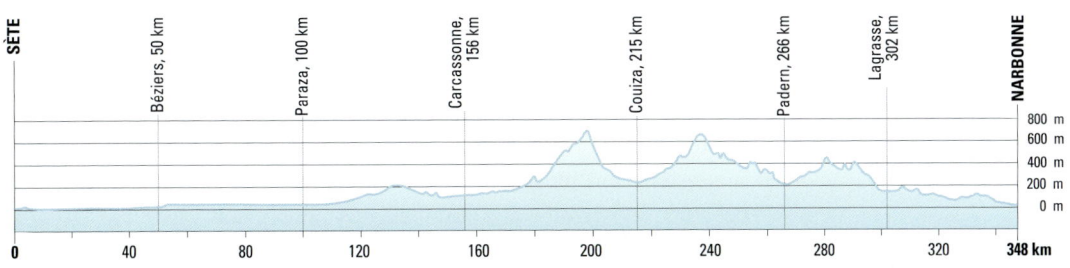

Auf dem Weg zum Reiseziel Narbonne radelt man durch Schatten spendende Platanenalleen.

weiter westlich gelegene Schleusentreppe Fonserannes. Das technische Meisterwerk mit seinen acht Stautoren ist der Höhepunkt eines Bootstrips auf dem Canal du Midi. Der Radweg an seiner Seite ist schmal und teils sandig. Entlang der Wasserstraße pflanzte man 42 000 Platanen, über die Radler froh sind. Denn sie spenden nicht nur Schatten, sondern schützen vor den in der Region häufig wehenden Winden.

Von Caunes-Minervois nach Cucugnan – 130 km Vom sympathischen Etappenort Caunes-Minervois aus sausen wir durch lange Rebzeilen. Im Süden der mediterranen Landschaft bauen sich in der Ferne die schneebedeckten Gipfel der Pyrenäen auf. Die Räder rollen über idyllische Sträßchen, die zu verstreuten Dörfern und herrschaftlichen Weingehöften führen. Der Ruf der edlen Tropfen des Languedoc-Roussillon reicht weit über die Landesgrenzen hinaus. Die Sonne scheint hier im Durchschnitt an 300 Tagen im Jahr. So begünstigt, reifen auf einer Fläche von 200 000 Hektar mehr als 30 Rebsorten. In der zweiten Hälfte der Etappe folgt ein Szenenwechsel. Das frische Grün weicht der größten Festungsanlage Europas – Carcassonne. Vor unseren Augen fügen sich Dutzende Türme, zinnenbewehrte Mauern sowie Torbögen zu einem steinernen Kunstwerk zusammen. Erhaben und respektgebietend sitzt das Bollwerk auf einer Anhöhe. Wir steigen einen serpentinenartigen Treppenweg hinauf. Immer wieder öffnen sich massive Burgtore, gelangen wir durch breite Wallgräben in prächtige Innenhöfe und schlendern über gepflasterte Plätze. Carcassonne wird jede Saison von vier Millionen Touristen bereist und gehört seit 1997 zum Weltkulturerbe der UNESCO. Ihre Blüte erlebte die mehrfach verstärkte und ausgebaute Stadt unter den Katharern. Diese Epoche hat mit der Basilika Saint-Nazaire und dem Château Comtal wunderbare Spuren hinterlassen. Seinerzeit errichteten Baumeister die äußere, drei Kilometer lange Ringmauer.
Wir folgen dem Ruf der Pyrenäen und drehen die Lenker in Richtung Süden. Während wir die ersten sanft hingestreckten Hügelzüge im Wiegetritt erklimmen, erfreut sich das Auge an Wiesen voller langstieliger Mohnblumen. Das Aude-Tal bleibt zurück und die Dörfer machen sich rar. Saint-Polycarpe passieren wir als Letztes.

Dahinter dreht das Sträßchen D 129 ab und steigt kontinuierlich an. Die Strecke bis Arques, der ersten nennenswerten Siedlung, umfasst 23 Kilometer. Dazwischen sehen wir Wiesen, Wälder, Pferde, Rinder und ein Traumpanorama, das weit in den Hauptkamm der Pyrenäen hineinreicht. Mittlerweile haben wir das Herz der Tourismusregion Pays Cathare erreicht. Ihr Aushängeschild sind die zahlreichen Burgen.

Von Cucugnan nach Narbonne – 87 km Die Flüsse La Sals, La Blanque, L'Agly und Le Verdouble führen uns tiefer ins Gebirge hinein. An den felsigen Bergrücken kleben hier und da alte Katharerburgen. Die eindrucksvollsten sind das Château de Queribus und das benachbarte Château de Peyrepertuse. Sie zählen zu dem Befestigungswerk der sogenannten »Fünf Söhne von Carcassonne«, die diesen malerischen Flecken Erde einst gegen das Königreich Aragón abschirmten. Das Bergland hat außer Natur und trutzigen Schutzburgen mehr zu bieten, und zwar die Klöster. Besonders imponiert mit einem Abstecher der Besuch der Abtei Sainte-Marie de Lagrasse. An der Stelle, wo heute ein prächtiger Komplex mit Kirche, Wirtschaftsgebäuden und Kreuzgang steht, gründete der Abt Nebridius 779 im Auftrag Karls des Großen das erste religiöse Zentrum im Languedoc. Die Reststrecke führt über die Gemeinde Saint-Laurent-de-la-Cabrerisse und die Abbaye Sainte-Marie de Fontfroide. Im Reiseziel Narbonne ballen sich erneut die Sehenswürdigkeiten. So tauchen wir in der 118 v. Chr. als erste Kolonie Roms außerhalb Italiens gegründeten Stadt noch einmal tief in die Geschichte ein. Von ihren Anfängen erzählt das römische Lagerhaus Horreum. Jüngeren Datums ist die Kathedrale Saint-Just. Sie gehört mit einer Chorhöhe von 41 Metern zu den höchsten in Frankreich. Hier neigt sich die Radtour ihrem Ende zu. Wer mehr Zeit mitbringt, kann von hier aus zum Naturpark Narbonnaise en Méditerranée mit seinen weitläufigen Lagunenseen radeln, in die Fluten des Mittelmeers springen oder hinunter nach Perpignan fahren. Keine Frage, der Süden Frankreichs bietet reizvolle Radreviere!

Die Fahrt durch die Pyrenäen imponiert durch ruhige Straßen und weite Ausblicke.

20 Provence

Sehnsuchtsziel im Süden Frankreichs

schwer 394 km ca. 8 Tage Frankreich

Charakter
Die Tour ist ruhig und verläuft auf guten Asphaltwegen. Abseits des Rhônetales sind viele Steigungen. Bekannt sind die teils starken Winde.

Wegmarkierung
Fast alle Radrouten sind im Département Vaucluse als Rundkurse angelegt und mit verschiedenen Farben gekennzeichnet.

Bett & Bike
Herbergen für Radler über www.provence-radfahren.de

E-Bike
E-Bikes sind ideal, Radverleihstellen über www.provence-radfahren.de

An- und Rückreise
TGV nach Avignon (de.oui.sncf/de). Auch Fernbusse steuern Avignon (www.fernbusse.de) an. Der Flughafen von Marseille liegt 85 Kilometer südlich von Avignon, von dort per Bus oder TGV weiter. Mit dem Auto sind es von Berlin nach Avignon 1460 km, Hamburg 1410 km, Köln 960 km, München 950 km. Wenige Parkplätze in Avignon.

Information
Vaucluse Tourisme, 12 Rue Collège de la Croix, F-84008 Avignon, Tel. +33/4/90 80 47 00, www.provence-tourismus.de; www.provence-radfahren.de; www.veloloisirluberon.com; Explore France, de.france.fr; www.francevelotourisme.com

Das sonnenverwöhnte Département Vaucluse gehört zweifellos zu den schönsten Flecken Europas und steht bei Radlern hoch im Kurs. Zwischen dem Mont Ventoux und dem Fluss Durance führt das Radroutennetz vorbei an duftenden Lavendelfeldern, flammend roten Ockerbrüchen und romantischen Dörfern, die mit ihren schattigen Plätzen zum Verweilen einladen.

Von Avignon nach Apt – 130 km Erzählt man Freunden, dass man in den Süden Frankreichs fahren möchte, schwingt sofort Begeisterung mit. »In die Provence!«, sagen sie, »oh, herrlich!« Wer den Namen hört, den packt sogleich das Urlaubsfeeling. Avignon ist der ideale Startort für eine Mehrtagesrunde. Als Radler taucht man förmlich ein in das Labyrinth aus idyllischen Plätzen, breiten Promenaden und schattigen Hinterhöfen. Die Altstadt gehört zum UNESCO-Weltkulturerbe. Ihr Höhepunkt ist das Palais des Papes – der Papstpalast. Seit annähernd sieben Jahrhunderten zieht der weltweit größte gotische Palast Pilger und Reisende in seinen Bann. Angelockt von dem mediterranen Klima des malerischen Fleckens und dem wachsenden Einfluss Frankreichs auf die Kirche verlegte Klemens V. im Jahr 1309 den Papstsitz an den Fluss Rhône. Die »Stadt des starken Windes« schwang sich zum Zentrum der christlichen Welt auf und erlebte einen wirtschaftlichen Boom. Der Handel und die Kunst erblühten. Man baute die Stadt aus und befestigte sie massiv. Bis

Auf den Märkten der Provence kann man allerlei Gewürze erwerben.

1377 regierten sieben von der gesamten Kirche anerkannte Päpste in Avignon. Die Epoche endete mit dem Abendländischen Schisma, jener Zeit, in der es bis zu drei Päpste auf einmal gab. Wir rollen durch eines der imposanten Backsteintore und verlassen die 90 000-Einwohner-Stadt entlang der viereinhalb Kilometer langen Stadtmauer, aus der 39 Türme aufragen. Draußen nimmt uns die faszinierende Kulturlandschaft der Provence auf und wird uns in den nächsten Tagen nicht mehr loslassen. Neben der ansteigenden Landstraße recken Sonnenblumen ihre Köpfe dem wolkenlosen Himmel entgegen, und wir atmen entzückt den warmen Wohlgeruch des Südens ein. Man kommt sich vor wie in einem Gemälde von Vincent van Gogh oder Paul Cézanne. Beide waren einst der Provence verfallen. In der Stadt Cavaillon treffen wir auf die Schilder des Fahrradrundkurses »Autour du Luberon à vélo«, einem winkenden Radler auf blauem Grund.

Unser nächstes Etappenziel ist das von Weinbergen und Olivenhainen eingerahmte Dorf Lourmarin. Das bezaubernde Kleinod trägt stolz das Label »Plus beaux villages de France«. Im Jahr 1982 rief Charles Ceyrac die Vereinigung »Die schönsten Dörfer Frankreichs« ins Leben. Damit wollte er das historische Erbe des ländlichen Raumes und die intakte Dorfarchitektur des Landes bewahren. Seither hat man 159 Siedlungen ausgezeichnet, sieben davon liegen im Département Vaucluse. Der Siedlungskern von Lourmarin ist winzig, und die wenigen Gebäude drängen sich dicht aneinander. Überall erblickt man steinerne Brunnen, blumengeschmückte Höfe und ansprechende Ladenschilder. Die Verlockung ist groß in der schmalen Rue du Panier an einem der Bistrotische Platz zu nehmen, um die nächste Stunde zu verbummeln. Doch die angenehm kühlen Morgentemperaturen sollte man unbedingt nutzen. Wir vertrauen uns der einsamen, von weißen Linien begrenzten Kurvenstraße D 33 an. Das Gelände steigt rasch an und die letzten Häuser bleiben

Lavendel baut man in der Provence zur Gewinnung von Duftstoffen an.

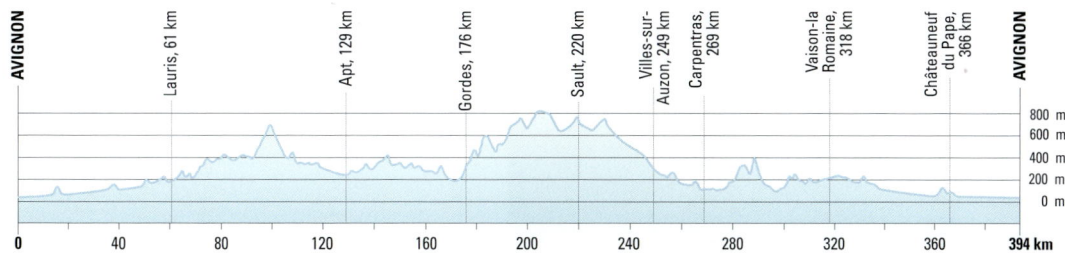

zurück. Es folgen Trockenmauern mit kleinen Ackerparzellen. Dann strampeln wir in einen ausgesprochen schönen Wald aus Steineichen, Atlaszedern und Kiefern, der als Parc naturel régional du Luberon besonders geschützt ist. Rund 185 000 Hektar umfasst das UNESCO-Biosphärenreservat, dessen Herzstück der 1125 Meter hohe Mourre Nègre bildet. Es ist eine ursprüngliche Berglandschaft mit Kalksteinfelsen, Schluchten und Höhlen, die zum Erkunden einladen. Das schrille Zirpen der Zikaden verstummt. Um uns wird es still. Nur noch der eigene Atem ist zu hören, dazu strömt der aromatische Duft der Rosmarinsträucher in die Nase. Kurz vor der auf 696 Metern gelegenen Passhöhe des Col de l'Aire dei Masco wird das Terrain flacher. Der Puls kommt langsam zur Ruhe. In Richtung Norden gibt der Wald einen weitreichenden Panoramablick auf die Gipfel der Provenzalischen Voralpen frei, darunter goldgelbe Kornfelder und lilafarbene Lavendelzeilen – dorthin wollen wir.

Das Asphaltband kippt ab und zieht sich mit sanften Schwüngen hinunter ins Dorf Céreste. Dann erreichen wir das erste Lavendelfeld. Es sieht genauso aus, wie man es von Fotos kennt: grüne Stängel, an deren Ende zart lilafarbene Knospen sitzen, die Bienen umsorgen. All das in langen Reihen. Der Duft ist betörend. Im Tal des Flüsschens Coulon stoßen wir auf die breit ausgebaute Véloroute du Calavon. Sie folgt der Trasse der ehemaligen Eisenbahn, die die Ortschaften Cavaillon und Volx miteinander verband. Wo einst die Passagiere per Zug durch das liebliche Gelände tuckerten, rollen wir auf Augenhöhe der Dächer der Stadt Apt leicht abschüssig der nächsten Unterkunft entgegen.

Von Apt nach Carpentras – 139 km Die Gabentische sind in dem lichtdurchfluteten Landstrich zwischen dem Plateau von Vaucluse und dem Gebirgszug des Luberon reich gedeckt. In den Hanglagen reifen erlesene Weiß- und Rotweine, Oliven- und Kirschbäume. Die Wälder liefern kostbare Trüffel und aus den Talniederungen stammen verschiedenste Obst- und Gemüsesorten. Diesen Reichtum präsentieren die Landwirte jeden Samstag auf dem Place de la Bouquerie von Apt. So stapeln sich

Ein Rundweg führt durch die Ockerfelsen von Roussillon.

Für jeden ist etwas dabei!

Das Département Vaucluse steht bei Radlern hoch im Kurs. Dank der Wetterlage bringt es die Provence auf bis zu 3000 Sonnenstunden im Jahr. Zwischen dem 1912 Meter hohen Mont Ventoux, dem »Schicksalsberg« der Tour de France, und dem Fluss Durance sind 33 Strecken beschildert, die insgesamt 1500 Kilometer umfassen. Der längste Weg ist mit 236 Kilometern die Autour du Luberon à vélo. Es gibt Rundtouren am Wasser, andere mit dem Themenschwerpunkt Kultur und Ausfahrten für die ganze Familie. Man radelt vorbei an duftenden Lavendelfeldern, spaziert durch flammend rote Ockerbrüche und übernachtet in romantischen Dörfern.

Der Mont Ventoux überragt die Canyons und Hügel der ganzen Region.

auf dem bunten Markt neben kandierten Früchten, Käse- und Wurstwaren, Gewürzen und Kräutern auch zusammengebundene Lavendelzweige. Radler dürfen viele Speisen einpacken, denn am Stadtrand klettert die mit orangefarbenen Routenschildern markierte Fahrradroute Les Ocres en vélo eine Anhöhe hinauf. In den nächsten Stunden betören intensiv duftende Lavendelfelder stets aufs Neue die Sinne. Um die Mittagszeit flimmert die Luft. Die Hitze hat sich schwer über das Land gelegt. Die Beine werden müde. Wir suchen uns einen Schatten spendenden Baum für das Picknick. Zufrieden lehnen wir uns an den Baumstamm und genießen die frischen Lebensmittel vom Markt. Alles ist still und friedlich. Selbst auf der Weiterfahrt wirken die Dörfer Rustrel, Villars und Saint-Saturnin-lès-Apt wie ausgestorben.

50 Tageskilometer zeigt das GPS-Gerät an, als sich mit Roussillon ein weiteres Schmuckstück ins Bild drängt. Einer mittelalterlichen Wehrburg gleich sitzt das 1300-Seelen-Nest hoch oben über dem Tal. Seine mit kräftigen Rot- und Gelbtönen angestrichenen Häuser scheinen direkt aus den Felsen zu wachsen. Die charmante Gemeinde erlangte durch den Ockerabbau Berühmtheit. Wenige Gehminuten von der Hauptstraße Avenue de la Burliere entfernt betreten wir eine andere Welt. Von der tief stehenden Sonne angestrahlt liegt eine canyonartige Ockerlandschaft mit bizarren Felstürmen vor uns, die sich gegen das satte Grün der Kiefern abzeichnet. Ein Lehrpfad führt mitten hindurch – wir sind überwältigt!

Von Carpentras nach Avignon – 125 km Auf den nächsten Teilstücken wechselt die Landschaft fast stündlich: Zunächst rollen die Hügel vor dem Fahrradlenker in sanften Wellen am Horizont aus, dann bezaubern beschauliche Weingärten das Auge. Der kulturelle Höhepunkt ist die versteckt in einem Seitental gelegene Abtei

Das Dorf Roussillon sitzt auf einer Anhöhe und ist als Touristenziel beliebt.

Notre-Dame de Sénanque. Einer prächtigen Bühne gleich ziehen sich vor ihr fotogene Lavendelreihen in die Länge, um die Erscheinung der Zisterzienser-Architektur deutlicher hervortreten zu lassen. Dieser Anblick, der in keinem Provence-Bildband fehlen darf, hat seinen Ursprung im Jahr 1148. Damals wählten Mönche des nahe gelegenen Mazan diesen Platz aus und gründeten eine Klosterzelle. Zurück auf der Straße lenkt die atemberaubende Schlucht Gorges de la Nesque die Gedanken im Kopf in eine andere Bahn. Erst beginnt alles recht gemächlich: Wir erreichen ein V-förmiges Tal, das zusehends schroffer wird. Die Vegetation nimmt ab, und wir sehen nach ein paar Minuten, wie die Kalksteinwände nahezu senkrecht abbrechen. Links, direkt neben der schmalen Départmentstraße, geht es runter, hier 100, dort 400 Meter. Gen Norden schiebt sich der kahle, 1912 Meter aufragende Mont Ventoux wie ein lang gestreckter Riegel in die Szenerie. An seiner Westflanke radeln wir von Ort zu Ort. Von Mormoiron nach Mazan und weiter ins Zentrum von Carpentras. Die Stadt breitet sich am Fluss L'Auzon aus und hat rund 28 000 Einwohner. Das fruchtbare Umland beschert ihnen ein gutes Auskommen. Denn die Hügel und Täler sind voll mit Wein-, Kirsch- und Erdbeerkulturen. Der größte Schatz aber liegt hier im Boden verborgen – die schwarzen Trüffel. Von Mitte November bis Mitte März zieht es Händler, Küchenchefs und Feinschmecker nach Carpentras auf den Trüffelmarkt. Dann entscheidet sich hier der Preis für die nächste Saison im ganzen Land. Circa 80 Prozent der in Frankreich gefundenen Trüffel stammen aus dem Vaucluse. Manche nennen es daher »Königreich der schwarzen Diamanten«.

Drei Täler nördlich von Carpentras beginnt die finale Etappe in Vaison-la-Romaine. Wie der Name bereits andeutet, hat die Stadt römische Wurzeln. Besucher erwarten zwei Ausgrabungsorte, ein Archäologisches Museum und eine fast 2000 Jahre alte Brücke. Die Fahrt setzt sich in westlicher Richtung zum Winzerort Châteauneuf-du-Pape und von dort aus zur Rhône fort. Hinter einer Flussbiegung schmiegt sich der berühmte Pont Saint-Bénézet an den gegenüberliegenden Uferhang. Der von 1177 bis 1185 errichtete Bau überwand einst mit 22 Bögen den Strom und bildete lange Zeit die einzige Flussbrücke zwischen Lyon und dem Mittelmeer. Gleich mehrmals riss die ungezügelte Kraft des Wassers Teile des Bauwerks mit, bis man den Wiederaufbau bleiben ließ. Bekanntheit erlangte die Brücke durch das Lied *Sur le pont d'Avignon*. Oberhalb der Ruine rückt die markante Stadtsilhouette mit der Cathédrale Notre-Dame des Dom d'Avignon und dem wehrhaften Papstpalast ins Bild. Jedes Jahr im Juli verwandeln Künstler und Musiker aus ganz Frankreich die von ausladenden Platanen beschatteten Gassen und einladenden Plätze in eine Freilichtbühne. Das 1947 von Jean Vilar gegründete Festival d'Avignon zieht mit seinen Theater-, Tanz- und Gesangsaufführungen über 130 000 Zuschauer an. Man trifft sich zum netten Beisammensein, trinkt ein Gläschen Wein und plaudert mit Freunden. Dort, wo gesungen oder getanzt wird, umringen Menschentrauben den Schauplatz. Es wird überschwänglich gelacht und mitgeklatscht. In jenen Wochen gehen die Uhren in Avignon einfach anders.

»Le Midi«

Seit jeher verzückt der Landstrich zwischen dem Rhônetal und den Seealpen. Die Römer bauten Gallia Narbonensis zu einer ihrer Lieblingsprovinzen aus und gaben ihr so den heutigen Namen: Provincia. Später drückten Westgoten, Franken und Burgunder dem strategisch günstig gelegenen Territorium ihren Stempel auf. Mitte des 19. Jahrhunderts beschrieb der Dichter Frédéric Mistral in seinem Nationalepos *Mirèio* das dörfliche Leben der Region und erhielt dafür den Literaturnobelpreis. Zu jener Zeit ließen sich die Maler Vincent van Gogh und Paul Cézanne vom Licht der Provence verzaubern und schufen Kunstwerke von Weltruhm, die »Le Midi« – den Süden Frankreichs – schlagartig bekannt machten.

Links: Die Lavendelfelder der Provence verströmen einen betörenden Duft.

Rechts: Die Brücke Pont Saint-Bénézet von Avignon wurde in einem Lied verewigt.

Mitteleuropa

Großes Bild: Die Alpenrouten punkten mit Bergpanoramen (Tour 27); Links: Füssen – historischer Ort an den Allgäuer Alpen (Tour 25); Rechts oben: Die Südrampe des San-Bernardino-Passes (Tour 23); Rechts unten: Neugierige Rinder am Schweizer Klausenpass (Tour 22)

21 Seenroute

Seen, Schoggi, Schweiz

schwer 506 km ca. 10 Tage Schweiz

Charakter
Auf der Schweizer Seenroute Nr. 9 gibt es mehrere längere Steigungen zu meistern. Infos zum Streckenverlauf unter www.schweizmobil.ch.

Wegmarkierung
Die nationalen Radrouten sind mit den roten Nummernlogos gekennzeichnet. An jeder Abzweigung stehen Schilder, auf denen die einzelnen Wege oft mit Kilometerangaben beschriftet sind.

Bett & Bike
Die Webseite www.veloland.ch zeigt verschiedene Unterkünfte und Radservicestellen an. Hilfreich ist zudem die App SchweizMobil.

E-Bikes
E-Biker sind hier klar im Vorteil. Infos zum Radverleih über www.rentabike.ch, www.veloland.ch und www.sbb.ch.

An- und Rückreise
Mit dem Zug (www.sbb.ch) oder Fernbussen (www.fernbusse.de) an den Bodensee. Unterwegs lassen sich Teilstücke und Anstiege mit dem Zug oder dem Postauto (www.postauto.ch) überbrücken. Mit dem Auto sind es nach Rorschach von Berlin 770 km, von Hamburg 840 km, von Köln 560 km, von München 220 km.

Veranstalter
Eurotrek hat alle Velorouten der Schweiz im Programm (inkl. Übernachtungen, Gepäcktransport und Fahrradverleih). Eurotrek, Lerzenstrasse 21, CH-8953 Dietikon, Tel. +41/44/316 10 00, www.eurotrek.ch

Information
Schweiz Tourismus, Tel. 00800/10 02 00 29, www.myswitzerland.com; www.schweizmobil.ch. Hilfreich ist die Gratis-App SchweizMobil (mit Karten, Fahrradrouten, Haltestellen, Unterkünften).

Traumziel Schweiz – was fällt einem da nicht alles ein! Quer durchs Land schlängelt sich eine Radroute für Naturliebhaber: Sie ist sportlich, gut ausgebaut und mit 16 idyllischen Gewässern garniert. Wer ihr folgt, überwindet 4200 Höhenmeter. Als Belohnung gibt es täglich großartige Ausblicke auf die Alpen.

Von Rorschach nach Einsiedeln – 180 km Die Strecke der Seenroute liest sich wie eine Top-10-Liste der Schweizer Gewässer: Bodensee, Rhein, Vierwaldstättersee, Aare, Brienzersee, Saane, Genfersee. Wer hier radelt, braucht keine Karte, denn die Beschilderung ist super. Also einfach treiben lassen und den roten Wegweisern von Veloland folgen. Man hängt in Rorschach die Packtaschen ans Rad und steuert das Kornhaus an. Es ist ein Werk des Baumeisters Giovanni Caspare Bagnato aus dem 18. Jahrhundert. In dem Speicherhaus gibt es ein Heimatmuseum, das sich mit der Stadtgeschichte und den Seelandschaften befasst. Der Bodensee ist mit einer Fläche von 536 Quadratkilometern nach dem Balaton und dem Genfersee der drittgrößte See Mitteleuropas. Über ihn schippert die größte Binnenseeflotte des Kontinents. Die Geschichte der »Weißen Flotte« geht auf die Mitte des 19. Jahrhunderts zurück. Damals setzte man auf luxuriös ausgestattete Schaufelraddampfer. Im Lauf der Zeit wechselte man die nostalgischen Schiffe durch moderne Typen aus. Einzig der 1913

fertiggestellte Dampfer »Hohentwiel« entging der Verschrottung und befindet sich nach einer Generalüberholung wieder im regulären Dienst.

Nach zehn Kilometern verlässt die Strecke Schweizer Terrain und überschreitet die Grenze zu Vorarlberg. Wir erreichen das Naturschutzgebiet Rheindelta. Es reicht bis zur Mündung der Dornbirnerach im Osten. 2000 Hektar – Flachwasser, Schilfröhrichte, Feuchtwiesen, Auwälder. Hier ist das Reich von über 330 Vogelarten. Darunter

haben Ornithologen verirrte oder geflohene Raritäten wie Chileflamingo, Aztekenmöwe und Kronenkranich gesichtet. Sanft steigt der Radweg an der Seite des Rheindamms an und biegt wenig später ins Hinterland ab. Entlang von Wassergräben, vorbei an Wiesen und Feldern. Hoch oben wachen die Gipfel des Kanton St. Gallen. Altstätten ist der nächste Stopp an der Seenroute. Der Name passt, denn die Altstadt wirkt mit ihren Gassen und dem Laubengang überaus romantisch. Ein beliebtes Fotomotiv liegt rheinaufwärts – Werdenburg. In der kleinsten Stadt der Schweiz leben rund 60 Einwohner in 42 urigen Häusern. Sie spiegeln sich zusammen mit dem Werdenberger Schloss malerisch in dem gleichnamigen See. Bei Sargans kehren wir dem Rhein den Rücken zu und strampeln hinauf zum Walensee. Die Region vermarktet sich erfolgreich als Heidiland, denn Johanna Spyri siedelte hier im Jahr 1880 ihren Roman *Heidis Lehr- und Wanderjahre* an. Seither zieht es Touristen in die Ostschweiz. Die Züricher Autorin schrieb: »Vom freundlichen Dorfe Maienfeld führt ein Fussweg durch grüne, baumreiche Fluren bis zum Fusse der Höhen, die von dieser Seite gross und ernst auf das Tal herniederschauen.« Der erste und zweite Band gehören zu den bekanntesten Kinderbüchern der Welt. Man erzählte sie mehrfach als Spiel- und Zeichentrickfilm sowie als Fernsehserie nach.

Von Einsiedeln nach Interlaken – 166 km Wahre Bilderbuchlandschaften bestimmen die nächsten Tage. Saftige Weiden in kräftigem Grün bedecken die Täler voralpiner Höhenzüge. Verwinkelte Gassen, wehrhafte Kirchen und Klöster in den Ortschaften:

Linke Seite: Am Genfersee angekommen, bieten sich die Schaufelraddampfer für eine Ausfahrt an.

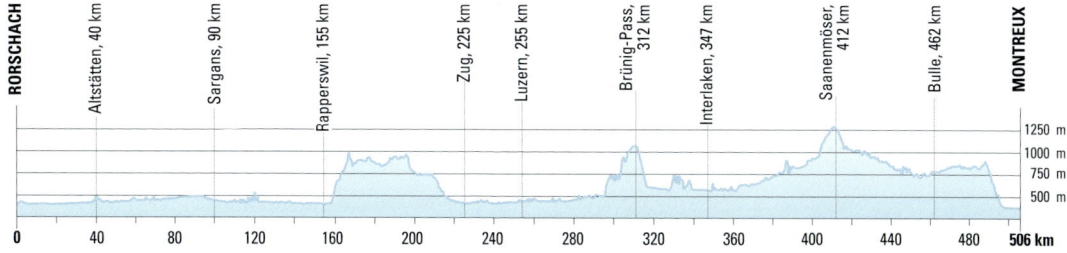

Tour 21 Seenroute

Die Veloroute führt über den 1279 Meter hohen Saanenmöserpass.

Rapperswil, Einsiedeln und Zug. Dazwischen Sihlsee, Ägerisee und Zuger See – die Route vermittelt das Gefühl, als ob man entlang einer Kette radelt, deren Perlen Seen sind, die in immer neuen, undurchdringlichen Blautönen schimmern. Doch einer ist etwas ganz Besonderes – der Vierwaldstättersee. Er zwängt sich eng in die Berge ein und ähnelt mit seinen steil aus dem Wasser ansteigenden Felswänden einem norwegischen Fjord. Der Name geht auf die vier Waldstätten der Kantone Uri, Unterwalden, Schwyz und Luzern zurück. An seinem Ufer schmiedeten die ersten drei, die sogenannten Urkantone, 1291 ein Bündnis. Ihm schlossen sich weitere Gebiete an, die Schweizerische Eidgenossenschaft war geboren. Täglich pendelt eine Flotte an Ausflugsschiffen in einem eng getakteten Zeitplan von Anlegestelle zu Anlegestelle. Zu den Schmuckstücken gehören fünf historische Raddampfer. Ihr Heimathafen befindet sich am nördlichen Seeausgang in Luzern. Dort überspannen zwei gedeckte Holzbrücken den Fluss Reuss. Sie sind Teil der Stadtbefestigung. Überall ragen kleine Türme und Mauern in den Himmel. Die bedeutendsten Denkmäler der Spätrenaissance sind die Hofkirche, das Rathaus und der Rittersche Palast. Darüber erblickt man die beiden Hausberge Pilatus (2128 Meter) und Rigi (1797 Meter), die man bequem mit der Bergbahn erreicht. Die Pilatusbahn gilt als die steilste Zahnradbahn der Welt, und die Vitznau-Rigi-Bahn wurde am 21. Mai 1871 als erste Bergbahn Europas in Betrieb genommen.

Nach gut 40 Kilometern wird es ernst für die Oberschenkel: Vor uns steigt der Weg zum Brünigpass an. Nachdem die ersten Kehren gemeistert sind, führt der Weg am westlichen Ufer des Lungerersees in Richtung Süden. Erneut wartet die Landschaft mit spektakulären Ansichten auf. Der elfte See liegt malerisch eingebettet zwischen über 2000 Meter aufragenden Gipfeln. Auf der rechten Talseite stürzen mehrere Wasserfälle in das türkisfarbene Gewässer herab. Kurzes Genießen, dann ist wieder harte Beinarbeit angesagt, der zweite Teil des Passanstieges bis auf 1008 Meter Höhe steht an. Neben dem Radweg schnauft die Brünigbahn gemächlich ihrem

Scheitelpunkt entgegen. Komfortabler ist die Fahrt mit dem Zug sehr wohl, aber wer wollte schon tauschen? Die Abfahrt hinunter Richtung Meiringen ist nämlich ein Rausch. Eine Stunde entspannt an der Seite der Aare rollen, dann hat man den Brienzer See erreicht. Ein tückisch steiles Bergsträßchen, das sich entlang dessen Südufer windet, verlangt Radlern dann noch mal alles ab. Tief über den Lenker gebeugt, nach Luft japsend, stemmen wir die Räder den Anstieg im Schritttempo hoch. Oben angelangt, geht es wie auf einer Aussichtsterrasse durch einen schattigen Wald. Plötzlich lautes Getöse aus der Ferne. Nur ein paar Pedalumdrehungen weiter treten die Bäume zurück und geben die Sicht auf die Berge frei. In mehreren Kaskaden stürzen die Giessbachfälle aus 400 Metern Höhe in den See. Vom Brienzer See ist es nur ein Steinwurf nach Interlaken.

Von Interlaken nach Montreux – 160 km

Die Stadt breitet sich auf einer ausgedehnten Schwemmebene, dem sogenannten Bödeli, aus, und ist fest in Touristenhand. Bereits Mitte des 18. Jahrhunderts »entdeckten« englische Gäste das Tor zum Berner Oberland. Der Bau der Eisenbahn, die Verbreitung der Dampfschiffe und besonders die Eröffnung der Jungfraubahn im Jahr 1912 machten den kleinen Ort weltberühmt. Heute bündelt man an diesem malerischen Flecken alle Zutaten für einen gelungenen Bergurlaub. Teurer Franken hin oder her, noch immer strömen Touristen aus den verschiedensten Ländern an den Fluss Aare. Ihr Ziel? Das Dreigestirn Eiger, Mönch und Jungfrau. Wer es gerne beschaulich hat, der radelt wieder los, denn die Seenroute führt das Obersimmental hinauf. Typisch sind die imposanten im Chaletstil erbauten Bauernhäuser. Weit überstehende Dächer, blumengeschmückte Balkone und bemalte Fassaden zeichnen den hiesigen Haustyp aus. Die Grundlage für die reiche Ausstaffierung der Gebäude schufen die Oberländer durch die erfolgreiche Milchviehhaltung. Die traditionsreiche Zucht des Simmentaler Fleckviehs reicht bis in

Veloland Schweiz

Radfahrer haben es in der Alpenrepublik leicht, denn hier gibt es eines der besten Wegenetze Europas. Für Mehrtagestouren bieten sich die neun nationalen Routen von SchweizMobil an. Drei davon sind zudem EuroVelo-Routen. Wer spontane Touren plant, kann die 54 regionalen Routen und die 46 lokalen Strecken integrieren. Sie sind zwei- bzw. dreistellig markiert und führen bis in die hintersten Ecken und Täler. Das Gelände ist bis auf das Mittelland und die Flusstäler von Rhône, Aare und Rhein sehr bergig. Daher gibt es ein dichtes Netz an Leihstationen für E-Bikes. Mit ihnen kommt man sogar gut über die Alpenpässe, die man in der Schweiz zu Rundtouren kombinieren kann.

Die Kapellbrücke ist das Wahrzeichen von Luzern.

Radweg im Schweizer Simmental

die Römerzeit. Ab 1750 exportierten die Bauern ihre begehrten Simmentalerinnen im großen Stil, sodass einzelne Rinder sogar bis zum russischen Zarenhof in St. Petersburg gelangten. Mit 41 Millionen Tieren ist die Simmental-Rasse heute weltweit mit am weistesten verbreitet.

Das Holpern der Räder über das jahrhundertealte Kopfsteinpflaster der Gassen von Gruyères holt uns langsam aus den Erinnerungen an die letzten Tage zurück. Einem Adlerhorst gleich sitzt der Ort auf einem isolierten Hügel über dem oberen Saanetal. Dort richten wir den Blick hinüber zu den Freiburger Alpen im Osten, wo die Saane gemächlich Richtung Schweizer Mittelland strebt und die Berge zu sanften Hügeln auslaufen. An den zentralen Boulevards lohnt es sich zu verweilen. Hier sorgen reich dekorierte Steinbauten mit prächtigen Zunft- und Ladenschildern für stille Geborgenheit. Die blumengeschmückten Restaurants haben ihre Tische herausgestellt und locken die Besucher mit den Spezialitäten des Greyerzerlands an. Ob Greyerzer Hartkäse, Fondue oder Schweizer Schoggi, die Gaumenfreuden der Gegend sind in aller Munde. Die Eidgenossen produzieren nicht nur feine Milchschokoladen: Auch bei Pralinés, Truffes und anderen schokoladigen Köstlichkeiten macht den Schweizer Chocolatiers kaum jemand etwas vor. Jede Stadt besitzt ihre eigene, unverwechselbare Kreation, jede Region ihre berühmten Confiserien.

Ein Stück folgen wir noch dem Lauf der Saane bis zum schimmernden Lac de la Gruyère, hinter dem ein knackiger Anstieg ins Städtchen Bulle ansteht. Die nächsten Stunden radeln wir gemütlich durch eine offene Wiesenlandschaft. Schließlich fällt das Voralpenland steil ab. Ein letztes Mal weht der Fahrtwind stramm ins Gesicht, in weiten Kehren zischen wir die zehn Kilometer hinab zum Genfersee. Rechts und links neben dem kleinen Straßchen reihen sich Weinrebe an Weinrebe. Aufgrund ihres milden Klimas nennt man den Flecken Erde auch Waadtländer Riviera. Zwischen den noblen Hotelanlagen setzt das Château de Chillon den kulturellen Glanzpunkt. Es ist der 29. März 1536. Überall in Europa gärt und brodelt es – die Reformation ist im vollen Gange. Die für ihr Kriegshandwerk bekannten Berner streben nach Westen und stehen auf dem Territorium des Herzogs von Savoyen. Die letzte Bastion in der Romandie, die es zu bezwingen gilt, ist das strategisch an der Nordsüdroute gelegene Château de Chillon. Ohne großes Spektakel ergibt sich die Besatzung kampflos und flieht über den See – die Eidgenossenschaft ist mit dem Waadtland um einen Distrikt angewachsen. Heute ist es hier weit friedlicher. Man rollt über die Promenaden der Seebäder, die noch immer den Charme der Belle Époque versprühen. Im Süden mustert das Auge die Gipfel des französischen Départements Haute-Savoie. Wir sind am Ziel einer Reise der großen Panoramen, die lange nachwirkt.

Herzhaft Rad fahren

Die Herzroute trägt als regionale Veloroute die Nummer 99. Es ist ein Traum, die 20 Altstädte entlang des Weges zu erkunden. Ebenso macht es Freude, über die Anhöhen zu strampeln. Der Blick schweift von den Wiesen zu den Bergen. Doch die Aussicht gibt es nicht umsonst; immer wieder erklimmt man lange Anstiege. Die 720 Kilometer summieren sich auf 12 000 Höhenmeter. Die Highlights der Strecke? Da sind die Seen, die urigen Berghöfe, die Käse- und Schokoladensorten und als Finale die Weinterrassen des Lavaux am Genfersee. Wer dort aus dem Sattel klettert, ist verliebt – verliebt in die Herzroute, ja sogar in die ganze Schweiz! Info: www.herzroute.ch.

Das Château de Chillon bei Montreux ist das meistbesuchte historische Gebäude der Schweiz.

22 Alpenpanorama-Route

Hoch hinaus!

schwer | 476 km | ca. 10 Tage | Schweiz

Charakter
Diese Route ist mit 7900 Höhenmetern die schwerste aller neun nationalen Velostrecken der Schweiz und verläuft meist auf Asphaltwegen, manchmal auch länger auf der Straße. Vor der Tour sollte man sich informieren, ob der Weg durch das militärische Schießgebiet am Lac de l'Hongrin geöffnet ist (www.aigle-leysin-lesmosses.ch/de/P18471/diestrasse-von-l-hongrin).

Wegmarkierung
Die Fahrradroute ist mit roten Schildern, weißen Symbolen und der Nr. 4. gekennzeichnet.

Bett & Bike
Radlerunterkünfte über www.schweizmobil.ch und die App SchweizMobil.

E-Bikes
E-Bikes sind angebracht; Infos über Verleih über www.rentabike.ch, www.schweizmobil.ch und www.sbb.ch.

An- und Rückreise
Die Start- und Zielorte St. Margrethen und Aigle haben Bahnanschluss (www.sbb.ch, Fahrradtransport möglich). Der Fernbus fährt bis St. Gallen. Mit dem Auto sind es von Berlin nach St. Margrethen 740 km, von Hamburg 820 km, von Köln 590 km, von München 200 km.

Veranstalter
Eurotrek bietet individuelle und fertige Reiseprogramme an. Eurotrek, Lerzenstrasse 21, CH-8953 Dietikon, Tel. +41/44/316 10 00, www.eurotrek.ch

Information
Schweiz Tourismus, Tel. 00800/10 02 00 29, www.myswitzerland.com; www.schweizmobil.ch. Hilfreich ist die Gratis-App SchweizMobil (mit Karten, Fahrradrouten, Haltestellen, Unterkünften).

Die Schweiz steht für markante Berge, malerische Seen und gelebtes Brauchtum. Die Alpenpanorama-Route führt von Ost nach West durch das Postkartenidyll. Doch kann man bei dem teuren Franken überhaupt durchs Land reisen? Auf jeden Fall! Radler denken eher an das Wetter, an Käse oder Schokolade. 480 Kilometer, die zum Schlemmen einladen.

Von St. Margrethen nach Glarus – 182 km Die Alpenpanorama-Route ist die Königin der neun Schweizer nationalen Velowege: knapp 480 Kilometer lang, mit 7900 Höhenmetern gespickt; Anstiege, rasante Abfahrten, Wiesen, drum herum Berge. Da sollten die Fitness und das Wetter auf jeden Fall stimmen. Los geht es in St. Margrethen. Die Radtour führt ohne Einrollpassage den ersten Hang hinauf. Nach wenigen Minuten im Sattel stellen sich für die Schweiz typische Bilder ein: Kleine Wäldchen wechseln mit verstreuten Gehöften. Es ist eine Landschaft wie aus den Heidi-Zeichentrickfilmen. Weiße Zicklein meckern. Auf der benachbarten Weide liegen wiederkäuende Rinder. In den Dörfern grüßen Schulkinder mit einem freundlichen Grüezi. Die roten Schilder mit der Nummer 4 markieren den Weg Richtung Westen. Unterwegs kann man einen Abstecher nach St. Gallen unternehmen. In der kerzengerade verlaufenden Marktgasse ziehen zu beiden Seiten prächtige Bürgerhäuser vorüber. Sie haben kunstvoll geschnitzte Erker, verspielte Türme und bunte Fassaden. Die

prachtvollen Gebäude gehen auf die in St. Gallen ansässige Fertigung von Leinen zurück. Touristen in der Stadt wollen meist das zum UNESCO-Weltkulturerbe ernannte Klosterviertel sehen. Staunend schreitet man hier durch die Rokokobibliothek. Die Augen brauchen einen Moment, bis sie sich an das Dunkel der über zwei Etagen angebrachten Buchregale gewöhnt haben. Hier verwahrt man 170 000 Bände. Darunter ist eine Handschrift des Nibelungenlieds und sogar ein im Jahr 790 entstandenes lateinisch-deutsches Wörterbuch – das älteste deutschsprachige Buch überhaupt.
Per Luftlinie sind es zehn Kilometer bis Appenzell. Der Name des Dorfes ist quasi in aller Munde, und zwar als Käse. Er treibt Radler auf der Alpenpanorama-Route voran. Es gibt ihn an der Strecke als AlpenTilsiter, als Emmentaler und als Berner Alpkäse. Auch die Namen der Kreationen in der Westschweiz zergehen auf der Zunge: Freiburger Vacherin, Gruyère, L'Etivaz und Walliser Raclettekäse. Den Auftakt ins Reich des Appenzeller Käse kann man durchweg als gelungen bezeichnen! Unsere Käseexkursion läuft am zweiten Tag durch die Region des AlpenTilsiters und hält auf die Glarner Alpen zu. Hinter der Kantonhauptstadt Glarus erwartet uns der längste Anstieg der Tour, der Klausenpass.

Der Vierwaldstättersee erinnert an die Fjordlandschaften Norwegens.

Von Glarus nach Thun – 135 km Das Bergdorf Urnerboden liegt im Kanton Uri. Hier hat der frühere Gletscher ein acht Kilometer langes Trogtal inmitten der mehr als 3000 Meter hohen Berge ausgeschürft. Der breite Talboden eignet sich perfekt für die Almwirtschaft. Jede Saison verbringen über 1000 Kühe und 700 Rinder den Sommer auf der größten Alp der Schweiz. Der Klausenpass führt mitten hindurch. Man strampelt an dunkelbraunen Holzhütten und Viehställen vorbei. Sie sind solide gebaut, mit Schindeln verkleidet. Davor sieht man Holzstapel, Bänke und einen üppigen Blumenschmuck. Der Puls schlägt gleichmäßig, die Beine treten immerzu, das Auge mustert die Umgebung. Hier das zutrauliche Braunvieh, das neben der Fahrbahn zwischen den Felsen herumkraxelt, dort die dicht hintereinandergestaffelten Gipfel. Das Hotel Klausenpasshöhe rückt ins Bild. Fotostopp, trinken, Jacke an. Die Straße kippt ab. Sie taucht von 1948 Metern hinunter an die Ufer des malerischsten Alpengewässers – den Vierwaldstättersee. Wie Finger greifen die Buchten in die umliegenden Berge. Hier soll Wilhelm Tell der Sage nach einen Apfel vom Kopf seines Sohnes Walter geschossen haben. Hier duckt sich die Tells-Kapelle in ein Wäldchen. Und hier riefen anno 1291 die Urkantone Uri, Schwyz und Unterwalden ihre Bündnistreue aus – das Herz der Schweiz begann zu schlagen.
Mit einer Fähre geht es über das türkis leuchtende Wasser. Im Westen erhebt sich der Pilatus, der markante Hausberg von Luzern. In Giswil zeigt ein signalrotes Veloschild

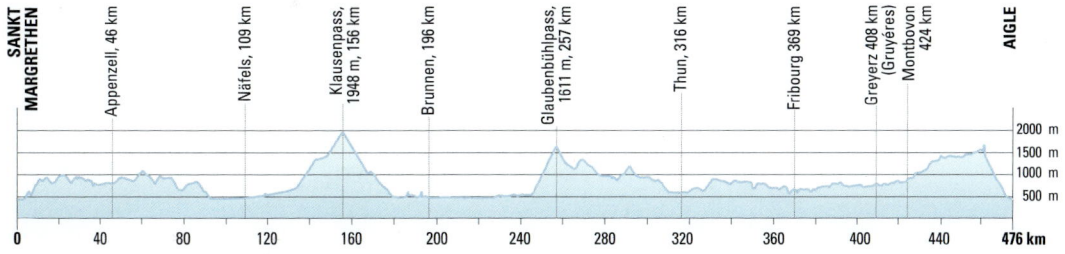

Tour 22 Alpenpanorama-Route

die nächste Steigung an: »steigt 1120 m auf 12 km«. Das schmale Asphaltband windet sich mit durchschnittlich acht Prozent hinauf, zuerst durch Wiesen, später in einen Nadelwald. Der Scheitelpunkt des Glaubenbielenpasses liegt auf 1611 Metern. Die Stationen auf der Abfahrt sind Sörenberg, Flühli und Escholzmatt-Marbach. Anschließend geht die Alpenpanorama-Route in ihren gewohnten Auf-und-Ab-Modus über. Zurück bleibt das UNESCO-Biosphärenreservat Entlebuch. Voraus liegen das Emmental und dahinter die Stadt Thun. Ihre Lage im Berner Oberland kann sich sehen lassen: Im Osten kommt man zum Thuner See. Im Süden ragen die bis zu 4274 Meter hohen Berner Alpen auf und mitten durch das Zentrum fließt die Aare, der mit 288 Kilometern längste, komplett innerhalb der Schweiz verlaufende Fluss. Zu den Attraktionen zählt das Schloss Thun, in dem ein historisches Museum untergebracht ist. Man kann durch die Altstadt flanieren oder die am Nordufer des Thunersees gelegenen St. Beatus-Höhlen besuchen.

Von Thun nach Aigle – 159 km Die Route führt nach Freiburg, den Hauptort des gleichnamigen Kantons. Der 126 Kilometer lange Fluss Saane hat sich hier tief in die Schichten des Molassesandsteins gegraben. Er trennt die französischsprechende Westschweiz von der deutschsprachigen Ostschweiz. Hier ist er, der viel zitierte Röstigraben. Freiburg im Üechtland, wie die 38 000-Einwohner-Stadt noch genannt wird, ist einem auf Anhieb sympathisch. Wir schauen auf das mehr als zwei Kilometer lange Mauersystem. Aus ihm ragen 14 Wehrtürme auf. Darüber sticht der unvollendete Glockenturm der Kathedrale St. Niklaus in den Himmel. Sechs Brücken

Der 1948 Meter hohe Klausenpass verbindet die Kantone Uri und Glarus.

überwinden den mäandernden Fluss; die Baumeister passten sie an das Gelände an. Der Gang durch die Altstadt zeigt die kreative Seite Freiburgs: Hier laden Museen zu Exkursionen in die Kunst- und Kulturgeschichte ein. Dazu gibt es die 1901 gegründete Schokoladenfabrik Villars. Käsefreunde kaufen die lokale Spezialität Freiburger Vacherin, ein Halbhartkäse, der in rund 17 Wochen seine volle Reife erlangt. Das nächste Synonym für schmackhaften Käse ist bald mit dem Städtchen Gruyères erreicht. Einer Festung gleich nimmt es einen Hügel im oberen Saanetal ein und wird von einer Mauer umschlossen. Von dem Mittelalterensemble schweift der Blick über Weiden, Bäche und Wälder. Es scheint, als diene dieser malerische Flecken nur einem einzigen Zweck – der Milcherzeugung für den aromatischen Gruyère.

Die Alpenpanorama-Route führt an der Seite der Saane gen Süden, weiter hinein in die Stille der Waadtländer Alpen. Der Lac de l'Hongrin zieht rechts vorüber, wenig später ist der finale Anstieg zur Passhöhe Les Agites auf 1558 Metern bewältigt. Das Sträßchen verspricht nun 1130 Höhenmeter Abfahrtsrausch. Unterwegs hält man immer wieder an, blickt Richtung Westen. Da steht der markant gezackte Bergstock der 3258 Meter aufragenden Dents du Midi, die im Norden im Genfer See versinken. Wir rollen hinunter nach Aigle, dem Ziel der Reise. Das Château sitzt auf einer Anhöhe. Ringsum ziehen sich Weinstöcke in die Länge. Was für ein Bild? Was für eine Radtour? 480 Kilometer und 7900 Höhenmeter – so schwer war es doch gar nicht!

Links: Das Wilhelm-Tell-Dorf Bürglen markiert den Eingang zum Schächental.

Rechts: Der Urnerboden wird von hohen Bergen eingefasst.

Tour 22 Alpenpanorama-Route

23 Graubünden-Route

Ein Abenteuerspielplatz für Radler

schwer | 322 km | ca. 7 Tage | Schweiz

Charakter
Diese Route verläuft fast komplett auf Radwegen sowie guten Nebenstraßen. Am Albula- und San-Bernardino-Pass muss man vor allem an den Wochenenden mit Verkehr rechnen.

Wegmarkierung
Wegkennzeichnung sind rote Veloschilder mit der Aufschrift Nr. 6 Graubünden-Route.

Bett & Bike
Unterkünfte und Radservicestellen über www.veloland.ch; siehe auch die App SchweizMobil über Unterkünfte.

E-Bike
E-Bikes sind nützlich, Infos dazu über www.rentabike.ch, www.schweizmobil.ch und www.sbb.ch.

An- und Rückreise
Per Zug nach Scuol, Chur und Bellinzona (www.sbb.ch) oder mit dem Fernbus nach Chur. Mit dem Auto sind es von Berlin nach Martina 860 km, von Hamburg 920 km, von Köln 690 km, von München 200 km. Von Bellinzona nach Chur nimmt man am besten den Bus (ab 2:15 Stunden).

Veranstalter
Eurotrek bietet beide Strecken der Graubünden-Route als individuelle Tour an (inkl. Übernachtungen, Gepäcktransport und Kartenmaterial, ggf. Radverleih). Eurotrek, Lerzenstrasse 21, CH-8953 Dietikon, Tel. +41/44/316 10 00, www.eurotrek.ch

Information
Schweiz Tourismus, www.myswitzerland.com; www.schweizmobil.ch; Graubünden Ferien, www.graubuenden.ch; App Graubünden Mountainbike. Hilfreich ist die Gratis-App SchweizMobil (mit Karten, Fahrradrouten, Haltestellen, Unterkünften; www.schweizmobil.ch).

Hohe Berge, Dörfer wie aus dem Heimatfilm und kühn angelegte Bahntrassen: Graubünden verzaubert. Das vorbildliche Streckennetz und das trockene Klima bieten zudem beste Voraussetzungen für eine unvergessliche Reise. Aber Vorsicht! Wer hier radelt, sollte trainiert sein, denn die Alpenpässe verlangen einiges ab.

Von Martina nach Silvaplana – 94 km Dort, wo sich die Schweiz einer Puzzleteilnase gleich in die Nachbarländer Italien und Österreich einpasst, liegt das Unterengadin. Die Gemeinde, in der wir unsere Packtaschen an die Fahrräder hängen, heißt Scuol, übersetzt »Klippe«. Warum der Ort so genannt wird, sehen wir auf der kühn geschwungenen Gurlainabrücke. Die Hand greift wie von selbst nach dem stählernen Geländer, der Kopf senkt sich unweigerlich. Jenseits der Holzplanken geht es in die Tiefe – 25 Meter weit. Unten brodelt der Inn über sein felsiges Bett. Oben sitzt, wie von einem Maler ins Gemälde gesetzt, die St. Georgskirche nah an der Abbruchkante. Seit gut 100 Jahren ziehen mehr als 20 Mineralquellen Kurgäste in die Orte Scuol, Tarasp und Vulpera. Während Wassernixen im Mineralbad Bogn Engiadina entspannen, lockt für Bergfreunde die Natur: Wanderer schnüren ihre Schuhe für das 1500 Kilometer umspannende Wegenetz der Region Engadin Scuol Samnaun Val Müstair. Biker können sich auf 800 Kilometer Tourenspaß freuen. Trekkingradler lockt es auf die Graubünden-Route. Sie führt zunächst bergan. Über dem

Die Rhätische Bahn wurde 2008 als UNESCO-Welterbe ausgezeichnet.

Inntal haben sich sonderbar klingende Weiler wie Ftan, Sur En und Bos cha ins Grün der Hänge festgesetzt. Am berühmtesten ist das verkehrsfreie Dorf Guarda. Dicht drängen sich dort die gneisgrauen, terrakottafarbenen und cremegelben Engadiner Häuser zusammen. Die Winter in 1650 Metern Höhe können rau und schneereich sein. Umso mehr verwundert die üppige Ausstattung. Hier der Blumenschmuck zwischen den aufgeklappten Holzfensterläden, dort die mit viel Hingabe und Liebe zur tief verwurzelten Tradition auf dem Putz aufgetragenen Sgraffiti. Sie ziehen sich um Erker, um Türen, um Simse.

Hinter der Nationalparkgemeinde Zernez strampelt man das Oberengadin hinauf. Hier stellt man sich die Frage: Wohin zuerst steuern? Nach St. Moritz, Wiege der alpinen Winterferien? Oder vorbei am Schloss Crap da Sass zum Silvaplanersee? Seit der zweiten Hälfte des 19. Jahrhunderts kommt man hier staunend an. Das galt für die englischen Gäste, die den Tourismus belebten. Und das galt ganz besonders für Friedrich Nietzsche. Er reiste 1881 das erste Mal ins Dörfchen Sils Maria. An einem Samstag im August unternahm der heute weltberühmte Philosoph mit dem Walrossbart wie gewohnt einen Spaziergang. Unterwegs kam ihn der Einfall der Ewigen Wiederkunft, den er in seinem Werk *Also sprach Zarathustra* verarbeitete. Den Moment beschrieb er so: »6000 Fuss jenseits von Mensch und Zeit. Ich ging an jenem Tage am See von Silvaplana durch

Das Dorf Splügen beeindruckt durch seinen historischen Ortskern.

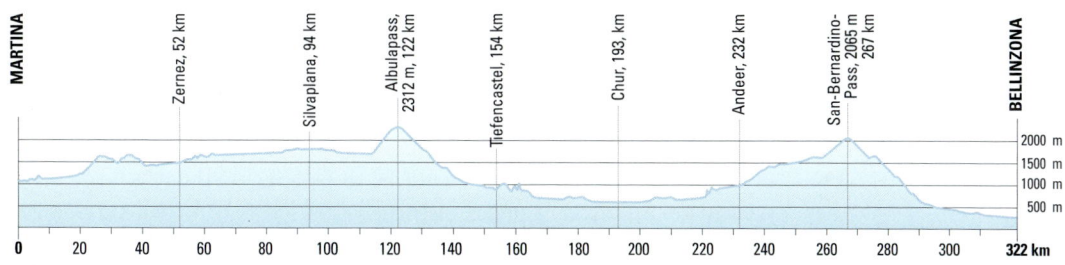

Tour 23 Graubünden-Route

Die Nordrampe des San-Bernardino-Passes führt in eine großartige Berglandschaft hinein.

die Wälder; bei einem mächtigen pyramidal aufgethürmten Block unweit Surlei machte ich Halt. Da kam mir dieser Gedanke.« Seiner Eingebung folgten weitere Künstler ins Oberengadin. Darunter Thomas Mann, Kurt Tucholsky, Hermann Hesse, Marc Chagall und Stefan Zweig.

Von Silvaplana nach Chur – 99 km Radler setzen im Ort La Punt zu einem Höhenflug an. Denn voraus baut sich der Albulapass auf. Von der Ostseite her muss man 625 Höhenmeter am Stück überwinden. Gemächlich steigen wir Haarnadelkurve für Haarnadelkurve nach oben. Über Bäche, durch lichte Nadelwäldchen. Wo sie zurücktreten, umrahmen die Rätischen Alpen das Idyll. Die Passhöhe liegt bei 2312 Metern. Westlich davon schneidet das Albulatal tief in die Bündner Berge ein. Es verlangt nach Viadukten und Tunneln. Sie gehören zur Albulalinie der Rhätischen Bahn, die 2008 für ihre kühn angelegte Trasse das Prädikat als UNESCO-Welterbe erhielt. Über diese Strecke rollt auch der Glacier-Express. Er bringt Reisende von Zermatt nach St. Moritz. Mehrmals pro Tag pendeln die Züge auf der 291 Kilometer langen Route hin und her, zuckeln über 291 Brücken, tauchen in 91 Tunnel ein und überschreiten dabei den 2033 Meter hohen Oberalppass.

Unser Reiseweg hat auf dem nächsten Teilstück die gleichen Stationen: Filisur, Tiefencastel, Thusis und Chur. Unterwegs kommt man sich vor, als würde man durch eine Modelleisenbahn radeln. Es ist alles da: die kleinen Bahnhöfe, mehrere Kehr- und Kreistunnel, drum herum die Berge mit ihren Wäldern. So richtig leuchten die Augen von Bahnfans, wenn sie vor dem 65 Meter hohen und 136 Meter langen Landwasserviadukt stehen. Wahrlich eine beeindruckende Ingenieurskunst!

Von Chur nach Bellinzona – 129 km Chur ist die älteste Stadt auf Schweizer Boden. So gleicht der Spaziergang einem offenen Geschichtsbuch. Bedeutend ist die 82 Meter hohe Martinskirche, deren Ursprünge bis ins 8. Jahrhundert zurückreichen.

Wenige Schritte weiter bergan überrascht das Bischöfliche Schloss mit üppigen Stuckdekorationen und vier Pilastern an der Fassade. In Chur beginnt der zweite Reiseteil. Von der Kantonshauptstadt aus strampelt man auf einem Höhenweg über dem Zusammenfluss des Vorder- und Hinterrheins in Richtung Thusis. Wenige Minuten südlich rücken die Bergflanken zusammen, der Himmel verschwindet nahezu komplett aus dem Sichtfeld. Die Straße zieht sich kontinuierlich ansteigend in die Viamala hinein. Aus dem Rätoromanischen übersetzt bedeutet der Name der Schlucht »schlechter Weg«. Aber was heißt da Schlucht? Wir taumeln durch einen Spalt. Der Blick stürzt jäh hinab in ein schattiges Dunkel, das kaum ein Sonnenstrahl erreicht. Nasskalt muss es dort sein. Auf dem nächsten Abschnitt geht es vom Dorf Splügen aus über saftige Wiesen, vorbei an kastanienbraunen Heustadeln. Längst hat der Serpentinenweg die 1600-Meter-Höhenmarke überschritten, doch wir steigen und steigen. Der Fernverkehr ist im Tunnel verschwunden. Kaum ein Auto stört das gleichmäßige Kreisen der Fahrradkette. Das Ospizio rückt ins Bild und schließlich der 2065 Meter hohe San-Bernardino-Pass.

Kaum ein Sonnenstrahl dringt bis zum Boden der Viamala-Schlucht.

In herrlich zu fahrenden Serpentinen senkt sich die Straße hinab in das Valle Mesolcina. Die Ortsnamen lassen es bereits erahnen, dass man auf der Südseite der Alpen angekommen ist: San Bernardino, Soazza, Grono, San Vittore. Anschließend rollen wir ins Tessin hinein, in die Sonnenstube der Schweiz. Der Fluss Ticino nimmt uns ein Stück mit. Dann taucht voraus das Castelgrande auf und wird jede Minute erhabener. Bald zieht es mit seinen Zinnen alle Blicke auf sich, verschwindet dann hinter den roten Hausdächern von Bellinzona aus dem Sichtfeld, um wenig später in voller Pracht die Szenerie zu bestimmen. In der 18 000-Einwohner-Stadt gibt es nicht nur einen Wehrbau – es mussten gleich drei sein. Wie aus der Gedankenwelt eines J. R. Tolkien entsprungen, riegeln sie das von mächtigen Bergen flankierte Tal ab. »Schlüssel und Tor nach Italien« – was für eine treffende Bezeichnung. Heute bilden die im Jahr 2000 von der UNESCO zum Weltkulturerbe geadelten Mauern eine stilvolle Kulisse, die zum Verweilen einlädt. Auf der Piazza Collegiata sitzen sonnengebräunte Tessiner in den Korbstühlen und mustern die Passanten, die zwischen der Stiftskirche Santi Pietro e Stefano und dem Castelgrande hindurchflanieren. Als Radler setzt man sich zufrieden daneben.

Tour 23 Graubünden-Route

24 Inn-Radweg

Auf leichten Wegen durch die Berge

leicht 530 km ca. 10 Tage Schweiz, Österreich, Deutschland

Charakter
Der Inn-Radweg ist eine lohnende Familientour. Der Großteil der Strecke führt über eigenständige Radwege, die teils lange Kiespassagen aufweisen.

Wegmarkierung
Markierung in der Schweiz als Graubünden-Route Nr. 6, in Österreich und in Bayern mit grün-weißen Routenschildern.

Bett & Bike
Unterkünfte über www.innregionen.com, www.bettundbike.de und die Bett+Bike-App.

E-Bike
E-Bikes sind eine sinnvolle Unterstützung. Velos und E-Bikes kann man bei www.rentabike.ch ausleihen.

An- und Rückreise
Vom Startpunkt Maloja aus ist St. Moritz (www.sbb.ch) der nächstgelegene Bahnhof. Reisende aus Norddeutschland wählen den ÖBB-Nightjet (www.oebb.at) oder den Fernbus (www.fernbusse.de). Passau ist gut ans Bahnnetz angebunden. Das Auto kann man im Parkhaus der Bergbahnen Corvatsch/Furtschellas in Maloja abstellen. Mit dem Auto sind es von Berlin nach Maloja 910 km, von Hamburg 980 km, von Köln 750 km, von München 370 km, von Zürich 210 km, von Wien 680 km.

Information
www.innregionen.com

Sie lieben die Alpen? Haben aber keine Lust auf Kraxeln? Wie wäre es mit einer Fahrt auf dem Inn-Radweg? Wer ihn befährt, ist begeistert! Wieso? Weil er überwiegend bergab führt. Und weil ständig eine andere Stadt darauf wartet, entdeckt zu werden: Innsbruck, Rosenheim, Schärding und Passau.

Von Maloja nach Innsbruck – 216 km Bevor man in Passau den Bahnhof ansteuert, blickt man dem Inn wehmütig nach. Warum hat einen die Reise an seiner Seite so sehr bewegt? So sehr, dass man jeden Tag Abstecher unternommen hat, um möglichst viele Eindrücke zu sammeln. Aus Radlersicht steht der Inn im Schatten der Donau. Doch weshalb eigentlich? Auf seinen 517 Kilometern verändert der Fluss ständig das Aussehen. Er ist mal unbändig, dann wieder lieblich wie in einem Heimatfilm. Mit einem Einzugsgebiet von 26 000 Quadratkilometern, etwa so groß wie der Balkanstaat Mazedonien, gehört er zu den mächtigsten Alpenflüssen. Schon immer bildete der Inn für die Anrainer eine Lebensader: Wer seinem Ufer folgt, öffnet ein Fenster in die Vergangenheit, denn jeder Abschnitt hält spannende Geschichten bereit, ruft packende Eindrücke hervor. Der Inn startet den Lauf am Schweizer Lunghinsee auf einer Höhe von 2484 Metern. Im Engadin ist der Inn-Radweg identisch mit der Graubünden-Route. Das Panorama der Berge führt uns von Highlight zu Highlight. Rechts

Das historische Wasserburg wird komplett vom Inn umschlungen.

der Silser- und der Silvaplanersee. Links St. Moritz und Scuol. Dazwischen der Schweizer Nationalpark und urige Bergdörfer. Das Wasser stürzt hinab Richtung Österreich, verlangsamt dort das Tempo. Voraus liegen die Städte Pfunds, Prutz, Landeck und Imst. Radler bestaunen unterwegs die Architektur-Filetstücke des Tiroler Oberlands: die Mariä-Himmelfahrt-Kirche in Fließ, das Schloss Landeck, das Stift Stams.

Innsbruck liegt eingebettet in die Berge der nördlichen Kalk- und der Zentralalpen. Hier kreuzen sich bedeutende Verkehrsachsen zwischen Nord und Süd, Ost und West. Vor allem der Habsburger Kaiser Maximilian I. (1459–1519) formte das Bild Innsbrucks. Er machte die heutige Landeshauptstadt Tirols zum Zentrum des Heiligen Römischen Reichs. Unter seiner Regentschaft entstand das Goldene Dachl. Es trägt 2657 feuervergoldete Kupferschindeln; seit Jahrhunderten ein vielfach gemaltes und fotografiertes Wahrzeichen. Wer das Gebäude betritt, erlebt eine Zeitreise: Die Ausstellung erzählt von der politischen, wirtschaftlichen und kulturellen Stellung Maximilians für Europa an der Wende vom Mittelalter zur Neuzeit. Auch die

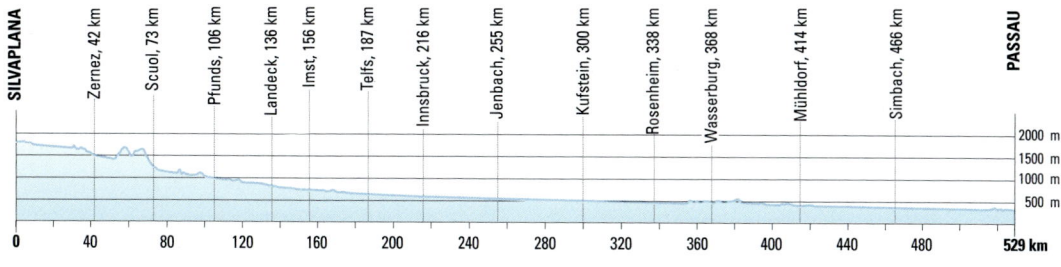

Tour 24 Inn-Radweg

Der Inn-Radweg führt bei Oberaudorf direkt am Ufer entlang.

Hofkirche bewahrt das Erbe des Renaissancefürsten. Im Inneren steht der prachtvolle Kenotaph. Das Grabmal ist leer, wird aber von überlebensgroßen Bronzefiguren, den Schwarzen Mandern, bewacht. Maximilian ruht jedoch in der St.-Georgs-Kapelle der Burg in Wiener Neustadt. Reisende schauen in Innsbruck gerne das Tirol Panorama mitsamt dem Kaiserjägermuseum an. Sie bestaunen die Bergisel-Skisprungschanze und das Schloss Ambras, schweben in der Hungerburgbahn hinauf zum Alpenzoo oder schlemmen in den Restaurants der 120 000-Einwohner-Stadt.

Rechte Seite: In Stams lädt die Wolfsklamm zu einer Wanderung ein.

Von Innsbruck nach Wasserburg am Inn – 154 km Die Olympiastadt verschwindet im Rücken. Flankiert von den jäh abfallenden Kalkwänden des Karwendels führt uns der leicht abschüssige Radweg vorbei an Hall in Tirol zum Schloss Tratzberg. Der einstündige Ausflug ist als lebendiges Hörspiel konzipiert, gleicht einer Reise in die Vergangenheit. Eindrucksvolle Attraktionen der Schlossführung bilden die gotische Fuggerstube, das Königinzimmer samt der reichen Renaissancearbeiten aus edelsten Hölzern, die Rüstkammer und die Hauskapelle. Herzstück des Schlosses ist der Habsburgersaal mit dem einzigartigen Wandgemälde des Stammbaumes der Dynastie. Auf dem nächsten Teilstück radelt man angenehm den flachen Talgrund entlang. Das Wasser des Inns begleitet uns via Jenbach und Wörgl ins Zentrum von Kufstein. Die Festung liegt strategisch günstig am Ausgang des alpinen Inntales, dazu nimmt sie den Logenplatz auf einem Felsrücken über der Stadt ein. Die Rundtour durch die dicken Befestigungsanlagen führt an 21 verschiedenen Stationen vorüber: Man sieht u. a. Kanonengeschütze, den rund 60 Meter tiefen Brunnen und am Ende die Exponate des Festungsmuseums. Krönender Abschluss der Besichtigungstour ist die Heldenorgel Kufstein. Sie ist mit 4948 Pfeifen die größte Freiorgel der Welt. Ihre Klänge begleiten Radler aus der Alpenrepublik hinüber in Richtung Deutschland.

Unsere Räder rollen zügig über den feinkörnigen Dammweg. Wo die Bayerischen Voralpen auf die Chiemgauer Alpen treffen, weitet sich gen Norden der Himmel. An diesem malerischen Flecken blickt das charmante Dorf Neubeuern von einer Anhöhe auf den Inn hinab. Wir betreten durch das Salzburger Tor den denkmalgeschützten Marktplatz, der mit seinen ansehnlichen Gebäuden ein harmonisches Bild abgibt. Wer die Szene betrachtet, dem fallen Details aus der Ortsgeschichte auf. Zum Beispiel am Gasthof Zum Stangenreiter, dessen Fassade einen Schiffszug darstellt. Der Wohlstand der Stadt, der sich in den Bauwerken widerspiegelt, geht vornehmlich auf die Innschifffahrt zurück. Zehn Kilometer sind es anschließend bis Rosenheim. Das wirtschaftliche Zentrum Südostbayerns bietet eine Fülle an kulturellen Einrichtungen. Darunter der im Auftrag des Königs Maximilian II. von Bayern errichtete Lokschuppen, in dem man wechselnde Ausstellungen präsentiert. Pro Saison lösen bis zu 280 000 Besucher ein Ticket. Sie tauchten 2012 in die Tiefsee ab, folgten 2016 den Taten der Wikinger und bestaunten 2019/2020 die Saurier – Giganten der Meere. Zwei Stunden entfernt kommt Wasserburg in Sicht. Am Ufer erinnern herrschaftliche Gebäude an jene Zeit, als die Innschifffahrt erblühte. Die Wand der Steinfassaden gleicht einer Festung. Aus den ineinanderverschachtelten Dächern ragt der massive Viereckturm der Pfarrkirche St. Jakob auf. Die strategisch günstige Lage auf einer Halbinsel bewog den Hallgrafen Engelbert III. im Jahr 1137, seinen Stammsitz in die Wasserburg zu verlegen. Unter den Wittelsbachern und durch den Handelsweg auf dem Inn erlebte die Stadt in der Mitte des 13. Jahrhunderts eine Blüte. Das historische Zentrum bildet noch heute eine geschlossene Einheit mit pittoresken Bauwerken wie dem Kernhaus, Ganserhaus und Rathaus. Von der »Schönen Aussicht« verabschieden wir uns mit einem fantastischen Ausblick auf die vom Inn umschlungene Perle.

Lachmöwen, Seeadler und Biber

Nachdem ab 1939 am Unteren Inn fünf Stauwehre zur Stromgewinnung errichtet wurden, entstand eine faszinierende Landschaft. Sie ist heute als Europareservat Unterer Inn geschützt. Das Geflecht aus Flachwasserzonen, Schlickbänken, Seebecken und Inseln umfasst 5500 Hektar. Hier zählten Ornithologen mehr als 300 Vogelarten. Besonders faszinierend ist der Vogeldurchzug im Frühjahr und im Herbst. Wer Glück hat, erspäht Seeadler, Schwarzmilane, Rohrweihe oder Fischadler. Unter ihren wachen Augen baut der Europäische Biber seine Burgen.

Passau liegt am Zusammenfluss der Flüsse Donau, Inn und Ilz.

In Bayern beweiden Schafherden die Inndeiche.

Von Wasserburg am Inn nach Passau – 160 km Anschließend biegt der Inn, vor den Hügelzügen des Alpenvorlands kapitulierend, gen Osten ab. Mit eindrucksvollen Schleifen sucht sich das Wasser einen Weg durch das von eiszeitlichen Gletschern modellierte Terrain. Die Höhenrücken zwingen bis Mühldorf am Inn mehrmals aus dem Sattel. Das Auf und Ab zieht in den Beinen, beschert uns aber auch eine beschauliche Landpartie mit Weiden, Waldstreifen und stattlichen Bauernhöfen. 50 Kilometer später ist die Bergetappe gemeistert. Die Landschaft stiehlt sich in alle Richtungen davon. Wir schalten wieder in den Genussmodus. Beiderseits des Flusses prägen die im Inn-Salzach-Stil errichteten Gebäude die Altstädte, so auch in Mühldorf. Typisch für die Bauweise sind die nach oben gezogenen Vorschussmauern mit den kunstvoll verzierten Häuserfronten und den Grabendächern. Im 16. und 17. Jahrhundert führte man diese Architektur ein, um Brände einzudämmen. So sollten die hohen Mauern ein Übergreifen auf das Nachbardach verhindern. Die schattigen Laubengänge runden zusammen mit den einladenden Plätzen das mediterrane Stadtbild ab.

Unsere nächste Station markiert der Kapellplatz in Altötting, um den sich gepflegte Rasenflächen gruppieren. Seit über 1250 Jahren ist die Stadt geistliches Zentrum Bayerns und annähernd 500 Jahre lang der bedeutendste Marienwallfahrtsort Deutschlands. Ziel der jährlich mehr als eine Million Pilger ist die Schwarze Muttergottes im Oktogon der Gnadenkapelle. Im Inneren birgt er neben dem Gnadenbild die silbernen Herzurnen bayerischer Könige und Kurfürsten, dazu wertvolle Weihegaben. Eine Radstunde später stoppen wir in Marktl am ehemaligen Mauthaus, das auf das Jahr 1701 zurückgeht. In dem weiß-gelben Gebäude kam Josef Alois Ratzinger im April 1927 zu Welt. Er wurde 2005 zum Papst gewählt und nahm den Namen Benedikt XVI. an. Wir steuern durch das

Europareservat Unterer Inn und nähern uns einem weiteren Schmuckstück. Flussabwärts stehen die Häuser von Schärding dicht gedrängt am Wasser des Inns. Beherrscht wird das Bild von der Stadtpfarrkirche St. Georg, die den barocken Ortskern erhaben überragt. Vor der Silberzeile erstreckt sich der Obere Stadtplatz. Die Bürgerhäuser errichtete man im Inn-Salzach-Baustil. Sie sind so bunt, als hätte man den Malkasten eines Kindes geplündert: adriablau, aprikosenfarben, mintgrün, flamingorot.

Hier setzt der Radweg zum Finale an. Auf den letzten 16 Kilometern fließt der zu einer stattlichen Größe angewachsene Inn durch ein breites, mit schroffen Felsen durchsetztes Waldtal. Wo die Bäume zurückweichen, liegt Passau – unser Reiseziel. Dort zieht der Fluss gemächlich zwischen den prächtigen Bauten und Kirchen hindurch. Die einzigartige Lage an den Flüssen Donau, Inn und Ilz macht Passau zu einem echten Radlerparadies. In der Dreiflüssestadt kreuzen sich gleich sieben Radfernwege. Besonders der berühmte Donau-Radweg lockt Reisende aus nah und fern an. Beschaulicher geht es auf dem Moldau-Radweg, Römer-Radweg, Tauern-Radweg, Tour de Baroque und der Via Danubia zu, die abwechslungsreiche Reisetage versprechen. Wir klettern hier nicht in den Sattel – wir steigen ab. Und staunen: Ein Juwel ist der Dom St. Stephan. Die Bauarbeiten der Bischofskirche begannen um das Jahr 720. Prägend für das dreischiffige Langhaus sind kostbare Stuckarbeiten, die den Blick himmelwärts lenken und wo das Auge auf herrlichen Fresken verweilt. In dem barocken Kircheninnenraum kann man weitere Schätze bestaunen, darunter die mit 17 974 Pfeifen und 233 Registern größte Domorgel der Welt. Dann geht alles ganz schnell. Das Tal weitet sich, von links strömt ein anderes Gewässer herbei. Es ist die Donau. Interessant ist, dass der milchig-grüne Inn zur Zeit der Schneeschmelze bedeutend mehr Wasser mitführt als die blaue Donau. Jedoch ist sie es, die ihren Namen bis zum Schwarzen Meer behält. Name hin oder her, der Inn-Radweg ist auf jeden Fall eine Reise wert.

Silber, Münzen, Schlösserpracht

Das Museum der Münze Hall fasziniert Besucher. Höhepunkt ist der Nachbau der ersten Münzprägemaschine. Sie galt im Mittelalter als technische Sensation und prägte täglich rund 4000 Münzen. Das in Hall verarbeitete Edelmetall stammte aus dem Silberbergwerk in Schwaz. Dort lohnt es sich, den Radhelm mit dem Grubenhelm zu tauschen und bei einer 90-minütigen Führung in den Berg einzufahren. Um 1500 kamen 85 Prozent des in der Alten Welt produzierten Silbers aus Schwaz. Neben dem begehrten Edelmetall förderten die Bergleute die siebzigfache Menge an Kupfer – ein Reichtum, den die vielen Burgen und Herrensitze des Inntals widerspiegeln.

Nördlich des Inns lohnt ein Abstecher zum Schloss Tratzberg.

25 Via Claudia Augusta

Das kulturelle Erbe Roms

schwer | 369 km | ca. 8 Tage | Deutschland, Österreich, Italien

Charakter
Der Radweg folgt den Spuren des Römerwegs über die Alpen und gilt als eine der leichtesten Transalp-Touren. In den kommenden Jahren wird die Fahrradroute an einigen Stellen noch ausgebaut, sodass man unterwegs mehrere Wegoptionen vorfinden wird. An sechs verschiedenen Anstiegen gibt es einen Rad-Shuttle, Buchung unter www.viaclaudia.org.

Wegmarkierung
Die Strecke ist gut beschildert.

Bett & Bike
Unterkünfte über www.bettundbike.de und die Bett+Bike-App, in Südtirol über www.suedtirol.info.

E-Bike
Wer nicht so gut trainiert ist, fährt die Alpentour besser mit einem E-Bike. Infos zu Leihangeboten über www.viaclaudia.org.

An- und Rückreise
Mit Bahn und Fernbus (www.fernbusse.de) nach Füssen. Mit dem Auto sind es von Berlin nach Füssen 730 km, von Hamburg 800 km, von Köln 580 km, von München 130 km. Als bequeme Rückreiseoption bietet sich neben der Bahn (www.trenitalia.com und www.oebb.at) der von verschiedenen Städten Norditaliens (z. B. Torbole) aus startende Rückholbus an (Infos unter Tel. +43/664/276 35 55 oder www.viaclaudia.org).

Information
Via Claudia Augusta Transnational EWIV, Tel. +43/664/276 35 55, www.viaclaudia.org

Mit dem Auto zum Gardasee fahren, das kann jeder. Die Alpen hingegen mit dem Fahrrad überqueren, ist ein Traum! Eine leichte Strecke bietet der Römerweg Via Claudia Augusta: Von Füssen aus führt der Radweg durch ansprechende Landschaften und läuft an den sonnenbeschienenen Stränden des Lago di Garda nochmals zur Höchstform auf.

Von Füssen zum Reschenpass – 146 km Von jeher kommt man in Füssen staunend an. Das gilt für die römischen Legionäre, die hier nach ihrem Marsch die Alpen durchschritten hatten. Es gilt für die deutschen Kaiser, die von hier aus Richtung Italien aufbrachen. Ganz besonders gefiel es hier jedoch Ludwig II. König von Bayern. Durch den Bau von Schloss Neuschwanstein machte er sich unsterblich. Am Schloss Hohenschwangau zweigt ein steiler Weg in die Berge ab. Tief über dem Lenker gebeugt keuchen wir hinauf – die Muskeln beginnen zu brennen. Atemlos reihen wir uns in das bunte Völkergemisch der Wartenden ein. Vor uns der Prachtbau mit seiner schneeweißen Fassade, den wehrhaften Türmen und spitzen Zinnen. Japanische, englische, spanische wie auch italienische Wortfetzen hallen über den Schlossvorhof. Den Platz der Residenz hat Ludwig gut gewählt: Unter uns, an der Felswand, peitscht der Pöllatfall durch die gleichnamige Schlucht. Zur Linken bettet sich der malerische Alpsee in ein verwunschenes Bergtal, und im Norden grüßt Füssen das leicht wellige Voralpenland mit dem großen Forggensee. Er ist ein Speichersee, dessen Wasser man im Winter ablässt. Sind die Fluten abgelaufen, so tritt eine Römerstraße zum Vorschein – die Via Claudia

---

Die Römerstraßen

Als sich das Römische Reich ab dem 5. Jahrhundert v. Chr. anschickte, ein Imperium zu erobern, waren sie der Garant für die Expansion – die Römerstraßen. Sie führten durch die Gallischen Provinzen Aquitania, Lugdunensis und Belgica bis nach Britannien. Sie führten südlich des Mittelmeeres durch die eroberten Gebiete Mauretania, Africa und Aegyptus. Und sie führten bis in die östlichsten Länder Armenia, Mesopotamia und Assyria. Die Erbauer waren die Legionäre selbst. Es gab verschiedene Typen. Die Hauptwege versah man mit Kopfsteinpflaster. Hier konnte man gut marschieren und reiten; und auch Ochsenkarren kamen leicht voran.

Augusta. Im Jahr 15 v. Chr. begann der römische General Drusus die Pfade in der eroberten Provinz Raetia zur ersten Nordsüdtrasse in den Alpen zusammenzulegen. Jahrzehntelang schlugen die Truppen einen Weg durch das abschnittsweise unwegsame Gelände. Sie querten wilde Flüsse, präparierten die gefürchteten Pässe für den Warenverkehr. Wo sich früher die durchtrainierten Legionäre zu Fuß über das Gebirge im Herzen Europas mühten, genießen heute Radler ein bestens ausgebautes Routennetz. Die Via Claudia Augusta beginnt in Donauwörth und führt über Augsburg und Landsberg am Lech an den Nordrand der Alpen. Wir überschreiten die Grenze zu Tirol, träumen vom Süden, der Sonne und dem Lago di Garda. 370 abwechslungsreiche Kilometer sind es bis dorthin, entlang tief eingeschnittener Täler und über kurvenreiche Pässe. Orange-weiße Schilder mit der Aufschrift »Via Claudia Augusta« schicken uns zielsicher durch verschlafene Dörfer und vorbei an sattgrünen Sommerwiesen. Zu beiden Seiten drängen dunkle Fichten dicht an die Flanken der Berge. Man lässt das Zugspitzmassiv links liegen und nimmt bei Lermoos den ersten Anstieg in Angriff. Hinter dem glasklaren Weißensee geht die Asphaltstrecke in einen Forstweg über. Kehre um Kehre schnaufen wir abseits der viel befahrenen Bundesstraße durch den lichten Wald der alten Fernpasshöhe entgegen. Oben angekommen, zeigt die Anzeige des GPS-Geräts 1268 Meter an. Wieder einmal haben uns die anmutigen Alpen in ihren Bann genommen und werden uns die nächsten Tage nicht mehr loslassen.

Das Hochgefühl hält auf der zweiten Etappe an. Jede Stadt und jede Wegbiegung verwöhnt uns mit neuen Eindrücken. Wir kommen durch die Rosengartenschlucht von Imst, erfreuen uns am türkis leuchtenden Wasser des Inn und holpern von Landeck aus hoch oben auf einer Felsterrasse längs der sogenannten Fließer Platte. Prutz liegt an der Stelle, wo sich das Kaunertal öffnet und in

Das Schloss Neuschwanstein bezaubert Besucher aus der ganzen Welt.

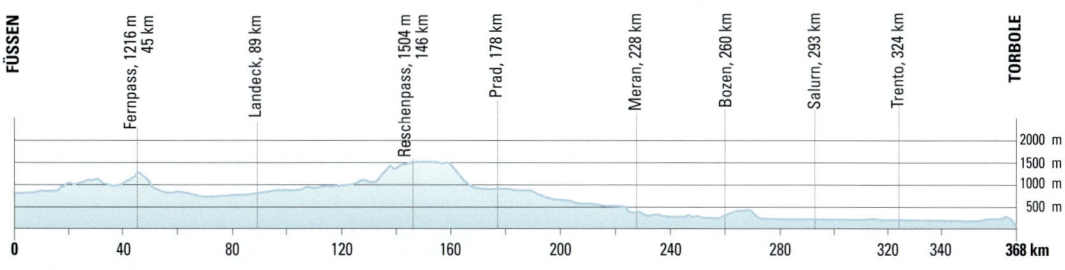

Tour 25 Via Claudia Augusta

Sonnenaufgang am Forggensee bei Füssen

Die Churburg bietet eine spannende Besichtigung.

das Oberinntal mündet. 54 mit zwei ermüdenden Passstraßen gespickte Kilometer stehen heute auf dem Programm und zwingen uns zeitig in den Sattel. Mit dem würzigen Geruch der Bergwiesen in der Nase und dem Kuhglockengeläute im Ohr steuern wir vorbei an Pfunds in die Schweiz hinein. Das Asphaltband zieht sich mit sanften Schwüngen in die enger werdende Schlucht. Nach ein paar Kilometern zweigt linker Hand ein wurzelübersäter Wanderpfad ab. Wir schließen die Fahrräder an einem Baumstamm ab und spazieren hinunter in die teils verschattete Klamm, aus der ein lautes Rauschen dringt. Die Bäume treten zurück und geben den Blick frei auf die einstige Zollstation Altfinstermünz mit ihren drei wehrhaften Türmen, die sich an das blanke Gestein krallen. Menschenleer und vom eilig fließenden Wasser des Inns umspült steht sie da – wie seit Jahrhunderten verlassen. Was für eine Lage! Anno 1159 erstmals erwähnt, bewachte sie die strategisch bedeutende Schlüsselstelle am Kreuzungspunkt zwischen dem Engadin, dem Vinschgau sowie dem Oberen Gericht. In den nächsten Jahren soll die Via Claudia Augusta von hier aus zum Fort Nauders hinaufführen. Uns bleibt nur der Weg zurück zu den Rädern, mit denen wir die elf durchnummerierten Serpentinen zur Norberthöhe emporklettern. Nach einer berauschenden Schussfahrt hinab ins Zentrum von Nauders läuft die Radtour zur Höchstform auf und zieht sich wie auf einer lang gestreckten Zielgeraden dem Reschenpass entgegen.

Vom Reschenpass nach Bozen – 114 km Vor uns Italien. Ein neues Land, eine neue Beschilderung, neue Eindrücke. Den ersten Glanzpunkt bildet der aufgestaute Reschensee mit dem zur Hälfte versunkenen Kirchturm des Dorfes Graun. Nach einem kurzen Fotostopp radeln wir weiter und erblicken den 3905 Meter hohen Ortler, der die Gebirgsszenerie von Pedalumdrehung zu Pedalumdrehung mehr und mehr beherrscht. Seit Füssen liegen 160 Kilometer hinter uns. Die positiven Eindrucke der letzten Tage bestätigt die ADFC-Radreiseanalyse 2019. Darin belegte die Via Claudia

Zum Po oder nach Venedig?

Der Gardasee ist Ziel für viele Transalp-Radler, so auch für die auf der Via Claudia Augusta. Doch diese führt noch weiter. Der historische Weg teilt sich bei Trient. Der östliche Ast verläuft über Feltre hinunter nach Venedig. Fällt die Wahl auf den Nebenweg, kann man sich auf die zum UNESCO-Welterbe zählende Altstadt von Verona und das Reiseziel Ostiglia freuen. Seit Jahren baut Italien sein Radwegenetz Ciclovie Bicitalia aus. 18 000 Kilometer – so lang werden die fertigen Routen insgesamt. Dazu beschildert man vier EuroVelo-Strecken, asphaltiert lokale Wege. Infos zu den neuen Radtouren gibt es unter www.bicitalia.org.

Augusta den respektablen zweiten Platz der beliebtesten ausländischen Radfernwege, auf Platz vier gefolgt vom Etsch-Radweg, der bis ins Trentino nahezu identisch verläuft. Am Ende des Haidersees kippt das Terrain von 1450 Metern hinab in den sich langsam öffnenden Vinschgau. Wir lassen die Räder genüsslich laufen und greifen in Burgeis zur Fahrradbremse, um uns die bemalten Hausfassaden, Torbögen und Freitreppen anzusehen. Die Silhouette des Bauerndorfes, in dem man tief verwurzelte Bräuche bis heute pflegt, wird von der erhabenen Benediktinerabtei Marienberg dominiert. Als geistiges Zentrum der Region blickt das Kloster auf eine 800-jährige Geschichte zurück und behütet hinter den altehrwürdigen Mauern kostbare Fresken und Kunstschätze. Sorglos schwenken wir den Lenker mal rechts, mal links und sausen von einem Wegkreuz zum nächsten. Stolze Burgen und Kirchen überragen die Dörfer Mals, Glurns und Schluderns, die den malerischen Abschnitt prägen. Gen Norden falten sich die Ötztaler Alpen auf und schirmen das obere Etschtal wie ein mächtiger Riegel gegen die kalten Luftströmungen ab. In diesem klimatisch begünstigten Landstrich führt die Reiseroute mitten durch einen wahren Obstgarten. An 300 Tagen im Jahr von der Sonne verwöhnt, breiten sich zu beiden Seiten Apfel- und Marillenbäume aus, hier und da von einem Erdbeerfeld unterbrochen. Wo die Plantagen aufhören, beginnen die Rebterrassen des ältesten Weinbaugebiets im deutschsprachigen Raum. Es ist belegt, dass der hier ansässige Volksstamm der Räter den begehrten Traubensaft bereits vor mehr als 2000 Jahren in Holzfässern abfüllte.

Jede noch so schöne Abfahrt endet irgendwann einmal, diese in Meran. Viele Prachtbauten zeugen von der Blütezeit im 19. Jahrhundert. In jenen Tagen war das kleine, idyllische Städtchen ein beliebter Urlaubs- und Arbeitsort. Viele waren da: Kaiserin Elisabeth von Österreich, Thomas Mann, Clara Schumann, Edvard Grieg, Stefan Zweig und mehr. Man steigt ehrfürchtig vom Fahrrad ab und schiebt es am Kurhaus vorbei. Wieder im Sattel, ist es nicht weit bis Bozen. In der Hauptstadt Südtirols ruht eine andere Berühmtheit. Wobei ruhen eher das falsche Wort ist. Denn die Gletscherleiche oder -mumie Ötzi wird im Südtiroler Archäologiemuseum regelrecht zur Schau gestellt. Vor über 5000 Jahren stieg der Mann in die eisigen Höhen der Schnalstaler Gletscher und kam dort um. Man fand ihn 1991. Sein Körper war mumifiziert, die Kleidung und Ausrüstung gut erhalten. Heute bekommen Museumsbesucher spannende Einblicke in das Leben der Menschen in der Kupferzeit. Weitere Schwerpunkte der Ausstellung sind Funde aus dem Südtiroler Raum. Bozen ist aus einer Straßenstation der Römer namens Pons Drusi entstanden. Nach der Stadterhebung vor mehr als 800 Jahren entwickelte es sich durch die günstige Lage zwischen Venedig und Augsburg zu einem blühenden Handelszentrum. Man schreitet über den schönen Walterplatz, wirft einen Blick in den Dom und bricht wieder auf in Richtung Gardasee.

Von Bozen nach Torbole – 109 km Anschließend kehren wir der Hauptstrecke den Rücken und fahren in das Herz der Weinregion Südtirol, zum Kalterer See. Die liebliche, von hohen Bergen eingerahmte Landschaft scheint wie geschaffen für die Rebstöcke von Vernatsch, Gewürztraminer und Lagrein, die sich in Reih und Glied die sonnenüberfluteten Hänge hinaufziehen. Mit der Etsch als Wegbegleiterin steuern wir dem nächsten Reisehöhepunkt Trient entgegen. Wer zur Römerzeit auf der Via Claudia Augusta reiste, machte in Tridentum Station. Das ständig erweiterte Straßennetz war Garant für die Expansion des Imperium Romanum. Das Territorium erstreckte sich bei seiner vollen Ausdehnung von den Fluten des Atlantiks bis hinunter nach Nordafrika. Den Soldaten folgten die Kaufleute, und so entwickelte sich das im ersten Jahrhundert v. Chr. gegründete Trient zu einem florierenden Handelszentrum. Am letzten Etappentag folgen wir zunächst noch der Etsch, rollen genüsslich über den kaum spürbar abwärtsführenden Dammkronenradweg und schwenken hinter der Stadt Rovereto in das Valle del Cameras ein. Nach 45 Minuten sucht der Blick den westlichen Horizont ab, in der Hoffnung, den Gardasee ausfindig zu machen. Biegung auf Biegung vergeblich. Aber plötzlich liegt er da und taucht unter uns zwischen den steil abfallenden Bergwänden auf. Hier schaut man auf eine Gruppe Zypressen, dort auf eine schmucke Dorfkirche – alles genauso wie im Prospekt. Gegen Abend greifen die Schatten nach der Felsenküste. Es ist Zeit, das Restaurant zum Abschlussessen auszuwählen. Die Luft ist angenehm mild und die ineinander verschachtelten Kopfsteinpflasterwege von Torbole belebt. Direkt am Ufer wird man fündig und lässt sich in einen Stuhl fallen. Geschafft!

Torbole liegt am nördlichen Ende des Gardasees.

26 Von München nach Venedig

Spektakuläre Fahrt an die Lagune

schwer 567 km ca. 12 Tage Deutschland, Österreich, Italien

Charakter
Die Transalp-Tour nutzt bestehende Radwege wie die Via Bavarica Tyrolensis, den Inn-Radweg, den Eisacktal-Radweg, den Pustertaler Radweg und den Langen Weg der Dolomiten. Unterwegs überwindet man mehrere Steigungen. Der Großteil der Strecke ist asphaltiert.

Wegmarkierung
Die Fahrradroute ist mit dem Logo »münchen venezia« gekennzeichnet.

Bett & Bike
Die Seite www.bettundbike.de und die Bett+Bike-App listen Unterkünfte für Radler auf.

E-Bike
Auf www.travelbike.de kann man sich E-Bikes aussuchen und bei einem Händler vor Ort reservieren lassen.

An- und Rückreise
Von Venedig bietet sich der ÖBB-Nightjet (www.oebb.at) oder der Fernbus (www.fernbusse.de) zurück zum Bahnknotenpunkt München an. Mehrmals täglich verbinden Linienflüge Venedig mit mehreren Städten Deutschlands. Mit dem Auto sind es von Berlin nach München 580 km, von Hamburg 800 km, von Köln 580 km. Parkplätze in München über www.muenchen.de.

Information
www.muenchen-venezia.info; Tölzer Land Tourismus, Tel. 08041/50 52 06, www.toelzer-land.de; Tirol Info, Maria-Theresien-Straße 55, A-6020 Innsbruck, Tel. +43/51/27 27 20, www.tirol.at; Italia – offizielle Internetseite: www.italia.it

Wer die Abwechslung liebt, sollte von München nach Venedig radeln: Markante Berge, vorbildlich ausgebaute Radwege, wilde Flüsse und viel Geschichte locken auf diesen Weg. Gewürzt wird all dies mit den lokalen Spezialitäten. Die Transalp-Strecke hat man 2015 eröffnet. Bereits die beiden Endpunkte klingen verlockend.

Die Fahrt gen Süden beginnt am Marienplatz in München.

Von München zum Brennerpass – 208 km Kulinarisch verbindet München wenig mit Venedig. Hier Schweinsbraten, Knödel, Bier; dort Pasta, Pizza, Vino. Transalp-Touren liegen im Trend. Doch seit 2015 gibt es eine neue Transalp-Strecke. München – Venezia, das klingt verlockend. Und für die Annäherung an Italien hat man Hunderte Kilometer Zeit. Als venezianische Kaufleute ab dem Jahr 800 gen Osten aufbrachen und ihr blühendes Handelsnetz errichteten, war München noch ein Dorf. Heute gilt die Metropole für viele als die »nördlichste Stadt Italiens«. Hier finden großstädtische Lebensart und landschaftliche Reize zusammen – ideal also, um sich in den Cafés, den Renaissancebauten und sonnigen Plätzen für die Radwanderung gen Süden einzustimmen. Wer länger verweilen möchte, kann dies mit dem Rad tun. Denn die Olympiastadt hat ein rund 1200 Kilometer umspannendes Radwegenetz. Und Sightseeing mit dem Fahrrad wird einem im nahezu flachen München leicht gemacht. Anschließend zieht es uns Richtung Süden. Was erwartet einen da? Auf welchen Wegen strampelt man über die Alpen? Wie ist die Route beschildert? Was für bedeutende Sehenswürdigkeiten garnieren die Reise? Auf dem ersten Abschnitt nutzt der Radfernweg den Streckenverlauf der Radroute Via Bavarica Tyrolensis. Sie verbindet seit 2004 beide Nachbarländer. Radler, die am Marienplatz ihren Lenker in Richtung Berge drehen, haben die Qual der Wahl: den gekiesten Radweg am Ufer der Isar bis zum Sylvensteinspeicher hinaufstrampeln? Oder die östliche Variante vorbei am Tegernsee zur Bayerisch-Tiroler Grenze nutzen? Lohnend sind alle zwei! Hier das Naherholungsgebiet Pupplinger Au, wo sich der Alpenfluss Isar noch frei entfalten kann, sein Bett immer wieder verlagert und dabei neue Kanäle, Wasserrinnen, Schotterbänke und kleine Inselchen bildet. Dort der ausgedehnte Hofoldinger Forst, der hinter Holzkirchen in die sanft geschwungenen Wiesen des Alpenvorlandes übergeht. Hier

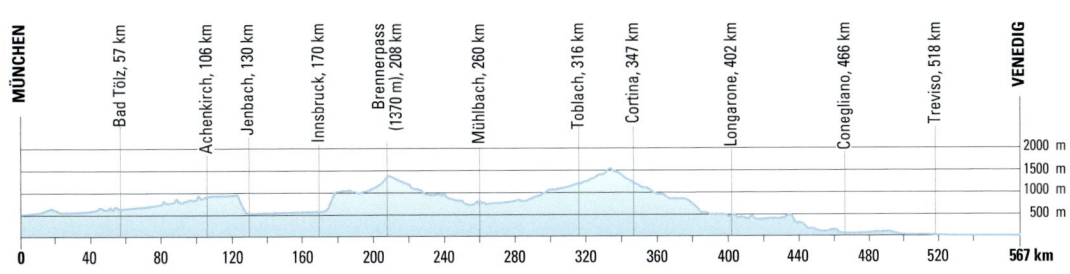

Tour 26 Von München nach Venedig

Die Weißwursthauptstadt

München steht bei Touristen hoch im Kurs. Es ist ein spannender Mix, der die bayerische Hauptstadt so reizvoll für Besucher macht. Hier namhafte Ausstellungshäuser wie die Pinakotheken. Dort die Residenz und das Schloss Nymphenburg. Viele zieht es ins Hofbräuhaus und in den Englischen Garten. Beliebt ist zudem das 1925 eröffnete Deutsche Museum. Es stellt mit 50 Themengebieten und 30 000 Exponaten die größte naturwissenschaftlich-technische Sammlung der Welt zur Schau. Doch die Olympiastadt hat noch mehr zu bieten, etwa das 1200 Kilometer umspannende Radwegenetz. München ist nahezu flach. So wird das Sightseeing per Radl, wie man hier sagt, leicht gemacht.

Wolfratshausen, Geretsried, Bad Tölz und Lenggries. Dort Oberhaching, Gmund, Bad Wiessee, Rottach-Egern. Hier wie dort Biergärten, Aussichtspunkte und urbayerisches Brauchtum.

Nördlich des Achensees vereinen sich die Wegstränge. Einem norwegischen Fjord gleich liegt das zehn Kilometer lange Gewässer eingeklemmt zwischen den steil aus dem Wasser aufragenden Bergketten des Karwendel- und Rofangebirges. Entstanden ist der größte See Tirols in der letzten Eiszeit, als die schürfenden Gletscher ein bis zu 133 Meter tiefes Becken ausgruben. Der Alpenpark Karwendel zur Linken ist ein 727 Quadratkilometer großes Refugium für rund 3000 Tier- und 1300 Pflanzenarten. Unweit von Maurach bricht das Terrain regelrecht ab. 450 Meter weiter unten übernimmt der Inn-Radweg die Regie. Er führt Radfahrer steigungsfrei via Jenbach, Schwaz und Hall ins Herz Innsbrucks. Beschützt von hohen Bergen gehört die Hauptstadt Tirols mit ihren reich dekorierten Kirchen, den Schlössern und Plätzen zu den entdeckungswertesten Zentren Österreichs. Sowohl 15 Museen wie auch 29 Galerien verteilen sich über die 130 000-Einwohner-Stadt. Unterhalb der Bergiselschanze beginnt die nächste Kletterpartie. Auf dem 38 Kilometer langen Anstieg zum 1370 Meter hohen Brennerpass überwindet man im Angesicht der Stubaier- und Tuxer Alpen mehr als 1100 Höhenmeter. Wem das zu schwer ist, kann den Abschnitt mit der Eisenbahn überbrücken.

Von Brennerpass nach Cortina – 139 km Südtirol empfängt Reisende aus dem Norden mit dem vorbildlich ausgebauten Eisacktal-Radweg. Bis 1992 verkehrten auf dieser Trasse die Züge der alten Brennerbahn durch das Wipptal. Man entfernte die Gleise, asphaltierte und markierte den abschüssigen Weg. So geht es Sterzing entgegen. An der Stelle, wo die Übergänge vom Jaufenpass und Penserjoch aus den Bergen herabsteigen, entwickelte sich ein florierendes Handelszentrum. Das Rathaus, der Zwölferturm und die malerische Hauptstraße verhalfen dem Kleinod zum Titel »I borghi più belli d'Italia« – die schönsten Dörfer Italiens. Seit 2001 hat man über 200 Gemeinden mit dem begehrten Prädikat ausgezeichnet, in denen historisches Erbe bewahrt wird. Die Sonne des Südens malt die Kulisse für Prachtbauten wie Burg Sprechenstein, Burg Reifenstein, Festung Franzensfeste und das Augustiner Chorherrenstift Neustift. Anschließend knickt die Fahrradroute nach Osten ab und nutzt den bergan führenden Pustertaler Radweg. Hinter Bruneck recken sich die ersten Dolomitengipfel in den Himmel. Namen wie Marmolada, Sella, Langkofel, Pelmo oder Rosengarten zergehen auf der Zunge. »Die neun Teilgebiete des Welterbes Dolomiten bilden eine Serie einzigartiger Gebirgslandschaften von außergewöhnlicher Schönheit.« Mit diesen Worten begründete die UNESCO 2009 die Auszeichnung zum Weltnaturerbe.

Auf dem Weg hinauf nach Toblach präsentiert sich das Hochpustertal als klassische Alpenidylle mit geschwungenen Wiesen, Bächen und Dörfern. Hier liegt eine bedeutende Wasserscheide. Während die reißende Rienz in Richtung Westen der Adria zuströmt, trägt die Drau ihr Wasser via Donau ins Schwarze Meer. Nicht nur alpine Flusssysteme beginnen dort den Lauf. Auch beliebte Mehrtages-Radreisen starten hier. So der Drau-Radweg, der Pustertaler Radweg und der Lunga Via delle Dolomiti, zu Deutsch »Der Lange Weg der Dolomiten«. In diesen steuern Radfahrer mit dem Ziel Venedig und reiben sich nach wenigen Kilometern die Augen, denn der 2999 Meter aufragende Gebirgsstock der Drei Zinnen rückt linker Hand ins Bild. Anschließend passiert die Trasse der ehemaligen Dolomiten-Eisenbahn den Dürrensee, in dem der massige, 3221 Meter hohe Monte Cristallo kopfsteht. Die Schmalspurbahn wurde im Verlauf des Ersten Weltkrieges zur Versorgung der Truppen Italiens und Österreich-Ungarns errichtet, die sich schreckliche Bergkämpfe an der Dolomitenfront lieferten. Nachdem die Waffen ruhten, fiel der gesamte Schienenstrang 1918 an Italien. Ihre Glanzzeit hatte die Ferrovia delle Dolomiti 1956 während der VII. Olympischen Winterspiele in Cortina. Keine acht Jahre später wurde die Bahn 1964 wegen Unrentabilität komplett stillgelegt. Nach jahrzehntelangem Dornröschenschlaf erkannten die Touristiker das Potenzial, und so wurde die Route 2006 mitsamt der Tunnel und Brücken als Ciclabile delle Dolomiti für Radler ausgewiesen. Ein Stück haben wir mit dem 1530 Meter hohen Passo Cimabanche, dem höchsten Punkt der Reise, gemeistert. Der Weg ins 300 Meter tiefer gelegene Cortina d'Ampezzo führt durch eine dramatische Schlucht aus bizarren Kalkmauern und Geröllabbrüchen.

Der Abschnitt entlang des Inn ist sehr entspannt mit schönen Bergblicken.

In Venedig vereint sich das Land fotogen mit der See.

Von Cortina nach Venedig – 220 km Südlich des Tourismusortes Cortina d'Ampezzo rollt man bergab durch das Valle del Boite. Dort rahmen markante Bergstöcke Pieve di Cadore ein. An diesem malerischen Flecken erblickte Ende des 15. Jahrhunderts der Maler Tizian das Licht der Welt. Im vermeintlichen Geburtshaus erinnert eine Ausstellung an den großen Sohn der Kleinstadt. Tiziano Vecellio, wie der Meister korrekt hieß, war während der Hochrenaissance mit insgesamt 646 Werken einer der produktivsten Vertreter der venezianischen Malerei. Tizian siedelte früh nach Venedig über, wo er neben Porträts auch Landschaften sowie mythologische und religiöse Themen auf Leinwand festhielt. Der Fluss Piave geleitet Radfahrer hinunter ins Zentrum von Belluno. Die Alpenstadt des Jahres 1999 hat sich durch ihre Laubengänge und Palazzi ihre Ursprünglichkeit bewahrt. Besondere Anziehungskraft genießen der Dom Santa Maria Assunta, die großzügig bemessene Piazza dei Martin und das Museo Civico, in dem Ausgrabungsfunde der Antike zu sehen sind. Ein Stück westlich der Provinzhauptstadt zeigt die Alpenkette mit dem 317 Quadratkilometer umfassenden Nationalpark Belluneser Dolomiten nochmals ihre dramatische Seite. Hier heißt es Abschied nehmen von den Bergen, denn die Fahrradroute wendet sich dem bei Surfern geschätzten Lago di Santa Croce zu.

Auf der kurvigen Abfahrt zum Lago Morto verbraucht man die letzten Höhenmeter. Ab der Stadt Vittorio Veneto übernimmt die Piave-Ebene mit ihrem leicht hügeligen Hinterland die Regie. Die Böden der Gemeinden Conegliano und Valdobbiadene sind ideal für den Weinanbau. Auf den sonnenbeschienenen Hängen stehen 6000 Hektar Rebstock an Rebstock. Beliebt ist die Glera-Weißweinsorte, aus der die Winzer den weltweit bekannten Perlwein Prosecco Superiore keltern. Die Fahrt durch das Veneto führt über den mäandernden Fluss Piave, hinter dem die Silhouette von Treviso den Weg weist. Wer unter dem Stadttor Porta San Tomaso ins

Der Aufstieg Venedigs

Als venezianische Kaufleute im Jahr 828 die Reliquien des heiligen Markus aus Alexandria an die Lagune brachten und den Aufschwung der Republik einläuteten, war München noch auf keiner Karte vermerkt. Als Marco Polo 1271 Venedig gen China verließ, hatte sich die heutige Hauptstadt Bayerns gerade erst vom Bischof von Freising losgelöst und wurde Residenzsitz. Venedigs Machteinfluss wuchs und wuchs. Im östlichen Mittelmeer entstanden Kolonien und Stützpunkte. Die Dogen hatten alles im Blick: Sie wachten über die Händler, die Seide aus dem Reich der Mitte, Pfeffer aus Indien, Parfüme aus dem Orient in ihre Kontore holten.

Zentrum der heutigen Modestadt flaniert, wird augenblicklich zum Zeitreisenden. Man kann den im 15. und 16. Jahrhundert errichteten Dom bestaunen und über die mit Prachtbauten eingefasste Piazza dei Signori schlendern – das Herz der Altstadt. Kunstinteressierte pilgern in die Musei Civici, wo sie Gemälde von Tiepolo, Guardi und Lotto abschreiten.

Wie zur Einstimmung auf das Reiseziel radelt man auf dem finalen Abschnitt an schmalen Kanälen und idyllischen Bächen aus der mittelalterlichen Stadt hinaus. Der gewundene Fluss Sile strömt geruhsam der Adria zu. Dort wird aus dem Land eine Lagune. Topfeben und weit. Die Weite füllt sich beim Näherkommen mit Schiffen, Gondeln, Kirchtürmen. Der über Jahrhunderte gewachsene Wohlstand lockt heute Gäste aus aller Welt an. Direkt hinter dem Bahnhof, der unerlässlich neue Touristentrauben ausspuckt, entfaltet der Canal Grande seine Reize. Vier Kilometer lang, zwischen 30 und 70 Meter breit, von mehr als 200 Palästen eingerahmt. Dahinter entspinnt sich zu beiden Seiten ein Labyrinth aus Kanälen, Brücken und Gassen. Sie führen zu anderen Gässchen, zu Sakralbauten, Palazzi, in Sackgassen. Wer dem Menschenstrom nachgeht, erreicht das Ziel der Träume – den Markusplatz. Hier war jahrhundertelang die Schaltzentrale der Republik Venetien. Noch immer ringen die Rundkuppeln des Markusdoms, der 98,6 Meter hohe Markusturm und der märchenhafte Dogenpalast um die Gunst der Bewunderer. Venedig ist zu Recht Weltkulturerbe. Die Fahrradreise über die Alpen endet mit einem Juwel.

Der Dogenpalast ist der letzte Höhepunkt der Reise.

Alpe-Adria-Radweg

Ab in den Süden!

schwer 406 km ca. 8 Tage Österreich, Italien

Charakter
Die Transalp-Tour verläuft überwiegend auf asphaltierten Radwegen und ruhigen Nebenstraßen. Radler bewältigen bis ins italienische Tarvisio die größten Höhenunterschiede. Danach ist die Strecke abschüssig oder flach.

Wegmarkierung
Der gesamte Reiseweg ist ausgeschildert. Die Kennzeichnung variiert jedoch bzw. orientiert sich aktuell an anderen Fahrradrouten.

Bett & Bike
Radlerunterkünfte über www.alpe-adria-radweg.com oder die App Ciclovia Alpe-Adria-Radweg.

E-Bike
E-Bikes sind praktisch. Verleihstellen über www.salzburg.info.

An- und Rückreise
Salzburg ist gut an das europäische Zug- und Fernbusnetz (www.oebb.at und www.fernbusse.de) angebunden, nicht aber das Ziel Grado. Oberkofler Touristik transportiert drei Mal in der Woche Personen inkl. Fahrrädern zurück nach Salzburg (www.fahrrad-transport.com). Mit dem Auto sind es von Berlin nach Salzburg 730 km, von Hamburg 920 km, von Köln 720 km, von München 150 km.

Veranstalter
FUNActive Tours bietet Rundumpakete auf dem Alpe-Adria-Radweg an. FUNActive Tours, Bahnhofstraße 3, I-39034 Toblach, Tel. +39/0474/77 12 10, www.italybike.info

Information
www.alpe-adria-radweg.com mit der App Ciclovia Alpe-Adria-Radweg; SalzburgerLand Tourismus, www.salzburgerland.com; Kärnten Werbung, www.kaernten.at; Agenzia Turismo Friuli Venezia Giulia Villa Chiozza, www.turismofvg.it

Viele Radler träumen davon, mit dem Fahrrad über die Alpen zu strampeln. Vor allem Genießer schätzen den leichten Weg durch die Berge. Er ist gut 400 Kilometer lang. Unterwegs besichtigt man stolze Burgen, spaziert durch sehenswerte Museen und schlemmt sich durch die lokalen Spezialitäten. Eine Reise, die alle Sinne anregt.

Von Salzburg zum Tauerntunnel – 112 km Sie ist das Wahrzeichen Salzburgs – die Festung Hohensalzburg. Aber was heißt hier Festung? Es ist ein respektgebietendes Bollwerk, eine Stadt in der Stadt! Mit

Der Radweg begleitet auf dem ersten Abschnitt die Salzach.

Wehrgängen, Zisterne, Türmen; Plätzen, Bäumen, Kirche, Festungsbahn, Museum und einem Panorama-Biergarten. Die mächtigen Mauern erzählen von einer über 900-jährigen Geschichte – von Erzbischöfen, Königen und Kaisern. Unter uns konkurrieren die barocken Kirchen um das schönste Fotomotiv. Am Ostufer der Salzach ragt der Kapuzinerberg mit dem gleichnamigen Kloster auf. Der Dom ist eine Meisterleistung mittelalterlicher Baukunst und Teil des UNESCO-Weltkulturerbes »Historisches Zentrum der Stadt Salzburg«. Unser Reiseziel liegt weit von uns im Süden und hat sich in den Köpfen festgesetzt, die Adria. Seit Jahrzehnten gilt die Küste vielen als Inbegriff von Urlaub, Erholung und vorzüglichem Essen. Rund 410 Kilometer legen Radler bis dorthin mit dem Fahrrad zurück. Der Alpe-Adria-Radweg läuft mitten durch das Herz der Ostalpen. Das österreichisch-italienische Projekt wurde zwischen 2008 und 2013 mithilfe von EU-Geldern realisiert. Es bindet die Adria an das mitteleuropäische Radroutennetz an.

Vom Dom und Mozartplatz mit der lebensgroßen Mozartstatue treten wir auf dem Uferradweg längs der Salzach in die Pedale in Richtung Italien. Der Fluss nimmt uns mit durch die Vororte. Anschließend vollzieht die Umgebung einen abrupten Wechsel: Aus den weißen Prachtbauten der Landeshauptstadt werden grüne Auwälder, aus den Parks Wiesen und Felder. Nach 33 Kilometern ist das sorglose Genussradeln zu Ende. Die Berge ringsum sind mittlerweile zu einer stattlichen Höhe angewachsen, zwingen die Reiseroute aufwärts. An einer schmalen Stelle öffnet sich die Gebirgskette – die

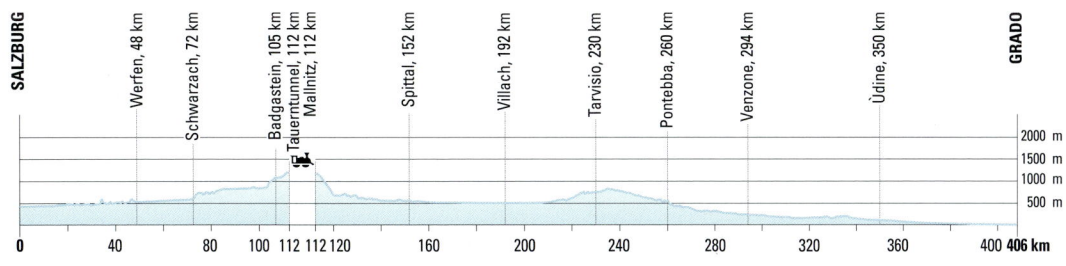

Tour 27 Alpe-Adria-Radweg

Ciclovia Alpe-Adria-Radweg

Die Radroute über die Alpen ist ein Gemeinschaftsprojekt. Dabei geht es um die Entwicklung von Grenzregionen und deren Vernetzung. Daran beteiligten sich die drei Tourismusregionen Salzburger Land, Kärnten und Friaul-Julisch Venetien. 2008 begannen die Planer mit dem von der EU geförderten Vorhaben. Zwei Jahre später eröffnete man ein erstes Teilstück. Wie gut das Konzept aufgeht, zeigen die Preise, die der Radweg bisher gewann. 2015 prämierte man ihn auf der Messe Fiets en Wandelbeurs in Amsterdam als Radroute des Jahres. 2016 folgte auf der Cosmo Bike Show in Verona die Auszeichnung mit dem Italian Green Road Award.

Salzachöfen. Hier wusch das dahineilende Wasser eine wildromantische Klamm aus dem Gestein. Auf dem Straßenbegleitradweg der B 159 strampeln wir dem 552 Meter hohen Pass Lueg entgegen. Zwölf Kilometer entfernt weitet sich das Tal, das Auge ruht auf der imposanten Burg Hohenwerfen. Der weiße Prachtbau scheint direkt aus dem Wald zu wachsen – erhaben und scheinbar uneinnehmbar. Wer Hohenwerfen besaß, konnte den gesamten Warenverkehr im Salzachtal kontrollieren. Ob man zu Fuß den 155 Meter aufragenden Felskegel erklimmt oder im Personenaufzug bergan schwebt, ist egal, die Besichtigung lohnt. Was man zu sehen bekommt? Die Burgkapelle, eine Pechküche, eine Folterkammer und das große Zeughaus. Durch den Wehrgang mit Blick auf den Burghof geht es hinauf auf den Glockenturm mit der über 4400 Kilogramm schweren Glocke. Den Abschluss der Führung bilden die Fürstenzimmer. Mehrmals täglich finden auf der Lindenwiese Flugvorführungen mit Adlern, Falken, Bussarden und Geiern statt.

Eine weitere halbe Stunde im Fahrradsattel bringt uns nach Bischofshofen. Alljährlich pilgern am 6. Januar Wintersportfans zur Paul-Außerleitner-Schanze. Sie bildet das Finale der Vierschanzentournee. Von Bischofshofen aus führt der Reiseweg in mehreren Geländestufen bergwärts. Unterwegs spazieren Radler in die Liechtensteinklamm, picknicken am Ufer der Salzach und fotografieren im Zentrum von Bad Gastein den großen Wasserfall. Die Gemeinde liegt auf 1000 Metern. Im Süden dehnt sich der Nationalpark Hohe Tauern aus. Zusammen mit der Aussicht sind es vor allem die Thermalquellen, die Reisende ins Gasteinertal locken. Von den 23 Quellen nutzt man derzeit 13 Stück. Sie spenden täglich fast fünf Millionen Liter Thermalwasser. Am steilen Hang kleben adrette Bauten aus der Belle Époque. Im Gasteiner Heilstollen werden müde Radlerwaden munter. Der Stollen gehört zu einem ehemaligen Goldbergwerk. Speziell ist das Zusammenspiel von Radon und Wärme. Der Gast lässt sich bis zu zwei Kilometer tief im Radhausberg von angenehmen 37 bis 41,5 Grad umfangen. Die Luftfeuchtigkeit reicht von 70 bis 100 Prozent. So gestärkt klettern wir die letzten Höhenmeter des Anstiegs hinauf. Am Bahnhof des 8,4 Kilometer langen Tauerntunnels ist Schluss mit dem Strampeln. Der Zug nimmt uns mit in den heilklimatischen Höhenluftkurort Mallnitz.

Vom Tauerntunnel nach Pontebba – 146 km Am Ortsrand von Mallnitz steht das Nationalparkzentrum BIOS. Wer es besucht, bekommt Lust auf eine Wanderung. Warum nicht einen Tag anhängen? Bergfreunde erwartet hier das Filetstück Österreichs: der Nationalpark Hohe Tauern. Er ist mit über 1800 Quadratkilometern das größte Schutzgebiet der Alpen. Seine Fläche entspricht etwa der Hälfte des Burgenlandes. Die erhabenen Berge formen die Landschaft zu einer dramatischen Kulisse. Am Fuß des 3798 Meter in den Himmel ragenden Großglockners beginnt der

Alpe-Adria-Trail. Er verläuft abschnittsweise parallel zur Fahrradroute. Wir überprüfen die Bremsen, treten kurz in die Pedale. Nach wenigen Umdrehungen erfasst uns das Gefälle und die Räder schießen willig zu Tal. Kehre folgt auf Kehre. Im Mölltal ziehen die Dörfer Obervellach, Penk und Reißeck vorbei. An den Hängen sieht man altehrwürdige Herrensitze. Rechts die Burg Groppenstein, links das Schloss Trabuschgen, dahinter die Burg Niederfalkenstein. Bei Kilometer 35 sind die meisten Höhenmeter aufgebraucht, und aus einem schattigen Uferwald blitzt das lang gestreckte Band der Drau.

Von Spittal mit den Schlössern Porcia und Rothenthurn und dem nahe gelegenen Millstätter See sind es entspannte zwei Radstunden bis Villach. Die Lage der mit

Die Festung Hohenwerfen wacht über dem Salzachtal.

In Italien genießen Reisende auf dem Alpe-Adria-Radweg ruhige Strecken.

Nationalpark Hohe Tauern

Zwischen dem Tauerntunnel und Mallnitz taucht die Radroute in den Nationalpark Hohe Tauern ein. Das mit einer Fläche von 1856 Quadratkilometern größte Schutzgebiet Österreichs besteht aus drei räumlich voneinander getrennten Abschnitten. 266 Berggipfel übertreffen die 3000er-Marke, ihr König ist der Großglockner. Er ragt 3798 Meter auf. Warum also nicht das Rad für ein paar Tage mit den Wanderschuhen tauschen? Im Sommer 2015 besuchten den Park 1,6 Millionen Gäste. Sie gingen wandern, nahmen an geführten Rangertouren teil oder entdeckten die Tierwelt. Neben den »Stars« Steinadler, Steinwild und Bartgeier zählte man in Bergwiesen mehr als 1200 Schmetterlingsarten.

Die Festung Hohensalzburg ist auch von der Rückseite eindrucksvoll.

60 000 Einwohnern zweitgrößten Stadt Kärntens ist beeindruckend: Im Westen schieben sich die Gailtaler Alpen in das Klagenfurter Becken, im Süden begrenzt die imposante Kulisse der Karawanken das Blickfeld, und gen Norden überragt das Zackenband der Gurktaler Alpen die Burgruine Landskron. Nebenbei zieht es die Villacher an den Wochenenden ans Wasser, denn auch der Ossiacher See, Faaker See oder Wörthersee sind schnell erreicht. Nun heißt es Abschied nehmen von Österreich. Der Alpe-Adria-Radweg überquert die Grenze zur autonomen Region Friaul-Julisch Venetien. Im Nordosten Italiens gelegen, empfängt uns dieser malerische Flecken Erde mit einem der attraktivsten Bahntrassenradwege Europas. Arbeiter legten die Eisenbahnstrecke Pontebbana Ende des 19. Jahrhunderts an. Im Jahr 2000 wurde daneben eine neue Zugtrasse eingeweiht. Man entfernte die Gleise auf der einstigen Trasse, die nun die Herzen heutiger Genussradfahrer höherschlagen lässt. Vor dem Lenker entfaltet sich ein makelloser Asphaltweg mit gelb aufgepinselten Begrenzungslinien. In Sichtweite rauscht der Gebirgsfluss Fella zu Tal. Sorglos rollen wir über rostbraune Stahlbrücken, verschwinden in beleuchteten Tunnel, passieren alte Bahnhöfe und pausieren auf einladenden Rastplätzen. Moggio Udinese ist die nächste Gemeinde, ihr Wahrzeichen die Abtei San Gallo. Talabwärts folgt Venzone. Die Lavendelstadt zählt zu den schönsten Orten Italiens. Ringsum von einer massiven Mauer geschützt, laden schmale Gässchen zum Flanieren ein. Reizvolle Fotomotive sind der Duomo di Sant'Andrea und das palastartige Rathaus.

Von Pontebba nach Grado – 148 km Auf der Weiterfahrt fallen die Berge schlagartig ab; der Horizont weitet sich auf drei Seiten. Vor uns ist das Land eben. Total flach. Dörfer wie Sopramonte di Buia, Vendoglio und Santo Stefano wecken das Interesse. Schließlich rückt die Stadtsilhouette von Udine ins Bild. Die verkehrsberuhigte Altstadt ist wie geschaffen, um das Rad der Zeit zurückzudrehen. Teils gewundene

Gassen führen in Hinterhöfe, zweigen ab, münden in breite Straßen oder lauschige Plätze – es ist ein Leichtes, sich in dem eng verschachtelten Labyrinth der Durchgänge und Passagen zu verlieren. Unser Weg führt zur Piazza Libertà. Sie ist das Schmuckstück des venezianischen Erbes in Udine. Über 300 Jahre herrschte hier die Republik und hinterließ prachtvolle Bauwerke. Ein Fest für die Sinne ist die mit Arkaden ausgeschmückte Loggia del Lionello. Auf den Treppen des einstigen Rathauses treffen sich die Einheimischen zum allabendlichen Flanieren: gegenüber der Markuslöwe der Serenissima und die Loggia di San Giovanni mit dem kunstvoll dekorierten Uhrturm.

Auf dem finalen Abschnitt steuern wir an Wassergräben entlang, kommen in Siedlungen mit roten Dachziegeln und queren schnurgerade Gleisanlagen. Eine Perle ist Palmanova. Auf ihrem Stadtplan fällt der neunzackige Sterngrundriss ins Auge. Die Republik Venedig legte die Festungsstadt gegen Ende des 16. Jahrhunderts zum Schutz vor den Türken an. Alpe-Adria-Radler schlüpfen durch das befestigte Stadttor Porta Udine und greifen an der sechseckigen Piazza Grande zur Bremse. Einer riesigen Bühne gleich umringen farbenfroh angestrichene Gebäude und hochgewachsene Palmen den Platz – eine Flaniermeile mit Cafés und Restaurants.

Die Altstadt von Udine lädt tags wie nachts zum Spazieren ein.

Palmanova liegt kaum hinter uns, da ist mit Aquileia der nächste Höhepunkt erreicht. Wer heute den kleinen Ort unvorbereitet bereist, ahnt nicht, auf welch geschichtsträchtigem Boden er wandelt. Die Anfänge der einstigen römischen Kolonialstadt reichen bis in das Jahr 181 v. Chr. Überreste des Forums, des Flusshafens sowie einiger Wohnhäuser versetzen Besucher in jene Blütezeit zurück, in der hier Tausende Menschen ihren Geschäften nachgingen. Im Jahr 452 fegte Attila mit seinen hunnischen Reiterscharen über das Land hinweg und zerstörte Aquileia. Jahrhunderte später errichteten die Bewohner die Basilika Santa Maria Assunta. Sie fasst rund 10 000 Gläubige und ist seit 1998 UNESCO-Weltkulturerbe. Wir betreten das Eingangsportal. Dahinter lenken zwei Säulenreihen die Aufmerksamkeit nach unten. Dort bedecken frühchristliche Mosaike nahezu den gesamten Boden. Danach werfen wir einen Blick in die mit kostbaren Fresken bemalte Maxentische Krypta. Anschließend ist es Zeit für den Schlussspurt. Fünf Kilometer sind es bis Grado. Dann ist es geschafft! Vor uns klatschen die Wellen des Mittelmeers sanft ans Ufer. Der Alpe-Adria-Radweg ist vielleicht die schönste Art, hier anzukommen. Das Fazit steht fest: Die Fahrradroute ist leicht zu befahren und hält spannende Natur- und Kultureindrücke parat.

28 Donau-Radweg

Der Klassiker

leicht | 396 km | ca. 7 Tage | Deutschland, Österreich

Genussvoll dahinrollen – wo ginge das besser als an der Donau? Der Radweg verläuft an beiden Ufern Richtung Osten. Wer ihn bereist, kommt in den Genuss beschaulicher Landschaften: Zunächst malen die Wälder Oberösterreichs die Kulisse. Es folgen die Rebzeilen der Wachau und jenseits von Wien der Nationalpark Donau-Auen.

Charakter
Der Donau-Radweg ist ein Familienziel. Beide Flussufer verfügen über eigenständige Radwege. Die Tour Passau – Wien zählt zu den beliebtesten Radwanderwegen der Welt; ruhiger ist es im Frühling oder Herbst. Der Abschnitt von Passau nach Wien wurde 2015 als ADFC-Qualitätsradroute mit vier Sternen prämiert.

Wegmarkierung
Die Strecke ist komplett ausgeschildert.

Bett & Bike
www.bettundbike.de wie auch die Bett+Bike-App listen Unterkünfte auf, ebenso www.donauradweg.at und www.donau.com.

E-Bike
Am Donau-Radweg gibt es kostenlose E-Ladestationen, siehe www.donauradweg.at und www.donau.com, E-Bike- und Fahrradverleih z. B. bei Rent a Bike Passau, www.fahrradverleih-bahnhof-passau.de

An- und Rückreise
Mit dem Zug (www.oebb.at) und dem Fernbus (www.fernbusse.de) werden Passau und Wien sehr gut bedient. Von Mai – Ende Okt. gibt es täglich einen RadTramper Donau Zug zwischen beiden Städten (www.railtours.at). Mit dem Auto nach Passau von Berlin 630 km, von Hamburg 830 km, von Köln 630 km, von München 200 km. Die Fahrradtour und die Rückreise lassen sich mit einer Schifffahrt kombinieren (Donau Touristik GmbH, Ledererergasse 4-12, A-4010 Linz, Tel. +43/732/20 80, www.donaureisen.at).

Information
WGD Donau Oberösterreich Tourismus GmbH, Tel. +43/732/727 78 00, www.donauradweg.at; Donau Niederösterreich Tourismus GmbH, Tel. +43/2713/300 60 60, www.donau.com

Von Passau nach Linz – 104 km An der Stelle, wo sich Bayern einer Puzzleteil-Nase gleich an Österreich heftet, liegt Passau. Hoch oben über dem Zusammenfluss von Donau, Inn und Ilz ragt eines der Wahrzeichen der Stadt auf – die Veste Oberhaus. Der Weg klettert in einer steilen Spitzkehre in die Höhe. Wir überqueren eine steinerne Brücke und rollen durch das weiß-rote Tor des äußeren Befestigungsrings. Im Jahr 1219 legte der Passauer Fürstbischof Ulrich II. den Grundstein für die mächtige Festung, die nie erobert und ständig ausgebaut wurde. Jeder Herrscher gestaltete die Burg prächtiger, mit massiven Wehrmauern, Türmen sowie mehreren Höfen. Im Inneren erstrahlen effektvoll ausgeleuchtete Exponate vergangener Tage. Die Aussicht auf das Dreiflüsseeck und die vorbeiziehenden Schiffe gibt es als Zugabe. Sie machen neugierig auf die bevorstehenden Etappen. Die Genießerroute folgt dem nach der Wolga zweitlängsten Fluss des Kontinents. Radler können vom Schlosspark in Donaueschingen zum Schwarzen Meer fahren. Einige bewältigen die komplette, 2850 Kilometer lange Strecke. Sie haben am Reiseende zehn Anrainerstaaten besucht. Besonders geschätzt ist das Teilstück durch Österreich. Von Passau nach Wien strampeln. Wer hat davon noch nicht geträumt? Zehntausende Radfahrer nehmen den Abschnitt alljährlich unter die Räder. Wo bis zur Mitte des 19. Jahrhunderts Pferdegespanne schwer beladene Frachtkähne über ruppige Treppelwege zogen, rollt man heute auf den guten Asphaltwegen leicht voran. Dies gefiel auch dem Allgemeinen Deutschen Fahrrad-Club, der den Donau-Radweg zwischen Passau und Wien mit vier von fünf möglichen Sternen auszeichnete. Bei der jährlichen Umfrage wählten die Mitglieder die Qualitätsradroute zur beliebtesten Mehrtagestour im Ausland. Entlang der Ufer gibt es zahlreiche Bett+Bike-Betriebe. Reisende finden dort sichere Abstellplätze für Fahrräder und ein speziell auf sie zusammengestelltes Frühstück. Hinter der bayerisch-oberösterreichischen Grenze wird das Tal enger. Die Flanken – die Donauleiten – rücken zusammen. Hier sucht sich die Lebensader des Landes einen Weg durch die Gneisgesteine der Böhmischen Masse. An den dicht bewaldeten Anhöhen schirmten einst die Festungen Burg Krämpelstein, Burg Vichtenstein und Schloss Rannariedl den Fluss gegen Eindringlinge ab. Vorbei am Stift Engelszell führt der Weg zur Schlögener Schlinge. Ein steil ansteigender Wanderpfad klettert den Südhang hinauf. Nach 30 Gehminuten treten die Laubbäume zurück, man steht an einem Aussichtspunkt der Extraklasse. Unten leuchtet das grünblaue Band des geruhsam dahinfließenden Stroms, der hier eine 180-Grad-Kurve vollführt und die nächsten Kilometer der Reise vorzeichnet. Traumhaft! Mit der Donau als Wegbegleiterin radeln wir durch das fruchtbare Eferdinger Becken.

Linke Seite: Die Schlögener Schlinge ist einer der Höhepunkte des Radwegs.

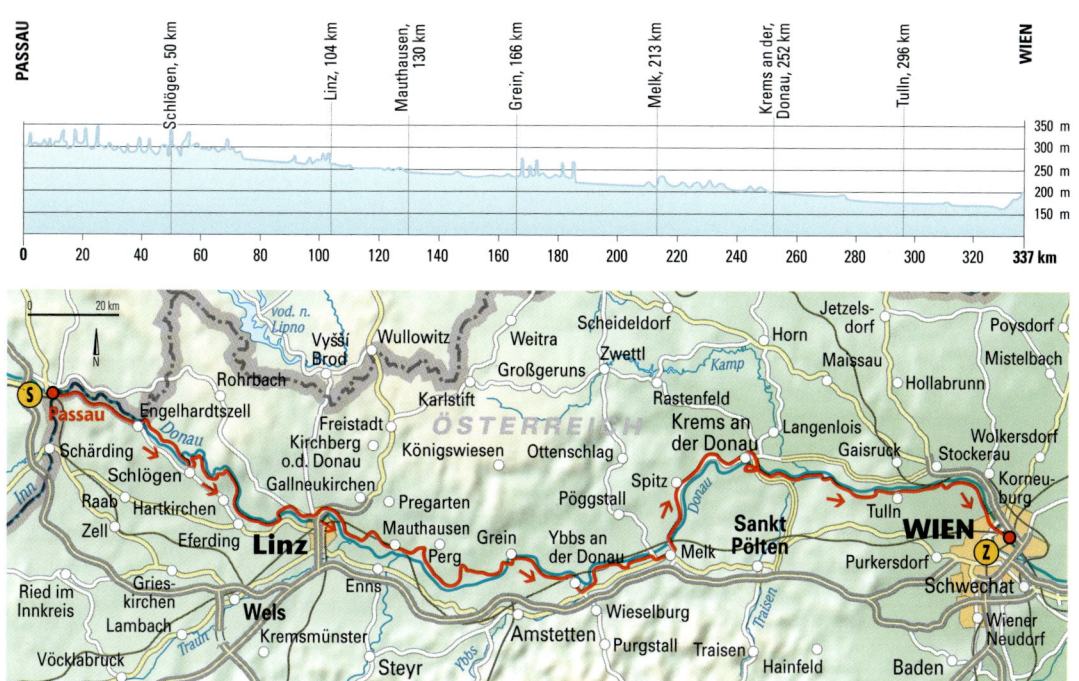

Tour 28 Donau-Radweg

Von den umliegenden Hügeln aus überblickt man die Dächer und Kirchen von Passau.

Dahinter wird es geschäftig – die 197 000-Einwohner-Stadt Linz kommt in Sicht. Am Flussufer zieht das futuristische Ars Electronica Center alle Blicke an und gewährt seinen Besuchern mit modernster Multimediatechnik Ausblicke in die Zukunft. Gegenüber ist der zweite Besuchermagnet zu sehen – das LENTOS Kunstmuseum. Der elegante Glasbau ist eine Schöpfung der Züricher Architekten Weber & Hofer und präsentiert zeitgenössische Kunstwerke. Die Palette reicht von Klimt zu Schiele, weiter zu Warhol und Helnwein. In der Altstadt findet man rund um den weitläufigen Hauptplatz mit der Dreifaltigkeitssäule und den Kirchenbauten den kontrastreichen Gegenpol der Kulturhauptstadt Europas des Jahres 2009. Kaffeehäuser und Restaurants laden zum Verweilen ein. Ein Hauch der einstigen Donaumonarchie liegt über der Landeshauptstadt von Oberösterreich.

Der Donau-Radweg in Deutschland

Deutsche Geschichte im Zeitraffer, Wälder und Jurafelsen: Das Donautal in Deutschland ist ein Traum, und es könnte Ihnen passieren, dass Sie in Passau wehmütig werden. Wieso? Weil Sie die Landschaften lieb gewonnen haben. Weil Sie die herzhafte Küche vermissen. Vielleicht auch, weil es unterwegs so ruhig war. Keine Frage, die Radtour ist malerisch, besonders im Naturpark Obere Donau. Es ist herrlich, vom Turm des Ulmer Münsters aus auf das Umland zu schauen oder eine der Burgen zu besichtigen. Ebenso macht es Freude, am Wasser entlangzusausen. Infos des 590 Kilometer langen Abschnitts erhält man unter www.deutsche-donau.de.

Von Linz nach Melk – 109 km Enns ist die nächste Perle am Donau-Radweg. Jeden Reisenden schlägt der Charme der schmalen Gassen mit ihren Renaissance- und Barockbauten sofort in den Bann. Die prächtigsten sieht man am lang gestreckten Stadtplatz. Spannend ist das seit 1898 im Alten Rathaus untergebrachte Museum Lauriacum. Lauriacum? So nannten die Römer ihren Stützpunkt am Donaulimes. Der Strom ließ sich mit wendigen Booten leicht verteidigen. Im Inneren der Ausstellung lernt man eine der wertvollsten

römischen Sammlungen Österreichs kennen. In den Vitrinen stehen zahlreiche Funde jener Epoche. Anschließend macht der Strom eine Schleife, führt uns ins Machland. Wir rollen durch Auwälder, hinter denen landwirtschaftlich genutzte Flächen angrenzen. Im nördlichen Hinterland weckt das Keltendorf Mitterkirchen das Interesse. Wie gut es sich in der Region leben lässt, erkannten bereits die Menschen der Hallstattzeit (700 v. Chr.). Sie hinterließen 80 reich ausgestattete Gräber. Die Funde kann man im Schlossmuseum in Linz bestaunen. Am Ausgrabungsort gibt es seit 1991 ein Freilichtmuseum.
Östlich von Dornach fahren wir in den Strudengau hinein. Die bewaldeten Hänge wachsen direkt aus dem Wasser empor. Die Stelle war jahrhundertelang strategisch bedeutend. Im Norden liegt das hügelige Mühlviertel, gen Süden das Mostviertel. Sehenswerte Herrensitze unterstreichen die bedeutsame Lage. Dazu gehören: Schloss Dornach, Burg Werfenstein und Schloss Persenbeug. Die Stadt Grein bietet sich als Übernachtungsort an. Zu den Highlights zählt das 1791 eröffnete Stadttheater. Alles ist noch im Originalzustand: Die Sitze sind durchnummeriert und absperrbar. Es gibt ein Gefängnis, von dem die Inhaftierten die Vorstellungen betrachteten, und eine Napoleonloge. Der französische Feldherr hat hier jedoch nie Platz genommen. Spaziert man anschließend ein Stück bergan, so ragt vor einem das Schloss Greinburg auf. Es gilt als ältestes Wohnschloss Österreichs. Schön anzusehen ist der Renaissancehof mit den prächtigen Arkadengängen. Sie machen neugierig auf eine Besichtigung. Die Höhepunkte sind der Rittersaal, die Schlosskapelle und die mit Donaukieseln dekorierte Sala Terrena. »Unterdessen erreichten wir die Gegend von Melk, wo in einer Biegung des Flusses noch heute steil das herrliche, mehrmals im Lauf der Jahrhunderte restaurierte Stift aufragt.« Mit diesen Zeilen beschreibt Umberto Eco im Vorwort seines berühmten Romans *Der Name der Rose* die Annäherung an das Kloster. Er steigert damit die Erwartung des Besuchers, der heutzutage die Räume des UNESCO-Weltkulturerbes durchschreitet. Eine Augenweide des Barock

Die Radfähre ISA quert bei Engelhartszell die Donau.

ist die mit einem farbenfrohen Deckenfresko von Paul Troger geschmückte Stiftsbibliothek. Jahrhundertelang trugen die Mönche hier das Wissen der damals bekannten Welt in 100 000 Bänden und 1200 Handschriften zusammen. Anschließend führt eine Wendeltreppe eine Etage tiefer, wo einem die vergoldeten Altäre der Stiftskirche entgegenschimmern. Auf Betreiben des Abtes Berthold Dietmayr wurde das Gotteshaus ab dem Jahr 1701 neu errichtet.

Unten: Das Riesenrad auf dem Wiener Prater

Von Wien zum Schwarzen Meer

Um die Donau ranken sich seit Jahrtausenden packende Geschichten und Mythen. Europas zweitlängster Strom ist eine faszinierende Lebensader, die auf ihrer rund 2850 Kilometer langen Reise bis zum Schwarzen Meer eine Völkerverständigung auf dem höchsten Niveau vollzieht. Abenteuerlich wird die Route hinter Wien. Man steuert in Bratislava an der Pressburg vorbei und entspannt in den Badehäusern von Budapest. Es folgen Kroatien und Serbien. Dort radelt man ehrfurchtsvoll durch das Eiserne Tor. Im benachbarten Rumänien wird die Landschaft wieder weit. Als Krönung wartet das Donaudelta.

Von Melk nach Wien – 115 km Das Stift Melk ist der Auftakt zum romantischsten Reiseabschnitt – der Wachau. Dürnstein, Spitz und Weißenkirchen sind die klingenden Namen. Auf der einen Seite zieht der Donaustrom vorbei, auf der anderen steigt das Gelände zu jenen Terrassen an. Hier gedeihen die edlen Tropfen des malerischen Fleckens. Bereits die Römer übten sich hier in der Kunst des kultivierten Weinbaus. Sie legten die Grundsteine für die Weinterrassen und die hohe Weinkultur, die Winzer in der niederösterreichischen Donauregion bis heute pflegen. Die Reben werden von dreierlei verwöhnt: von dem Klima am Schnittpunkt zwischen atlantisch-feuchten und pannonisch-trockenen Einflüssen. Von den Böden aus Urgestein, Löss, Lehm und sandigem Schotter. Und von den wärmenden Strahlen der Sonne. Die Weine sind in drei Qualitätsstufen erhältlich. Je nach Alkoholgehalt spricht man von Steinfeder, Federspiel und Smaragd. In Traismauer mündet der gleichnamige Fluss in die Donau. Wo heute der Kultursommer zu hochkarätigen Veranstaltungen einlädt, stand vom 1. bis zum 5. Jahrhundert n. Chr. das römische Reiterkastell Augustianis. Das Schloss ging in die Literatur ein. Im Nationalepos der Deutschen, dem *Nibelungenlied*, verbrachte hier Kriemhild vor ihrem Treffen mit dem Hunnenkönig Etzel vier Nächte. Östlich von Tulln läuft der Donau-Radweg um den Wienerwald herum. Danach ist mit der österreichischen Bundeshauptstadt der Höhepunkt der Reise erreicht.

Wien – ein Name, der bei Romantikern die Sehnsucht weckt. Die einen denken an die Schlösser der K. u. k.-Doppelmonarchie, manchen kommen die Wiener Philharmoniker in den Sinn, andere verzückt die Kaffeehaustradition. Der

Donaukanal führt uns ins Zentrum. Beiderseits der Ringstraße genießen wir herrliche Blicke auf opulente Bauten. Den Anfang macht das nach den Entwürfen des Architekten Friedrich von Schmidt im Stil der Neogotik errichtete Rathaus. Anschließend folgen das Parlament und die Schwestergebäude des Naturhistorischen- und des Kunsthistorischen Museums. Sie gehören beide zu den weltweit bedeutendsten ihrer Art. Ebenfalls beeindruckend ist das gegenüber aufragende Burgtor. Wer es durchschreitet, steht vor der Hofburg – Sinnbild und Schaltzentrale des untergegangenen Habsburgerreichs. Hinter den Mauern wird die Kaiserkrone des Heiligen Römischen Reiches behütet, vollführt die Spanische Hofreitschule Reitkunst in höchster Vollendung. Wir steuern ins Herz des Gassenlabyrinths der Altstadt, die seit 2001 dem UNESCO-Welterbe angehört. Dort sticht der 107 Meter lange und 34 Meter breite Stephansdom in den Himmel. Über 800 Jahre gehört er zum Panorama der Stadt. Vor dem »Steffl«, wie die Wiener die Kathedrale nennen, reihen sich zweispännige Pferdekutschen aneinander und warten auf Kundschaft.

In den letzten Tagen haben wir uns müde gestrampelt, mit Eindrücken vollgesogen. Unvergesslich die Gassen in Passau, die Flusslandschaften der Wachau, die Stunden in Wien. Hier ist man sich einig: Der Donau-Radweg ist ideal zum Radfahren und Schlemmen. Am liebsten möchte man gleich wieder in den Sattel steigen, denn er führt ja zum Glück noch weiter. Durch Südosteuropa – bis zum Schwarzen Meer!

Die Karlskirche in Wien ist eine der bedeutendsten barocken Kirchenbauten nördlich der Alpen.

29 Salzkammergut-Radweg

Seen, Sonne, Salz

mittel | 282 km | ca. 6 Tage | Österreich

Charakter
Der Rundkurs verläuft überwiegend auf guten Asphaltradwegen oder verkehrsarmen Nebenstraßen und hat viele Steigungen. Untrainierte Radler können das steile Stück zwischen dem Hallstätter See und Bad Aussee mit der Bahn überbrücken.

Wegmarkierung
Der Radweg ist mit grünen Wegweisern markiert, in Oberösterreich mit R 2 und in der Steiermark mit R 19.

Bett & Bike
Auf www.salzkammergut.at sind Radunterkünfte und komplette Radpakete aufgelistet.

E-Bike
E-Bikes sind vorteilhaft; Ausleihstationen über www.salzkammergut.at.

An- und Rückreise
Nach Salzburg kommt man mit Zug oder Fernbus. Im Salzkammergut kann man an mehreren Orten in einen Zug (www.oebb.at) steigen. Mit dem Auto sind es von Berlin nach Salzburg 730 km, von Hamburg 920 km, von Köln 720 km, von München 150 km.

Information
Salzburger Land, Wiener Bundesstraße 23, A-5300 Hallwang bei Salzburg, Tel. +43/662/66880, www.salzburgerland.com; Salzkammergut Tourismus, Salinenplatz 1, A-4820 Bad Ischl, Tel. +43/6132/26909, www.salzkammergut.at;Tourismus Salzburg, www.salzburg.info

Der Rundkurs durch das Salzkammergut wird den Wünschen der Radler gerecht: Er verfügt über eine gute Oberflächenbeschaffenheit, ist abwechslungsreich und ruhig. Extrapunkte bekommt die Schleife durch die malerischen Seen und historischen Städte wie Salzburg, Bad Ischl, Gmunden und Mondsee. Nur eines sollte man nicht, die Steigungen unterschätzen.

Von Salzburg nach Hallstatt – 90 km »Das Salzburger Land ist das Herz vom Herzen Europas. Das mittlere Europa hat keinen schöneren Raum – und gerade hier musste Mozart geboren werden.« Trefflicher hätte Hugo von Hofmannsthal 1919 den Nordwesten Österreichs im Gründungsmanifest der Salzburger Festspiele nicht umschreiben können. Seine Worte machen noch heute neugierig auf den malerischen Flecken. Aber zuerst ist da Salzburg. Wer hierher reist, will sie sehen – die Getreidegasse. Jede Fassade ist mit Säulen, Galerien und Wappen ausgeschmückt. Über den Türen der Geschäfte verraten schmiedeeiserne Zunftzeichen den Berufsstand. Kleine Bogengänge verbinden die Prunkstraße mit benachbarten Gassen und Plätzen. Wir klettern in den Sattel und fahren auf dem Makartsteg ans Ostufer der Salzach. Hier genießt man den schönsten Blick

Schloss Orth liegt auf einer Insel im Traunsee.

auf die Stadt. 1996 nahm sie die UNESCO in die Liste des Welterbes auf. Die Silhouette wird von der Festung Hohensalzburg dominiert. Darunter die Bürgerhäuser, der Festspielbezirk, Museen und Restaurants.

Jetzt aber wartet das Salzkammergut. An der Strecke liegen 13 Seen, dazu Klöster und geschichtsträchtige Orte. Die Fahrt führt durch Wiesen, Wälder und Siedlungen wie Eugendorf, Unzing und Thalgau. Von einer Anhöhe herab sausen die Räder hinunter zum Mondsee. Dahinter erklimmen wir den kurzen Anstieg zur Scharflinger Höhe und stoppen am Ufer des Wolfgangsees. An der Nordseite des größten Gewässers der Region liegt die Gemeinde St. Wolfgang. Seit dem Mittelalter zieht die Wallfahrtskirche Pilger an. Ihr Ziel ist der 1481 von Michael Pacher fertiggestellte Flügelaltar. Darin verwahrt man die Reliquien des heiligen Wolfgang. Die Wallfahrer schippern mit den Raddampfern »Kaiserin Elisabeth« und »Kaiser Franz Josef« über den See. Die Namensgeber kennt in Österreich jedes Kind. »Oh, wie sehne ich mich nach dem lieben, lieben Ischl.« So schwärmte Franz Joseph im Jahr 1845 als heranwachsender Kronprinz in einem Brief an seine Mutter Sophie Friederike von Bayern. Die Worte beflügeln die Fantasie heutiger Besucher, die im oberösterreichischen Bad Ischl durch die Hallen der Kaiservilla schreiten. Jahrzehntelang verbrachte Franz Joseph zusammen mit der Familie die Sommerfrische am Zusammenfluss von Ischl und Traun. Filmfans ist vor allem der 18. August 1853 ein Begriff. An jenem Tag, es war der 23. Geburtstag Franz Josefs, hielt er im Seeauerhaus um die Hand der 15-jährigen Elisabeth Amalie Eugenie (Sisi), Herzogin in Bayern, an. Dass die Angebetete seine Cousine war, schien damals niemand zu stören.

Von Hallstatt nach Seewalchen am Attersee – 92 km

Der grün leuchtende Fluss Traun nimmt uns mit nach Hallstatt. Bereits in der Jungsteinzeit zog es Menschen in die siedlungsfeindliche Berggegend. Sie suchten einen kostbaren Rohstoff – Steinsalz. Seit Entdeckung des Gräberfelds am Salzberg im Jahr 1846 durch den Bergwerksbeamten Johann Georg Ramsauer zählt Hallstatt zu den bedeutendsten archäologischen Fundstellen Europas. Die Bergsiedlung verlieh der Hallstattzeit ihren Namen. 1997 erteilte die UNESCO ihren Ritterschlag und

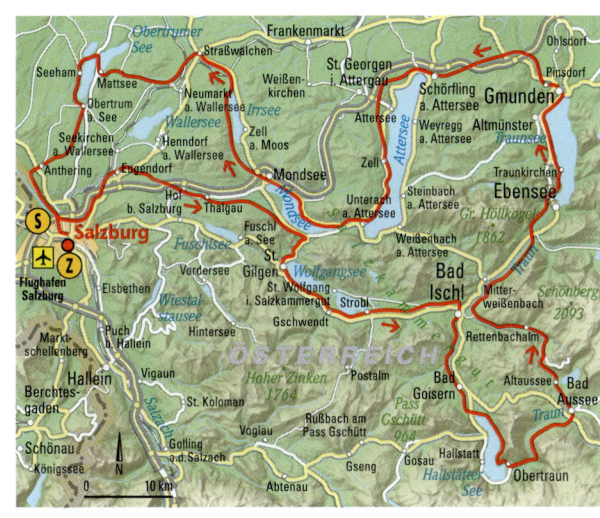

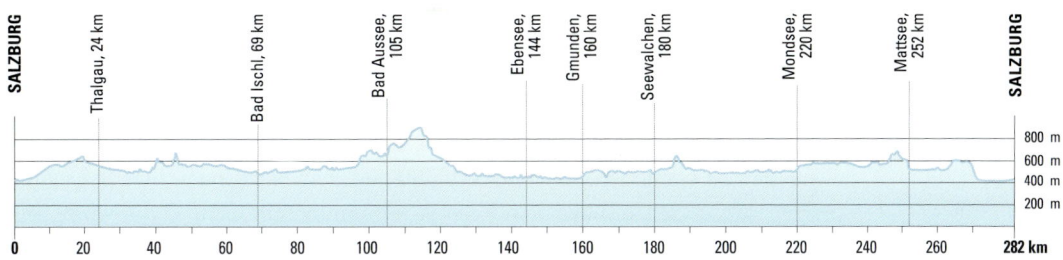

Tour 29 Salzkammergut-Radweg

Links: Salzburg erreicht man gut mit dem Fahrrad.

Rechts: Wolfgang Amadeus Mozart kam in der Salzburger Getreidegasse zur Welt.

zeichnete das romantische Juwel als Welterbe aus. Auf der Ostseite des 690 Meter hohen Koppenpasses erreichen wir Bad Aussee. Oberösterreich bleibt zurück; voraus liegt die Steiermark. Ob es der Ruf der Sommerfrischler ist, oder der Blick auf den Altausseer See, seit man die Salzkammergutbahn 1877 eröffnete, zieht das Kurbad Prominente an. 2015 drehte hier Sam Mendes Szenen für den Bondfilm »Spectre«. Seitdem schippern Filmfans über das Wasser zum Jagdhaus Seewiese. Am nördlichen Rand von Bad Aussee liegen die Salzwelten Altaussee. Im größten Salzbergwerk des Landes sausen Abenteurer zwei Bergmannrutschen hinab. Unten schimmert ein Salzsee. Von 1943 bis 1945 schafften die Nazis ihre zusammengeraubten Werke von Michelangelo, Dürer, Rubens und Vermeer in die Stollen. Auch der Genter Altar der Brüder van Eyck fand hier einen bombensicheren Platz.

Nach dem Ausflug in die Unterwelt strampeln wir dem höchsten Punkt der Reise entgegen. Langsam steigt das gewundene Sträßchen durch idyllische Wiesen bergan. In 900 Meter Höhe ist es geschafft. Hier steht die Blaa-Alm. Hinter dem Gasthaus ragt der Loser 1838 Meter auf und bildet den Rahmen für die Abfahrt. Der Salzkammergut-Radweg trifft wieder auf Bad Ischl. Dort drehen wir den Lenker nach rechts, steuern hinunter in Richtung Traunsee. Am Nordende des mit 191 Metern tiefsten Sees Österreichs lohnt ein Stopp. Auf einer winzigen Insel sitzt das Schloss Orth. Die Stelle der im 10. Jahrhundert erbauten Festung ist exzellent gewählt, denn von hier aus überblickt man die komplette Region: Am unzugänglichen Ostufer wächst der markante, 1691 Meter hohe Bergstock des Traunsteinmassivs steil aus dem tiefblauen See. Gen Süden erhebt sich das Tote Gebirge und im Norden mustert der Blick die Gebäude von Gmunden. Die Stadt erblühte mit dem Salzhandel. Eine Soleleitung brachte das weiße Gold aus dem Inneren Salzkammergut hierher, von wo es Salzschiffer über die Traun zur Donau transportierten.

Von Seewalchen am Attersee nach Salzburg – 100 km Die Route steigt erneut an, führt durch das hügelige Alpenvorland. Zu entdecken gibt es viel: Die Perlen der Strecke sind die Gewässer Attersee, Mondsee, Irrsee, Mattsee, Grabensee und Obertrumer See. Bei Kilometer 220 bremsen wir vor dem Kloster Mondsee. Es wurde im Jahr 748 von dem Bayernherzog Odilo II. gegründet. Geht man in der Zeitrechnung weiter zurück, kommt man zur Mondseekultur. An die Siedler der späten Jungsteinzeit erinnern Fundstellen am Ufer. Sie sind bekannt als Prähistorische Pfahlbauten um die Alpen – die dritte Welterbestätte der Reise. Wer studieren möchte, wie die Menschen damals lebten, der besucht das Pfahlbau- und Klostermuseum. Der finale Abschnitt gleicht einer Aussichtsterrasse. Wir strampeln durch sanft geschwungene Wiesen. Darüber zeichnen sich die Konturen der Salzkammergutberge ab, die uns in den letzten Tagen mit prächtigen Panoramen verwöhnten.

In Salzburg zeigt der Tacho 280 Kilometer an. Die Festspielstadt verzaubert: Hier die schneeweißen Hausfassaden, das DomQuartier, das Haus der Natur; dort die Schlösser Mirabell und Hellbrunn, dazu das markante Wahrzeichen – die Festung Hohensalzburg. Wie ein uneinnehmbares Bollwerk trotzt sie auf einem bewaldeten Hügel über den Dächern der Stadt. Wir erklimmen den steilen Serpentinenweg, lösen die FestungsCARD und öffnen hinter den mit Zinnen flankierten Mauern ein Zeitfenster. Es gibt 50 Gebäude, Basteien, Türme, Tore und eine Kirche auf insgesamt 33 000 Quadratmetern Grundfläche. Von der Aussichtsplattform gleitet der Blick über die Kirchturmspitzen hinweg gen Osten. Dahinter liegen irgendwo 13 malerische Seen. Keine Frage, der Salzkammergut-Radweg ist eine der schönsten Strecken des Landes!

Die Festung Hohensalzburg wird jährlich von über einer Million Menschen besucht.

30 Drau-Radweg

Radeln an der Drau? Ja, schau!

leicht   283 km   ca. 5 Tage   Italien, Österreich

Charakter
Der Drau-Radweg ist ein lohnendes Ziel für Familien mit Kindern. Eigenständige Radwege wechseln sich mit ruhigen Nebenstraßen ab.

Wegmarkierung
In Südtirol folgt man den Wegweisern des Pustertal-Radweges, in Österreich grünfarbigen Fahrradschildern.

Bett & Bike
Entlang der Drau haben sich über 50 Gastronomen, Beherberger, Radtaxis, Radverleiher und Ausflugsziele zu den Drau-Radweg-Wirten zusammengetan (www.drauradwegwirte.at und App Drau-Radweg). Weitere Unterkünfte auf www.bett-undbike.de und der Bett+Bike-App. Im Drau.Kulinarik.Büchl. stehen zudem kulinarische Tipps.

E-Bike
E-Bikes sind eigentlich nicht nötig. Verleih sowie Reparaturstationen für E-Bikes und Fahrräder über www.drauradweg.com.

An- und Rückreise
Toblach erreicht man gut mit der Bahn, nicht aber Lavamünd. Der nächste Stopp liegt in St. Paul im Lavanttal. Wer mit dem eigenen Fahrzeug anreist, kann dies in Toblach vor dem Bahnhof parken. Mit dem Auto sind es von Berlin nach Toblach 880 km, von Hamburg 1070 km, von Köln 840 km, von München 290 km.

Information
www.drauradweg.com; www.drauradwegwirte.at; www.mura-drava-bike.com; Urlaubsinformation Kärnten, Tel. +43/463/30 00, www.kaernten.at; Osttirol Information, Tel. +43/50/21 22 12, www.osttirol.info

Österreich steht bei Radlern hoch im Kurs. Die Preise stimmen, man reist durch den gleichen Kulturraum, die Infrastruktur ist top. Doch wohin? Wie wäre es mit dem Tal der Drau! Dort radelt man zwischen den Bergen gen Osten. Die Kärntner Küche ist herzhaft, das Wetter oft sonnig. Und das Beste: Mittags findet man immer einen See zum Planschen.

Von Toblach nach Greifenburg – 87 km Die Kulisse ist gemacht wie für einen Kinofilm: gezackte Gipfel rechts, gezackte Gipfel links. Darunter fällt der Blick auf saftige Wiesen und beschauliche Dörfer, aus denen schlanke Kirchtürme aufragen. Wir sind im Südtiroler Hochpustertal. Am Toblacher Sattel sprudeln fünf Quellen aus dem Untergrund und vereinigen sich zur Drau. Sie ist 750 Kilometer lang und hat ein Einzugsgebiet von 11 828 Quadratkilometern; eine Fläche, in der die Insel Zypern locker Platz findet. Damit ist die Drau Österreichs drittwichtigster Fluss hinter Donau

Renaissancepracht und ein Lindwurm

Der R 7-Loiblweg führt nördlich vom Drau-Radweg ins Hinterland. Wer ihm folgt, erreicht nach zehn Kilometern Klagenfurt. Das Strandbad der 100.000 Einwohner-Stadt ist 1,7 Kilometer lang. Ein lohnendes Ziel ist ebenfalls die Altstadt. Man nennt Klagenfurt das Renaissancejuwel am Wörthersee. Italienische Baumeister prägten das 800 Jahre alte Zentrum mit seinen hervorragend restaurierten Palais, Kirchen und Innenhöfen. Das Herzstück ist der Neue Platz. Dort zieht der Lindwurmbrunnen die Aufmerksamkeit an. Das lebhafte Wappentier-Denkmal symbolisiert mitsamt dem Untier und dem Keulen schwingenden Herkules die Klagenfurter Gründungssage.

Kärnten ist bekannt für seine vielen Badeseen, hier der Millstätter See.

und Inn. Ein letzter Blick auf die Pfarrkirche von Toblach, dann kippt das Terrain im Osten ab. Die Räder brausen zu Tal. In Innichen greifen wir das erste Mal zur Bremse. Zwischen den Häusern lugt der Turm der Stiftskirche hervor, geweiht den Heiligen Candidus und Korbinian. Das Gotteshaus zählt zu den bedeutendsten romanischen Sakralbauten im Ostalpenraum. Seine Ursprünge reichen zurück ins 8. Jahrhundert: Als der bayrische Herzog Tassilo III. hier ein Benediktinerkloster gründete, hatte das Frankenreich die größte Ausdehnung; als Marco Polo Ende des 13. Jahrhunderts China erreichte, vollendete man die Kirche in ihrem heutigen Erscheinungsbild. Kostbar verarbeitet sind die spätromanischen Kuppelfresken von Michael Pacher, die überlebensgroße Kreuzigungsgruppe und die dreischiffige Krypta. Die Abfahrt auf dem Drau-Radweg geht weiter. Sie führt auf 48 Kilometern von 1200 Meter hinab auf 676 Meter, von Italien ins Zentrum von Lienz. Wir rollen entspannt vorbei an wehrhaften Burgen, die die Lienzer Dolomiten gen Süden einrahmen. Hinter Sillian steht der mächtigste Bau. Die Einheimischen gaben der Burg Heinfels den Titel »Königin des Pustertales«. Sie setzt sich oberhalb des gleichnamigen Orts mit einer Ringmauer und dem eindrucksvollen Bergfried in Szene. Der Wehrbau veränderte seit der erstmaligen Erwähnung im Jahr 1243 mehrmals das Angesicht. Die Grafen von Görz bauten daran, darauf Kaiser Maximilian I.; später fügte der Bischof von Brixen Elemente hinzu, dann die Herren von Wolkenstein-Trostburg. 1613 loderte ein Feuer in der Burganlage, die heute in Privatbesitz ist.

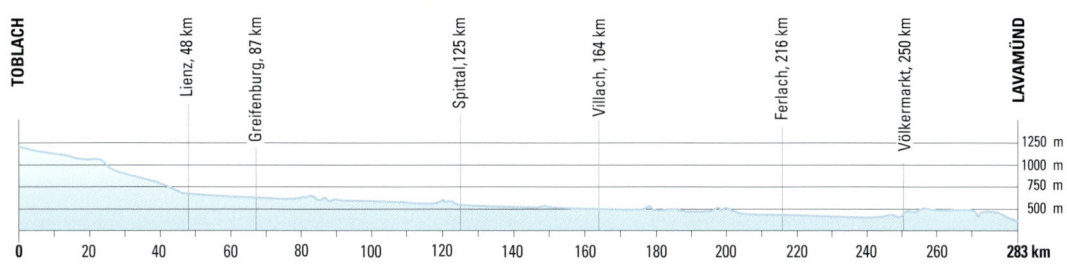

Die Gemeinde Maria Wörth befindet sich auf einer Halbinsel im Wörthersee.

Reichte Seite: Markante Berge rahmen den Fluss Drau ein.

Wir klettern wieder in den Sattel, steuern mal rechts, mal links durch das Tal – immerzu bergab. Die Siedlungen tragen Namen wie Tassenbach, Abfaltersbach und Thal. Der Alpenfluss hat hier am Oberlauf die Gewässergüteklasse 1, er ist klar, springt reißend über abgeschliffene Steine, ein idealer Lebensraum für Regenbogenforelle, Äsche und Huchen. An den Ufern sieht man neben Flussregenpfeifern auch Flussuferläufer umherspringen. Wo die Drau und die Isel zusammentreffen, nimmt Lienz den Talkessel ein. Der 57 Kilometer lange Nebenfluss entwässert die Südseite der Venedigergruppe und des Großglocknermassivs. Während der Schneeschmelze führt sie mehr Wasser als die Drau. Die mächtigen Felswände halten die kalten Winde ab. So geschützt bringt es die Hauptstadt von Osttirol auf 2000 Sonnenstunden im Jahr. Wenige Minuten zu Fuß von der Mündung entfernt sitzt das zinnenbewehrte Schloss Bruck auf einem abschüssigen Wiesenhang. Die Wurzeln reichen bis in das 13. Jahrhundert zurück. Der einstige Sitz der Freiherren von Wolkenstein-Rodenegg ist heute ein Besuchermagnet für Kulturfreunde. Hinter den dicken Wehrmauern hat das Museum der Stadt Lienz eine stilvolle Bleibe gefunden. In den Räumlichkeiten schreitet man von der zweigeschossigen Kapelle zum romanischen Rittersaal. Am Ende des Rundgangs sind die Werke des Osttiroler Malers Albin Egger-Lienz ausgestellt.

Der breite und vorbildlich asphaltierte Drau-Radweg läuft nun mit einem leichten Gefälle zwischen der über 2700 Meter hohen Kreuzeckgruppe im Norden und den Gailtaler Alpen im Süden hindurch. Es ist eine Einladung, die Räder rollen zu lassen. Das Tal verengt sich. An der Stelle, wo die Felswände fast aufeinandertreffen, markiert Oberdrauburg mit zwei Burgruinen das Kärntner Tor. Voraus das fünftgrößte Bundesland Österreichs. Was bleibt, ist die Aussicht: Berge zu beiden Seiten, alte Bauernhäuser und von Zeit zu Zeit sticht ein schlanker Kirchturm in den Himmel. Einer davon gehört der Gemeinde Greifenburg. Dort weitet sich das Tal.

Von Greifenburg nach Feistritz im Rosental – 117 km Am Ortsrand von Lurnfeld strömt von Norden der Bergfluss Möll vom Fuß des Großglockners herab. Der Fluss wird breiter und zieht Spittal an der Drau entgegen. Die ersten 125 Kilometer des Reisewegs sind geschafft. Oder treffender gesagt: leider vorüber. Wie man es auch nimmt, in der Stadt gibt es viel zu sehen. Einen Vorgeschmack bekommt man im rechtwinklig angelegten Stadtpark. Da ist der Turm der Pfarrkirche, davor das Schloss Porcia. Im Jahr 1534 gab der Graf Gabriel von Salamanca-Ortenburg den Auftrag für den Bau. Aber was heißt hier Bau? Es entstand ein Renaissanceschloss, das vom Stil her wie ein italienischer Palazzo aussieht. Besonders fotogen ist der Arkadenhof. Durch ihn spazieren Besucher in das Museum für Volkskultur. Sie tauchen auf zwei Stockwerken ein ins Handwerk, den Bergbau und die alpine Landwirtschaft. Sie fliegen im 3-D-Flugsimulationskino über ganz Kärnten und studieren das 200 Quadratmeter große Luftbild, das den Süden Österreichs zeigt.

Nördlich von Spittal liegt der malerische Millstätter See, den man mit dem Fahrrad an einem Tag umrunden kann. Majestätisch zwängt er sich mit einer Länge von 11,5 Kilometern in die mehr als 2000 Meter aufragenden Berge. Sankt Peter, Feistritz an der Drau und Weißenstein sind die Stationen auf dem Weg nach Villach. Die Fußgängerzone der zweitgrößten Stadt des Bundeslandes steigt in einem sanften Bogen hinauf zur spätgotischen Stadtpfarrkirche St. Jakob. Der Hochaltar lenkt den Blick auf das reiche Rokokoschnitzwerk. Darüber spannt sich ein überlebensgroßes Christophorusfresko. An die protestantische Epoche Villachs erinnert die Steinkanzel von 1555. Mit 94 Metern ist der begehbare Kirchturm der höchste Kärntens. Wer den 239-Stufen-Aufstieg nicht scheut, wird oben mit einer herrlichen Aussicht auf die umliegenden Gipfel belohnt. Östlich von Villach rückt die Burg Landskron ins Bild. Sie zu besuchen lohnt aus dreierlei Gründen: wegen des Haubenrestaurants Kronensaal, wegen der Affengehege und vor

Filmkulisse Wörthersee

An den Ufern des Wörthersees wechseln sich Ferienorte mit türkisfarbenen Buchten und reizvollen Badestränden ab. Radler, die gerne kräftezehrende Anstiege erklimmen, sollten die Straße hinauf zum Pyramidenkogel ansteuern. Dort steht der aktuell mit 100 Metern welthöchste Aussichtsturm aus Holz. Aus der Vogelperspektive eröffnet sich ein atemberaubender Panoramablick: Man sieht den kompletten See, von Klagenfurt im Osten über die Halbinsel Maria Wörth mit ihren beiden Kirchen bis Velden. Einfach traumhaft! Das dachten bestimmt genauso die österreichischen und deutschen Filmproduzenten, die den Wörthersee vielfach als Filmkulisse verewigten.

allem wegen der Greifvogelflugschau. Die Falkner arbeiten hier mit mehr als 20 Arten wie Adler, Geier, Falken und Eulen. Zwei, drei Mal am Tag gibt es Flugvorführungen. Weithin bekannt ist die angeschlossene Pflegestation, in der pro Jahr 100 Tiere aufgepäppelt werden. Anschließend ist es nur ein kurzer Abstecher zum 16,5 Kilometer langen Wörthersee, den dunkle Wälder einfassen. Auf der Weiterfahrt wirft die Drau eine 180-Grad-Schleife, umschließt die Marktgemeinde Rosegg. Neben dem Schloss Rosegg gibt es den meistbesuchten Tierpark Kärntens zu sehen. 80 000 Besucher reisen alljährlich hierher. In den Gehegen spazieren, flattern und springen 400 Tiere herum. Darunter Luchse, Rothirsche, Waldrappen, Kängurus, ja sogar Bisons. Zudem kann man den Barockgarten inspizieren. Oder möchten Sie durch das größte Gartenlabyrinth Österreichs irren? Auch das gibt es hier.

Die nächste Stunde im Fahrradsattel kann man zur Kategorie Genussradeln zählen. Wir folgen abseits von Siedlungen dem Fluss. Das Tal ist nun fast eben, der Drau-Radweg breit und asphaltiert und wird als Aushängeschild des 1000 Kilometer langen Routennetzes von Kärnten umworben. Immer wieder zweigen zu beiden Seiten lohnende Strecken ab. So bietet sich am Kraftwerk Ferlach-Maria Rain die zweite Gelegenheit, an den Wörthersee zu kommen.

Von Feistritz im Rosental nach Lavamünd – 79 km

Auf dem Drau-Radweg bleibt es beschaulich, schmeicheln erneut romantische Flusspartien dem Auge. Österreich überrascht und verwöhnt einen stets aufs Neue. So auch auf seiner Sonnenseite, im Süden. Das Besondere hier ist der 2007 gegründete Verein Drau-Radweg-Wirte. Die über Osttirol und Kärnten verteilten Gaststuben liegen alle in der Nähe der Radroute. Reisende können hier Zimmer beziehen. Die Häuser haben sichere Radabstellplätze und stellen Werkzeug zur Reparatur bereit. Perfekt, denken sich Radler und schlemmen sich zu Tal. Ihre Bibel ist das 76-seitige *Drau.Kulinarik.Büchl*. Entlang der 333-Kilometer-Strecke listet es 46 Stationen auf,

an denen man nur schwer vorbeikommt: Gasthäuser, Hotels, Cafés, Biohöfe. Alles garniert mit 24 regionalen Rezepten. Da gibt es die Osttiroler Kaspressknödel. Oder den Pedal-Sirup. Pedal- was? Es ist ein Kaltgetränk mit Melissen- und Minzeblättern und viel Zucker. Und nicht zu vergessen: Kaiserschmarrn! Had'nkaiserschmarrn! Der fluffige! Hier wird ihm Butterhonig dazugemischt. »Mmmh!« Schlechtes Gewissen? Nein – als Radler darf man reichlich bestellen.

So gestärkt geht es auf den finalen Abschnitt. Hier stauen zehn Kraftwerke die Drau zur Stromerzeugung auf. In dem warmen Wasser fühlen sich Zander, Hecht, Bachsaibling und Schleie wohl, die gleichfalls auf den Tellern der Gäste landen. Wir kommen in die Stadt Ferlach. Im Schloss ist das Büchsenmacher- und Jagdmuseum untergebracht. Bereits seit rund 400 Jahren stellt man hier im Hauptort des Rosentales Waffen her. 2010 zeichnete die UNESCO das Büchsenmacherhandwerk als immaterielles Kulturerbe aus. Die Seen der Drau und der Gebirgsstock der Karawanken im Süden leiten uns ins 35 Kilometer entfernte Völkermarkt. Die Altstadt ist wie aus dem Bilderbuch: Am Rand liegt die Pfarrkirche hl. Maria Magdalena, an der Seite des Hauptplatzes steht das Rathaus, davor eine Dreifaltigkeitssäule. Die nächste Attraktion ist die 96 Meter hohe Jauntalbahn-Brücke. Dort kann man wagemutigen Bungeespringern bei ihrem Fall in die Tiefe zusehen. Danach kippt die Fahrspur ab; wir düsen durch die beschauliche Hügellandschaft dem Reiseziel Lavamünd entgegen. Doch der Drau-Radweg führt noch weiter! In Slowenien trägt die Route ebenfalls die Kennzeichnung R 1. Über Radwege und Nebenstraßen kommt man durch Dravograd und Maribor. In Kroatien fließt die Drau an der Großstadt Osijek vorbei, um wenig später in die Donau zu münden.

Linke Seite oben: Der Drau-Radweg glänzt durch seine ruhige Streckenführung.

Linke Seite unten: Der Drau-Radweg folgt kilometerlang dem Flussufer.

Fahrradfähre am Millstätter See

31 Neusiedler-See-Radweg

Hier rollt es!

leicht · 124 km · ca. 3 Tage · Österreich, Ungarn

Charakter
Das Gelände ist topfeben und eignet sich sehr gut für eine Familientour mit Kindern. Die Wege sind sehr gut ausgebaut, denn der ADFC hat die Gegend als RadReiseRegion mit fünf Sternen ausgezeichnet. Wer es hügelig mag, wählt den Kirschblütenweg B 12.

Wegmarkierung
Der Neusiedler-See-Radweg trägt die Nummer B 10. Die grünen Schilder sind häufig mit Kilometerangaben versehen. Beim Planen und Navigieren hilft die App Burgenland – Erlebnistouren.

Bett & Bike
Übernachtungsangebote über www.neusiedlersee.com, www.bettundbike.de und die Bett+Bike-App.

E-Bike
E-Bikes sind im Leithagebirge sinnvoll. E-Bike-Ladestationen und Radverleih über www.neusiedlercoo.com.

An- und Rückreise
Bahnhöfe gibt es z. B. in Neusiedl am See, Donnerskirchen, St. Andrä am Zicksee und Sopron. Von Anfang April bis Ende Oktober pendelt der Radtramper Neusiedl zwischen Wien und Pamhagen. Dazu hängt die ÖBB (www.oebb.at) mindestens einen Regio-Biking-Fahrradwagen an. Mit dem Auto sind es von Berlin nach Neusiedl am See 720 km, von Hamburg 1000 km, von Köln 960 km, von München 500 km.

Information
Neusiedler See Tourismus GmbH, www.neusiedlersee.com; Burgenland Tourismus, www.burgenland.info; Ungarisches Tourismusamt, wowhungary.com/de

Genießer sind am Neusiedler See genau richtig: Ringsum führt ein Radweg. Er ist gut ausgebaut, flach und abwechslungsreich. Wer ihm folgt, kommt in beschauliche Kleinstädte und genießt die vorzügliche Küche des Burgenlandes. Noch nicht genug? Als Zugabe kann man durch den Seewinkel mit seinen Salzlacken rollen – ein besonderer Flecken Erde.

Von Neusiedl am See nach Fertöd – 51 km Für viele kann eine Radreise schnell zur Enttäuschung werden: Mal holpert man über schlechte Wege, mal quält man sich steile Anstiege hinauf, dann wieder spielt das Wetter verrückt. Am Neusiedler See ist das anders. Die Landschaft ist flach und weit. Wer hier über die gepflegten Radwege saust, bekommt eine Ahnung der Pannonischen Tiefebene. Und das Wetter? 300 Sonnentage im Jahr! Wenn das kein Argument ist, in den Osten Österreichs zu reisen. Das Sehnsuchtsziel Neusiedler See liegt im Dreiländereck Österreich-Slowakei-Ungarn. Er ist mit einer Fläche von 320 Quadratkilometern nach dem Balaton der zweitgrößte Steppensee Europas. Das Gewässer misst an der tiefsten Stelle nur 1,80 Meter. Daher klettert die Wassertemperatur an warmen Sommertagen bis auf 30 Grad. Am besten startet man die Rundtour am nördlichen Ufer, in Neusiedl am See. In der Stadt gibt es einen Bahnhof und viel zu entdecken. Die meisten Reisenden zieht es zuerst ans Strandbad. Die Anlage bietet alles, was das Urlauberherz

begehrt: Liegewiesen, Eisdielen, Restaurants und einen Hafen für Segelboote. Man schaut unweigerlich auf das Wasser. Ein dichter Schilfgürtel fasst den See ein. Er erstreckt sich auf 180 Quadratkilometer. Zahlreiche Tierarten finden dort einen besonderen Lebensraum. Jedes Jahr brüten vor Ort 400 Paare Graugänse. Das Nahrungsangebot lockt Blau- und Kohlmeise, Rotkehlchen und Zilpzalp an. Im Spätsommer jagen Rauch-, Mehl- und Uferschwalben über das Röhrichtmeer.

Vorbei an der Pfarrkirche radeln wir ostwärts aus Neusiedl hinaus. Der Neusiedler-See-Radweg ist eben, breit und asphaltiert. Radler machen an den elf Design-Rastplätzen Pause. Perfekt! Das dachte bestimmt ebenfalls der Streckenprüfer des ADFC, der die Familienroute 2012 mit der Bestmarke von fünf Sternen auszeichnete. Drei Jahre später kam eine neue Auszeichnung als ADFC-RadReiseRegion dazu. Sie bietet Naturfreunden zehn Routen mit einer Gesamtlänge von 488 Kilometern. Von Ufer zu Ufer pendeln mehrere Fahrradfähren. Ein guter Ausgangspunkt für Touren ins Umland ist Podersdorf am See. Hier kann man am schilffreien Ufer stimmungsvolle Sonnenuntergänge bestaunen. Wir schauen bei der um das Jahr 1800 errichteten Windmühle vorbei. Sie ist die größte Österreichs. Einst verrichteten im Seewinkel sieben Mühlen ihren Dienst. Heute steht nur noch die eine.

Der nächste Höhepunkt der Region erwartet uns – der Nationalpark Neusiedler See-Seewinkel. Ihm hat man in Illmitz ein Besucherzentrum gewidmet. Es macht neugierig für eine Runde durch den Seewinkel. Das Land stiehlt sich in alle Himmelsrichtungen davon. Kein Hügel. Keine Erhebungen. Wir schwenken von der Asphaltstraße in einen Feldweg. Aus Kies wird Sand. Absteigen, schieben. Unter den ausladenden Bäumen bekommt man oft die Herde weißer Esel zu Gesicht. Die

Linke Seite: Der Nationalpark Neusiedler See-Seewinkel gehört zum UNESCO-Welterbe.

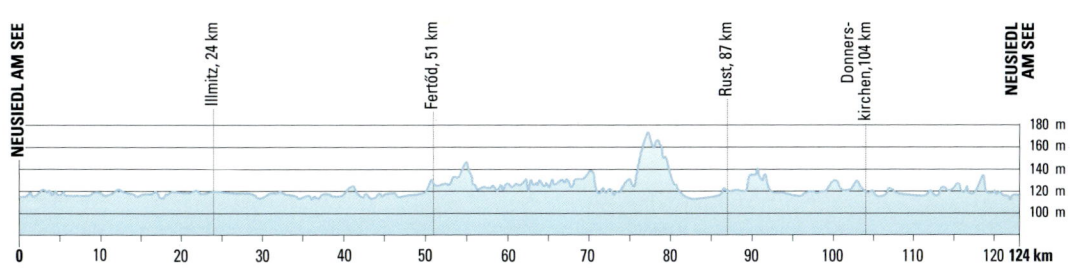

Tour 31 Neusiedler-See-Radweg

Das Burgenland ist bekannt für seine erstklassigen Radwege

Entfernungen verschwimmen im wabernden Licht der Sonne. Safarifeeling setzt ein. Am Rand des Schilfgürtels grasen Wasserbüffel. Über ihren Köpfen ziehen Vogelschwärme ihre Pirouetten. Offen gehalten wird die steppenartige Landschaft von Graurindern, Mangaliza-Schweinen und Przewalski-Pferden. Dort, wo das Wasser verdunstet ist, bildeten sich salzhaltige Seen. Von den einstmals 100 Lacken des Seewinkels ging ein Großteil durch menschliche Eingriffe verloren. Heute gibt es noch 45 dieser sonderbaren, bis zu 60 Zentimeter tiefen Gewässer. Ein Ausflug auf dem Lacken-Radweg B 20 führt an ihnen vorüber. Radler klettern auf Aussichtstürme, rasten an einsam gelegenen Bänken. Immer im Blick das Landschaftskino, die Weite. Die Schutzzone ist seit 2001 eine UNESCO-Welterberegion. Ihr Name Fertö-Neusiedler See verrät, dass man Gebiete in beiden Ländern bewahrt. Der Neusiedler-See-Radweg entfernt sich vom Ufer, erreicht das ungarische Fertöd. Teil des Welterbes ist das Schloss Eszterháza. Es ist eng mit der Dynastie der Familie Esterházy verknüpft. Zu Beginn des 18. Jahrhunderts stand hier ein Jagdschloss, das mehrere Fürsten zum heutigen Prachtbau erweiterten. Von 1761 bis 1790 stellte das Hause Esterházy Joseph Haydn an. Der Begründer der Wiener Klassik schuf hier die 45. Sinfonie. Das Besondere? Sie trägt den Titel »Abschiedssinfonie«; im Finale verlässt ein Musiker nach dem anderen die Bühne.

Links: Der Neusiedler See wird von einem breiten Schilfgürtel eingefasst.

Rechts: In Rust leben viele Weißstörche.

Von Fertöd nach Neusiedl am See – 73 km Nahe der Stadt beginnt der 1977 eingerichtete Nationalpark Fertö-Hansag. Er ist 235 Quadratkilometer groß und mit dem Reservat in Österreich verbunden. Wir fahren durch die Siedlung Balf, erreichen wenig später Fertörakos. Hier lohnt es, in die Stichstraße gen Osten zu steuern. Es sind zehn Minuten im Sattel – dann tritt der dichte Schilfgürtel zurück, das Panorama auf den Steppensee weitet sich. Stege führen zu vertäuten Segelbooten und reetgedeckten Holzhäusern. Nicht ein Fahrzeug stört die Stille, kein Strommast verstellt die Sicht. Mit Mörbisch am See ist wieder österreichischer Boden erreicht. Hier steht eine Entscheidung an. Die Hofgassen besuchen? Oder zur Seebühne strampeln? Seit 1957 begeistern die Seefestspiele Mörbisch mit Operetten und Musical. Der Neusiedler See dient als Kulisse. Schöne Fotomotive bieten ebenfalls die Hofgassen. Auch sie stehen unter dem Schutz der UNESCO. Streckhöfe säumen die gepflasterten Sträßchen; Blumen zieren die säulengeschmückten Vorhallen.

Sechs Kilometer nördlich stechen zwei Kirchtürme in den Himmel. Sie gehören zu Rust. Stadt der Störche und des edlen Weines – so nennen die 1900 Einwohner ihre charmante Heimat. Der Rathausplatz wirkt wie aus der Zeit gefallen: hier die Fischerkirche, dort die denkmalgeschützten Bürgerhäuser. Sie stammen aus der Phase vom 16. bis ins 19. Jahrhundert. An den bunten Fassaden treten Erker hervor. Daneben prangen Wappen, fällt der Blick auf Stuckdekorationen. Man könnte stundenlang an einem der Restauranttische sitzen und dem Klappern der Störche auf den roten Ziegeldächern lauschen.

Hinter Rust gibt es zwei Optionen: weiter auf dem Neusiedler-See-Radweg dem Ufer folgen oder in den Kirschblütenweg B 12 steuern. Die Aussichtsroute verläuft am Fuß des 484 Meter hohen Leithagebirges entlang, das im Nordwesten aus dem See herauswächst. Auf die Fahrbahn gepinselte Radsymbole zeigen zuverlässig den Weg. Er verbindet Donnerskirchen, Purbach, Breitenbrunn und Jois. Wir fahren vorbei an Kellergassen, grün leuchtenden Weingärten, Hutweiden und Obstbäumen. Rauf, runter. Jedes Jahr tauchen Tausende Kirschbäume die Hänge Mitte April in ein rosa-weißes Meer aus Blüten. Das Weinanbaugebiet am Westufer umfasst 4150 Hektar. Hier wachsen vor allem Burgundersorten. Dazu schenken die Wirte Spezialitäten aus wie Sauvignon Blanc, Furmint, Riesling und Grüner Veltliner. Liebhaber von Rotweinen erfreuen sich an Blaufränkisch und Blauburgunder. Man radelt zu einem Heurigen, beschließt dort die Runde um den Neusiedler See. Prost!

Der Nationalpark Neusiedler See-Seewinkel gehört zum UNESCO-Welterbe.

Osteuropa

Großes Bild: In Lettland hat man viele Strände für sich alleine (Tour 33); Links: Eine Konstruktion mit aufgehängten Fahrrädern am Rathausplatz von Kaunas (Tour 34); Rechts oben: Die Marienburg (Tour 36); Rechts unten: Im Osten Polens sieht man sehr viele Störche (Tour 35).

Geheimtipp Estland

Inselhüpfen und Altstadtzauber

leicht 500 km ca. 9 Tage Estland

Charakter
Die Tour nutzt überwiegend Nebenstraßen und innerorts Radwege. Abstecher zum Meer führen oft über geschotterte Wege.

Wegmarkierung
Die Route ist nur auf der Euro-Velo 10 – Ostseeküsten-Radweg markiert. Zudem helfen die Karten und das Infomaterial des Veranstalters Baltic Bike Travel weiter.

Bett & Bike
Auf www.visitestonia.com sind Unterkünfte angegeben.

E-Bike
E-Bikes sind nicht nötig, man kann sie und Fahrräder in Tallinn bei www.citybike.ee leihen.

An- und Rückreise
Tallinn erreicht man mit dem Flugzeug oder per Fähre (www.aferry.de) von Travemünde nach Helsinki und von da weiter nach Estland. Auf www.praamid.ee stehen die Abfahrtszeiten der Fähren zu den Inseln Saaremaa, Hiiumaa und Muhu. Vom Ziel fährt man mit dem Überlandbus (www.tpilet.ee) von Pärnu zurück nach Tallinn. Mit dem Auto sind es von Berlin nach Tallinn 1530 km, von Hamburg 1800 km, von Köln 2070 km, von München 2030 km.

Veranstalter
Baltic Bike Travel bietet Radreisen an (Unterkünfte, Gepäcktransport u. a.). Tel. +370/46 300 144, www.bbtravel.lt/de/

Information
Estonian Tourist Board, www.visitestonia.com; Tallinn City Tourist Office, Niguliste 2, LT-Tallinn, Tel. +372/645/77 77, www.visittallinn.ee, Saaremaa Turismiinfokeskus, www.visitsaaremaa.ee; Hiiumaa Tourist information, www.hiiumaa.ee

Stille Wälder, charmante Kleinstädte und jeden Tag wartet eine Überraschung: Der Nordosten Europas ist eine unterschätzte Schönheit. Wer von Tallinn gen Westen aufbricht, lässt die Alltagshektik im Nu hinter sich. Radelt man anschließend über die Inseln Saaremaa, Hiiumaa und Muhu, möchte man gar nicht mehr weg.

Von Tallinn nach Kärdla – 165 km Rund um die Ostsee gibt es viele sehenswerte Städte. Doch eine ragt heraus: Tallinn. Die estnische Hauptstadt gilt als die am besten erhaltene mittelalterliche Stadt Nordeuropas. Die 26 Türme der 1,9 Kilometer langen Wehrmauer sind ihr Stolz. Als man sie ab dem 13. Jahrhundert aufschichtete, gehörte Tallinn zum dänischen Königreich. Fremde Mächte kamen und gingen, aber die Türme sind immer noch da. Zuerst zog der Deutsche Orden ab, der den Schutzwall weiter ausgebaut hatte, dann die Schweden. 1918 rief man die Republik Estland aus und benannte die Stadt Reval in Tallinn um. 1991 verjagte man die Sowjets friedlich. Seitdem hat sich im Land viel getan. Die Wirtschaft florierte und nach und nach entdeckten Touristen den Nordosten Europas für sich. Ihr erstes Ziel ist heute der Rathausplatz. Kaufmannshäuser rahmen ihn komplett ein und bilden eine Bühne

für Märkte und Konzerte. Von hier aus führen kopfsteingepflasterte Gassen in alle Richtungen. Rechts laufen? Links abbiegen? Bergab oder bergauf gehen? Die Entscheidung wird einem hier nicht leicht gemacht. Während sich andere Tourismusbüros auf ihre Top 10 beschränken, umwirbt man hier seine Top 22. Darunter sind die Domkirche St. Marien, die Sängerfestwiese oder die prächtige Alexander-Newski-Kathedrale. Östlich des zum UNESCO-Welterbe gehörenden Zentrums steht das Schloss Kadriorg und westlich davon erreicht man das Estnische Freilichtmuseum. Der Ostsee-Radweg führt uns hin. Seinen Namen Rocca al Mare bekam es durch den Tallinner Bürgermeister Baron Arthur Girard de Soucanton, einen Italienfreund. Er errichtete an der Bucht von Kopli eine Sommervilla. Das Anwesen ist seit 1964 Teil des Museums. Die 80 Gebäude spiegeln die estnische Landkultur von 1750 bis Anfang des 20. Jahrhunderts wider.

Wir folgen der Küste und schwenken am Keila-Wasserfall ins Hinterland. Nächstes Ziel und zugleich Übernachtungsort ist Padise. Neben der Hauptstraße fällt eine Ruine auf, eine ehemalige Zisterzienserabtei, deren Wurzeln bis in das 13. Jahrhundert zurückreichen. Um das Jahr 1400 gehörten dem Kloster große Ländereien in Estland und bis hinauf ins südliche Finnland. Stille Wälder und Blumenwiesen begleiten einen auf der Fahrt nach Haapsalu hinein. Hier hat die Bischofsburg den Wirren der Zeit getrotzt. Auf der Anhöhe über der Altstadt steht auch die Domkirche. Mit ihren 425 Quadratmetern Grundfläche war sie eine der größten einschiffigen Kirchen des Baltikums. Die geschützte Lage in einer Bucht bescherte Haapsalu im

Am Südende der kleinen Insel Puulaid kann man auf einer Landzunge weit in die Ostsee hinausradeln.

Linke Seite: Die Insel Hiiumaa erreicht man bequem per Fähre.

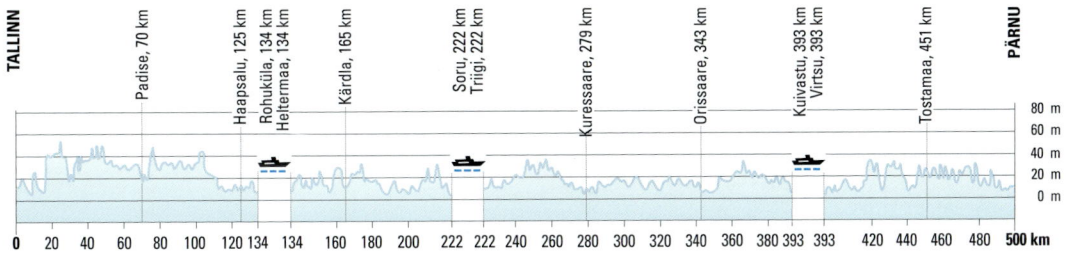

Tour 32 Geheimtipp Estland

Inselträume

Vor Estlands Küste liegen 1520 Inseln. 19 davon sind bewohnt. Sie verteilen sich im Finnischen Meerbusen und in der Rigaer Bucht. Die größte ist Saaremaa. Mit ihren 2671 Quadratkilometern hat sie mehr Fläche als alle Inseln Deutschlands zusammen. An ihrer Westküste liegt der Nationalpark Vilsandi. Man hat ihn 1971 zum Schutz der Kegelrobben und der Vogelwelt gegründet. Eine Besonderheit ist das Eiland Kihnu. Dort pflegt man intensiv die Traditionen. Dies würdigte sogar die UNESCO als immaterielles Kulturerbe der Menschheit. Was alle Inseln vereint, ist die Stille. Meistens hat man die Strände und die bewaldeten Ufer für sich allein.

19. Jahrhundert eine Blüte als Kurort. Denn das seichte Wasser erwärmt sich zur Ferienzeit recht schnell. Das Zentrum schiebt sich wie ein Finger ins Meer hinaus und lädt zum Flanieren ein. Sommer für Sommer reiste die russische Aristokratie aus St. Petersburg an. Der Komponist Pjotr Iljitsch Tschaikowski soll hier die 6. Sinfonie in seinem Sommerhaus geschrieben haben. Nicholas Roerich schätzte die Stimmung an der Ostsee zum Malen. Doch die berühmtesten Gäste waren die russische Zarenfamilie Romanow. An die glorreiche Zeit erinnern das Kurhaus und der historische Bahnsteig. Er ist 216 Meter lang und wurde eigens nach der Länge des Zaren-Zuges errichtet. Nebenan kann man durch das Estnische Eisenbahnmuseum spazieren.

Die EuroVelo 10 führt von Haapsalu aus zum Fähranleger. Voraus liegen die Moonsund-Inseln, rund 500 Eilande. Darunter sind Saaremaa, Hiiumaa, Muhu und

Auf dem Mühlenberg von Angla stehen eine Holländerwindmühle und fünf Bockwindmühlen.

Vormsi. Wir steuern als Erstes Hiiumaa an. Sie ist bekannt für ihre Kiefernwälder und Wacholdersträuche. Im Inneren der Insel dehnen sich große Sümpfe aus. Wer die Stadt Kärdla besuchen möchte, kann der asphaltierten Hauptstraße oder geschotterten Nebenwegen folgen.

Von Kärdla nach Orissaare – 178 km Die Inselhauptstadt Kärdla imponiert mit ihren vielen Holzhäusern und gepflegten Gärten. Im 16. Jahrhundert ließen sich hier schwedische Siedler nieder. Die Sommerfrische beschert Touristen einen schönen Badestrand. Landeinwärts stehen die Johanniskirche und das Hiiumaa-Museum. Unsere Tour führt als Nächstes auf der Straße 81 gen Süden. In der Gemeinde Käina geht es auf einem Damm hinüber auf das Eiland Kassari. Es schmiegt sich so eng an Hiiumaa, dass man den Wechsel kaum merkt. Die dritte Insel der Reise ist Saaremaa. In der Ostsee sind nur Seeland, Gotland und Fünen größer. Nach zehn Kilometern Fahrt erblicken wir den Mühlenberg von Angla. Er ist ein Museum, in dem man eine Holländerwindmühle und fünf Bockwindmühlen besichtigen kann. Einst verteilten sich mehr als 800 Mühlen über die Insel.

Eine entspannte Radstunde entfernt bietet sich ein Ausflug zum Meteoritenkrater von Kaali an. Im Wald fällt der Blick auf einen kreisrunden Trichter. Er hat einen Durchmesser von 110 Metern und ist 22 Meter tief. In der Mitte befindet sich ein See. Forscher datierten den Einschlag auf ungefähr 5500 v. Chr. Zu jener Zeit lebten bereits Menschen auf Saaremaa. Ein Meteorit muss in etwa fünf bis zehn Kilometer Höhe zerborsten sein und jagte in mehreren Brocken auf die Erde zu, denn insgesamt gibt es hier neun Krater. Die Menschen nutzten diese markante Stelle als Opferstelle von Tieren. Lange rätselte man über den Ursprung. Einige meinten, dass es hier eine Gasexplosion, einen Vulkanausbruch oder ein vorzeitliches Wasserreservoir gab. 1927 war Alfred Wegener auf Saaremaa unterwegs und brachte zum ersten Mal die Theorie eines Einschlagkraters auf.

Die Landpartie mit dem Fahrrad führt nun ins Zentrum von Kuressaare, auf Deutsch Arensburg. Dies

Wie zum Radfahren geschaffen

Die Topografie Estlands ist flach bis sanft wellig. Wer hierher reist, kann sich auf ruhige Straßen freuen. Den Osten des Landes erschließt die 1300 Kilometer lange Tour de LatEst (www.vidzeme.com). Sie verbindet Lettland mit Estland. Ihre Höhepunkte bilden die Städte Tartu, Sigulda und die großen Seen Peipussee und Võrtsjärv. Ebenfalls staatenübergreifend verlaufen die EuroVelo 10, 11 und 13. Auf ihnen kann man der Ostsee folgen, die Relikte des Eisernen Vorhangs ansteuern oder die Stille im Hinterland auskosten. Wer von Deutschland aus nach Estland radeln möchte, für den hat man die Euroroute R 1 markiert. Ihr Ziel ist St. Petersburg.

Die Alexander-Newski-Kathedrale steht auf dem Domberg von Tallinn

Die estnische Insel Hiiumaa ist ideal für Reisende, die Ruhe in der Natur suchen.

belegt die strategische Bedeutung, die sie jahrhundertelang am Ausgang der Rigaer Bucht besaß. Mit ihrem 29 Meter hohen Turm ist sie eine der am besten erhaltenen mittelalterlichen Burgen im Baltikum. Als Livland Teil des Deutschordensstaats war, begannen die Ritter mit dem Bau der Burg. Heute ist sie mit dem viereckigen Grundriss, der Ringmauer, den Wassergräben und Erdwällen eine imposante Erscheinung. Im Hauptbau befindet sich das bereits 1865 gegründete Saaremaa-Museum. Es lockt jährlich 70- bis 80 000 Besucher an. Zu sehen gibt es Exponate zur Natur und Geschichte der Inselwelt. Nach der Besichtigung spaziert man über eine der Brücken. Linker Hand spiegelt sich das Kurhaus in einem Wassergraben. Sein Café liegt ansprechend in einem Park. Wer sich von dem Anblick auf die Burg und die dahinterliegende Bucht trennen kann, bummelt eine der schachbrettartig angelegten Straßen entlang. Sie führen alle in die Altstadt hinein. Mit ihren Holzhäusern versprüht sie den Charme vergangener Tage. Wie Haapsalu schwang sich Kuressaare zu einem Seebad auf. Vor allem der Chirurg Nikolai Pirogow ließ viele Verwundete des Krimkriegs (1853–1856) in die Stadt bringen und begründete ihren Ruf als Heilort im ganzen Zarenreich. Diesem wird Kuressaare bis heute gerecht: Die Luft ist klar, das Klima angenehm und das Meer mit seinen malerischen Stränden nah. Mittlerweile haben wir den westlichsten Punkt der Reise erreicht und steuern nun Richtung Festland. Ruhige Landstraßen laden zum Bummeln ein. Unterwegs fällt der Blick auf Wälder, Blumenwiesen und Steinkirchen.

Von Orissaare nach Pärnu – 157 km In der Gemeinde Orissaare heißt es Abschied nehmen von Saaremaa – voraus liegt die kleine Insel Muhu. Steuert man dort hinter der Brücke nach links, stößt man auf das Dorf Koguva. Hier leben rund 30 Menschen. Moosbewachsene Steinmauern umfrieden reetgedeckte Häuser. Manche sind bewohnt, andere gehören zum Inselmuseum. Es befasst sich mit dem Leben und Arbeiten der Menschen auf Muhu. Einer von ihnen war Juhan Smuul. Der estnische Schriftsteller kam hier 1922 als elftes Kind der Familie zur Welt. Unten am Meer blickt seine Statue auf die Bucht hinaus. Für seine Werke erhielt er die höchsten Staatspreise der Sowjetunion: den Stalinpreis und den Leninpreis. Seine Liebe zum

Links: In der Altstadt von Tallinn findet man ruhig gelegene Restaurants.

Rechts: Die Holzkirche Seliste liegt direkt an der Radroute.

Meer prägte den Autor; immer wieder kehrte er nach Muhu zurück. Außerdem nahm er an mehreren Expeditionen in die Polarregionen teil. Die Eindrücke verarbeitete er in den Werken wie dem *Eisbuch*. 30 Minuten braucht anschließend die Fähre für die Fahrt vom Anleger in Kuivastu zum Festland.

An der Westküste Estlands hat man die EuroVelo 13 markiert. Auf ihr können Langstreckenradler vom norwegischen Kirkenes bis zum Schwarzen Meer strampeln, ein 10 400-Kilometer-Abenteuer. Die Wege sind weiterhin ruhig, die Landschaft lieblich. Die Magie der malerischen Gegend erlebt man vor allem am Ende einer der zahlreichen Stichstraßen. Dort schlagen die Wellen der Ostsee ans Ufer. Das Gästehaus Varbla Puhkeküla ist so ein Ort und die Sonnenuntergänge traumhaft schön. Diese kostet man auch auf dem drei Kilometer langen Sandstrand von Pärnu aus. Unser Reiseziel liegt am gleichnamigen Fluss. Er mündet am Nordrand des Rigaischen Meerbusen ins Meer und trennt das Zentrum fast komplett vom Festland ab. Die Badetradition reicht hier bis ins Jahr 1838 zurück. Nördlich des Strands schließen sich weitläufige Parks mit Restaurants an. Man spaziert durch Alleen und bestaunt die historischen Badehäuser. Zu den Attraktionen zählen die orthodoxe Katharinenkirche und die Villa Ammende, ein Jugendstilbau.

In Pärnu erinnert eine zwölf Meter hohe Skulptur an das Fährunglück der »Estonia«. Das Schiff sank am 28. September 1994 auf dem Weg von Tallinn nach Stockholm. Bei dem schwersten Schiffsunglück in der europäischen Nachkriegsgeschichte starben 852 Menschen. Die Umstände jener Nacht sind bis heute noch nicht ganz aufgeklärt. Eine weitere Erinnerungsstätte gibt es auf der Insel Hiiumaa, jener Stelle, die von Estland aus am nächsten an der Unglücksstelle liegt. Wer ein paar Tage Zeit hat, der reist von Pärnu aus in den östlich gelegenen Nationalpark Soomaa. Er bewahrt ausgedehnte Moore, Auen und Wälder, durch die Elche, Wölfe und Bären streifen. Am intensivsten erlebt man das Feuchtgebiet nach der Schneeschmelze. Dann dehnt sich das Riisa-Überflutungsgebiet bis auf eine Fläche von 110 Quadratkilometern aus und lädt zu Streifzügen mit Kanu und Kajak ein. Estland ist ein stilles Reiseziel für Aktivurlauber. Das Fahrrad ist das ideale Fortbewegungsmittel, um Land und Leute kennenzulernen.

33 Ostseeküste

Stilles Radvergnügen im Osten

leicht 429 km ca. 8 Tage Litauen, Lettland

Charakter
Die Strecke ist in sieben Etappen unterteilt und verläuft auf flachem bis leicht hügeligem Terrain. Auf dem finalen Teilstück kann man ein Stück mit der Bahn abkürzen.

Wegmarkierung
In Litauen und Lettland sind die EuroVelo-Routen 10 und 13 markiert.

Bett & Bike
Litauen und Lettland bieten Radlern verschiedene Unterkünfte an.

E-Bike
E-Bike-Verleih über den Veranstalter Baltic Bike Travel, für diese leichte Tour reicht aber ein normales Fahrrad.

An- und Rückreise
Mit der Fähre der DFDS Seaways (www.dfdsseaways.de) von Kiel nach Klaipėda (1 Tag, Fahrradmitnahme möglich). Der Flughafen von Palanga ist 30 Kilometer vom Start entfernt. Riga lässt sich per Flugzeug gut erreichen. Mit dem Auto sind es von Berlin nach Klaipėda 1140 km, von Hamburg 1420 km, von Köln 1680 km, von München 1640 km. Die Fernbusse von www.eurolines.de fahren nach Klaipėda und Riga. Da Busse in Lettland und Litauen das gebräuchliche öffentliche Verkehrsmittel sind, bucht man die Reise zwischen beiden Städten vor Ort.

Veranstalter
»Per Rad durch West-Litauen und Lettland« organisiert Baltic Bike Travel, Naujoji Uosto Str. 3, Klaipėda (Memel) LT-92120, Tel. +370/46/300 144, www.bbtravel.lt/de/

Information
Litauen Info, www.lithuania.travel; Lettland Info, www.vidzeme.com

Wellen schlagen an den Strand, Bäume wiegen im Wind: Die Ostseeküste in Lettland verzaubert. Eine Radreise durch malerische Landschaften, Kleinstädte voller Geschichte und die Hanseperle Riga als Finale.

Von Klaipėda nach Pavilosta – 167 km Eine Flussmündung, ein Hafen und im Süden die Kurische Nehrung – die Lage von Klaipėda ist gut gewählt. Auf Deutsch hieß die heute drittgrößte Stadt Litauens einst Memel. Jahrhundertelang weckte die Küste die Begehrlichkeiten europäischer Mächte. So erinnern die Ruinen der Memelburg an die Expansion des Deutschen Ordens. Vorbei am ehemaligen Segelschulschiff Meridanas steuern wir nordwärts aus Klaipėda hinaus. Die Altstadtbauten weichen einem duftenden Kiefernwald. Links bricht das Land schlagartig ab, vereint sich mit der See. Unten lockt ein feinkörniger Sandstrand zum Baden. Hier laufen breite Ostseewellen sanft aus. Bucht folgt auf Bucht, so weit man sehen kann. Vor 26 Jahren war ein Spaziergang am Meer undenkbar, Europa in zwei Blöcke geteilt, der Uferwald Sperrgebiet. Für die Menschen tragisch, für die Natur ein Segen. Heute ist Palanga in den Sommermonaten ein Sehnsuchtsziel. Allabendlich wird die Seebrücke zur Bühne, die Abendsonne zu ihrem Scheinwerfer. Gut gelaunte Passanten im Ausgehdress flanieren vorüber, schießen Fotos, schlemmen Eis. Die Sonne sinkt tiefer, verliert an Kraft. Dann taucht sie in die Wogen der Ostsee. Der Himmel wird orange, nachher rot, schließlich schwarz.

Am nächsten Morgen dreht man den Lenker wieder auf Kurs Nord. Kurz vor der litauisch-lettischen Grenze endet der Radweg. Ein in die Jahre gekommenes Gebäude, ein Antennenmast und zwei azurblaue EU-Schilder mit zwölf goldenen Sternen drauf, das war es. »LATVIJA« steht auf einem geschrieben. Lettland bildet die Mitte der drei baltischen Staaten. Gerade einmal zwei Millionen Einwohner verteilen sich auf einer Fläche von 64 589 Quadratkilometern. Im Norden liegt Estland, im Osten das riesige Russland und gegenüber schneidet der Rigaische Meerbusen weit ins Land ein. Für Radler ändert sich zunächst nichts. Bäume rechts, Bäume links. Der Reiseweg führt auf der Überlandstraße A 11 tiefer in den Wald. Radfahrer sind hier auf den EuroVelo-Routen 10 und 13 unterwegs. Während die erste Strecke komplett um die Ostsee läuft, durchschneidet der zweite Langstreckenradweg den Kontinent von Nord nach Süd. Iron Curtain Trail, auf Deutsch Europa-Radweg Eiserner Vorhang. Er verbindet das norwegische Kirkenes an der Barentssee mit der bulgarischen Schwarzmeerküste: 10 400 Kilometer, 20 Länder und viel Geschichte! Tagelang folgt man der Küste, holpert über einsame Pisten, rastet am Meer. Die Landschaft ist erhaben, das Licht klar. Meist hat man den Dünenstrand für sich allein. Es ist ein ergreifendes Gefühl: die unverbaute Natur, die Wellen, die seit Jahrtausenden an der Küste nagen, der sanfte Wind. Die Hafenstadt Liepāja und der Geheimtipp Pavilosta bilden die nächsten Stationen.

Abseits der Siedlungen sind die Strände des Baltikums leer und weit.

Linke Seite: Das Schwarzhäupterhaus ziert den Rathausplatz in Riga.

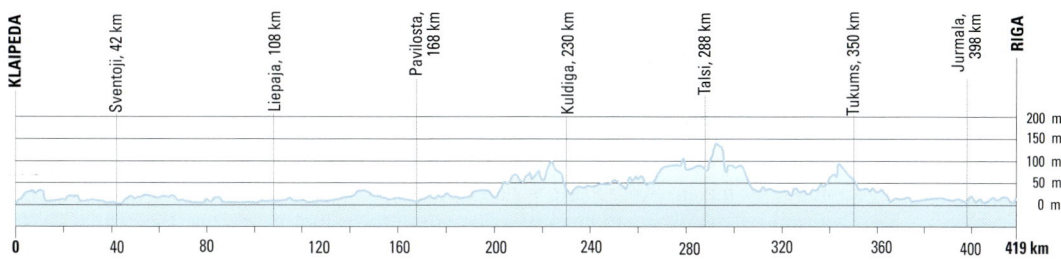

Tour 33 Ostseeküste

Eine historische Backsteinbrücke überspannt in Kuldiga den Fluss Venta.

Von Pavilosta nach Talsi – 121 km Zwischen den lettischen Kleinstädten ist stets eine längere Überlandfahrt eingeschoben. Siedlungen sind rar. Bei Jurkalne steuern wir ins Landesinnere. Wälder, Felder, Seen und verschlafene Dörfer prägen das Bild. In der Stadt Kuldiga ragt eine fotogene, im 19. Jahrhundert errichtete Backsteinbrücke aus dem Fluss Venta. Direkt dahinter stürzt der mit 240 Metern breiteste Wasserfall Europas eine niedrige Geländestufe hinab. Wir radeln von Kuldiga nach Stende und weiter nach Talsi. Die 10 000 Einwohner nennen ihre Heimat »Stadt der neun Hügel« oder »Perle Kurlands«. Lettland gliederte sich in vier historische Gebiete: Im Westen lag Kurland, landeinwärts folgte Semgallen, an das im Norden Zentral-Livland und im Osten Lettgallen grenzte. Am 18. November 1918 erklärte Lettland die Unabhängigkeit vom Russischen Kaiserreich. Es war eine kurze Freiheit, denn im Zweiten Weltkrieg besetzte die Sowjetunion, später das Deutsche Reich, das gesamte Baltikum. Den größten Tag in der Geschichte feierten die drei Länder am 21. August 1991 mit der Loslösung von der Sowjetunion. 2004 kam Lettland mit neun weiteren Staaten zur EU. Die Bevölkerung ist zu 62 Prozent lettisch und zu 27 Prozent russisch. In den Städten gibt man sich modern und innovativ, doch wer auf dem Land radelt, öffnet ein Zeitfenster. Störche brüten auf Holzhäusern, die Wiesen sind überzuckert mit Blumen, der Wald ist allgegenwärtig. Die schönste Jahreszeit ist der Sommer. Dann sind die Tage lang und das Wetter beständig. Durchschnittlich fallen in Riga jährlich 600 Millimeter Niederschläge. Im gleichen Zeitraum scheint die Sonne zwischen 1800 und 1900 Stunden.

Von Talsi nach Riga – 131 km Als Nächstes radeln wir ins Zentrum von Tukums. Es ist wieder so eine bezaubernde Kleinstadt mit vielen Grünanlagen, mehreren Kirchen und einer gepflasterten Altstadt. Auf dem Weg gen Osten wird der Wald dichter und vermittelt einen Eindruck der osteuropäischen Weite. Die Welt ringsum besteht nur noch aus Bäumen, dem Surren der Kette und dem Fahrtwind auf der Haut.

Man möchte bloß schauen, sich treiben lassen. Im Sommer leuchten überall die Lupinen. Mal sind sie lila, mal rosa, mal weiß. Schließlich weitet sich der Horizont zum Rigaischen Meerbusen. Hier ist die Küste lieblich und das Hinterland flach. Das Meer führt uns nach Jūrmala. Der adrette Badeort empfängt Gäste mit einem 26 Kilometer langen Sandstrand, einer Promenade und einer filigranen Holzarchitektur. 400 Baudenkmäler soll es hier geben. Im Vorbeirollen studiert man die prachtvollen Villen und die gepflegten Gärten. In den Auffahrten stehen Nobelkarossen. Lettlands Oberschicht zeigt, was sie hat. Jūrmalas Blüte begann Anfang des 19. Jahrhunderts. Die Nähe zur Hauptstadt, der Bau der Eisenbahn und die Ernennung zum Kurort unter Zar Nikolai I. im Jahr 1838 sorgten für einen Bauboom. Heute speisen schwefelhaltige Heilquellen Schwimmbäder und Pools. Seeluft schnuppern, durch die Kiefernwälder streifen oder ein Torfschlammbad nehmen? Man könnte hier Tage bleiben. Aber im Kopf hat man bereits das Ziel – Riga.

Hinter Jūrmala nimmt die Besiedelung zu. Der allgegenwärtige Wald macht Platz für die Vororte Rigas. Dann stoppen die Räder am mächtigen Fluss Düna. An seinem Ostufer stechen Kirchtürme und Hochhäuser in den Himmel. Bis heute durchweht der Geist verstrichener Epochen das größte Zentrum des Baltikums. Die 700 000 Einwohner sind stolz auf ihr historisches Erbe. Ein Spaziergang führt durch eine vergangene Zeit. Kopfsteinpflasterwege, Jugendstilfassaden und lauschige Plätze fügen sich zu einem harmonischen Kunstwerk zusammen. Doch wohin zuerst? Sehenswürdigkeiten gibt es genug: das Schwarzhäupterhaus am Rathausplatz etwa oder der Rigaer Dom aus dem Jahr 1211. Auch das eindrucksvolle Freiheitsmonument am Stadtkanal ist schnell erreicht. Die Altstadt von Riga gehört seit 1997 zum UNESCO-Weltkulturerbe. Lettland beeindruckt, überrascht und hält Spannendes bereit. Das Fahrrad ist das ideale Gefährt, um Land und Leute kennenzulernen.

Links: Der Badeort Palanga ist bekannt für seine Sonnenuntergänge.

Rechts: Die Kathedrale zu Karosta steht in der Stadt Liepaja.

34 Memel und Kurische Nehrung

Stadt, Land, Fluss

leicht 427 km ca. 8 Tage Litauen

Charakter
Die Fahrradroute verläuft auf Neben- und Überlandstraßen und Schotterpisten, entlang der Memel und auf der Kurischen Nehrung auf gepflegten Radwegen. Die Tour ist flach bis leicht wellig.

Wegmarkierung
Wo die Radtour die Eurovelo 10 nutzt, folgt man den blauen Schildern des kontinentalen Netzwerkes. Auf der Reststrecke hilft das Tourenbuch des Veranstalters weiter.

Bett & Bike
Herbergen über www.lithuania.travel/de/

E-Bike
E-Bike-Verleih über Baltic Bike Travel und www.velovilnius.lt, Mitte und Westen Litauens sind sehr gut mit normalem Fahrrad zu befahren.

An- und Rückreise
Nach Vilnius mit dem Flugzeug. 30 Kilometer nördlich des Reiseziels Klaipėda liegt der Flughafen von Palanga, oder mit der Fähre (www.dfdsseaways.de) von Klaipėda nach Kiel. Mit dem Auto sind es von Berlin nach Vilnius 1020 km, von Hamburg 1300 km, von München 1520 km. Von Klaipėda zurück nach Vilnius per Fernbus (www.autobusubilietai.lt) oder die Bahn (www.traukiniobilietas.lt).

Veranstalter
Baltic Bike Travel in Klaipėda organisiert diese Tour »Mit dem Rad entlang der Memel« (optional Gepäcktransport) und auch die Bootsfahrt zur Kurischen Nehrung. Baltic Bike Travel, Naujoji Uosto Str. 3, LT-92120 Klaipėda (Memel), www.bbtravel.lt/de

Information
Litauen Info, www.lithuania.travel; Tourismus Informationszentrum Vilnius, www.vilnius-tourism.lt

Den Fluss Memel entlangrollen, die Dünen der Kurischen Nehrung hinaufsteigen oder einfach die Sonnenuntergänge an der Ostsee auskosten: Litauen gilt für viele als bestens gehütetes Geheimnis. Abseits der historischen Städte Vilnius, Kaunas und Klaipėda findet man eine Natur wie zu Großmutterzeiten.

Von Vilnius nach Kaunas – 145 km Osten und Westen, alt und neu – in Vilnius findet alles zusammen. Wer durch die zum UNESCO-Weltkulturerbe gehörende Stadt schlendert, kommt aus dem Staunen nicht mehr heraus. Es scheint gerade so, als hätten die Einwohner nur auf einen Startschuss gewartet. Dieser kam 1990 mit der Unabhängigkeit. In einem rasanten Tempo wuchs die Wirtschaft. Damals sprach man vom Baltischen Tiger, den drei aufstrebenden Ländern Estland, Lettland und Litauen. Vilnius ist die Hauptstadt des südlichsten Staates. Sie liegt 40 Kilometer von der weißrussischen Grenze entfernt am Neris, einem 500 Kilometer langen Fluss, der der Memel zuströmt. An seinem nördlichen Ufer wachsen spiegelverglaste Hochhäuser in den Himmel. Darunter sieht man die bis heute für Osteuropa typischen Holzhäuser. Man spaziert über eine der Brücken und taucht in die Altstadt ein. 2009 stieß man hier auf den Titel »Kulturhauptstadt Europas« an. Touristen spazieren

meist zur St.-Anna-Kirche. Dort legt man den Kopf unweigerlich in den Nacken. Oben strahlen im Licht der tief stehenden Sonne schlanke Türmchen mit der roten Backsteinfassade um die Wette. Das Besondere ist, dass man sie im 15. Jahrhundert im vor allem in Frankreich geschätzten Flamboyantstil errichtete. Daneben blickt man auf das Bernhardinerkloster. Dies hat nichts mit der Hunderasse zu tun, denn hier handelt es sich um einen Zweig der in Polen und Litauen seinerzeit verbreiteten Franziskaner. Ein komplett anderes Bild vermittelt die Kathedrale Sankt Stanislaus. Sie ist blütenweiß und lenkt am Fuße des Burghügels mit ihrem freistehenden Glockenturm die Blicke auf sich.

Hier klettern wir in den Sattel und rollen an der Seite des Neris Richtung Westen. Es geht vorbei am Parlament und durch den Vingis-Park. Auf den rissigen Plattenwegen stellt sich Ostblock-Feeling ein. Noch eine Ausfallstraße entlang, dann ist es geschafft und Stille umfängt uns. Die Räder sausen über den Asphalt einer Landstraße. Üppig blühende Wiesen tauchen auf, später erste Storchennester und schließlich die Seen von Trakai. Nach 30 Kilometern ist der Tourauftakt gemeistert. Draußen auf einer Insel im Galvesee ragt die Wasserburg Trakai auf. Sie zählt zu den Top-10-Sehenswürdigkeiten der Republik. Eine Holzbrücke schwingt sich hinüber zu den dicken Mauern, zu den wuchtigen Rundtürmen. Die märchenhafte Kulisse lockt stets Sonnenhungrige aus Vilnius an. Hochzeitspaare posieren vor der historischen Kulisse, auf dem ruhigen Wasser gleiten Tret- und Ruderboote vorüber. Es ist ein friedliches Bild, genau deshalb reisen auch Touristen hierher. Litauen passt mit einer Fläche von 65 300 Quadratkilometern bequem in Bayern hinein. Zwischen

Linke Seite: Westlich der litauischen Hauptstadt führt die Radroute an der Wasserburg Trakai vorüber.

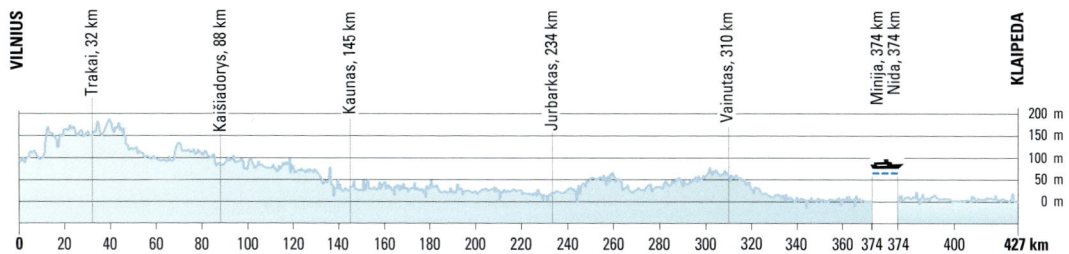

Tour 34 Memel und Kurische Nehrung

Litauens Nationalparks

Litauen bewahrt seine Natur in fünf Nationalparks. Der kleinste ist der in Trakai (8200 Hektar). Er ist von historischer Bedeutung. Im Westen liegt der berühmte Nationalpark Kurische Nehrung (26 474 Hektar). Im Hinterland erreicht man den Nationalpark Žemaitija (21 720 Hektar). In ihm gibt es 26 Seen, dazu Flüsse, Moore und Auen. Weit im Osten Litauens befindet sich der Nationalpark Aukštaitija (40 574 Hektar), der älteste im Lande. Auch hier gibt es malerische Seen und Wälder. Ganz im Süden trifft man auf den Nationalpark Dzūkija (58 519 Hektar). Wer ihn aufsucht, erlebt die größte zusammenhängende Moorlandschaft Litauens.

den Wäldern, Wiesen und idyllischen Seen verlieren sich drei Millionen Einwohner. Im Norden liegt Lettland, im Osten Weißrussland und im Süden Polen sowie die russische Exklave Kaliningrad. Krieg, Zerstörung, Vertreibung – nichts blieb den Siedlern des malerischen Fleckens in den letzten Jahrhunderten erspart. 2004 feierte man den EU-Beitritt und den Anschluss an die NATO. Seit 2015 zahlt man hier mit dem Euro. Von Trakai aus führt die Reise ins Herz der Stadt Kaunas.

Von Kaunas nach Vainutas – 165 km Der Rathausplatz von Kaunas ist ein Ort litauischer Geschichte. Hier befand sich von 1920 bis 1940 das Machtzentrum des Landes. Heute reihen sich ringsum repräsentative Bauten aneinander und strahlen Geborgenheit aus. Cafés laden zum Verweilen ein, bringen Leben auf den Platz. Der schlanke, 53 Meter hohe Turm des Rathauses beherrscht das Ensemble. Die Bewohner nennen es liebevoll »Weißer Schwan«. An der Säule davor hängen reihum beflaggte Fahrräder, die aussehen wie ein Karussell auf einem Jahrmarkt. In Kaunas tut man viel für das radelnde Volk. Uns imponiert der neue Asphaltradweg, der westlich der 300 000-Einwohner-Stadt in die Auwälder eintaucht. Das Grün umfasst das Fließgewässer Nemunas, auf Deutsch Memel. Der Name bedeutet still oder langsam. Sie ist ein 940 Kilometer langer Fluss, und voller Historie. Auf seinem Lauf drangen vor rund 1000 Jahren Wikinger in die Weite Osteuropas ein. Im Juli 1807 trafen sich Kaiser Napoleon I., Zar Alexander I. und König Friedrich Wilhelm III. auf einem Floß inmitten des Stroms, um den Frieden von Tilsit zu beschließen. Gut drei Jahrzehnte später verewigte Hoffmann von Fallersleben die Memel im *Deutschlandlied*. Heute liegt der Fluss wie in einem Dornröschenschlaf. Die nächste Brücke ist knapp 100 Kilometer entfernt. Der unverbaute Blick fällt auf Sandbänke, Büsche und hochgewachsene Laubbäume, die ihre Wurzeln in die Hügelketten krallen. Dazwischen gibt das gemächlich dem Meer zustrebende Wasser das Dunkelblau des Himmels wieder. So muss es vor hundert Jahren in Mitteleuropa ausgesehen haben, denkt man.

Radwege im Baltikum

Wer die drei Staaten Litauen, Lettland und Estland von Süden nach Norden erleben will, hat zwei Möglichkeiten: Radler nehmen gern den Ostseeküsten-Radweg. Er ist teils als EuroVelo 10 markiert. Weniger bekannt ist die EuroVelo 11, die Osteuropa-Route. Manche nennen sie »Die Bestie des Ostens«, denn sie führt vom Nordkap bis hinunter nach Athen. Wer das Teilstück im Baltikum befährt, erlebt die stillen Wälder des Ostens. Los geht es in Tallinn und von dort über Tartu zur lettischen Grenze. Ab hier folgen Sigulda und Daugavpils. In Litauen führt die Reise durch Vilnius und strebt anschließend Masuren zu. www.eurovelo.com

Die Kurische Nehrung zählt zum UNESCO-Weltkulturerbe und ist ideal zum Radfahren.

Linke Seite: Die Kathedrale St. Stanislaus erhebt sich im Zentrum von Vilnius unterhalb des Burghügels.

Eine nostalgische Fähre bringt Radler ans Nordufer. Dort ziehen sich die Häuser von Vilkija in die Länge. Auf dem Hügel steht die katholische neogotische Kirche mit ihren Doppeltürmen. Der Anstieg hinauf lohnt besonders wegen des Panoramablicks auf den Fluss, der hier eine breite Schleife wirft. Dörfer kommen und gehen. Es sind Seredžius, Veliuona und Raudonė. Ihre Häuser hat man alle abseits des Flusses am Hang errichtet. Das höchste Gebäude ist stets die Kirche. Die geschützte Lage hat einen Grund: Die Memel friert regelmäßig zu, wobei das Eis bis zu einer Stärke von 40 bis 70 Zentimetern anwächst. So kommt es zur Frühjahrsschmelze oft zu einem Eisstau und zu Überschwemmungen. In den Sommermonaten sieht man nur friedliche Bilder. Es ist herrlich, durch die unverbaute Landschaft zu radeln. Was auffällt, sind die vielen Herrensitze. Besichtigen kann man die Schlösser Raudonė und Panemunė. Im Mittelalter stritten sich der Deutsche Orden und das Großfürstentum Litauen um die Region. Seine maximale Ausdehnung erlangte die Staatenunion von Polen-Litauen im 17. Jahrhundert. Die Königliche Republik reichte von der Ostsee bis fast hinunter ans Schwarze Meer und vor die Tore Moskaus. Wir rollen leicht voran: links der Fluss, rechts das Hochufer. Immer mehr zieht einen die Natur Litauens in den Bann. Ab Smalininkai bildet die Memel heute die Grenze zwischen Litauen und der russischen Exklave Kaliningrad. Wir biegen rechts in die Straße 147 ein und fahren durch das Naturschutzreservat Viešvilė. Es folgen offene Blumenwiesen und Wälder. Dazwischen liegen die Kleinstädte Tauragė, Žygaičiai und Vainutas.

Von Vainutas nach Klaipėda – 117 km Die Radroute erreicht Šilutė. Zehn Kilometer westlich der Stadt fließt die Memel nach ihrer Reise durch Weißrussland, Litauen und Russland ins Kurische Haff. Der Strom hat hier zwei Mündungsarme, die Atmata im Norden und die Skirvytė im Süden. Litauen schützt hier die Natur seit 1993 im 29 000 Hektar großen Nemunas Delta Regional Park. Es ist ein faszinierendes Labyrinth, das sich stets neu formt und sich jährlich bis zu 20 Meter ins Haff hineinschiebt. Seine Baumeister sind die angeschwemmten Sedimente, das Eis im Frühjahr

Die Hohe Düne (52 Meter) lockt Besucher in den Ferienort Nida.

Rechte Seite oben: Kaunas ist mit ca. 300 000 Einwohnern die zweitgrößte Stadt des Landes.

Rechte Seite unten: Die 53 Meter hohe Düne Naglių Kopa kann man auf einem Weg hinaufspazieren.

und das beständig nachströmende Wasser. So bilden sich Altarme, Lagunenseen, Moore und Inseln. Im Lauf der Zeit siedelte sich ein breites Ufer aus Röhrichten an, die weite Wiesen umschließen. Die Inseln ragen nur zwei bis fünf Meter über dem Meeresspiegel hinaus. So überschwemmt das jährlich wiederkehrende Frühjahrshochwasser weite Teile des Memeldeltas. Ornithologen zählten bereits über 300 Vogelarten, von denen 170 hier brüten. Mehr über die Tierwelt, zu der auch Elche, Hirsche, Rehe und Wildschweine gehören, erfährt man am Leuchtturm auf dem Ventes-Haken. An dieser von drei Seiten wasserumspülten Stelle gibt es eine Vogelwarte. Radler erreichen sie über eine Stichstraße.

Elf Kilometer im Fahrradsattel sind es in die Kleinsiedlung Minija. Dort steigt man in ein Motorboot. Es bringt einen samt Fahrrad über das Kurische Haff in den Ort Nida, das ehemalige Nidden. Hier erwartet uns das Filetstück der ganzen Tour – die Kurische Nehrung. Der Literaturnobelpreisträger Thomas Mann zog sich von 1930 bis 1932 zeitweise hierher ans Kurische Haff zurück. Im Essay »Mein

Sommerhaus« schwärmte er: »Die Kurische Nehrung ist der schmale Landstreifen zwischen Memel und Königsberg, zwischen dem Kurischen Haff und der Ostsee. Der Landstreifen ist an die 96 Kilometer lang und so schmal, daß man ihn in 20 Minuten oder einer halben Stunde bequem vom Haff zur See überqueren kann. Es ist sandig, waldig und sumpfig. Ich möchte mich hier auf Wilhelm von Humboldt berufen, der dort war, und speziell von Nidden so erfüllt war, daß er erklärte, man müsse diese Gegend gesehen haben, wie man Italien oder Spanien gesehen haben müsse (wenn einem nicht ein Bild in der Seele fehlen soll). Wir pflichten den beiden bei. Es ist noch alles wie beschrieben. Die Natur ist sich selbst überlassen: Die Füße versinken im Sand der Hohen Düne, die weiß im Sonnenlicht glänzt. Auf ihre Oberfläche hat der Wind feine Rippen gezeichnet. Langstielige Gräser erobern stellenweise das Terrain zurück. Darunter laufen die Wellen am Strand aus. Wasser, so weit der Blick reicht, 300 Kilometer Ostsee.

Am anderen Ufer liegt Schweden. Ein neuer Radweg führt Richtung Norden, in den Nationalpark Kuršių Nerija (Kurische Nehrung). Man folgt ihm tiefer in den Kiefernwald, stoppt an einsam gelegenen Rastplätzen, erklimmt weitere Dünen, atmet begierig die Seeluft ein. Am Abend endet die Tour in der Hafenstadt Klaipėda. Bis zum Ende des Ersten Weltkrieges hieß sie Memel und war die nördlichste Stadt im Deutschen Kaiserreich. Die wechselvolle Vergangenheit kann man an den Bauwerken ablesen: So erinnern die Fachwerkhäuser in der Altstadt an das einstige Ostpreußen. 1977, als hier die Litauische Sozialistische Sowjetrepublik lag, richtete man den Skulpturenpark ein. In ihm kann man heute über 100 Werke litauischer Bildhauer bestaunen. Der Hafen ist Litauens Tor zur Ostsee. Von dort kommen immer mehr Touristen in die Stadt, sei es per Fähre oder mit einem der Kreuzfahrtschiffe. Was sie alle erwartet, ist ein Land im Wandel. Als Radler hofft man, dass es noch viele Jahre seinen Charme und seine Ursprünglichkeit behält.

35 Ostsee-Radweg

Panoramaradtour im Norden Polens

leicht | 459 km | ca. 9 Tage | Polen

Charakter
Es wechseln sich flache, gute Naturwege mit Sandpassagen und vorbildlichen Asphaltbahnen ab. Die Qualität der Route verbessert sich Jahr für Jahr. Im Juli und August sind die Badeorte teils überlaufen. In den Tourismusregionen sprechen viele Einheimische auch Deutsch.

Wegmarkierung
Die Strecke ist durch die grüne Aufschrift R 10 auf weißem Grund markiert.

Bett & Bike
Die Küste ist touristisch gut erschlossen, und man findet immer eine passende Unterkunft für sich und das Fahrrad.

E-Bike
E-Bikes sind nicht nötig.

An- und Rückreise
Ahlbeck auf der Insel Usedom ist gut mit Bahn (www.intercity.pl) oder Fernbus (www.fernbusse.de) erreichbar, von dort wenige Kilometer hinüber nach Świnoujście (Swinemünde). Auf der Rückreise ab Danzig fährt man mit der Bahn oder einer Fähre (www.finnlines.com). Mit dem Auto sind es von Berlin nach Ahlbeck 230 km, von Hamburg 340 km, von Köln 450 km, von München 840 km.

Information
Polnisches Fremdenverkehrsamt, Hohenzollerndamm 151, Berlin, Tel. 030/210 09 20, www.polen.travel; www.gdansk.pl/de

Ausgedehnte Wälder, kleine Dörfer und feinsandige Strände – der polnische Ostseeküsten-Radweg begeistert Radler aller Altersklassen. Von Usedom aus durchschlängelt die naturnahe Strecke sehenswerte Städte und hebt sich mit der strahlenden Hansestadt Danzig den Höhepunkt bis zum Schluss auf.

Von Świnoujście nach Darłowo – 186 km Dort, wo sich das Stettiner Haff über den Fluss Swine zur Ostsee hin öffnet, liegt das Seebad Swinemünde. Die landschaftlichen Reize der Inseln Usedom und Wollin, verbunden mit den heilsamen Solequellen, die man 1897 entdeckte, schufen beste Voraussetzungen für eine blühende Bäderkultur. Schnell schwang sich Świnoujście – wie die 41 000-Einwohner-Stadt auf Polnisch heißt – zu einem beliebten Badeort auf. Gemächlich tuckert die Stadtfähre durch den Hafen, bis der Schiffsbug nach ein paar Minuten sanft ans Ostufer schlägt und sich die Fahrzeugbrücke knirschend herabsenkt. Wir klettern in den Sattel und rollen an Land. In den nächsten Tagen möchten wir dem Verlauf des Meeres folgen, immer Kurs Osten. 460 Kilometer sind es bis Danzig, dazwischen ein flaches Land mit alten Baumalleen, haushohen Wanderdünen und vor allem viel Ruhe. Diese beginnt jenseits der letzten Häuser der Stadt. Ein grün-weißes Fahrradschild mit der Aufschrift R 10 lotst einen direkt in einen Wald aus Birken und Kiefern, deren Kronendach sich im Nu schließt. Hinter dem Badeort Międzyzdroje führt die nächste Naturpassage in den Wolliner Nationalpark hinein. Das heute knapp 11 000 Hektar große Schutzgebiet wurde am 3. März 1960 eingerichtet und umfasst neben den Wasserflächen des Haffs einen

Einige Abschnitte des Ostseeküsten-Radwegs sind neu ausgebaut.

breiten Waldgürtel, der das Küstenhinterland vor den Wellen der Ostsee schützt. Zu den luftigen Aussichtspunkten der über 100 Meter hohen Klippen führen mehrere Lehrpfade. Eine der Hauptattraktionen ist ein nahe dem westlichen Parkeingang gelegenes Wildgehege. Neben dem Wappenvogel der Schutzzone, dem Seeadler, sieht man auch Hirsche, Wildschweine und Wisente.

Von Pobierowo aus geht es nun auf einer flachen Nebenstraße die Küste entlang, wo sich kleine Seebäder aneinanderreihen. Dann dreht die Fahrradroute ins ruhige Hinterland mit seinen ausgedehnten Wiesen und Feldern ab. Nach zwei Stunden Fahrzeit kündet die 90 Meter aufragende Marienkirche die auf drei Seiten vom Fluss Rega eingeschlossene Stadt Trzebiatów an. Im Geburtsort von Johannes Bugenhagen, einem Weggefährten des Reformators Martin Luthers, überrascht der quadratische Marktplatz mit einem prächtigen Ensemble alter Bürgerhäuser. Kaum liegt das Historienstädtchen hinter einem, senkt sich eine angenehme Stille über das sanft wellige Hügelland mit seinen weißen Windrädern und den grasenden Rindern. Wer hier im Herbst unterwegs ist, hört die trompetenartigen Rufe der Kraniche. Anmutig und in enger Keilformation fliegen sie vorüber. Das heutige Ziel ist die an der Mündung des Flusses Persante gelegene Stadt Kołobrzeg, zu Deutsch Kolberg. Entscheidend für den Aufstieg war sowohl die einträgliche Salzgewinnung als auch die Aufnahme in die Hanse. Heute ist der Tourismus die Haupteinnahmequelle. Angezogen von dem Panorama der Ostsee reisen Jahr für Jahr mehr Strandhungrige in das adrette Kurbad, zu dem backsteinernen Leuchtturm im Hafen und dem fünfschiffigen Dom.

Tour 35 Ostsee-Radweg

Der Leuchtturm in Niechorze wurde 1863 auf Anweisung des preußischen Seefahrtministeriums erbaut.

Im Hinterland radelt man häufig durch alte Baumalleen.

Von Darlowo nach Leba – 128 km Auf den nächsten Etappen fotografieren wir traumhafte Uferabschnitte, kraxeln auf Leuchttürme und lassen uns vom Westwind weiter schieben. Der Landstrich gewinnt mit jedem Kilometer an Reiz, wird wilder und unwegsamer. Besonders im Slowinzischen Nationalpark mit seinen einsamen Sandstränden. Von Rowy aus führt ein ruppiger Forstweg in einen urwüchsigen Küstenwald, der sich eng an die Ostsee schmiegt. Rechter Hand öffnet sich die zauberhafte Wasserwelt des großen Sees Jezioro Sarbsko, dessen Ufer von einem dichten Schilfgürtel eingefasst wird. Seit Tausenden von Jahren türmt hier der beständig wehende Seewind bis zu 42 Meter hohe Wanderdünen auf. Sie walzen sich im Jahr bis zu 10 Meter landeinwärts und überrollen die Gräser, das Buschwerk, ja, sogar ganze Bäume.

Der Radweg entfernt sich nun wieder vom Meer und durchläuft im reizvollen Wechsel kleine Waldstücke, Wiesen und Dörfer. Hier war einst die Heimat des westslawischen Volksstamms der Slowinzen. In dem am Südufer des Lebasees gelegenen Weiler Kluki bietet ein 10 Hektar großes Freilichtmuseum die Möglichkeit, das Landleben vom späten 18. Jahrhundert bis um das Jahr 1945 zu erkunden. Zwischen den alten Holzzäunen befinden sich mehrere bäuerliche Hofstellen mit Scheunen, Viehställen und voll eingerichteten Bootsschuppen. Auf der Weide vor den reetgedeckten Fachwerkhäusern grasen Pferde, und in den Gärten stehen die rot blühenden Dahlien einen Meter hoch. Leba ist das nächste Ziel. Der kleine Küstenort schmückt sich mit dem Namen Max Pechsteins. Zwischen 1921 und 1945 lebte der expressionistische Maler zeitweise in der Fischersiedlung, fing mit einem Pinselstrich die Landschaft Hinterpommerns ein und bannte die Lebensweise der Landbevölkerung auf Leinwand. Zu jener Zeit entstanden u. a. die Werke »Morgensonne«, »Kutter zur Reparatur« und »Hinter den Dünen«.

Von Leba nach Gdansk – 145 km In der Stadt Rumia ist es mit der Ruhe der letzten Tage vorbei. Der Radweg folgt einer lärmenden Einfallstraße, die direkt in Polens »Tor zur Welt« Gdynia hineinführt. In der Hafenstadt zieht es uns an die Mole, an der das blütenweiße Segelschulschiff »Dar Pomorza« – »Geschenk Pommerns« – ein beliebtes Fotomotiv abgibt. Der 1901 bei Blohm & Voss in Hamburg gebaute Dreimaster legte unter polnischer Flagge rund eine halbe Million Seemeilen zurück und dient heute als Museumsschiff. Zehn Kilometer südlich erreicht die Fahrradroute Sopot. Bereits im Jahr 1823 schwärmte der Leibarzt Napoleons, Johann Georg Haffner, von dem unwiderstehlich schönen Sandstrand und errichtete fasziniert das erste Badehaus. Entlang der Flaniermeile richten sich Cafés, Restaurants und Jugendstilvillen zur See hin aus.

Die finalen Kilometer in Richtung Danzig stehen an und ziehen sich nahe dem Wasser um die Bucht. Mit dem 1959 veröffentlichten Roman *Die Blechtrommel* wurde Günter Grass berühmt. Die wechselvolle Vergangenheit seiner Geburtsstadt skizzierte er so: »Zuerst kamen die Rugier, dann kamen die Goten und Gepiden, sodann die Kaschuben, von denen Oskar in direkter Linie abstammt. Bald darauf schickten die Polen den Adalbert von Prag. Der kam mit dem Kreuz und wurde von Kaschuben oder Pruzzen mit der Axt erschlagen. Das geschah in einem Fischerdorf und das Dorf hieß Gyddanyzc. Aus Gydannyzc machte man Danczik, aus Danczik wurde Dantzig, das sich später Danzig schrieb, und heute heißt Danzig Gdańsk.« Nachdem die Stadt im März 1945 weitgehend zerstört wurde, hat man die prächtigen Häuserzeilen Stein für Stein neu errichtet, sodass die gesamte Rechtstadt (seit 1225 mit Lübischem Recht ausgestattet) im alten Glanz erstrahlt. Beeindruckt schiebt man sein Fahrrad durch das Zlota Brama, das Goldene Tor, und spaziert der Langgasse entlang. Mit den Klängen des Glockenspiels des Rathausturmes im Ohr geht es vorbei an prunkvollen Patrizierhäusern. Es sind die letzten Eindrücke einer packenden Radtour.

Die Altstadt von Danzig hat man nach dem Zweiten Weltkrieg neu errichtet.

Das Segelschulschiff »Dar Pomorza« liegt im Hafen von Gdynia.

36 Green Velo

Entdecke den Osten

mittel | 700 km | ca. 11 Tage | Polen

Charakter
Der Ausbauzustand der Green Velo Polen variiert sehr. Teils rollt man über perfekt angelegte Radwege. Es gibt Passagen auf Asphalt, auf Schotter und auch auf Naturbelag. An besonders schönen Stellen sind Rastplätze mit Bänken und Infotafeln eingerichtet.

Wegmarkierung
Viereckige, orangefarbene Schilder mit der Aufschrift »Green Velo« zeigen die Richtung an, dazu beschilderte Alternativ- und Lokalrouten.

Bett & Bike
Im dünn besiedelten Osten Polens ist es ratsam, seine Unterkünfte vorzureservieren.

E-Bike
E-Bikes sind nicht nötig, nur bei sehr langen Etappen; eigenes Rad mitbringen.

An- und Rückreise
Nach Warcchau per Flugzeug, Bahn (z. B. ÖBB-Nightjet, www.oebb.at) oder Fernbus (www.fernbusse.de), von dort mit dem Schnellzug (www.intercity.pl) weiter bis Malbork. Auch das Reiseziel Bialystok hat eine gute Bahnverbindung nach Warschau. In den Zügen kann man sein vorab reserviertes Fahrrad mitnehmen. Die Fernbusse von Eurolines (www.eurolines.de) steuern Malbork und Bialystok an. Mit dem Auto sind es von Berlin nach Malbork 490 km, von Hamburg 750 km, von Köln 1100 km, von München 1100 km.

Information
Polnisches Fremdenverkehrsamt, Hohenzollerndamm 151, 14199 Berlin, Tel. 030/210 09 20, www.polen.travel; www.greenvelo.pl – dort gibt es auch die App zu Green Velo.

Sie lieben die Stille? Verlassen gerne ausgetretene Pfade? Wie wäre es mit einer Radtour durch Ostpolen? In den letzten Jahren hat man dort die Green Velo ausgebaut. Der Name ist Programm, denn die 2000-Kilometer-Route führt durch fünf National- und 15 Landschaftsparks. Mehr unverbaute Natur erlebt man auf Europas Radwegen selten!

Von Malbork nach Lidzbark Warmiński – 204 km Die Green Velo Polen bringt es auf rund 2000 Kilometer. Eine stattliche Tour. Sie führt von Ermland-Masuren zum Heiligkreuzgebirge im Süden des Landes. Und doch lohnt es sich, 32 Kilometer voranzuhängen. Man steigt in Warschau in den Intercity und fährt nach Malbork. Die Stadt liegt am Fluss Nogat, einem Mündungsarm der Weichsel. Am Ostufer taucht der Grund für unsere zusätzlichen Kilometer auf – die Marienburg. Deutlich zeichnet sich das rote Backsteingemäuer vom Grün der Wiesen und Bäume ab. Die Festung ist mit vier Mauerringen gesichert. An vielen Stellen ragen daraus massive Rund- oder Ecktürme auf. Sie behüten in ihrer Mitte die Marienkirche und das Hochschloss. Den größten Backsteinbau Europas hat man oft belagert, zerstört und neu aufgebaut, das letzte Mal nach dem Zweiten Weltkrieg. Die ältesten Teile des Baus reichen bis ins 13. Jahrhundert zurück. Unter dem Vorwand der Christianisierung drang der Deutsche

Orden weit in den Osten vor und eroberte Ländereien bis hinauf ins heutige Estland. Die Marienburg war zeitweise der Sitz des Ordensstaats. All das ist längst Geschichte, aber der Ort strahlt noch immer etwas Faszinierendes aus. Kein Wunder, dass die UNESCO den Bau im Jahr 1997 zum Weltkulturerbe erhob. Zwischen dem Gemäuer schieben wir das Fahrrad vorbei an Holzbuden. Für Kinder gibt es Ritterrüstungen und Kunststoffschwerter zu kaufen, für die Eltern Schnaps.

Uns zieht es auf die Green Velo. Sie beginnt 32 Kilometer östlich, in der Stadt Elblag. Auf ruhigen Nebenstraßen steuern wir hinein ins einstige Ostpreußen. Auf der Landkarte sieht man gut den geraden Schnitt, mit dem die Siegermächte 1945 im Potsdamer Abkommen die Provinz in zwei Kuchenstücke teilten. Im Norden liegt heute der russische Oblast Kaliningrad; hier im Süden die polnische Woiwodschaft Ermland-Masuren. Die Woiwodschaften entsprechen unseren Bundesländern. Polen hat man ebenfalls in 16 Gebiete unterteilt. Am Ortsrand von Elblag wird es still. Sehr still. Orangefarbene Radschilder schicken uns in einen urwüchsigen Wald. Dahinter führt die Green Velo im Zickzack hinunter ans Frische Haff. Das Gewässer ist 80 Kilometer lang und bis zu 18 Kilometer breit. Die Frische Nehrung trennt es von der Ostsee ab. Zwischen den Bäumen und Büschen öffnet sich alle paar Hundert Meter ein Durchgang zum Wasser. Es ist Abend und ein langer Anreisetag neigt sich dem Ende zu. Wir halten an, spazieren zum handtuchbreiten Sandstrand und schauen über die Bucht. Im Nordwesten flammt der Himmel auf. Sein zartes Rot verschmilzt mit dem Haff. Herrlich. Der Osten Polens hat einen sogleich gepackt.

Linke Seite: In Masuren führt die Green Velo an vielen Seen vorbei.

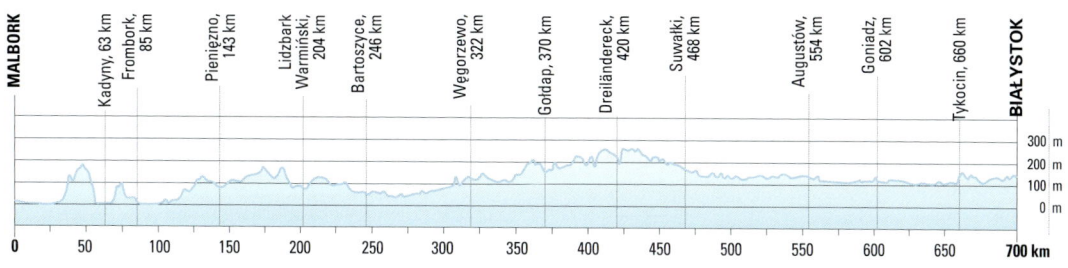

Tour 36 Green Velo

Inmitten des Wigierski-Nationalparks kann man das gleichnamige Kloster besuchen.

In Kadyny beginnt das zweite Teilstück. Das Dorf hat 500 Einwohner. Am Ortsrand streckt die Baysen-Eiche ihre mächtigen Äste von sich. Sie ist mit ihren geschätzt 700 Jahren einer der ältesten Bäume Polens. Sie war ein Sprössling, als ihr Namensgeber Hans von Baysen auf der Ordensburg Marienburg herrschte. Und sie war schon im betagten Alter, als der deutsche Kaiser Wilhelm II. seinen Sommersitz hierher in die abgelegene Provinz verlegte. Bis 1945 nannte man die Siedlung Cadinen. Und heute? Heute steht der Methusalem noch gut im Saft. Um die Region für Radler zu erschließen, hat man 65 Millionen Euro in die Hand genommen. So entstanden auch 220 überdachte Rastplätze mit Fahrradständern, Tischen und Bänken. Daneben stehen Infotafeln und Übersichtskarten. Die Route bringt es auf fast 2000 Kilometer. Sie reicht bis in die Region der Vorkarpaten. Wer den kompletten Weg bereist, hat am Ende fünf Woiwodschaften und fünf Nationalparks kennengelernt. Darunter ist der berühmte Białowieża-Urwald, die Heimat der größten frei lebenden Herde von Wisenten. Es sind Landschaften, die man sonst nur aus Naturfilmen kennt. Dazu gehört zudem die Passage am Fluss Bug, der Polen von Weißrussland und der Ukraine trennt. Ganz im Süden der Green Velo erwarten uns die zum UNESCO-Welterbe gehörenden orthodoxen Holzkirchen der Karpaten. Es ist, als wenn jemand Bonbons ausgelegt hätte. Die Bonbons sind die Sehenswürdigkeiten. Eine davon erreicht man, wenn man auf dem Küstenweg durch die Felder steuert. Plötzlich taucht am Rand eines Wäldchens eine Teleskopkuppel auf. Ein Schild verrät: »Park Astronomiczny Muzeum Mikolaja Kopernika we Fromborku«. Die Einrichtung ist Nikolaus Kopernikus gewidmet. Der Astronom wirkte in Frombork, unserer nächsten Station.

Das Herz von Frauenburg, wie die Kleinstadt auf Deutsch hieß, schlägt am Dom. Schon beim

Nationalparks in Polen

Polen bietet Urlaubern die verschiedensten Landschaften: die Ostsee im Norden, die Sudeten und Karpaten im Süden. Dazwischen liegt das flache Weichselbecken mit seinen mäandernden Flüssen. Diese Vielfalt schützt unser östlicher Nachbar in 23 Nationalparks. Sie machen knapp 1 Prozent der Gesamtfläche Polens aus. Der älteste und zugleich bekannteste ist der Białowieża-Nationalpark, ein Urwald an der Grenze zu Weißrussland. Der größte ist der Nationalpark Biebrza-Flusstal; der kleinste ist der Nationalpark Ojców bei Krakau. Viele Schutzzonen erreicht man mit dem Fahrrad. Doch häufig lohnt es sich, die Parks zu Fuß zu erkunden.

In der zweiten Reisehälfte fasziniert die Weite des Landes, wie hier im Nationalpark Narew.

Näherkommen staunt man über den 100 Meter langen Bau mit seinen feuerroten Mauern. Uns zieht es zum Glockenturm. Oben liegt einem die Küste zu Füßen. Flache Wiesen, von sichelförmigen Buchten durchzogen, reichen weit ins Frische Haff hinaus. Hier, im »hintersten Winkel der Welt«, wie Kopernikus schrieb, entwickelte er seine Theorie des heliozentrischen Weltbilds. Darin erklärte er, dass sich die Planeten um die Sonne bewegen. Wir werfen einen Blick in den Dom, schauen das Nikolaus-Kopernikus-Museum an. In Stara Pasłęka endet der polnische Küstenweg. Nordöstlich der Gemeinde beginnt der russische Oblast Kaliningrad. Die Route schwenkt ins Hinterland ab, steigt an der Seite des Flusses Pasleka sanft an. Von der Dammkrone aus hat man eine gute Sicht über das Land mit seinen Baumgruppen. Das hohe Schilf wiegt sich im Wind. Dahinter erstrecken sich im Sommer goldgelbe Kornfelder.

Von Lidzbark Warmiński nach Suwałki – 264 km Der Nordosten Polens ist nur dünn besiedelt. Das Terrain lädt zu längeren Etappen ein. Es ist ein Schauen, Staunen und Wundern. Schauen über die vielen Seen Masurens, Staunen über die gepflegten Bahntrassenradwege und Wundern über die vielen Radler. Die einen wollen ihr Heimatland kennenlernen, andere dem alten Ostpreußen nachspüren. Hier und da sieht man alte Herrenhäuser, die Kirchen hat man unverkennbar im Stil der Backsteingotik errichtet. Auch ein Blick auf die Ortsnamen lohnt. So radeln wir durch Lidzbark Warmiński, das man Heilsberg nannte, und weiter nach Bartoszyce, dem einstigen Bartenstein. Angerburg heißt nun Węgorzewo und Suwalken nun Suwałki. Die 70 000-Einwohner-Stadt lag lange Zeit abseits der großen Handelswege. Heute ist sie für das Suwałki Gap bekannt. Damit ist das 65 Kilometer lange Gebiet zwischen den Dreiländerecken Russland, Litauen und Polen sowie Litauen, Polen, Weißrussland gemeint. Strategen meinen, dass hier der militärisch entzündlichste Punkt Europas liegt. Als Radler wendet man sich der Natur zu, denn wir erreichen den Wigierski-Nationalpark. Er wird geschätzt für seine glasklaren Seen. Auf einer Landzunge des größten Gewässers steht das Kamaldulenserkloster Wigry. Das Ende des 17. Jahrhunderts gegründete Kloster war eines der größten und reichsten

Am Frischen Haff holpert man über Plattenwege.

Es tut sich was in Polen

Die Green Velo ist die neue Vorzeigeradroute Polens. Doch auch an den Flüssen gibt es verlockende Strecken. Am größten Strom, der Weichsel, entsteht in den nächsten Jahren ein rund 1300 Kilometer langer Radweg (www.wtr.kujawsko-pomorskie.pl). Ebenfalls lohnend sind die Routen an der Warthe und der Oder. Langstreckenradler zieht es auf die Europarouten. Die Hauptstadt-Route EuroVelo 2 führt von Berlin aus gen Osten. Die EuroVelo 9 wird die Ostsee mit dem Reichensteiner Gebirge in Südpolen verbinden. Befahren kann man bereits den Ostseeküsten-Radweg EuroVelo 10 und den deutsch-polnischen Stettiner-Haff-Rundweg.

in Polen. Im Jahr 1999 schritt Papst Johannes Paul II. durch den Klosterkomplex. Er kannte die Umgebung von seinen früheren Paddeltouren auf dem Fluss Czarna Hańcza. Bei dem Treffen erinnerte er sich: »Dieser Boden war für mich immer sehr gastfreundlich, als ich hierherkam und nach Erholung, insbesondere auf den wunderbaren Seen suchte.« Man stimmt ihm zu und radelt weiter durch die stillen Wälder.

Von Suwałki nach Białystok – 232 km Anschließend halten wir uns an der Grenze zu Weißrussland gen Süden. Die sanften Hügelzüge weichen zurück, das Gelände wird flach und weit. Eine große Hilfe beim Planen und Navigieren sind die offiziellen Radkarten von Green Velo. Mittlerweile haben wir Blatt 05 erreicht: »Das Tal von Biebrza und Narew«. Ausgangspunkt unserer letzten Etappe ist die Gemeinde Goniądz. Hier gibt es einen Bahnhof, ein Gymnasium und eine große Brücke. Wer sie überquert, steht im Nationalpark Biebrza-Flusstal. Die Biebrza ist 165 Kilometer lang und zieht sich mäandernd durch die Gegend. Wo sich das Wasser aufstaut, dehnen sich die Biebrzasümpfe aus. Sie zählen mit einer Fläche von 1290 Quadratkilometern zu den größten Europas. In der Faltkarte ist zu lesen: »Es ist ein Sumpfgebiet, ein Aufenthaltsort der Elche, ein Eldorado für Vogelliebhaber und für Ruhegenießer. Die Route führt über asphaltierte und unbefestigte Wege, durch die Täler von Biebrza und Narew, die im Rahmen der National- und Landschaftsschutzparks unter Naturschutz stehen.« Die Gegend strotzt vor Farben: Hier das Hellgrün der Wiesen, dort das Buchengrün der Bäume, und mittendrin wirft der Fluss blaue Schleifen. Darüber läuft ein beeindruckendes Kinoprogramm im Breitformat ab: Feder- und Haufenwolken bewegen sich langsam über die Leinwand. Stromabwärts liegt die einstige russische Festung Osowiec. Die Ruine ist Symbol für die Region Podlachien: Sie gehörte mal zu Polen, mal zu Russland, dann wieder zu Preußen. Stets musste sich die Landbevölkerung den neuen Herren unterordnen, oft schmerzlich. Heute leben hier 59 Einwohner auf einem Quadratkilometer; in Deutschland sind es im Schnitt 226.

Man kommt nicht los von dieser Landschaft, fährt auf einer Nebenstraße zum Nationalpark Narew, der auch das Polnische Amazonien genannt wird. Der Name passt, denn der Fluss teilt sich in mehrere Läufe auf. Zwischen Waniewo und Sliwno führen hölzerne Stege in das Labyrinth aus Wasserarmen. Wir steigen ab, schieben das Rad auf den Holzbohlenweg hinaus. Nach 300 Metern führt die erste von drei Ziehfähren auf eine Sandbank hinüber. Man muss eine Metallkette einholen, dann gleitet das Gefährt herbei. Es ist gar nicht so einfach, zu ziehen und dabei gleichzeitig das bepackte Fahrrad an Bord der schwimmenden Brücken zu stemmen. Auf der anderen Seite angelangt, steuert ein Radweg die Hauptstadt von Podlachien an, Białystok. Hier wohnen 300 000 Menschen. Man stellt das Fahrrad ab und spaziert durch die Altstadt. Das Zentrum imponiert mit weitläufigen Parks und großen Plätzen. Darum gruppieren sich Prachtbauten wie der Dom, das barocke Rathaus oder der Branicki-Palast. Dazwischen liegen Restaurants und Cafés, in denen man die Stunden verbummeln kann. Unser Fazit nach 700 Kilometern: Radeln in Polen klappt wunderbar – auf dem Land ist es ruhig, die Infrastruktur wird von Jahr zu Jahr besser. Gut, dass die Green Velo noch weitergeht!

Der Fluss Narew ist 484 Kilometer lang und mündet nördlich von Warschau in die Weichsel.

Im Frauenburger Dom befindet sich das Grab von Nikolaus Kopernikus.

37 Moldau und Elbe

Ein Fluss wie eine Sinfonie

leicht   612 km   ca. 11 Tage   Tschechien, Deutschland

Charakter
Der naturnahe Radweg ist in der ersten Hälfte sehr ruhig und sehr hügelig. Ab Hradištko ist er bis Dresden komplett flach. Unterwegs rollt man über Asphalt- und Naturwege.

Wegmarkierung
In Tschechien erfolgt die Beschilderung durch gelbe Wegweiser mit der Aufschrift »2«, in Deutschland durch blau-weiße Wegschilder mit der Signatur »e – Elbe – Elbe-Radweg«.

Bett & Bike
Unterkünfte über www.cyclistswelcome.cz und www.bettundbike.de listen

E-Bike
Es bewährt sich ein E-Bike, aber es gibt keine Verleihstationen.

An- und Rückreise
Über Sachsen und Bayern erreicht man Tschechien mit Bahn (www.cd.cz) und Fernbus (www.fernbusse.de). Der nächste Bahnhof liegt in Viperk. Von dort sind es 30 Kilometer bis Modrava. Auch Bayerisch Eisenstein bietet sich als Zielbahnhof an (40 Kilometer bis zum Start). Mit dem Auto sind es von Berlin nach Modrava 520 km, von Hamburg 780 km, von Köln 670 km, von München 240 km.

Veranstalter
Rückenwind Reisen bietet zwei Touren entlang Moldau und Elbe an. Rückenwind Reisen, Am Patentbusch 14, Oldenburg, Tel. 0441/48 59 70, www.rueckenwind.de

Information
Tschechische Zentrale für Tourismus, Wilhelmstr. 44, Berlin, Tel. 030/204 47 70, www.czechtourism.com; Tourismusverband Sächsische Schweiz, www.elberadweg.de

Tschechien ist so nah und doch so fern. Denn nur wenige sind dort schon zu Radtouren aufgebrochen. Warum ist das so? Die Moldau ist der bekannteste Fluss und besitzt eine abwechslungsreiche Radroute. Wer ihr folgt, erlebt alle Zutaten, die das Land so attraktiv machen: Wälder, Wiesen und Burgen. Den Höhepunkt bildet die Goldene Stadt Prag.

Von Modrava nach Budweis – 186 km Es beginnt langsam und kaum vernehmbar mit einem sanften Plätschern. Allmählich steigert sich die Melodie. Die wohligen Klänge nehmen Fahrt auf. Vor dem geistigen Auge erscheinen die grünen Höhenzüge des Böhmerwalds. In Gedanken folgt man dem Wasser talwärts. Der Fluss erreicht die tschechische Hauptstadt Prag und wird breiter. Eine Tagesreise weiter vereint er sich mit der Elbe. Herrlich, denkt man – einfach perfekt! Die Rede ist von der Sinfonie »Vltava« – »Die Moldau« –, mit der dem Komponisten Bedřich Smetana

im Winter 1874 ein Meisterwerk gelungen ist. Rund 140 Jahre nach dieser trefflichen Erstaufführung hat der 440 Kilometer lange Hauptfluss des Landes nicht an Reiz verloren. Er entstammt zwei Quellläufen: Die Warme Moldau startet ihren Lauf im österreichischen Mühlviertel. Die Kalte Moldau tritt im Bayerischen Wald an die Oberfläche. Durch Wiesen mäandernd finden sie zusammen. Die offizielle Radroute beginnt in der Gemeinde Modrava. Sie liegt auf 985 Metern Höhe im Böhmerwald, dort, wo eines der größten Waldgebiete Mitteleuropas klare Luft ausatmet. Tschechien bewahrt seine Natur hier im Biosphärenreservat Šumava. Rechnet man den angrenzenden Nationalpark Bayerischer Wald dazu, umfasst die Schutzzone gut 192 Quadratkilometer, ein Gebiet größer als das Land Liechtenstein. Vom Anfang der 1950er-Jahre bis 1989 verlief hier der Eiserne Vorhang. Er trennte nicht nur die Menschen, sondern isolierte teils auch die Tierwelt auf beiden Seiten. Bei Bučina erinnert eine Gedenkstätte an diese Epoche.

Linke Seite: Blick von der Bastei auf die Sächsische Schweiz und den Elbstrom.

Man radelt weiter durch den stillen Wald und trifft auf den Lipno-Stausee. Man füllte ihn im Jahr 1959. Der Bau schützt die stromabwärts gelegenen Städte Budweis und Prag vor Hochwasser. Er fasst 309,5 Millionen Kubikmeter Wasser, hat eine Fläche von 4650 Hektar und ist so der größte See im Lande. Die Einheimischen nennen ihn liebevoll Jihočeské moře – das Südböhmische Meer. Hinter der Staumauer senkt sich das Terrain hinab in den Ort Vyšší Brod (Hohenfurth). Geistliches und kulturelles Zentrum Südböhmens ist das gleichnamige Kloster. Wok von Rosenberg gründete die Zisterzienserabtei im Jahr 1259. Neben der Klosterkirche Mariä Himmelfahrt zieht es Besucher in die Bibliothek. In den Regalen stehen rund 70 000 Bände, darunter das *Hohenfurther Wörterbuch* aus der Mitte des 15. Jahrhunderts. 32 Kilometer entfernt stoppen die Räder in Český Krumlov. Die Altstadt wird von einer Schleife der Moldau umschlossen und gehört seit 1992 zum

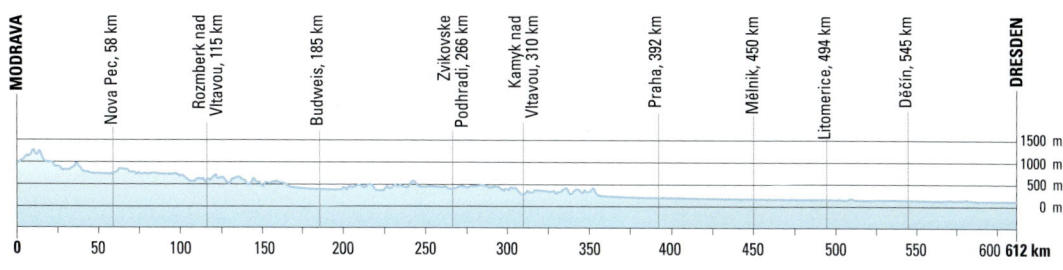

Tour 37 Moldau und Elbe

Die Prager Rathausuhr stammt aus dem Jahr 1410 und zeigt auch astronomische Daten an.

UNESCO-Welterbe. Das Schloss ist mit seinen zehn Hektar Fläche nach der Prager Burg der zweitgrößte historische Bau in Tschechien.

Von Budweis nach Prag – 206 km Budweis liegt am Zusammenfluss von Moldau und Maltsch, einem knapp 100 Kilometer langen Fluss. Die Biersorte Budvar kennen weltweit viele Menschen. Doch dass die Stadt mehr zu bieten hat, zeigt ein Rundgang. Touristen steuern zuerst den quadratischen Stadtplatz an, der mit seiner Seitenlänge von 133 Metern einer der größten Böhmens ist. Man fotografiert das hellblaue Rathaus mit seinen drei Barocktürmen und wendet sich dem Südböhmischen Museum zu. Es befasst sich mit der heimischen Glasindustrie, der Natur und Geschichte der Region. Der krönende Abschluss des Stadtbesuchs ist die Besichtigung der 1895 gegründeten Brauerei. Mit gestilltem Durst und neu gewonnenem Wissen fahren wir wieder auf das Land hinaus. Dort überrascht die Kleinstadt Hluboká nad Vltavou mit dem Schloss Frauenberg. Die blendend weiße Fassade brachte ihm zusammen mit den vielen Türmen den Titel »böhmisches Neuschwanstein« ein. Das heutige Aussehen geht auf Johann Adolf II. Fürst zu Schwarzenberg zurück, der Hluboká im Stil der Romantik umgestalten ließ. Anschließend steuert man mal am Wasser, mal durch Wiesen und Wälder in Richtung Norden. Vier Talsperren stauen die Moldau zu lang gezogenen Seen auf: Ihre Namen sind Orlík, Kamýk, Slapy und Štěchovice. Die 68 Kilometer lange Orlík-Talsperre ist die wasserreichste und erreicht ein Volumen von bis zu 720 Millionen Kubikmeter. An den Ufern der Seen ziehen sich Mischwälder die Hänge empor. Sie begleiten uns fast bis vor die Tore der Goldenen Stadt Prag.

Von Prag nach Dresden – 220 km Prag überrumpelt einen. Kirchen, Türme, Gassen. Man wird gleich mitgerissen vom Strom der Menschen, die über die Karlsbrücke hinauf zum Hradschin, dem Burgberg, laufen. Hier hatten die böhmischen Herzöge und Könige ihren Sitz. Von hier lenkten zwei Kaiser das Heilige Römische Reich. Und hier regiert heute der Präsident der Tschechischen Republik. Von oben blickt man hinüber auf die zum UNESCO-Welterbe gehörende Altstadt. Mittendrin wirft die Moldau ihre Schleifen. Der Fluss lässt das Schloss Troja hinter sich und mit ihm die 1,3-Millionen-Einwohner-Stadt. Moldauschleife folgt auf Moldauschleife. Von den Hängen erklingt munteres Vogelgezwitscher. Am Ufer versuchen Angler ihr Glück. Daneben schaukeln auf dem Wasser kleine Fähren, die fehlende Brücken ersetzen. Unsere Fahrt führt durch liebliche Landschaften und historische Siedlungen. Nach knapp 60 Kilometern taucht in der Ebene die unverkennbare Silhouette Melniks auf. Hoch oben bewacht das Schloss mit der Propsteikirche St. Peter und Paul den Zusammenfluss von Moldau und Elbe. Die nächsten Stationen des Flussradwegs sind Roudnice, das schmucke Litoměřice und die Burgruine Strekov. Ab Decin zeigt das Tal ein komplett anderes Gesicht. Denn an diesem Abschnitt lieferte die Elbe als Landschaftsgestalter ihr Meisterstück ab: Der vierzehntlängste Fluss des Kontinents schnitt sich im Lauf der Jahrtausende in die 600 Meter mächtigen Sandsteinschichten ein. Der Anblick ist betörend: Hier erspäht das Auge Basaltberge und schattige Schluchten, dort einen urwüchsigen Mischwald. Geschützt wird all dies in den länderübergreifenden Nationalparks Böhmische Schweiz und Sächsische Schweiz. Unterwegs heißt es Abschied nehmen von Tschechien. Die erste Stadt auf deutschem Boden ist Bad Schandau. Wenig später umfließt das Wasserband einen hoch aufragenden Tafelberg, auf dessen Spitze die wehrhafte Festung Königstein thront. Hinter Pirna weicht das Elbsandsteingebirge zurück. Die großen Waldberge werden von sanften Hügeln abgelöst. Sie bilden eine malerische Kulisse für die prunkvollen Schlösser Pillnitz und Albrechtsberg. Dann stechen die Türme von Dresden in den Himmel. Sinnbild der Versöhnung und Mahnmal gegen den Krieg ist die Frauenkirche mit ihrer riesigen Kuppel. Ein paar Pedalumdrehungen entfernt entfaltet das nächste Baudenkmal seine Pracht – der Zwinger. Er gibt von außen nicht nur lohnende Fotomotive ab, sondern glänzt im Inneren durch die Gemäldegalerie Alter Meister. Rund 750 Glanzstücke aus dem 15. bis 18. Jahrhundert kann man bestaunen, darunter Gemälde von Raffael, Rubens, Rembrandt, Vermeer und Tizian. Voraus die Semperoper, rechts davon die Hofkirche, und dahinter schwingt sich die Augustusbrücke über den Elbstrom – ein gelungener Abschluss.

Linke Seite unten: Am Schlosskeller von Melnik kommt man bei einem Rundgang vorbei.

Die Karlsbrücke in Prag ist das Wahrzeichen der Stadt.

38 Balaton

Radeln an der Badewanne der Nation

| leicht | 233 km | ca. 5 Tage | Ungarn |

Charakter
Die Radstrecke führt um den größten Binnensee Mitteleuropas. Ein lohnendes Radrevier für Familien ist auch die Region um den Kis-Balaton. Das wellige Hinterland verlangt mehr Kondition. Dort fährt man meist über ruhige Nebenstraßen.

Wegmarkierung
Schilder mit der Aufschrift »Balatoni Körút« (Balaton-Rundweg) weisen den Weg.

Bett & Bike
Unterkünfte über wowhungary.com/de/

E-Bike
Nur für Ausflüge ins Hinterland benötigt man E-Bikes, rund um den See sind einige Verleihstationen.

An- und Rückreise
Bahnanreisende (www.mavcsoport.hu und ÖBB-Nightjet) fahren über Wien und Budapest zum Balaton. Mit dem Auto nach Keszthely sind es von Berlin 890 km, Hamburg 1170 km, Köln 1150 km, München 660 km. Den eigenen Pkw sollte man bei der Unterkunft oder einem bewachten Parkplatz abstellen. Der Flughafen Balaton liegt zehn Kilometer westlich des Sees und wird vor allem im Sommer von Deutschland aus angeflogen. Infos gibt es auf www.mein-weg-nach-ungarn.de, Angebote zu Fernbussen auf www.flixbus.de und www.eurolines.de.

Information
Ungarisches Tourismusamt, wowhungary.com/de

In Ungarn fehlen die Berge und das Meer. Zum Glück gibt es den malerischen Balaton. Aber kann man dort auch gut Rad fahren? Klar! Denn seit dem Jahr 2004 führt ein Radweg drum herum. Er ist flach und asphaltiert. Wer will, kann sogar einige Hügel im Hinterland bezwingen. Eines sollte man unbedingt machen – zum Kis-Balaton radeln.

Von Keszthely nach Balatonalmádi – 102 km Das Gute an einer Rundfahrt ist, dass man den Startort selbst aussuchen kann. Doch wo beginnen? Wir entscheiden uns für Keszthely. Die Stadt breitet sich am nordwestlichsten Ende des Balatons aus. Ihr Wahrzeichen ist das Schloss Festetics. Es befindet sich seit dem 18. Jahrhundert in Besitz der gleichnamigen Adelsfamilie. Ihr Domizil liegt ansprechend in einer gepflegten Gartenanlage mitsamt Springbrunnen. Bekannt ist das Schloss für seine Helikon-Bibliothek. Sie umfasst nahezu 100 000 Bände, darunter kostbare Raritäten. Wir klettern in den Fahrradsattel und steuern durch das Zentrum hinunter zum Seeufer. Es sind die angenehmen Temperaturen, das magische Licht und das Hinterland, die den Balaton für Urlauber so attraktiv machen. Seine Größe ist beeindruckend: 79 Kilometer lang und im Mittel 7,8 Kilometer breit. Mit seinen 594 Quadratkilometern lässt er den Genfer See und den Bodensee flächenmäßig locker zurück. Der Balaton ist jedoch ganz anders. Das hat mit seiner geringen Tiefe von durchschnittlich 3,25 Metern zu tun. Das Seebecken entstand vor etwa 15 000 Jahren durch Erosion. Heute ist der Balaton ein riesiger Wärmespeicher, der sich im

Im Oktober genießt man am Balaton die Ruhe der Nachsaison.

Sommer bis zu 27 Grad aufheizt. Zum Radeln sind aber der Frühling und der Herbst ideal. Dann führt der Balaton-Radweg an leeren Strandbädern vorüber, in denen in den Hauptferien der Bär steppt.

Villen, Badeorte und Weinberge bilden die Eindrücke der nächsten Stunden. Die Wege sind asphaltiert und flach. Wer den kompletten See mit der ganzen Familie umrunden möchte, plant dafür vier oder fünf Tage ein. So bleibt viel Zeit zum Baden und für Besichtigungen. Ein Ziel sollte man unbedingt ansteuern – die Halbinsel Tihany. Sie schiebt sich so weit in den See, dass man von der Landspitze aus zum ein Kilometer entfernten Südufer hinüberschwimmen kann. Natürlich bringen einem zudem Schiffe auf die gegenüberliegende Seite. Auch die anderen Orte am See haben einen Hafen, was für Radler zahlreiche Routenoptionen ergibt.

Doch zunächst wollen wir uns auf der Halbinsel Tihany umsehen, denn hier im ältesten Naturschutzgebiet Ungarns entfaltet der Balaton seine ganze Schönheit. Es gibt kleine Kraterseen und zwischen den dicht bewaldeten Hängen blühen in der warmen Jahreszeit duftende Lavendelfelder. Ab dem Jahr 1055 errichteten Benediktinermönche an dieser geschützten Stelle eine Abtei. Sie ist von Weitem mit ihren weiß getünchten Mauern und den zwei Zwiebeltürmen ein echter Blickfang. Kostbarster Schatz des Klosters ist die Gründungsurkunde, das erste schriftliche Zeugnis in ungarischer Sprache.

Die Basaltformation Hegyest im Balaton-Oberland

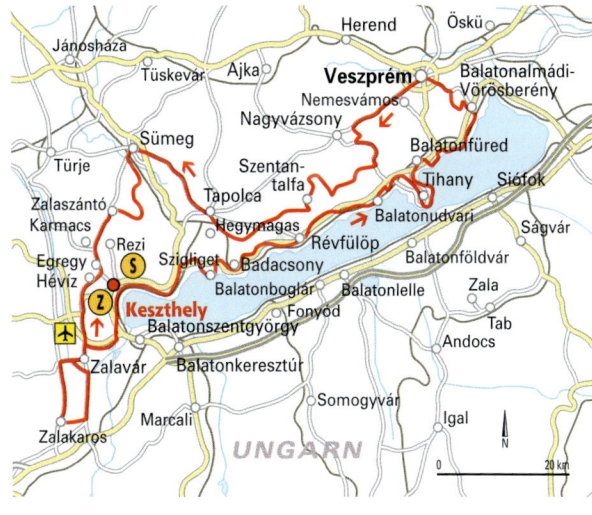

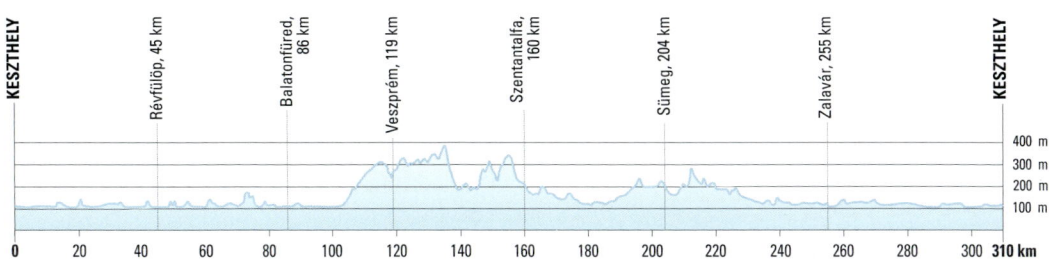

Tour 38 Balaton

Links: Der Kis-Balaton ist ein Naturparadies, das man mit dem Rad umrunden kann.

Rechts: Die Brücke zur Milanenburg-Insel am Kis-Balaton

Rechte Seite oben: Das Millenniumi Emlékmű Memorial steht neben dem Kis-Balatonhaus.

Rechte Seite unten: Schafherde im Pécsely-Becken

Von Balatonalmádi nach Sümeg – 102 km Von Balatonalmádi führt die Reise ins Hinterland. Wir verlassen den Uferweg und folgen einer lokalen Radroute hinauf nach Veszprém. Touristen zieht es in der »Stadt der Königinnen« zum Burgviertel. Es sitzt weithin sichtbar auf einer Anhöhe. Die Burg selbst wurde während der Türkenkriege zerstört. Doch die gepflasterten Gassen führen zu ansprechenden Barockbauten, die sich um die Kathedrale St. Michael gruppieren. Die Fahrt setzt sich nun Richtung Südwesten durch Hügel und Weinberge fort. Die Winzer setzen vornehmlich auf weiße Sorten wie Riesling, Grauer Mönch, Muskateller und Chardonnay. Hinter dem Pécsely-Becken weckt der 337 Meter hohe Hegyestű unser Interesse. Auf Deutsch heißt die sonderbare Gesteinsformation Spitznadelberg. Es ist ein vulkanischer Bergkegel, der vor rund acht Millionen Jahren die gleichmäßig aufgepresste Basaltformation formte.

Nun haben wir den Nationalpark Balaton-Oberland erreicht. Seine Höhepunkte bilden die Seehöhle in Tapolca, die Kotsy-Wassermühle in Zalaszántó und versteinerte Überreste des Pannonischen Meeres. Wir radeln weiter durch ruhige Dörfer, vorbei an markanten Tafelbergen und einem schattigen Wald. Sümeg ist das nächste Ziel. Über der Stadt wacht eine der mächtigsten Burgen Ungarns. Ihr Erbauer war im 13. Jahrhundert König Stephan V. Das Bollwerk trotzte mehreren türkischen Angriffen. Zerstört wurde sie dennoch, und zwar als die kaiserlichen Truppen die Burg während des Rákóczi-Freiheitskampfes im Jahr 1713 eroberten und anzündeten. Mittlerweile hat man die Wehranlage aufwendig restauriert. Sie bildet heute den historischen Rahmen für die rund ums Jahr veranstalteten Ritterspiele.

Von Sümeg nach Keszthely – 106 km Wir fahren weiter in die Gemeinde Zalaszántó. Am Ortsrand erhebt sich der bewaldete Berg Konvácsi-Hegy. Auf ihm steht der Friedens-Stupa. Mit seinen 30 Metern Höhe und 24 Metern Breite ist er der größte Europas. Am 17. Juni 1993 reiste der 14. Dalai Lama Tendzin Gyatsho an und weihte das buddhistische Bauwerk ein. Das Monument besteht aus drei Ebenen. Darüber hat man eine Kuppel mitsamt goldener Spitze aufgesetzt. Den Innenraum ziert ein 24

Meter hoher Lebensbaum, eine Buddha-Statue aus Korea, und Reliquien. Fasziniert rollt man weiter Richtung Süden, wo nach einer Stunde Hévíz erreicht ist. Der Kurort ist bekannt für seinen Thermalsee. Er hat eine Fläche von 4,4 Hektar und ist der größte natürliche und biologisch aktivste Thermalsee der Welt, in dem man das ganze Jahr über baden kann. In dem Wasser befinden sich alle Zutaten, die müde Radlerwaden zu neuen Taten stärken: Schwefel, Kohlendioxid, Kalzium, Magnesium und Hydrogenkarbonat. Die Wellnessfreuden bleiben zurück, voraus liegt das Büffelreservat Kápolnapuszta, wo sich wieder alles um die Natur dreht. Zu Beginn informiert eine Ausstellung über die Flora und Fauna der Region und gibt wichtige Details der Büffelhaltung preis. Die 1,80 Meter hohen Tiere gelangten bei der Völkerwanderung aus Asien bis ins heutige österreichische Burgenland. Als sich die K. u. k.-Doppelmonarchie 1918 auflöste, lebten noch mindestens 100 000 Büffel in Ungarn und verrichteten wertvolle Dienste als Zugtiere in der Landwirtschaft. Wer die Tiere sehen möchte, bucht eine Kutschfahrt. Die Zweiergespanne traben über ausgefahrene Wege. Auf der weiten Steppe grast Ungarns größte Büffelherde. Man fährt mitten hindurch. Derzeit leben rund 100 Büffel und eine Herde altungarischer Graurinder im Büffelreservat. Es befindet sich im Nationalpark Balaton-Oberland. Im Westteil schützt er den Kis-Balaton. Einst war er Teil des Hauptsees. Doch durch menschliche Eingriffe kam es zur Abtrennung, bei der auch große Flächen des Klein-Balaton verschwanden. Ornithologen zählten hier 250 verschiedene Vogelarten, von denen 38 besonders geschützt sind. Der Fluss Zala verbindet beide Gewässer. Zusammen mit den Sumpfzonen und Schilfregionen dient er als biologischer Filter des Balaton. Nachdem wir den See umrundet haben, steuern wir zurück nach Keszthely. Dort endet die Rundtour nach gut 230 erlebnisreichen Kilometern. Wer noch nicht genug hat, kann dem Südufer folgen und in dessen Hinterland radeln. Auch da gibt es markierte Radrouten und einiges zu sehen.

39 Theiß-Radweg

Genussradeln im Tiefland

leicht   346 km   ca. 6 Tage   Ungarn

Charakter
Die steigungsfreie Strecke verläuft auf asphaltierten Rad- und Wirtschaftswegen am Fluss entlang und nutzt auch verkehrsberuhigte Straßen. Im Süden gibt es jedoch noch Abschnitte auf Überlandstraßen mit stärkerem Verkehr. Innerorts rollt man über Radwege.

Wegmarkierung
Die Route ist abschnittsweise als EuroVelo 11 beschildert.

Bett & Bike
In Ungarn gibt es kein Verzeichnis mit speziellen Unterkünften für Radler.

E-Bike
E-Bikes sind nicht nötig.

An- und Rückreise
Per Fernbus aus Deutschland und Österreich nach Budapest oder mit dem Flugzeug dorthin und weiter mit dem Zug nach Tokaj (www.oebb.at und www.mavcsoport.hu). Rückreise mit dem Zug von Szeged nach Tokaj (4 Std.). Mit dem Auto sind es von Berlin nach Tokaj 930 km, von Hamburg 1220 km, von Köln 1380 km, von München 920 km. Parken am besten vor der ersten Unterkunft.

Information
Ungarisches Tourismusamt, wowhungary.com/de

In Radfahrerkreisen ist der Theiß-Radweg noch ein gut gehütetes Geheimnis. Wer den Weg im Osten Ungarns unter die Räder nimmt, wird von den weiten Flusslandschaften, den sehenswerten Städten und der Stille in der Natur begeistert sein. Glanzpunkte setzen die Weinbauterrassen von Tokaj, der Theiß-See sowie die gehaltvolle Landesküche.

Von Tokaj nach Tiszafüred – 100 km »König der Weine und Wein der Könige« – so huldigte der französische Sonnenkönig Ludwig XIV. den Tokajer. Wir folgen dem Ruf des Weißweins in die nordungarische Kleinstadt Tokaj. Sie breitet sich an der Mündung des Bodrog in die Theiß (»Tisza«) aus. Im Norden liegt die Slowakei, im Nordosten die Ukraine und im Südosten beginnt Rumänien. In der Ferne halten die Karpaten das Wetter ab. Der begehrte Wein wächst auf dem sonnenzugewandten Südwesthang eines 513 Meter hohen Hügels, den die Einheimischen den »Großen Kahlen Berg« nennen. Die steil ansteigenden Terrassenhänge verfügen über ein günstiges Mikroklima mit viel Sonnenschein. Bereits im 12. Jahrhundert bauten die Winzer hier die Tokajer-Rebe an. Die Kulturlandschaft gehört seit 2002 zum UNESCO-Welterbe, und den Süßwein besingt man sogar in der ungarischen Nationalhymne. Nicht nur Weinkenner, sondern auch Naturfreunde zieht es in die Große Ungarische Tiefebene. Aber kann man hier überhaupt entspannt Radwandern? Und ob! Denn entlang der Theiß verläuft die noch wenig bekannte EuroVelo-Route Nr. 11. Vor uns liegen 400 Kilometer Flussradweg. Einmal durch das komplette Land, bis hinunter nach Szeged.

Der Theiß-Radweg ist noch kaum bekannt, so genießt man meist die Ruhe in der Natur.

Ein breiter Plattenweg führt am Ortsrand von Tokaj mitten hinein ins Rebenmeer. Dort schickt uns das erste Radschild gen Süden. Auf der Fahrt von Dorf zu Dorf weichen die Hügel zurück. Rasch nimmt einen die Magie des Flachlandes gefangen. Über den abgeernteten Feldern gewinnt der Himmel an Bedeutung und erscheint größer – faszinierend, diese Weite. Hinter Tiszatardos senkt sich die Straße ab und endet abrupt an einer nostalgisch anmutenden Fähre. Dahinter strömt der Theißstrom mit einer majestätischen Ruhe vorüber. Der Fluss entspringt im rumänischen Teil der Waldkarpaten und ist mit einer Länge von rund 966 Kilometern der mächtigste Nebenfluss der Donau. Bis zu seiner Mündung durchschreitet die Lebensader der Puszta fünf Anrainerstaaten und betreibt dabei eine Völkerverständigung auf dem höchsten Niveau. Jahrhundertelang fürchteten die Anwohner die Frühjahrshochwasser der Tisza. Sie überschwemmten das topfebene Terrain kilometerweit bis ins Hinterland. So war in den 1840er-Jahren kein Aufwand zu groß, den Fluss in Deiche einzufassen. Bei dem arbeitsintensiven Vorhaben kürzte man den Lauf der Theiß um 463 Kilometer. Einstmals schlängelte sich das Wasser in unzähligen Schleifen durch die Ebene. Man kann die Altwasserarme noch leicht auf der Landkarte ausmachen.

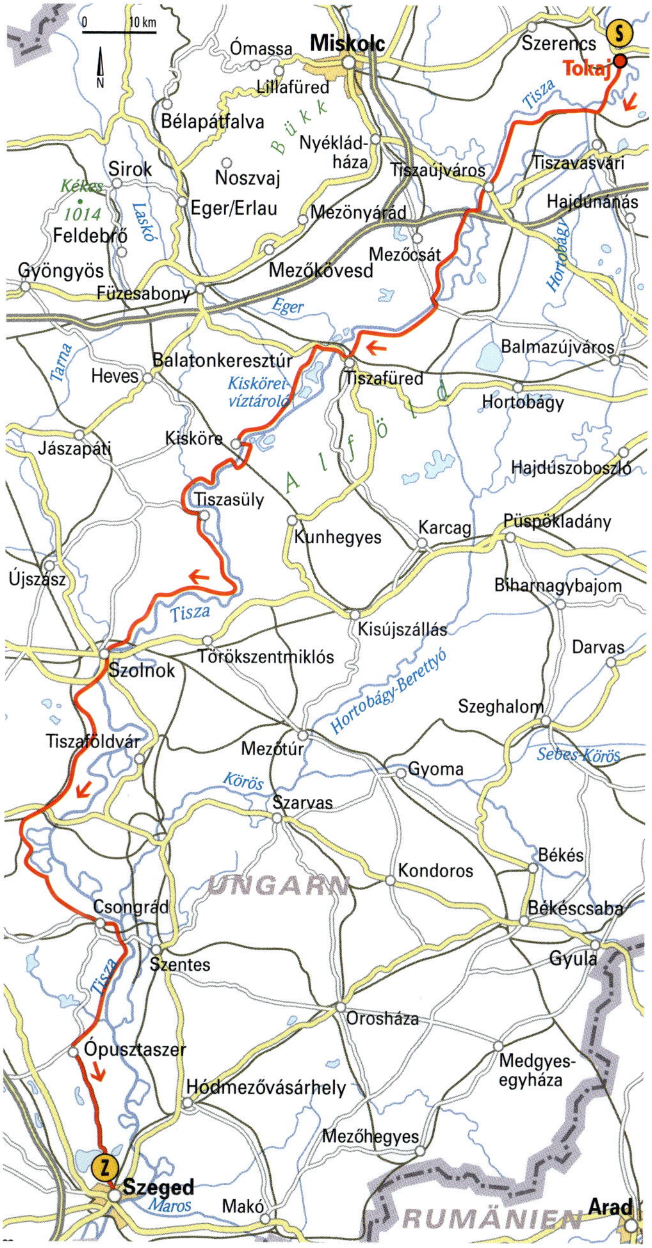

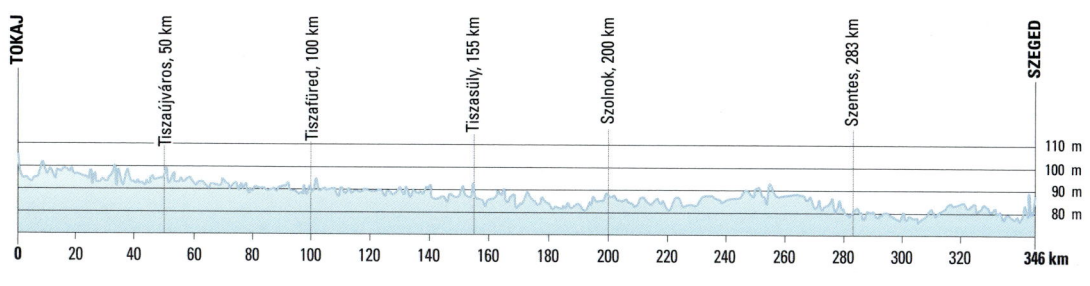

Tour 39 Theiß-Radweg

Rechte Seite oben: Die Szolnok-Galerie nutzt man für Konzerte.

Rechte Seite unten: Im Freilichtmuseum von Ópusztaszer.

Von Tiszafüred nach Szolnok – 100 km Bei Tiszafüred erreichen wir den nächsten Reisehöhepunkt – den Theiß-See. Wer sich für das Gewässer mit seiner Fauna und Flora interessiert, steuert das Ökozentrum an. Auf den Schautafeln liest man, dass der nach dem Balaton zweitgrößte See des Landes 1973 bei der Theiß-Hochwasserregulierung aufgestaut wurde. Der Publikumsmagnet ist ein Süßwasseraquarium. Das breiteste Becken fasst 735 000 Liter. Darin gleiten meterlange Beluga-Störe vorüber. Im Außenbereich gibt es Fischotter, Pelikane, Störche, Hirsche und Schildkröten zu sehen. Man erspäht sie mit etwas Glück auch im angrenzenden Naturschutzgebiet. Die Ornithologen zählten in der Wasserwildnis rund 200 Vogelarten, darunter Silberreiher, Kormoran, Schwarzer Milan und Großtrappe. Da wir nun bestens mit diesem Ökosystem vertraut sind, zieht es uns wieder hinaus in die Natur.

Der gut ausgebaute Radweg führt vorbei an ausladenden Laubbäumen. Schafe und Ziegen kreuzen den Weg, Rinder trotten wiederkäuend davon. Sonst nichts als Stille. Keine Autos, keine Züge. Einzig vom Ufer her ist das leise Säuseln des Windes zu vernehmen, der sanft durch das hohe Schilf weht. Darüber spannt sich der endlose Himmel. Jahrtausendelang weckte das siedlungsfreundliche Terrarium des heutigen Ungarn die Begehrlichkeiten fremder Mächte. Hunnen, Awaren, Mongolen, Osmanen, Habsburger und Sowjets: Sie alle drückten dem Land ihre Stempel auf und hinterließen Spuren in Architektur, Musik und Küche. So entstand das Nationalgericht Kesselgulasch aus der Wandertätigkeit der Hirten, die das herzhafte Gericht am offenen Feuer anwärmten. Die Türken brachten den Kaffee mit, und die Strudel-Mehlspeisen sind eine Kreation aus der Zeit der K. u. k.-Doppelmonarchie. Auch Paprikas bilden einen festen Bestandteil der ungarischen Mahlzeiten. Sie heizen den Speisen ordentlich ein und gehören zum Land wie die Puszta, die Badekultur oder die Reitkunst.

Die Theiß ist nur abschnittsweise begradigt, sodass man noch viele Altarme sieht.

Von Szolnok nach Szeged – 146 km In Szentes, einer Kleinstadt mit dem Charme der Österreichisch-Ungarischen Monarchie, bereiten wir uns für das letzte Teilstück vor.

Seit Tagen lassen wir uns von dem gemächlich dahinziehenden Band der Theiß leiten. Heute stehen 65 Kilometer auf dem Programm. Die Überlandfahrt gewährt Einblicke in das traditionelle Leben der Dorfbevölkerung am Wegesrand. Stoppelfelder schimmern in der Sonne. Kirchtürme und große Gehöfte ziehen vorbei. Die Straße endet. Wir erreichen eine weitläufige Wiese. Mittendrin zieht ein ufoartiges Rundgebäude alle Blicke auf sich. Es ist der Gedenkpark Ópusztaszer. An diesem mystischen Platz betritt man geschichtsträchtigen Boden. Im Jahr 896 soll hier laut Überlieferung der Großfürst Árpád die erste gesetzgebende Versammlung der vereinten Magyarenstämme abgehalten haben. Das Volk wurde seinerzeit von dem Stamm der Petschenegen aus ihren weiter östlich gelegenen Siedlungsgebieten vertrieben und wanderte ins heutige Ungarn ein. Der Anblick des monumentalen Gebäudes macht neugierig, und so besuchen wir das Feszty-Panorama. Es zeigt auf eindrucksvolle Weise den »Einzug der Ungarn« ins Karpatenbecken. Bereits die Zahlen sprechen für sich: Das Gemälde umfasst 1769 Quadratmeter, ist 120 Meter lang und 15 Meter hoch. Anschließend gewährt das benachbarte Freilichtmuseum Einblicke in die bäuerliche Lebensweise des 18. Jahrhunderts. Das dorfartige Ensemble präsentiert anschaulich das harte Arbeitsleben eines Schmieds, der Fischer sowie eines Sattlers. Zudem kann man reetgedeckte Bauernhöfe, eine Windmühle und ein mit alten Waren eingerichteten Dorfladen bestaunen.

Die letzten Kilometer führen ins Zentrum von Szeged. Die Stadt wurde 1879 von einem verheerenden Hochwasser heimgesucht. Es verschonte nur 265 von 5458 Häusern. Mithilfe der europäischen Großmächte hat man die Straßenzüge als streng geometrische Planstadt im Jugendstil neu gestaltet. Symbol dieser Tragödie ist die Kathedrale. Die Szegeder errichteten sie im Anschluss an die Überflutung. Mit ihren Doppeltürmen ist sie heute die drittgrößte Kirche Ungarns. Auf dem Domplatz hat man in einer Seitenwand eine Büste eingelassen. Sie zeigt Albert Szent-Györgyi. Er entdeckte das Vitamin C und erhielt dafür 1937 den Medizinnobelpreis. Hier in der »Stadt des Sonnenscheins« endet unsere Entdeckungsfahrt. Im Kopf nimmt man die Bilder aus der ungarischen Tiefebene mit nach Hause. Die weite Landschaft, den bezaubernden Theiß-See und die wohltuende Stille auf den Dammwegen.

Südeuropa

Großes Bild: Berglandschaft von Stavna (Tour 49); Links: Motovun sitzt auf einem Hügel über dem Tal der Mirna (Tour 42); Rechts oben: Die Plaza de Toros in Ronda (Tour 46); Rechts unten: Das Städtchen Motovun lebt vom Tourismus, dem Weinanbau und von Trüffeln.

40 Piemont

Radeln im Land der Trüffel

mittel · 205 km · ca. 5 Tage · Italien

Im Piemont sind Geschichte und Kultur allgegenwärtig: Zwischen den beschaulichen Hügellandschaften sonnen sich namhafte Städte wie Turin, Asti und Alba. Sie locken Besucher mit einer alten Bausubstanz und spannenden Museen an. Für das leibliche Wohl sorgen die italienische Küche und die erlesenen Weine dieses malerischen Fleckens Erde.

Charakter
Die abwechslungsreiche Fahrradroute verläuft fast komplett auf guten Nebenstraßen mit kaum Autoverkehr, in den Städten häufig auf Radwegen. Über mehrere Hügel hinweg sind einige Höhenmeter zu bewältigen.

Wegmarkierung
Der Veranstalter Radissimo hat die Strecke mit Aufklebern markiert.

Bett & Bike
Im Piemont gibt es viele für Radler geeignete Unterkünfte, siehe dazu www.piemonteitalia.eu.

E-Bike
Für weniger Trainierte ist ein Elektrorad nützlich, ausleihbar beim Veranstalter Radissimo.

An- und Rückreise
Mit dem Zug (www.trenitalia.com), Flugzeug oder Fernbus (www.fernbusse.de) kommt man gut nach Turin bzw. ins Piemont. Mit dem Auto sind es von Berlin nach Turin 1150 km, von Hamburg 1200 km, von Köln 900 km, von München 610 km. Zu Parkplätzen in Turin siehe www.turismotorino.org.

Veranstalter
Radissimo hat die Tour als »Gourmetradeln im Piemont« im Programm (Übernachtungen, Gepäcktransport, Transfer mit Bus oder Bahn inkl. Fahrrad von Turin zur Kirche Superga u. a.). Radissimo, Hennebergstraße 6, 76131 Karlsruhe, Tel. 0721/354 81 80, www.radissimo.de

Information
Turismo Torino e Provincia, www.turismotorino.org; www.piemonteitalia.eu; www.bicitalia.org; Italienische Zentrale für Tourismus ENIT, Barckhausstr. 10, 60325 Frankfurt am Main, Tel. +49/69/23 74 34, www.enit.de

Von Turin nach Asti – 62 km Stadt oder Landschaft? Italienreisende fragen sich oft, wo es schöner ist. Im Piemont findet alles malerisch zusammen, denn hier gibt es jene Zutaten, die einen gelungenen Radurlaub ausmachen: schmale Nebenstraßen, Alpenpässe, flache Flusswege. Den Namen trägt die flächenmäßig nach Sizilien größte Region Italiens zu Recht. Er bedeutet aus dem Lateinischen übersetzt »am Fuß der Berge«. In den kommenden Jahren baut man hier die EuroVelo 8 – Mittelmeerroute aus. Sie soll im Luftkurort Limone Piemont beginnen und ab Turin dem Lauf des Flusses Po folgen. Sportliche zieht es in die Alpen, die im Piemont mit dem Monte Rosa bis zu 4634 Meter aufragen. Das bezauberndste Werk hat die Natur mit dem Lago Maggiore geschaffen, an dem

Die Zwillingskirchen S. Cristina und S. Carlo zieren die Piazza San Carlo in Turin.

man ebenfalls gut Rad fahren kann. Das Herz der Region schlägt in und um Turin – auch hier kann man auf den ruhigen Nebensträßchen ausgezeichnet radeln. Bevor es auf das Land hinausgeht, lohnt es sich, sich in der Hauptstadt umzusehen. Viele wissen, dass man am Fluss Po gut Fußball spielt und Autos baut. Doch dass die Altstadt einem Schmuckkästchen gleicht, ist kaum bekannt. Die Piazza San Carlo ist der zentrale Platz. Er wird von den Zwillingskirchen S. Cristina und S. Carlo beherrscht. Ringsum komplettieren herrschaftliche Prachtbauten mit Säulengängen das Bild. Lenkt man den Blick wieder auf den Platz, so sieht man das pompöse Reiterstandbild Caval d'Brons auf einem steinernen Sockel. Es zeigt Emanuele Filiberto, der 1563 den Sitz des Hauses Savoyen hierher verlegte. Wir folgen seinem Blick die von Arkaden begleitete Via Roma hinauf und stehen nach wenigen Minuten ehrfurchtsvoll auf der belebten Piazza Castello. Hier erscheinen die Details noch großartiger. Rechter Hand strebt der mit Figuren ausstaffierte Palazzo Madama dem Himmel entgegen, und auf der anderen Seite zieht der Palazzo Reale alle Aufmerksamkeit an sich. Der Königliche Palast wurde 1997 mit weiteren Repräsentationsbauwerken unter der Bezeichnung Residenzen des Hauses Savoyen in den Status des UNESCO-Weltkulturerbes aufgenommen. Nebenan behütet der Dom in einer Seitenkapelle eines der großen Rätsel der Christenheit – das Turiner Grabtuch.

Im Westen Turins erblickt man das Zackenband der Cottischen Alpen. Das perfekt geformte Dreieck des 3841 Meter hohen Monte Viso überragt die benachbarten Spitzen deutlich. An seinem Fuß entspringt der Fluss Po, der 3600 Meter tiefer und

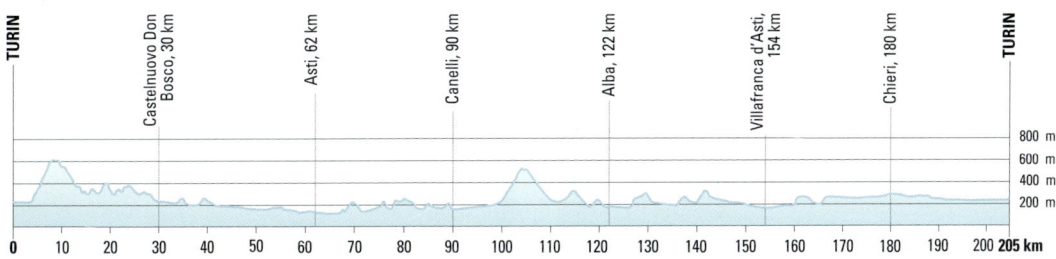

65 Luftlinienkilometer entfernt die Autostadt Turin durchströmt. Hier rollen die Räder leicht über die großzügig bemessene Uferpromenade. Den nächsten Glanzpunkt der Radtour setzt die Basilica di Superga. Sie wacht seit annähernd 300 Jahren auf einer aussichtsreichen Anhöhe über der Großstadt. Der imposante Kuppelbau ist ein Vermächtnis des bedeutenden Barock-Architekten Filippo Juvarra. In der Krypta ruhen namhafte savoyische Könige und Prinzen. Tragische Berühmtheit erlangte der Wallfahrtsberg am 4. Mai 1949. Damals streifte in dichtem Nebel ein Flugzeug des Typs Fiat G.212 die Kirchturmspitze und zerschellte. Bei der Tragödie starben alle 31 Insassen, darunter auch die komplette Profimannschaft des Fußballvereins AC Turin, der in jener Zeit erfolgreichsten Mannschaft des Landes.

Sanft schwingen die Hügel am Horizont und malen das Bühnenbild für Dörfer wie Montaldo Torinese, Castelnuovo Don Bosco und Montafia, die sich hoch oben auf den Hügelkuppen sonnen. Eine wohltuende Ruhe liegt über dem Land, nur das Surren der Fahrradkette ist zu hören. Die Provinz Asti steht für herzhafte Schlemmergenüsse: Überall sieht man idyllische Rebzeilen, die von kleinen Waldflächen durchsetzt sind. In den Hochlagen wachsen Haselnusssträucher, auf den Weiden grasen die weiß-gelblichen Piemonteser Rinder.

Von Asti nach Alba – 60 km Wer den klingenden Namen Asti hört, denkt sofort an aromatische Schaumweine wie Asti Spumante oder Moscato d'Asti. Doch die 77 000-Einwohner-Stadt bietet viel mehr. Unter dem Namen »Hasta« tritt die römische Gründung 89 v. Chr. in das Licht der Geschichte. Im 12. Jahrhundert blühte Asti auf und wuchs zur bedeutendsten Stadtrepublik des Piemonts. Die Gassen sind schmal und bilden ein ineinander verschachteltes Labyrinth. Mittendrin liegt die mit roten Backsteinen errichtete Kathedrale Santi Maria Assunta e Gottardo. Sie überrascht im Inneren mit einer filigranen Rokoko-Ausmalung. Stolz ist man im Tal des Tanaro-Flusses nicht nur auf die bestens erhaltene Bausubstanz, sondern auch auf den »Palio«. Jedes Jahr am dritten Sonntag im September verwandelt sich Asti in eine Historienkulisse, deren Herzstück die Piazza Alfieri ist. Auf dem dreieckigen Platz künden in traditionelle Trachten gekleidete Fahnenschwinger und Trommler ein Pferderennen an.

Links: Viele Ortschaften im Piemont wurden auf Hügeln errichtet.

Rechts: Die Mole Antonelliana in Turin

Angefeuert von 5000 Zuschauern jagen die Jockeys der einzelnen Stadtviertel und umliegenden Dörfer ohne Sattel über die Bahn und bieten ein beeindruckendes Spektakel. Dessen Geschichte reicht bis ins Jahr 1275 zurück. Damals gewann Asti den Krieg gegen die flussaufwärts gelegene Stadt Alba. Beide liegen am Tanaro. Folgte man der A 33, wären dies 25 Kilometer Autofahrt. Doch wir wählen den Weg durch das Hinterland. Die Etappe steigt von 116 Metern bis auf über 524 Meter Höhe an. Nachdem das Tal hinter uns liegt, führt der Weg über mehrere Hügel. Ihre Kuppen sind bewaldet. Darunter sieht man schmale Felder, Wiesen und Rebstockreihen. Die Region heißt Langhe. Ihre Aushängeschilder sind die Weine Barolo, Barbera, Barbaresco und Langhe. Sie krönen auf der Radtour jeden Tag das Abendessen.

Von Alba nach Turin – 83 km Im Herbst, wenn sich die Wälder und Weinstöcke in einen gelb-roten Farbenrausch verwandeln, mausert sich das Piemont zum Pilgerziel für Feinschmecker. In dieser Jahreszeit steht die gesamte Region kopf und feiert auf den gut besuchten Käse-, Wein- und Haselnussfesten die Schätze der Landwirtschaft. Trüffelfans zieht es im Oktober nach Alba. Dort präsentiert man mit dem »Weißen Albatrüffel« den König des Schlaraffenlands, der die norditalienischen Traditionsgerichte mit seinem unverwechselbaren Aroma verfeinert. Wie in Asti gibt es in Alba einen Palio. Man richtet ihn während der Trüffelmesse am ersten Sonntag im Oktober aus. Er heißt Palio degli Asini. Denn hier reitet man auf Eseln, ein humorvoller Seitenhieb auf die Niederlage im Jahr 1275. Das Wahrzeichen von Alba ist die Kathedrale di San Lorenzo Martire. Der im Laufe der Jahrhunderte mehrmals umgestaltete Bau birgt im Inneren ein kostbares Chorgestühl aus Holz und in der Sakristei große Barockschränke.

Wir verlassen die Stadt Richtung Norden und erklimmen hintereinander mehrere Hügel. Im Westen reicht die Sicht bis zur lang gestrecken Alpenkette. Die Fahrt führt von einem herrschaftlichen Weingut zum nächsten. Auch nach Tagen im Piemont trägt man das Gefühl in sich, hinter jeder Hügelkuppe etwas Spannendes zu entdecken. Hier ist es ein Schloss, da ein verwinkeltes Dorf, dort ein wogendes Mohnblumenfeld. Radeln im Piemont: Das bedeutet schauen, schwelgen und genießen.

Die Hängebrücke von Millesimo.

41 EuroVelo 9

Ein Land, eine Woche, ein Traum

schwer 368 km ca. 7 Tage Österreich, Slowenien

Die klassischen Alpenregionen sind Ihnen zu voll? Wie wäre es mit einem Geheimtipp? Slowenien bietet erstklassige Radwege und abwechslungsreiche Natur auf engstem Raum. Die EuroVelo 9 führt fast durch das komplette Land. Unterwegs erlebt man Flüsse, Hügelland, den Karst, und am Reiseziel schlagen die Wellen der Adria ans Ufer.

Von Spielfeld nach Celje – 116 km Lust auf Neuland? Auf ein kleines Juwel? Es erstreckt sich am Ostrand der Alpen: Slowenien. Der Staat war zwei Jahrtausende Spielball europäischer Großmächte: Römer, Goten, Franken und Habsburger drückten der Region ihre Stempel auf. Durch die Wälder streifen bis heute Wölfe, Luchse, Wildkatzen, Auerhähne und Fasane. Auf den Felswänden springen Steinböcke und Gämsen umher. Die Stars sind aber die Braunbären. Der WWF schätzt, dass Slowenien für 300 bis 700 der stolzen Tiere Lebensraum bietet. Alles zusammen eine beachtliche Fülle und dies auf 20 273 Quadratkilometern, einer Fläche so groß wie das Bundesland Sachsen-Anhalt. Hier lockt eine bunte Palette an Naturattraktionen: Berge, Flüsse, Strände, Höhlen, dazu die Pannonische Tiefebene.

1991 kam die politische Wende, Slowenien löste sich von Jugoslawien. 2004 stießen die zwei Millionen Einwohner auf den EU-Beitritt an. 2007 kam der Euro. Seitdem hat man im Hinterland der Adria einiges für Aktivreisende getan. Sowohl Hotels, Campingplätze, Jugendherbergen als auch Bauernhöfe sind auf Radler eingestellt. Zahlreiche Unterkünfte listet die App Slovenia Trails auf. Zudem findet man Routen zum Biken, Rennradfahren und Trekkingradeln. Wer die Vielfalt Sloweniens kennenlernen möchte, sollte die EuroVelo 9 befahren:

Charakter
Die EuroVelo 9 durchquert fast das komplette Land, und man radelt daher auf Radwegen und Nebenstraßen mit den verschiedensten Untergründen. Das Terrain ist teils sehr hügelig.

Wegmarkierung
Die Route ist als EuroVelo 9 markiert. Zusätzlich hilft die App Slovenia Trails Hiking&Biking bei der Orientierung.

Bett & Bike
Radlerunterkünfte über www.hikeandbike.si, weitere Angebote über www.slovenia.info.

E-Bike
E-Bikes sind an der bergigen Strecke gut einsetzbar; Leihstationen über www.steiermark.com.

An- und Rückreise
Spielfeld erreicht man gut mit der Bahn (www.oebb.at). Mit dem Auto sind es von Berlin nach Spielfeld 940 km, von Hamburg 1140 km, von Köln 940 km, von München 460 km. Der Zielort Piran hat keinen Bahnhof. Der nächste befindet sich in der Stadt Koper (www.slo-zeleznice.si; 5 Std. zurück nach Spielfeld).

Information
Slovenian Tourist Board, Dimičeva 13, SL-1000 Ljubljana, Tel. +386/1/589 85 50, www.slovenia.info; www.visitmaribor.si; www.visitljubljana.com; www.hikeandbike.si Zur EuroVelo 9: de.eurovelo.com

Die EuroVelo 9 führt in Slowenien bis ans Mittelmeer.

Tief- und Hügelland, Flüsse, Städte und die Adria prägen den Weg.

Der Fernweg beginnt in Danzig und durchquert Polen, Tschechien und Österreich. Dort überquert er vom Thermenland kommend bei Šentilj die Grenze. Als Erstes geht es durch das Weinhügelland der Štajerska, auf Deutsch Untersteiermark. Radler wechseln vom Tal der Mur hinüber in das der Drau. Hier zwängt sich Maribor mit seinen Kirchen und gepflegten Plätzen in die östlichen Ausläufer der Alpen. Hier schmückt man sich mit zwei Titeln: Alpenstadt des Jahres 2000 und Kulturhauptstadt Europas 2012. Die »Burg in der Mark« erblühte durch den Handel und den Weinanbau. Die Fahrt verläuft im Uhrzeigersinn um das Mittelgebirge Pohorje herum. Auf Deutsch nennt man es Bachergebirge. Seine Hänge sind bewaldet und die Gipfel ragen bis zu 1543 Meter auf. Da sie Richtung Osten hin abfallen, quert die Route mehrere Flüsse. Sie tragen Namen wie Bistrica, Oplotnica und Dravinja. Bei 633 Meter Höhe kippt der Weg und führt bergab in das Becken von Cilli. Dort liegt die mit 50 000 Einwohnern drittgrößte Stadt Sloweniens – Celje.

Im Gestüt Lipica züchtet man seit vier Jahrhunderten die bekannten Lipizzaner-Pferde.

Von Celje nach Rakitna – 130 km Reisende, die Celje besuchen, wollen meist die Burg besichtigen. Aber der Weg zu Fuß dorthin ist schweißtreibend, denn sie sitzt hoch oben über dem Tal. So schreckte man einst Angreifer ab. Doch das wahre Hindernis waren die drei Mauerringe, denn

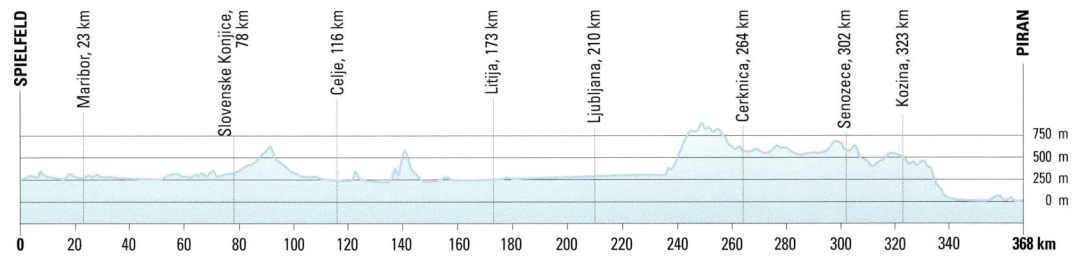

Tour 41 EuroVelo 9

Stari Grad Celje war im Mittelalter die am stärksten befestigte Festung der Gegend. Von oben schweift der Blick hinüber auf die Altstadt mit ihren roten Hausdächern. Wer in die andere Richtung schaut, erspäht den Fluss Savinja. Er schlängelt sich gen Süden davon und nimmt Radler mit in den Ort Rimske Toplice. Dort schaltet man in das kleine Ritzel und erklimmt eine 576 Meter hohe Steigung. Bis zur Hauptstadt Ljubljana hat man 210 Kilometer in den Beinen. Schon immer war sie ein Schmelztiegel verschiedenster Völker. Hier lebten Kelten, Römer, Slawen, Franken, später Habsburger. »Geliebte Stadt« bedeutet der Name, und in der Tat, die Dichte an Sehenswürdigkeiten ist überwältigend. Touristen zieht es zuerst zu den drei steinernen Brücken, nur wenige Meter voneinander entfernt. Einst überspannte hier eine Holzbrücke den Fluss Ljubljanica. Der slowenische Architekt Jože Plečnik fügte im Jahr 1929 die zwei äußeren Übergänge hinzu. Im Norden schließt sich der Prešerenplatz an. Der dominante Bau ist die Mariä-Verkündigungs-Kirche. Sie bildet eine ansprechende Kulisse für Events, denn in Ljubljana finden jährlich 10 000 Veranstaltungen statt: Zu Musik, Theater und bildender Kunst gibt es 14 internationale Festivals. Da ist für jeden was dabei!

Die Stadt ist auch bestens auf Radfahrer eingestellt. Der Index von Copenhagenize bewertet fahrradfreundliche Städte rund um den Globus. 2015 kletterte Ljubljana als Neueinsteiger gleich auf den Rang 13. Es gibt 133 Kilometer Fahrradspuren und 73 Kilometer Fahrradwege. 2016 war Ljubljana sogar EU-Umwelthauptstadt. In den Sommermonaten können Touristen bei Ljubljana Bike-Räder leihen. Die EuroVelo 9 führt am Fluss Ljubljanica vor die Tore der Hauptstadt. Dort stellt sich einem die Frage: ein Schloss oder eine Burg besichtigen? Besonders lohnend ist eine Fahrt durch den Landschaftspark Laibacher Moor, wo man an einer geführten Tour teilnehmen kann. In Podpeč beginnt der schwerste Anstieg der Radtour: 675 Höhenmeter auf 14 Kilometern.

Von Rakitna nach Piran – 122 km In Slowenien kommen 102 Einwohner auf den Quadratkilometer. Doch es geht noch ruhiger – im Karst. Die Region bzw. das Wort bedeutet übersetzt »steiniger, unfruchtbarer

Boden« und gab ähnlichen Landschaften rund um die Erde ihren Namen. Anstatt Feldern bedecken nackte Felsen oder dichte Wälder die Berge und Hügelzüge. Ab und zu sieht man an der Oberfläche eingesackte Trichter, sogenannte Dolinen. Beschilderte Routen sucht man im Karst vergeblich. Aber wer Entdeckergeist mitbringt, der hat seine Freude an den einsamen Straßen. Verborgene Flüsse und Höhlensysteme ziehen sich durch die Unterwelt. Eine der bekanntesten Sehenswürdigkeiten Sloweniens ist die Höhlenburg Predjama. Ihre Erbauer haben sie mit ihren Türmen direkt in den Fels hineingesetzt. Einer Legende nach trotzte hinter den massiven Mauern der Raubritter Erasmus von Luegg einer einjährigen Belagerung. Er versorgte sich durch ein geheimes Höhlensystem. Erst ein Verrat eines Dieners half seinen Feinden, ihn zu töten. Er soll das stille Örtchen markiert haben, das der Ritter stets aufsuchte. Dort erschlug man ihn mit Steinkugelgeschossen.

Ebenfalls spektakulär sind die Höhlen von Postojna (in denen der seltene Grottenolm lebt, ein aalähnlicher Lurch) und die Höhlen von Škocjan. Letztere nahm die UNESCO 1986 in die Liste des Weltkultur- und Naturerbes auf. Der Fluss Reka ist Gestalter der Höhlen. Er fließt 34 Kilometer unterirdisch. Forscher fanden heraus, dass Menschen seit der Mittelsteinzeit vor rund 5000 Jahren in die bizarre Unterwelt vordrangen. Höhlenführer leiten heutige Besucher durch den mystischen Canyon. Das Highlight ist die Cerkvenik-Brücke, die sich in 50 Metern Höhe über den Fluss spannt. Anschließend rollen die Räder hinunter ans Meer. Die letzten Kilometer fährt man auf dem Bahnradweg Parenzana. Er beginnt in Triest und nimmt uns hinter der Hafenstadt Koper mit in die Bilderbuchstadt Piran. Schließlich steuert man eines der Restaurants an, blickt auf den Sonnenuntergang und hebt sein Glas auf Slowenien! Wer möchte, kann in ein paar Jahren von hier aus noch bis zum kroatischen Pula radeln. Was es unterwegs auf der EuroVelo 9 zu sehen gibt, sieht man in diesem Buch bei der Tour 42.

Piran schiebt sich auf einer Landzunge weit ins Mittelmeer hinaus.

Linke Seite oben: Piran ist eines der bekanntesten Touristenzentren Sloweniens.

Linke Seite unten: Mit seinen Gassen lädt Piran zum Schauen ein.

42 Istrien

Küstenperlen und Schlemmerparadies

mittel 280 km ca. 6 Tage Italien, Slowenien, Kroatien

Charakter
In Slowenien radelt man auf asphaltierten Radwegen. In Kroatien ist die Fahrt auf der Parenzana sehr ruhig. Dafür ist der Weg streckenweise ruppig und mit Steinen durchsetzt. Daher ist eine breite Bereifung sinnvoll. Auf dem südlichen Abschnitt nutzt man Straßen.

Wegmarkierung
In Kroatien sind die Radrouten von 001 bis 699 und in Grün, Gelb und Rot markiert. Auf der restlichen Strecke hat der Veranstalter FUNActive Tours den Weg mit Aufklebern gekennzeichnet.

Bett & Bike
Unterkünfte für Radfahrer über www.istria-bike.com oder www.istra.hr.

E-Bike
E-Bikes eignen sich gut, Verleihstellen über www.istria-bike.com.

An- und Rückreise
Mit dem Zug (www.oebb.at, www.trenitalia.com) oder dem Fernbus (www.fernbusse.de) nach Triest. Medulin hat keinen Bahnhof. Daher bucht man am besten den Rücktransfer von FUNActive Tours. Mit dem Auto sind es von Berlin nach Triest 1090 km, von Hamburg 1280 km, von Köln 1080 km, von München 500 km.

Veranstalter
FUNActive Tours hat mehrere Istrien-Radtouren im Programm (inkl. Fahrradverleih und Gepäcktransport). FUNActive Tours, Bahnhofstraße 3, I-39034 Toblach, Tel. +39/0474/77 12 10, www.italybike.info

Information
Italienische Zentrale für Tourismus ENIT, www.enit.de; Slovenian Tourist Board, www.slovenia.info, www.hikeandbike.si; Istria Tourist Board, www.istra.hr; www.parenzana.net; www.istria-bike.com, www.istria-trails.com

Drei Länder teilen sich die Halbinsel von Istrien. Wer hier Fahrrad fährt, kommt aus dem Staunen nicht mehr heraus: traumhafte Buchten, malerische Städtchen und im Hinterland viel Natur. Gewürzt wird das alles mit der mediterranen Küche und erlesenen Weinen. Der Bahnradweg Parenzana führt einen hin.

Von Triest nach Motovun – 122 km Triest, die Hauptstadt der autonomen Region Friaul-Julisch Venetien, liegt strategisch perfekt: im Norden beschützt von den Alpen, im Osten von der slowenischen Karstlandschaft. Gegenüber schlagen die Wellen des Golfs von Venedig ans Ufer und im Süden ragt die Halbinsel von Istrien in die Adria. Bereits die Römer errichteten hier im 2. Jahrhundert vor Christus ein Militärlager. Ihnen

Ein Elefant als Mitbringsel

Die Brijuni-Inseln sind heute ein Nationalpark. Man erreicht ihn per Fähre von Fažana oder Pula aus. Was man hier macht? Baden, Dinosaurierspuren bestaunen oder den rund 1600 Jahre alten Olivenbaum fotografieren. Die Hauptattraktion ist aber der neun Hektar große Safaripark auf der Insel Veliki Brijun. Er ist eine Hinterlassenschaft Titos, denn hin und wieder schenkte ihm ein Staatsgast exotische Tiere. Kenneth Kaunda ließ Moorantilopen aus Sambia hierherschaffen und Seku Ture aus Guinea Bergzebras. Die indische Elefantendame Sony kam von Indira Gandhi. Daneben grasen Nilgauantilopen, Lamas, Zedus und somalische Schafe. www.np-brijuni.hr

folgten Ostgoten, Byzantiner, Langobarden und Franken. Triest ist aber unverkennbar eine Stadt der Habsburger. Hier hatte der Vielvölkerstaat seinen Zugang zur See, fünf Jahrhunderte lang, fast ununterbrochen. Südlich von Triest trifft man auf den Radweg der Parenzana. Er nutzt die Schmalspurtrasse einer einstigen Eisenbahnstrecke, die von 1902 bis 1935 in Betrieb war. Die 123 Kilometer verteilen sich so: 13 Kilometer in Italien, 32 Kilometer in Slowenien und 78 Kilometer in Kroatien. Nach 15 Minuten im Sattel kündet ein blaues Schild mit der Aufschrift SLOWENIA das zweite Land der Reise an.

Linke Seite: Rovinj ist einer der schönsten Plätze in Istrien.

Der Radweg verläuft in einer Senke; ein grüner Vorhang wuchert zu beiden Seiten. Wie schwerelos sausen die Räder über den guten Asphalt. Es ist ein herrliches Gefühl: Der Fahrtwind umweht das Gesicht. Weit holen die Kurven aus, die Steigungen sind sanft. Zeit zum Schauen. Die Parenzana führt auf eine Anhöhe. Als Radler malt man sich aus, wie die Zugpassagiere einst an den Scheiben klebten, ihren Blick auf den Golf gerichtet. Mittendrin ragt ein schlanker Kirchturm auf. Er gehört zur Kleinstadt Izola. Dahinter erkennt man Koper, den Seehafen Sloweniens, und im Norden Triest. Zwei Bahntunnel weiter speichert man in Piran die Etappe auf dem GPS-Gerät ab – 38 Kilometer. Der Tartiniplatz ist die gute Stube der Kleinstadt. Von einem Sockel grüßt der Komponist Giuseppe Tartini herab, mit einem Geigenbogen in der rechten Hand. Der berühmte Sohn der Stadt verneigt sich leicht. Auch wir möchten uns vor der Schönheit des Ortes verneigen. Verneigen vor den bunten Fassaden der Kaufmannshäuser, vor den Gassen, vor der Kathedrale Sv. Jurij, deren Turm an den

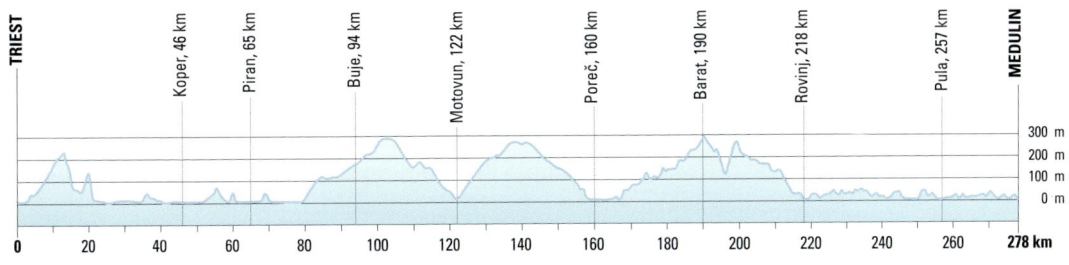

Tour 42 Istrien

Eisenbahnfeeling auf der Parenzana

Die Habsburgermonarchie war zur Mitte des 19. Jahrhunderts am Zenit ihrer Macht. Ihre Ländereien reichten von Böhmen bis in die Bukowina im heutigen Rumänien. Im Süden lag das österreichische Küstenland. Es umfasste die Grafschaften Istrien und Görz sowie die Stadt Triest. Um das Hinterland der Adria zu erschließen, baute man die Lokalbahn Triest – Parenzo; italienisch Parenzana. Die Schmalspurbahn zuckelte zwischen 1902 und 1935 durch die Provinz. Es gab 36 Haltestellen, neun Tunnel, elf Brücken und dazu sechs Viadukte. Seit 2012 gehören sie den Radlern. Der »Weg der Gesundheit und Freundschaft« bringt es auf 123 Kilometer. www.parenzana.net

Markusdom erinnert. Unverkennbar gaben die Venezianer Piran sein Gesicht. Abends steigt man eine Treppe zur Stadtmauer hinauf und staunt weiter, denn oben öffnet sich das Panorama auf das Meer.
Die zweite Etappe ist 65 Kilometer lang. Unterwegs überwindet man mehrere Hügel, zum Schluss geht es nach Motovun hoch. Von den Hügeln ist zunächst nichts zu spüren. Wir verlassen die Altstadt, umkurven eine Bucht und stoppen vor einer dunkel gestrichenen Hütte. Hier erhält man die Tickets für die Salinen von Sečovlje. Ein schnurgerader Stichweg führt mitten hinein. Unter den Fahrradreifen knirscht der Schotter. Rechts und links glänzen rechteckige Wasserbecken im Sonnenlicht. An den Rändern sind sie mit Holz verkleidet. Ab und zu führen Gleise über die Stege. Wo die Becken mit einer zähen, an schmutziges Eis erinnernden Masse gefüllt sind, sieht man Arbeiter. Sie haben Strohhüte auf, ihre Füße stecken in Gummistiefeln und in der Hand halten sie drei Meter lange Holzstecken. Bis heute wird im nördlichen Teil der Einrichtung Salz gewonnen. Man nennt sie Lera; die im Süden Fortanigge. Dazwischen mündet der Fluss Dragonja ins Meer. Von da dringt das salzige Wasser in die Anlage. Es sind die nördlichsten aktiven Salinen im Mittelmeerraum. Saison ist von April bis Ende August. Die Gedanken an die mühsame Salzgewinnung begleiten uns bis zur Grenzstation. Dort zeigen wir den kroatischen Beamten kurz die Pässe und weiter geht es.
Die zwei Millionen Einwohner Sloweniens feierten am 1. Mai 2004 den EU-Beitritt. Kroatien kam am 1. Juli 2013 als bisher Letzter der 28 Mitgliedstaaten dazu. Die 4,2 Millionen Menschen bezahlen weiterhin mit der kroatischen Kuna und sind stolz auf das sauberste Wasser des Mittelmeeres. Dieses muss noch eine Weile auf uns warten, denn die Parenzana schwenkt ins Hinterland. Der Asphalt endet 50 Meter hinter der Grenze. Mit einem großen Knick zieht sich die einstige Bahntrasse bergwärts. Es ist eine Fahrt in die Stille. Teils haben die Arbeiter die Spur aus den Felsen gesprengt. Ein Stück entfernt schlagen die Kronen der sattgrünen Bäume über unseren Köpfen zusammen. Allmählich haben die Beine ihren Rhythmus gefunden. Abseits der Dörfer geht es tiefer in die mediterrane Landschaft hinein. Wir tauchen in dunkle Tunnel ein, spähen von Viadukten in zugewucherte Schluchten, betrachten die bewaldeten Hügelketten. Nach Stunden taucht auf einer der Kuppen das Etappenziel Motovun auf, eine lang gestreckte Häuserwand; Fassade an Fassade. Wir kriechen die Kehren hinauf. Ein Parkplatz verbannt Autos aus der Altstadt. Radler dürfen weiter, holpern unter einem Torbogen hindurch, dann unter einem zweiten. Die Gassen werden schmaler. Schließlich halten die Räder auf 277 Metern, geschafft! Oben schweift der Blick über das Mirna-Tal. An den Hängen um Motovun reifen die Trauben des Motovunski Teran, eines kräftigen Rotweins. Aus den Eichenwäldern kommen Trüffel; die Zutaten für die selbst gemachten Nudeln liefert die Halbinsel. Mehr braucht es nicht für ein typisches Istrien-Essen!

Von Motovun nach Rovinj – 96 km Kroatien überwältigt: Es sind die Farben, das Licht, die Gerüche, die einen in ihren Bann schlagen. Der Verlauf der Parenzana sieht auf der Landkarte aus wie eine Höhenlinie, die sich an den Hügeln entlangschlängelt. Das dritte Teilstück führt mittendurch. Ab und zu kommen uns Trekkingradler oder Biker entgegen, sonst ist es still. Wir lassen es bergab rollen, schauen, genießen. Die Passage auf der Bahntrasse endet in Poreč. In der Küstenstadt, die sich wie eine Nase ins Meer schiebt, leben 17 000 Einwohner. Die Römer gründeten hier ein Lager. Im 4. Jahrhundert n. Chr. richtete Venedig in Poreč einen Flottenstützpunkt ein. Die Völkerwanderung ging auch hier nicht spurlos vorüber, und so geriet die Gegend unter die Herrschaft des Oströmischen Reiches. In jenen Tagen bekam das Wahrzeichen der Stadt, die Euphrasius-Basilika, ihr heutiges Aussehen. Das war im 6. Jahrhundert. Der Sakralbau gehört zu den bedeutendsten Kroatiens. Innen bestaunt man die Stuckaturen und byzantinischen Boden- und Wandmosaike. Die Arbeiten sind so kostbar, das die UNESCO im Jahr 1997 der Kirche mit dem roten Ziegeldach den Titel Weltkulturerbe verlieh.

Auf Nebenstraßen entfernt sich die Radtour abermals vom Meer. Unterwegs schneidet der Limski-Kanal wie ein bewaldeter Fjord in die Hügel Istriens. Aber der markante Meeresarm entstand nicht durch einen Gletscher. Denn hier grub der Fluss Pazinčica das 35 Kilometer lange Lim-Tal und den 10 Kilometer langen Limski-Kanal

Die Parenzana führt über Brücken und durch Tunnel.

aus dem Gestein. Die nächsten Dörfer heißen Mugeba, Fuškulin, Dračevac und Montižana. Bei Kanfanar hat man den höchsten Punkt erreicht und rollt zurück an die Adria. Dort ragt der knapp 60 Meter hohe Turm der Pfarrkirche Hl. Eufemia in den Himmel. Es scheint, als hätte man den dreischiffigen Bau auf die Dächer von Rovinj gesetzt. Von der Meerseite aus ist die Stadt durch einen Felsen geschützt. Darauf bauten die Bewohner ihre Häuser. Touristen betreten die Altstadt durch das Tor von Balbi. Dahinter tut sich der Irrgang der Gassen auf. Rechts? Links? Geradeaus? Egal, wohin man läuft. Überall Leben. Überall neue Eindrücke. Doch keiner der Touristen ist in Eile. Die Einheimischen sowieso nicht. Hier flaniert man, zieht an den pastellfarbenen Fassaden vorüber. Es ist ein Labyrinth aus Souvenirläden, Kirchen, Restaurants, Eisdielen.

Von Rovinj nach Medulin – 60 km Wir verlassen Rovinj und folgen wieder dem Verlauf der Küste. Auf dem Land duftet es nach Kräutern. Entzückt blicken wir über Mohnblumenfelder und steuern an mannshohen Steinmauern entlang. Sie führen uns Richtung Pula. In der 57 000-Einwohner-Stadt ist es vorbei mit der Ruhe. Autos, Lkws und Motorräder lärmen uns um die Ohren. An Radwege hat hier noch niemand gedacht. Man flüchtet zum Amphitheater. Im Jahr 177 v. Chr. eroberten die Römer Istrien und machten den Seehafen zum Zentrum ihrer Colonia Pietas Iulia Pola. Unter Kaiser Vespasian wuchs der Bau zum sechstgrößten seiner Art an. Die Maße? 132 mal 105 Meter und 32,45 Meter hoch. Bis zu 23 000 Besucher fieberten bei den Kämpfen der Gladiatoren mit. Ob sie dabei ein Auge für die zwei Arkadenreihen mit den 72 Bögen

Unterwegs findet man immer schöne Plätze zum Picknicken.

aus weißem Kalkstein hatten? Die blutigen Zeiten sind zum Glück Geschichte. Heute dient das Oval als stilvolle Kulisse für das Filmfestival von Pula. Es nahm seinen Anfang im Jahr 1954 und ist somit das älteste des ehemaligen Jugoslawien. Apropos Jugoslawien. Vor Pula liegen die Brijuni-Inseln. Auf dem Hauptteiland Veli Brijun residierte von 1945 bis 1979 Josip Broz Tito, der Diktator des 1992 zerbrochenen Staates. Der Lebemann hielt sein Land aus den Wirren des Kalten Krieges heraus. 1956 lud er Indiens ersten Ministerpräsident Jawaharlal Nehru und Gamal Abdel Nasser, das Staatsoberhaupt von Ägypten, auf die Inseln ein. Die drei schufen hier die Bewegung der Blockfreien Staaten und bekräftigten so ihre Neutralität gegenüber der NATO und dem Warschauer Pakt. 1972 besuchte Queen Elisabeth II. Jugoslawien. Damals soll sie gesagt haben: »Wenn dieser Mann Mechaniker ist, bin ich nicht die englische Königin.«
Auf dem Festland klettern wir wieder in den Sattel. Die Häuser bleiben zurück; voraus entzückt die von Rissen durchzogene Küste. Überall liegen Felsblöcke in allen Größen. Das Wasser ist klar. Am Ufer, wo man bis auf den Grund sehen kann, ist es hell. Weiter draußen wird es türkis, dann tiefblau. Traumhafte Buchten kommen und gehen. Eine davon gehört zu unserem Reiseziel Medulin. Etwas vorgelagert ragt eine Halbinsel ins Meer hinaus. Hier lässt man sich auf den Strand fallen. Jetzt gibt es kein Halten mehr: Flugs ist der Badedress angelegt und ab ins Wasser! Am Abend sucht man sich in dem kleinen Ferienort ein Restaurant aus und hebt ein Glas auf Istrien. Wahrlich ein verwöhnter Flecken Erde. Hier die verästelte Küste, dahinter das malerische Hügelland mit seinen verschlafenen Dörfern. Über 2300 Sonnenstunden, dazu leckeres Essen – so sieht Urlaub aus!

In der Vorsaison hat man die Strände Istriens noch für sich allein.

43 Transsilvanien und Region Moldau

Radtour durch die Zeit

leicht   233 km   ca. 7 Tage   Rumänien

Charakter
In Siebenbürgen gibt es keine Radwege. Man fährt meist über ruhige Nebenstraßen. Die Landschaft ist wellig, die Steigungen meist sanft. Nur in den Karpaten sind die Anstiege länger.

Wegmarkierung
Die vorgestellte Tour ist nicht markiert.

Bett & Bike
Es ist kein Problem, Unterkünfte sowie einen sicheren Platz für das Fahrrad zu finden.

E-Bike
Die kurzen Etappen schafft man auch ohne E-Bike. Wer auf eigene Faust durch die Karpaten radelt, nimmt vorteilhaft ein E-Bike.

An- und Rückreise
Per Flug, Fernbusfahrt (www.eurolines.de) oder langer Zugfahrt (www.cfrcalatori.ro) nach Sibiu. Mit dem Auto sind es von Berlin nach Sibiu 1420 km, von Hamburg 1700 km, von Köln 1700 km, von München 1230 km. Parkplätze in Sibiu über die App Sibiu City und die Touristinformation in Sibiu (www.turism.sibiu.ro).

Veranstalter
Wikinger Reisen bietet die Tour »Im Takt der letzten Pferdekutschen Europas« (inkl. Reiseleiter, Gepäcktransport, Rädern) an. Wikinger Reisen, Kölner Str. 20, 58135 Hagen, Tel. 02331/90 47 43, www.wikinger-reisen.de

Information
Romania Tourism, www.romaniatourism.com; Sibiu Tourist Information, www.turism.sibiu.ro

Im Südosten Europas liegt eine Gegend so betörend und fremd – Transsilvanien. Dunkle Wälder bedecken lang gestreckte Bergketten. Dazwischen liegen Kirchenburgen und Moldauklöster. Außerdem beflügelt Vlad III. Drăculea die Fantasie. Radler lüften den Vorhang der Geschichte ein wenig und sind dankbar, dass hier vieles noch so ursprünglich ist.

Von Sibiu nach Biertan – 114 km Wer in Sibiu über den Marktplatz spaziert, ist überrascht. Alles erinnert an Österreich. Das Rathaus, die Kirchen daneben und die Patrizierhäuser ringsum. Hermannstadt heißt das Juwel auf Deutsch. Doch wir sind im Herzen Rumäniens und alle Gebäude hat man renoviert. Denn Sibiu war 2007 zusammen mit Luxemburg Kulturhauptstadt Europas. Zu Luxemburg pflegt man enge Beziehungen. In der zweiten Hälfte des 12. Jahrhunderts zogen Siedler aus der Rhein-Mosel-Gegend hierher und gründeten die Stadt. Die Siebenbürger Sachsen errichteten zu jener Zeit sechs weitere Zentren: Kronstadt, Bistritz, Schäßburg, Mühlbach, Broos und Klausenburg. Um das Grenzgebiet gegen feindliche Überfälle aus den osteuropäischen Steppen zu sichern, holte der ungarische König Géza II. gezielt deutsche Siedler ins Land. Das Terrain kam ihnen zur Hilfe, denn die Karpaten gleichen hier einer Festung und umschließen Siebenbürgen. Die eingewanderten

Die geführte Radtour verläuft meist auf ruhigen Straßen.

Bauern und Handwerker genossen besondere Privilegien. So wuchs die Zahl der Neugründungen auf rund 270 Ortschaften an. Hermannstadt blühte im Mittelalter als Handelszentrum auf. Die Befestigungen waren so stark, dass die Türken 1438 ihre Belagerung abbrachen. Papst Eugen IV. bezeichnete Hermannstadt deshalb als »Mauer und Schild der Christenheit«. Später war die Stadt die am besten gesicherte im Königreich Ungarn. Drei Mauerringe mit 39 Türmen schützten das Zentrum. Ende des 17. Jahrhunderts wurde Siebenbürgen ein Großfürstentum im Habsburgerreich und Hermannstadt zeitweise dessen Hauptstadt. Von 1774 bis 1787 war Baron Samuel von Brukenthal der habsburgische Gouverneur. Er trug eine beachtliche Sammlung an Gemälden zusammen, die man heute im Brukenthal-Museum bestaunen kann. Einen Schwerpunkt bilden Werke von Malern wie Jan van Eyck, Rubens, Cranach und Tizian. Dazu gibt es Schöpfungen rumänischer Künstler des 19. und 20. Jahrhunderts zu sehen. Wer sich für die Traditionen und Architektur Rumäniens interessiert, der steuert das ASTRA-Museum an. Dort haben die Betreiber seit der Eröffnung im Jahr 1963 über 400 Denkmäler zusammengetragen. Das Areal umfasst 96 Hektar Fläche und beinhaltet Seen, Bäche und Hügel. Es ist somit eines der größten Freilichtmuseen Europas.

Unsere Radtour führt zunächst Richtung Osten. Wir halten auf die Berge zu. Am Stadtrand vereint sich der Cibin mit dem

Morgennebel über dem Dorf Nucet

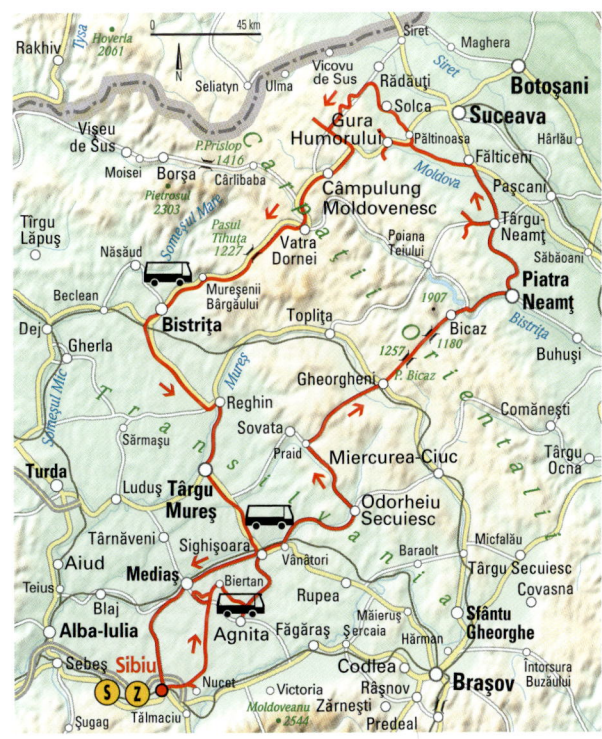

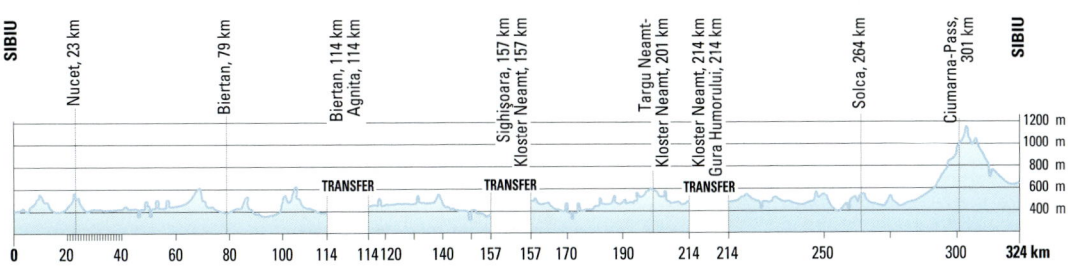

Tour 43 Transsilvanien und Region Moldau

Rechte Seite oben: Hochzeit in der Catedrala Ortodoxă Sfânta Treime in Hermannstadt

Rechte Seite unten: Viele Dorfbewohner in Siebenbürgen nutzen ihre Pferdegespanne bei der täglichen Arbeit.

Harbach. Sein Tal strampeln wir hinauf. Darüber zeichnen sich im Mittagslicht bläulich schimmernde Berge ab: die Südkarpaten. Ihre Gipfel ragen bis 2544 Meter auf. Sie sind wild und geheimnisvoll, und durch ihre Wälder streifen Braunbären, Wölfe und Luchse. Die Karpaten sind ein 1300 Kilometer langes Hochgebirge. Ihre Ausläufer reichen im Nordwesten bis zum Wiener Becken und im Süden bis nach Serbien. Je weiter man sich von Sibiu entfernt und durch die Dörfer Daia, Cornățel und Nucet fährt, desto mehr Pferdekutschen rollen über die Straßen. Die Landschaft erinnert mit ihren Hügeln an Mitteleuropa und ist doch anders. Hier sind die Wiesen voller Blumen. Auf ihnen ziehen Schafe und Rinderherden frei umher. Außen herum flitzen Hütehunde. Ein Hirte hebt die Hand zum Gruß. Meist liegt eine Siedlung in der Nähe. Erst erspäht man den Kirchturm, dann die mit roten Ziegeln gedeckten Häuser. Dazwischen gruppieren sich kleine Gärten. Haferland wird die Region auch genannt. Ihr kultureller Schatz sind die Kirchenburgen.

Vlad III. Drăculea

1890 fand ein Treffen statt, das später in die Literaturgeschichte eingehen sollte. In jenem Jahr erzählte der ungarische Professor Arminius Vámbéry dem irischen Schriftsteller Bram Stoker die Geschichte von Vlad III. Drăculea. Der »Sohn des Drachen« war Herrscher des Fürstentums der Walachei. Der Legende nach soll er im 15. Jahrhundert seine Feinde, die Osmanen, gepfählt haben. Bram Stoker inspirierten die schauerlichen Ereignisse zu seinem Roman *Dracula*. Sieben Jahre schrieb er an dem Werk, das 1897 erschien. Mit dem Grafen Dracula schuf er den berühmtesten Vampir der Welt. Der Stoff wurde mehrfach verfilmt, u. a. mit Max Schreck, Bela Lugosi, Christopher Lee und Gary Oldman.

Von Biertan nach Gura Humorului – 100 km Der Südosten Europas litt jahrhundertelang unter den Angriffen der Mongolen, Türken und Tataren. Sie fielen über die Karpatenpässe in das Land ein, brannten Dörfer und Städte nieder. Weil den Siedlern die Mittel fehlten, komplette Flecken zu befestigen, bauten sie in Siebenbürgen rund 300 Verteidigungsburgen. Nahte ein Feind, zog sich die Bevölkerung in die Wehrkirche zurück. Ringsum

Das Kloster Sucevița gehört wie sieben andere Moldauklöster zum UNESCO-Weltkulturerbe.

verwüsteten die durchziehenden Heere alles, aber im Schutz der Burgen blieb man am Leben. Die Kirchenburgen in Siebenbürgen sind etwas Besonderes. 1993 zeichnete die UNESCO sieben von ihnen als Weltkulturerbe aus: Biertan, Câlnic, Dârjiu, Prejmer, Saschiz, Valea Viilor und Viscri. Die Londoner Mihai-Eminescu-Stiftung bemüht sich um die Erhaltung der Kirche in Viscri. Berühmtester Unterstützer ist Prinz Charles von England. Er unterhält in dem Dorf sowie in Zălan Pensionen. Immer wieder macht er in Siebenbürgen Urlaub und wandert durch die Karpaten. Der Zeitung *The Telegraph* verriet er: »Ich liebe Rumänien. Und vergesst nicht, dass ich eine Urgroßmutter aus Transsilvanien hatte«. Amüsiert ergänzte er: »In meinen Adern fließt das Blut von Siebenbürgen, die Genealogie sagt, dass ich von Vlad III. abstamme.« Eine seiner Leidenschaften ist die Architektur der Kirchenburgen.

Das eindrucksvollste Bollwerk kann man in Biertan fotografieren. Es sitzt auf einer kleinen Anhöhe und wirkt für das Dorf überdimensioniert. Drei Ringmauern und sechs massive Türme schützten die gotische Hallenkirche. In ihr zieht der Flügelaltar alle Blicke auf sich. Aber der Star ist die Tür der Sakristei aus dem Jahr 1515. Ihre Mechanik mit dem automatischen Verschluss und den 19 Riegeln ist so beeindruckend, dass man sie 1889 ausbaute und auf der Weltausstellung in Paris zur Schau stellte. Biertan bietet sich mit seiner guten Infrastruktur als Basis für Ausflüge ins Umland an. Wie wäre es mit einer Fahrt ins Dorf Richiș, wo die evangelische Kirche Besucher anlockt? Reichesdorf nannten die Siebenbürger Sachsen die Siedlung. Die meisten verließen ihre Heimat im Anschluss an die Rumänische Revolution im Jahr 1989. In Siebenbürgen leben heute nur noch rund 16 000 Siebenbürger Sachsen. Oft harren die Alten in den Dörfern aus, pflegen das kulturelle Erbe. Nach Deutschland siedelten bisher 250 000 Mitglieder der Gemeinschaft über. Andere zog es Richtung Österreich, Kanada oder in die USA. In den frei gewordenen Häusern leben jetzt Rumänen und Roma. Die Roma wohnen in größeren Familien zusammen. Es gibt viele Projekte, in denen man versucht, sie für das alte Brauchtum der Region zu faszinieren. Dennoch bleiben ihnen hierzulande viele Berufe verwehrt. So arbeiten sie als Kupferschmiede, Händler und Sammler.

Ein Krieger als Klosterstifter

Rumänien hat etliche Attraktionen zu bieten, etwa die Karpaten oder das Donaudelta. Wenige Besucher haben aber von den Moldauklöstern gehört. Viele gehen auf Stefan den Großen zurück. Glaubt man den Überlieferungen, versprach er für jeden Sieg den Bau einer Kirche oder eines Klosters. Und Stefan verließ oft das Schlachtfeld triumphierend. Er siegte über Ungarn. Er siegte über Polen. Und er siegte über die Türken. Das war im 15. Jahrhundert. Dem Nationalhelden sagt man den Bau von 44 Kirchen und Klöstern sowie zahlreichen Festungen nach. Sein Verbündeter war übrigens Vlad III. Drăculea. Den nicht minder brutalen Stefan sprach man heilig.

Ein Transfer bringt uns nach Sighișoara (Schäßburg). Hier soll der berühmteste Rumäne zur Welt gekommen sein – Vlad III. Drăculea – und hier ist die schauerliche Romanfigur allgegenwärtig. Touristen zieht es zum Draculahaus und auf den Friedhof. Sie fotografieren die Statue von Vlad III. und spazieren zu den Souvenirständen. Dort grinst sie Dracula mit weit aufgerissenem Mund von Tassen an. Es gibt ihn als Puppe oder als Maske zu kaufen. Der eigentliche Grund, hierher zu reisen, ist das historische Zentrum. Es gehört seit 1999 zum UNESCO-Weltkulturerbe. Wer von der Unterstadt in die Oberstadt spaziert, läuft durch das Wahrzeichen Schäßburgs hindurch, den Stundturm. Die Stadtbewohner begannen mit dem Bau des heute 64 Meter hohen Prachtbaus im 14. Jahrhundert. Besonders kostbar ist das eiserne Uhrwerk. Der Handwerksmeister Johann Kirschel versah den Turm zudem mit einer Gruppe beweglicher Holzfiguren. Ein rumänisches Sprichwort lautet: »In Transsilvanien messen die Uhren nicht die Zeit, sondern die Ewigkeit.« Für die Ewigkeit scheinen auch die Klöster in der Region Moldau gemacht zu sein. Um dorthin zu gelangen, geht es per Transfer über die Karpaten. Wir überschreiten im Szeklerland den 1256 Meter hohen Pass Pângarați. Die ungarischsprachige Volksgruppe siedelt hier in den Ostkarpaten. Nun wird einem bewusst, dass Siebenbürgen und Szeklerland 1920 im Vertrag von Trianon an Rumänien fielen. Unsere Fahrt führt vorbei am Mördersee und durch die Bicaz-Klamm hinunter in den Landkreis Neamț.

Von Gura Humorului nach Sibiu – 110 km Die Region Moldau war bis zur zweiten Hälfte des 18. Jahrhunderts Teil des gleichnamigen Fürstentums. Besucher zieht es vor allem hierher, um die Kirchen und Klöster zu besichtigen. Acht von ihnen bilden das dritte Weltkulturerbe der Reise. Was sie auszeichnet, sind die farbenfrohen Malereien, die die Außenfassaden wie auch die Innenräume der Sakralbauten schmücken. Die Dichte auf engstem Raum ist beeindruckend. Wer ein bisschen plant, kann an einem Tag zu mehreren Klöstern radeln. Sie betten sich alle idyllisch in die Natur. Oft hat man sie in einem Tal oder am Rand eines Waldes errichtet. Manche sind von einer massiven Mauer samt Türmen umfriedet. Täglich feiern die Mönche und Nonnen die Messe. Die Geistlichen gehören der Rumänisch-Orthodoxen Kirche an. Besonders stolz sind sie auf das Kloster Voroneț. Wegen seiner kostbaren Fresken nennt man diese Kirche »Sixtinische Kapelle des Ostens«. Die Fresken zeigen Bilder des Jüngsten Gerichts, den Stammbaum von Jesus und die Philosophen des Altertums wie Aristoteles, Platon, Sokrates. Die Farben an den Fassaden sind so eindrucksvoll, dass man vom »Voroneț-Blau« spricht.

Wir treten wieder in die Pedale und steuern von der Stadt Gura Humorului zum Kloster Sucevița, wo der Anstieg hinauf zum Ciumarna-Pass beginnt. In acht Kehren klettert die Straße durch den Nadelwald bis auf 1100 Meter Höhe. Wir schalten am

Fahrrad in den kleinsten Gang, schnaufen nach oben. Die Welt besteht nur noch aus treten und dem Nadelwald ringsum. Einatmen, ausatmen. Frische Bergluft. Mittlerweile haben wir die Bukowina erreicht. Der südliche Teil gehört heute zu Rumänien; der Norden zum ukrainischen Oblast Tscherniwzi. Häufig trennten Kriege komplette Völker und Regionen. In der Bukowina teilte der Zweite Weltkrieg ganze Landstriche und Familien. An der Westseite der Bergstraße lassen wir die Räder die Abfahrt hinuntersausen. Holzhütten tauchen auf, dann die ersten Dörfer. Ihre Namen klingen fremd: Ciumârna, Vatra Moldoviței und Moldovița. Dort erwartet uns das letzte der acht rumänischen UNESCO-Weltkulturerbe-Klöster, ein Frauenkloster. Anschließend fahren wir im Bus über den Tihuta-Pass (Dracula-Pass) zurück nach Hermannstadt. Rumänien bündelt alle Zutaten für einen abwechslungsreichen Urlaub. Es gibt unverbaute Landschaften, ein reiches Kulturerbe und freundliche Menschen. Einige haben wir auf unserer Radtour kennengelernt.

Das Kloster Neamț ist ein rumänisch-orthodoxes Männerkloster und wurde im 14. Jahrhundert gegründet.

44 Toskana

Radeln mit Sonne im Herzen

mittel   206 km   ca. 5 Tage   Italien

Charakter
Die hügelige Tour ist fast komplett asphaltiert. Nur auf den Radwegen gibt es hin und wieder Passagen auf feinkörnigem Untergrund.

Wegmarkierung
Der Veranstalter hat die Strecke mit Aufklebern markiert.

Bett & Bike
Als Radlergebiet gibt es in der Toskana genug Radlerunterkünfte und Fahrradstellplätze.

E-Bike
Weniger Trainierte können beim Veranstalter Radweg-Reisen E-Bikes leihen (siehe auch www.aboutpisa.info).

An- und Rückreise
Mit dem Fernbus (www.fernbusse.de), Flugzeug oder Zug nach Pisa und Florenz (www.oebb.at, www.trenitalia.com; im ÖBB-Nightjet ist Fahrradmitnahme möglich. Zwischen Pisa und Florenz stündlich Regionalzüge. Mit dem Auto sind es von Berlin nach Pisa 1300 km, von Hamburg 1390 km, von Köln 1100 km, von München 720 km. Parken außerhalb des Zentrums Pisas und mit dem Linienbus (www.pisa.cttnord.it) zur ersten Unterkunft (www.aboutpisa.info).

Veranstalter
Radweg-Reisen bietet diverse Tourenpakete an. Radweg-Reisen GmbH, Fritz-Arnold-Str. 16a, 78467 Konstanz, Tel. 07531/81 99 30, www.radweg-reisen.com

Information
Italienische Zentrale für Tourismus ENIT, www.enit.de; Turismo in Toscana, www.turismo.intoscana.it; www.bicitalia.org

Es gibt Landschaften, von denen ein magischer Zauber ausgeht. Landschaften, in die man förmlich eintaucht. Die Toskana ist so eine Region. Dort strampeln Radler staunend durch die Hügelketten. Sie rasten in mittelalterlichen Kleinstädten und steuern den Fluss Arno entlang, an dem sich Pisa und Florenz sonnen. Hinein in den Urlaubstraum!

Von Pisa nach Montecatini Terme – 70 km Pisa – Platz der Wunder. Was für ein Name! Hier ragt der weltberühmte Turm auf oder besser er hängt. Seine Schieflage beträgt exakt 3,97 Grad. Er lockt scharenweise Gäste aus den verschiedensten Ländern an. Sie posieren vor dem Wahrzeichen der Stadt. Der 55 Meter hohe Marmorturm glänzt im Schein der Sonne. Man verbaute ab dem 12. Jahrhundert 14 200 Tonnen des edlen Carrara-Marmors. Die Torre pendente di Pisa ist ein Turm, dessen Glocken lange schwiegen; es drohte Einsturzgefahr. Erst 200 Jahre später vollendete man das Monument mit seinen grazilen Rundbögen. 1987 erhob ihn die UNESCO zusammen mit der Kathedrale, dem Camposanto und dem Baptisterium zum Weltkulturerbe. Hier träumen wir uns hinein in die Toskana. Auf sieben Etappen möchten wir in Schleifen durch ihren nördlichen Teil radeln. 206 mit Sehenswürdigkeiten gespickte Kilometer sind es bis Florenz.

Die erste Etappe verläuft an der Seite des Flusses Serchio in Richtung Norden. Er ist 106 Kilometer lang und hat ein breites Tal in die Hügelketten

gegraben. Dort führt die Route durch Felder und zersiedelte Dörfer in die Kleinstadt Lucca. Wir wählen das südliche von vier Stadttoren und schlüpfen durch die komplett erhaltene Stadtmauer. Die günstige Lage an der Via Francigena, einem Pilgerweg, der vom Frankenreich bis Rom führte, förderte den Handel und ließ die Textilindustrie aufblühen. Im 16. und 17. Jahrhundert bauten die Bewohner Lucca aus. Sie schützten ihre Heimat mit einem 4,2 Kilometer langen Verteidigungsgürtel, den nie ein Feind überwand. Heute gibt es oben auf der Wallanlage einen Radweg. Auf ihm radelt man bequem zwischen den Schatten spendenden Platanen um die Altstadt. Dazwischen erwarten einen lauschige Plätze wie die ovale Piazza dell'Anfiteatro mit ihren Eiscafés und Restaurants. Man kann auf einen der schlanken Türme steigen, die überall aus den Dächern wachsen, oder die Kathedrale San Martino besichtigen. Bei der nächsten Etappe folgen typisch toskanische Bilder: Olivenbäume, charmante Dörfer, die sich die Hügel hinaufziehen, dazu prächtige Villen. Die Route erreicht Collodi. Dort wuchs Carlo Lorenzini auf, der Schöpfer der Abenteuer des Pinocchio. Das Dorf bietet zwei Attraktionen: die Villa Garzoni und den Pinocchio-Park. Der Dichter war als Kind oft im Garten der Villa unterwegs. Diese Zeit prägte ihn so sehr, dass er sich das Pseudonym Collodi zulegte. Man versinkt in eigene Kindheitserinnerungen und kommt eine Tagesreise entfernt nach Montecatini Terme.

Die Kathedrale von Pisa steht auf dem Platz der Wunder.

Linke Seite: Entspanntes Radfahren auf Straßen mit wenig Autoverkehr

Von Montecatini Terme nach Pistoia – 90 km Montecatini Terme verdankt seine Bekanntheit den berühmten Heilquellen. Ende des 19. Jahrhunderts vollendete Giuseppe Verdi in Montecatini die Oper »Othello« und begründete den künstlerischen Ruf der im Norden von grünen Anhöhen umrahmten Kurstadt. Ihm folgten Adelige, Literaten und Hollywoodstars. Auf dem Ortsplan fällt eine große Grünfläche ins Auge, der gepflegte Kurpark mit den Thermalbädern. Die Thermalanstalt heißt

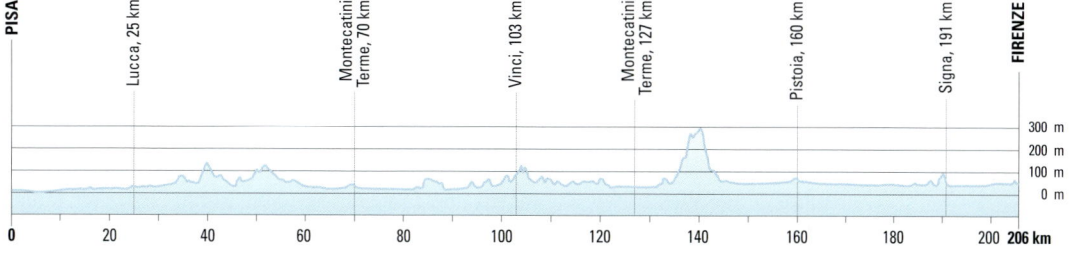

Blick vom Turm des Palazzo Guinigi auf Lucca

Tettuccio und imponiert mit ihren Marmorsäulen. Das heilende Wasser ist nicht der einzige Grund, um nach Montecatini Terme zu reisen. Auch das Umland versprüht seine Reize. Der Kurpark verschwindet im Rücken. Eine ruhige Landstraße führt durch ausgedehnte Baumschulen. Jenseits der Kirche von Stabbia ragt in der Ferne das Zackenband des Apennin in den Himmel. Das Gebirge bildet das Rückgrat Italiens. Im Nordwesten gehen die Berge nahtlos in die Alpen über. Weit im Süden splittet sich der Apennin in kleinere Gebirgsteile auf, um sich auf Sizilien in neue Höhen aufzufalten.

Wir folgen den Wassergräben und erreichen die Gemeinde Vinci. Im Jahr 1452 erblickte Leonardo da Vinci im Ortsteil Anchiano das Licht der Welt. In den steil ansteigenden Gassen lässt es sich gut auf den Spuren des Universalgenies wandeln. Leonardo steckte voller Tatendrang: Er war Ingenieur, Architekt, Anatom, Schriftsteller und ein Wegbereiter der Malerei. Die Stadt widmet ihrem berühmten Sohn zwei Sammlungen. Wir steigen auf den Turm des Castello dei Conti Guidi, in dem das Museo Leonardiano di Vinci untergebracht ist. In den Vitrinen stehen mehr als 60 maßstabsgetreue Nachbauten von Geräten: Bau- und Textilmaschinen, mechanische Uhren, Kriegs- und Fluggeräte. Jedes Modell und jede Entwurfsskizze ist mit handgeschriebenen Anmerkungen des Künstlers versehen. Daneben gibt es Animationen und interaktive Darstellungen. Ringsum staffeln sich Hügel, die wie von einem Renaissancekünstler in Szene gesetzt wirken. Mittendrin erkennt man den Reiseweg. Rechts und links Wiesen mit rotem Klatschmohn. Dazu knorrige Olivenbäume, junge Weintriebe, Zypressen und Pinienalleen. Man könnte ewig so dahinstrampeln – auf und ab.

Rechte Seite: Nächtliche Gassenszene in Lucca

Von Pistoia nach Florenz – 46 km Pistoia ist die Hauptstadt der gleichnamigen Provinz und Ausgangspunkt der letzten Etappe. In der Altstadt schaut und schlendert man von Kirche zu Kirche, von Modeläden zu Antiquitätengeschäften. Sie sind die Vorboten auf das Reiseziel – Florenz (Firenze). Mit dem Fluss Arno an der Seite geht es gen Osten. Das Fahrrad fliegt fast über den platt gestampften Kiesweg. Dann wächst die 400 000-Einwohner-Stadt ins Umland. Bedeutende Künstler hinterließen hier ihre Spuren. So revolutionierte der Florentiner Hofmathematiker Galileo Galilei Anfang des 17. Jahrhunderts die Astronomie. Er bewies, dass sich die Erde um die Sonne dreht und stellte so das kirchliche Weltbild des Abendlands auf den Kopf. Leonardo da Vinci wirkte Jahrzehnte später in Florenz genauso wie Michelangelo, der die kolossale Statue des »David« schuf. Eine Kopie ziert die Piazza della Signoria. Dahinter zieht der Palazzo Vecchio alle Blicke an. Die historische Innenstadt gehört seit 1982 zum UNESCO-Weltkulturerbe. Wer sich vom Fluss her nähert, dem fällt sogleich der Ponte Vecchio auf. Er schwingt sich mit drei Bögen vom Süd- zum Nordufer und verbindet das Forte di Belvedere mit dem Zentrum. Spaziert man nun 100 Meter stromaufwärts, so sind die Uffizien erreicht. Die Gebäude wurden Ende des 16. Jahrhunderts unter der Leitung von Giorgio Vasari erbaut. Heute befindet sich darin eines der bekanntesten Kunstmuseen der Welt. Besucher schreiten fasziniert von Saal zu Saal. Sie schreiten von Botticellis »Die Geburt der Venus« zu Michelangelos »Tondo Doni« und weiter zu Lucas Cranachs »Martin Luther«. Was Touristen nicht schaffen, ist alles zu sehen, denn hier gibt es rund 10 000 Gemälde, 180 000 Zeichnungen und Druckgrafiken.

Zurück am Tageslicht, wechselt man hinüber zur Kathedrale Santa Maria del Fiore. Sie gilt zu Recht als frühe technische Meisterleistung der Renaissance. Der Prachtbau ist 153 Meter lang und 38 Meter breit. Man legt den Kopf in den Nacken und staunt über die 107 Meter hohe Kuppel. Wahnsinn! Eine Radtour durch die Toskana? Gerne wieder. Doch beim nächsten Mal wünscht man sich nur eines – mehr Zeit.

45 Algarveküste

Sonne und Me(h)er

leicht | 233 km | ca. 6 Tage | Portugal

Charakter
Die Tour beinhaltet neben schönen Naturpassagen auch lärmende Stadtdurchquerungen. Der Ausbauzustand variiert von Region zu Region. Teils gibt es Radwege, dann wieder Strecken auf Naturbelag.

Wegmarkierung
Die Route Ecovia do Litoral ist identisch mit der Eurovelo 1 und teils markiert.

Bett & Bike
Für Unterkünfte an der Algarve siehe www.visitalgarve.pt.

E-Bike
Elektroräder sind nur im Hinterland nötig. Fahrräder aller Art kann man bei Martin's E-Bike leihen, Av. Darte Pacheco 48, P-8135-104 Almancil, Tel. +351/308/80 28 30, www.martinsebike.com.

An- und Rückreise
Mit dem Flugzeug nach Faro. Mit dem Auto sind es von Berlin nach Olhão 3000 km, von Hamburg 2800 km, von Köln 2400 km, von München 2550 km. Im Startort gibt es genügend kostenfreie Parkplätze. Am Reiseende kann man von mehreren Bahnhöfen (www.cp.pt) zurück nach Olhão fahren.

Veranstalter
Die Tour beinhaltet Ausflüge zwischen zwei gehobenen Hotels inkl. Gepäcktransport. Man kann die Reise geführt buchen oder individuell der Südküste folgen. WEINRADEL – Reisen per Rad, Weststraße 7, 52074 Aachen, Tel. 0241/87 62 62, www.weinradel.de

Information
Associação Turismo do Algarve, Tel. +351/289/80 04 03, www.visitalgarve.pt; www.visitportugal.com, euroveloportugal.com

Radler, die ihre Saison früh beginnen oder gerne bis in den November reisen möchten, zieht es in den Süden Portugals. Die Sonne scheint hier Jahr für Jahr rund 3000 Stunden. Gut, dass man dort die EuroVelo 1 – Atlantikküsten-Route ausbaut. Sie passiert Steilklippen, Naturschutzgebiete und sehenswerte Städte.

Von Olhão nach Olhão – 118 km Die Algarveküste steht bei Touristen hoch im Kurs: Die einladenden Strände bilden zusammen mit dem warmen, sonnigen Klima jene Zutaten, für die man gerne in den Süden Portugals reist. Dass es dort nun auch einen Mehrtagesradweg gibt, wissen nur die wenigsten. Die vorgestellte Strecke orientiert sich an der Ecovia do Litoral und unternimmt Abstecher und Rundtouren ins Hinterland. Los geht es in Olhão. Die Stadt hat 15 000 Einwohner und liegt an der Sandalgarve. Wer über die Uferpromenade spaziert, sieht jedoch keinen einzigen Strand, nur Segelboote und kleine Fähren. Mit ihnen setzt man auf die vorgelagerten Inseln Ilha da Culatra, Ilha da Armona und Ilha da Barreta über. Sie bilden den südlichsten Punkt des kontinentalen Portugal. Am Allerheiligentag des Jahres 1755 bebte draußen im Atlantik die Erde mit einer Stärke zwischen 8,5 und 9 auf der Richterskala und verwüstete die Landeshauptstadt Lissabon. Auch an der Algarve gab es schwere Schäden. So entrissen die bis zu 20 Meter hohen Tsunamis große Teile des Landes und formten die Inseln. Man schützt sie im Parque Natural da Ria Formosa. Das Feuchtgebiet ist rund 60 Kilometer lang und Heimat von vielen Vogelarten, darunter Flamingos, Störche, Reiher und Enten. Im Ostteil breiten sich beim Ort Suzeta weitläufige Salinen aus. Der Radweg führt mittendurch. Das Weiß der Becken blendet das Auge. Ein komplett anderes Bild vermittelt Tavira. Im 16. Jahrhundert schwang

Der Atlantik hat an der Algarve zahlreiche Buchten ausgespült.

sich die Stadt zum wichtigsten Hafen an der Algarve auf. Zu jener Zeit erblühte der Handel. Begünstigt durch den Reichtum, errichtete man die Misericordiakirche. Sie ist im Inneren mit kostbaren Azulejos ausgestattet. Dabei handelt es sich um die im Lande weitverbreiteten, bunt bemalten und glasierten Keramikfliesen.

Vom Ufer des Rio Séqua setzt sich die Fahrt in einem stetigen Auf und Ab durch Obst- und Gemüseplantagen gen Westen fort. Die sonnenreichen Tage sind zudem ideal für Oliven- und Mandelbäume. Auch Johannisbrot-, Erdbeer- und Orangenbäume zieren die Landschaft. Auf der zweiten Tagesrunde radeln wir zunächst ostwärts. Doch dieses Mal zweigt der Weg bei Fuseta direkt ins Hinterland ab. Ein Anstieg führt hinauf in den Ort Moncarapacho und von dort weiter nach Estoi. Wahrzeichen ist der Rokokopalast mit seinen Gärten. Er wurde vom Vizegrafen José Francisco da Silva errichtet und ist heute ein Hotel. Unser nächstes Ziel ist die Stadt Faro. Sie breitet sich geschützt an einer Lagune aus. Die Lage am Meer zog sie alle an: Phönizier, Römer, Westgoten, Araber. 1249 fiel Faro unter dem König Alfons III. an Portugal. Die Hauptstadt der Algarve imponiert heute mit einem einheitlichen Bild. Die weißen Häuser sind in verschieden große Karrees eingeteilt und mit roten Ziegeldächern gedeckt. Darauf haben Störche ihre Nester gebaut. Unten führen palmenbeschattete Gassen zu Geschäften oder Galerien. Immer wieder laden Cafés oder Restaurants zum Verweilen ein, besonders ansprechend ist es auf dem Platz vor der Kathedrale.

Von Olhão nach Praia de Albandeira – 87 km Die nächste Etappe führt um den Flughafen Faro herum. Über unseren Köpfen starten und landen alle paar Minuten die Ferienflieger. So wie es aussieht, scheint es die Flamingos im Parque Natural da Ria Formosa nicht zu stören. Auf der Fahrt gen Westen wechselt der Ausbauzustand der Ecovia do Litoral ständig. Mal steuern wir auf eigenständigen Radwegen vorbei an Golfanlagen und Nobelhotels, dann wieder auf der Straße im Verkehr. Buchten rahmen Badeorte ein. Mal sind sie charmant, mal schrecken Hochhausbauten ab, an denen man schnell vorüberradelt. Die Ferienorte sind Quarteira, Albufeira und Armação de Pêra. Unser nächster Stopp liegt ruhig in der Natur – die Praia de Albandeira. Dort hat das Meer bizarre Felsformationen aus der Steilküste herausgebrochen. An den Badestränden muss man aufpassen, wo man sein Handtuch ausbreitet, denn die Wellen rollen je nach Gezeiten bis an die hintersten Ecken der Strände.

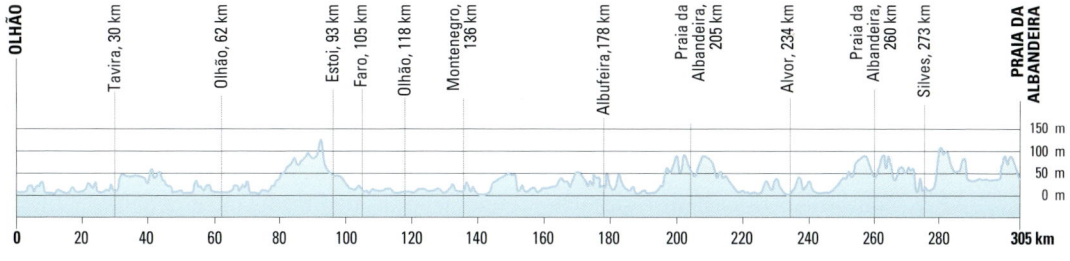

Tour 45 Algarveküste

Das Städtchen Ferragudo sitzt auf einem Hügel und lädt zum Flanieren ein.

Von Praia de Albandeira nach Praia de Albandeira – 100 km Der nächste Abstecher führt ins Hinterland. Ziel der 45 Kilometer langen Schleife ist Silves. Bereits beim Näherkommen imponiert die Stadt mit ihren Kirchen und Häusern, die sich einen Hügel hinaufziehen. Auf der Kuppe thront das Castello. Seit Jahrhunderten schüchtern seine roten Sandsteinmauern und Türme Feinde ein. Der Bau geht auf die Araber zurück. Xelb nannten sie ihre Hauptstadt der Provinz Al-Gharb. Diese war namensgebend für die Algarve. Nach der Besichtigung der Festung spazieren Touristen hinunter zum Parca do Municipio. Sie fotografieren das Rathaus mit dem Arkadengang und schlendern danach zur Kathedrale. Bis ins 13. Jahrhundert stand hier eine Moschee. Deren Fundament überbauten die Portugiesen. Zurück in Praia da Albandeira hat man mehrere Optionen: die Füße hochlegen, die Steilküste entlangwandern oder abermals in die Pedale treten.

Die Ecovia do Litoral führt auf ihrem Weg Richtung Westen ins charmante Ferragudo. Das Bild ziert viele Postkarten und Bildbände: Vorne ankern Boote in einer Bucht des Rio Arade. Darüber klettern die weißen Häuser den Hang hinauf, den eine Kirche abschließt. Am Ortsrand zieht sich ein Sandstrand dem Meer entgegen. Mittendrin wacht das Castello de São João do Arade seit dem 16. Jahrhundert über die Flussmündung. Landeinwärts überqueren wir das Wasser und steuern durch Portimão in das Fischerdorf Alvor. Von dort aus geht die Radroute noch weiter. Aber auf dem Weg nach Lagoa müsste man mit einer stark befahrenen Straße vorliebnehmen. Um diese zu überbrücken, kann man an der Station Portimão in einen Zug steigen. In Lagoa treffen das glorreichste und das dunkelste Kapitel der portugiesischen Vergangenheit aufeinander. Beide sind miteinander verwoben. Den Anfang machte Heinrich der Seefahrer. Er blickt am nach ihm benannten Platz Praça do Infante Henrique von einem Sockel. Heinrich, der Gouverneur der Algarve war, initiierte zahlreiche Erkundungsseefahrten: So umschiffte Gil Eanes an der Nordwestküste Afrikas das sagenumwobene Kap Bojador. 38 Jahre nach Heinrichs Tod erfüllte Vasco da Gama dessen ehrgeizigsten Wunsch: Er segelte bis nach Indien. Wer sich auf dem Platz umsieht, erblickt einen Arkadenbau. Dort fanden die menschenverachtenden Deals mit den Sklaven statt. 1444 brachten die Portugiesen die ersten Schwarzafrikaner von ihren Expeditionen mit. Neben dem Geschäft mit den Gewürzen war der Sklavenhandel die zweite große Einnahmequelle des Landes. Von Lagoa aus haben Radler noch rund 80 Kilometer bis zum Cabo de São Vicente vor sich. Die Südwestspitze des europäischen Festlands ist felsig und baumlos. An der 70 Meter hohen Steilküste sucht man sich eine schöne Stelle aus und wartet unter dem Leuchtturm, bis die Sonne im Atlantischen Ozean untergeht.

Rechte Seite: Sonnenaufgang an der Felsenküste von Praia de Albandeira.

46 Andalusien

Al-Andalus – das kulturelle Erbe der Mauren

leicht | 221 km | ca. 6 Tage | Spanien

Charakter
Andalusien ist bis auf das weitläufige Tal des Rio Guadalquivir gebirgig. Die Strecke ist meist asphaltiert. Gut zum Radfahren eignen sich die ehemaligen zu schönen Naturradwegen umgebauten Bahntrassen, die Vías Verdes (www.viasverdes.com).

Wegmarkierung
Die Route ist nicht markiert.

Bett & Bike
Unterkünfte verschiedener Preisklassen über www.andalucia.org, spezielle Herbergen für Radler gibt es nicht.

E-Bike
Rotalis Reisen hat die Route als Pedelectour im Programm.

An- und Rückreise
Mit dem Flugzeug, Fernbus (www.fernbusse.de) oder Zug (de.oui.sncf, www.renfe.com) nach Málaga. Mit dem Auto sind es von Berlin nach Málaga 2890 km, von Hamburg 2830 km, von Köln 2365 km, von München 2365 km. Parkplätze in Málaga über www.malagaturismo.com.

Veranstalter
Rotalis Reisen bietet die Tour an; mit einem Begleitfahrzeug werden die Vororte der Städte und die schwierigsten Anstiege überbrückt. Rotalis Reisen, Joseph-Haydn-Str. 8, A-4780 Schärding, +43/7712/500 00, oder in Deutschland Tel. 0160/ 95 02 49 38, www.rotalis.com

Information
Spanisches Fremdenverkehrsamt, www.spain.info; Fremdenverkehrsgemeinschaft Andalusien, www.andalucia.org; www.malagaturismo.com, www.visitasevilla.es; www.turismodecordoba.org; www.viasverdes.com

Einsame Bergstraßen, weiße Dörfer, und das reiche Kulturerbe in den Städten Málaga, Sevilla und Córdoba – das alles haben Touristen im Kopf, wenn sie an Al-Andalus denken. Das sonnige Wetter und die milden Temperaturen bilden zudem beste Voraussetzungen für einen unvergesslichen Urlaub mit dem Fahrrad.

Von Cañete la Real nach Arcos de la Frontera – 90 km Wer in Málaga aus dem Flugzeug steigt, schaltet sofort in den Urlaubsmodus. Milde Temperaturen, viel Sonne, dazu die Promenade am Mittelmeer. Was die Touristen, die von hier in Richtung Costa del Sol weiterziehen, oft übersehen, ist die Altstadt. Man bummelt durch die Gassen und erlebt Bauwerke, an denen man die wechselvolle Geschichte der Stadt ablesen kann. Der älteste Komplex ist das Römische Theater, gefolgt von der Palastfestung Alcazaba aus dem 11. Jahrhundert. Jüngeren Datums sind die Burg Gibralfaro und die Kathedrale. Unter den Ausstellungshäusern ragen das Stierkampfmuseum, das Flamencomuseum und das Museo Picasso heraus. Mit einem Kleinbus verlassen wir die Geburtsstadt des Malers und fahren in die Berge. Im Ort Cañete la Real bekommt man die Elektroräder zugewiesen und saust los. Es ist ein Auf und Ab. Wir tauchen in Steineichenwälder und Olivenhaine ein. Das erste Tagesziel ist Ronda. Der steinerne Puente Nuevo teilt den Ort in zwei Hälften. Unter den drei Bögen rauscht der El Tajo durch seine 160 Meter tiefe Schlucht. Das Panorama ringsum ist schier überwältigend. Von den senkrecht abfallenden Felswänden fliegt der Blick über das bergige Land. Im Westen nimmt die lang gestreckte Gipfelkette der Sierra de Grazalema den Horizont ein. Die Kleinstadt liegt auf 723 Metern Höhe und ist durch drei Brücken verbunden. Wer hierher reist, will oft die weiß angestrichene Plaza de Toros sehen. Sie ist mit ihren Toskanischen Säulenbögen einer der ältesten Stierkampfarenen Spaniens. Das Stadion hat einen Durchmesser von 66 Metern und fasst 5000 »Aficionados«. So nennen sich hier die begeisterten Stierkampfanhänger. Während der mehrtägigen Corrida im September ist die Arena bis auf den letzten Sitzplatz ausgebucht. Doch seit Jahren regt sich in Spanien der Widerstand gegen die Kämpfe. 2016 starb Víctor Barrio in der Arena von Teruel im spanischen Aragón vor laufenden Fernsehkameras. Der 29-Jährige war seit über drei Jahrzehnten der erste bei einem Stierkampf getötete Torero.

Ein Transfer bringt uns Radler vor der zweiten Etappe auf die Sierra de Grazalema. Am Himmel sieht man oft Gänsegeier ihre Kreise ziehen, und in den Felsen kraxeln Iberische Steinböcke umher. Vom 1189 Meter hohen Pass Puerto de las Palomas saust man die kurvige Straße zu Tal. Sie ist durch große, weiß angemalte Steinquader gesichert und hangelt sich durch die locker bewaldeten Hänge. Tief unten im Tal leuchtet der verästelte Stausee Embalse de Zahara-El Gastor in den schönsten Türkistönen. Ein Stück oberhalb sitzt Zahara de la Sierra. Der 1500-Einwohner-Ort gehört zu den »Weißen Dörfern«. Sie sind durch die Ruta de los Pueblos Blancos (Straße der weißen Dörfer) miteinander verbunden. Phönizische und römische Siedler errichteten in der gebirgigen Landschaft erste Orte. Als die Mauren hier zwischen dem 8. und dem 15. Jahrhundert das Sagen hatten, bauten sie die Flecken aus. Geblieben ist der Baustil mit seinen weiß gekalkten Häusern und den schmalen, schattigen Gassen.

Mittags nimmt man die Via Verde de la Sierra unter die Räder. Der »Grüne Weg« ist einer von 23 Bahntrassenradwegen in Andalusien und führt auf einer Länge von 36 Kilometern von Olvera nach Puerto Serrano. Im frühen 20. Jahrhundert wollte man den abgelegenen Landstrich der Sierra durch eine Eisenbahnlinie erschließen. Unter der Leitung von General Primo de Rivera planierten Arbeiter eine Trasse durch die trockene Landschaft, höhlten Berge aus und überwanden mit kühnen Brückenkonstruktionen tiefe Täler. Nach dem Sturz der Diktatur lag die Strecke brach, die Bahnhofsgebäude verfielen. Es sind die letzten

Auf dem 1357 Meter hohen Pass Puerto de Las Palomas

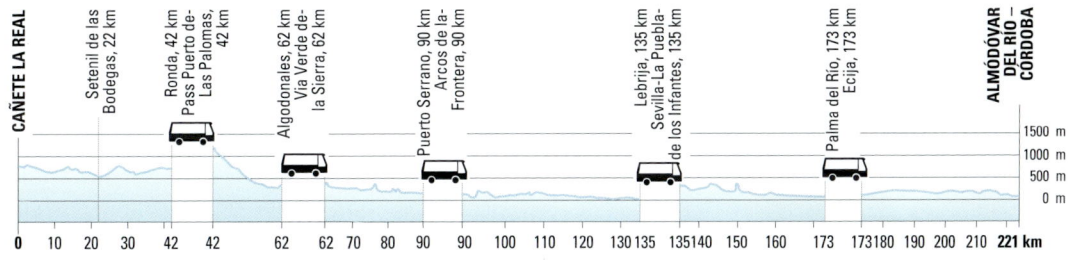

Zeugnisse eines ehrgeizigen Projekts, das man nie zu Ende baute. Heute gibt es in Spanien rund 2500 Kilometer Radwege auf stillgelegten Bahnstrecken. Schweigend lässt man sich treiben. Der feinkörnige Kiesweg senkt sich mit einem sanften Gefälle, schlängelt sich vorbei an träge über die Weide trottenden Kampfstieren und taucht in breite Eisenbahntunnel ein. Sie sind mit Solarmodulen notdürftig ausgeleuchtet.

Von Arcos de la Frontera nach Palma del Río – 83 km Die dritte Etappe beginnt in Arcos de la Frontera. Nach einer Stunde gewinnt die Hügellandschaft an Reiz und mündet in das Weinanbaugebiet von Gibalbin, das durch seine Sherry-Produktion in aller Munde ist. Als wir weiter Richtung Westen in ein tiefes Becken vorstoßen, weichen die Erhebungen zurück. Wir fahren in das Reservat Natural del Complejo Endorreico de Lebrija-Las Cabezas hinein und stoppen an der Laguna de la Galiana. Hier sieht man Entenvögel, Blässhühner, aber auch Flamingos, Reiher, Weißkopfenten und einige Raubvögel. Stunden später erleben wir eine komplett andere Szenerie.

Mit dem Zug geht es entspannt ins Zentrum von Sevilla. Die Plaza del Triunfo ist belebt, denn ringsum gibt es UNESCO-Weltkulturerbestätten. Geradeaus erhebt sich die Catedral de Maria de la Sede, das größte gotische Kirchenbauwerk der Welt. Gegenüber sieht man den turmbewährten Eingang zum Alcázar und daneben liegt das Archivo General de Indias mit seinen kostbaren Dokumenten aus der Kolonialzeit. Im 16. und 17. Jahrhundert war Sevilla der Hauptumschlagplatz des spanischen Seehandels. Die meist schwer beladenen Schiffe kamen den Rio Guadalquivir hinaufgesegelt und löschten ihre in Mittel- und Südamerika zusammengerafften Silber- und Goldladungen an der Torre del Oro, auf Deutsch Goldturm. Den nächsten Kulissenwechsel erfahren wir in der Sierra Morena. Sie erhebt sich nördlich des Río Guadalquivir. Vor dem Fahrradlenker breiten sich dichte Stein- und Korkeichenwälder aus. Die Straßen sind kaum befahren und der Stausee Embalse del Retortillo lässt einen immer wieder zum Fotoapparat greifen.

Von Palma del Río nach Córdoba – 48 km Eine Busfahrt bringt uns von Palma del Río nach Écija – in die Stadt der Türme. Dort beginnt die letzte Etappe. Sie verläuft auf der Via Verde de la Campina und hält die letzten vier Steigungen der Reise parat. Wo bis in die 1970er-Jahren Züge fuhren, strampelt man vorbei an riesigen Solaranlagen, durch Sonnenblumen- und Getreidefelder. Schließlich liegt Córdoba vor uns – das Reiseziel. Der

Orientierungspunkt im Wirrwarr der Straßen der Stadt ist die Mezquita-Catedral. Schon allein die Maße sind beeindruckend: Das Gotteshaus hat eine Länge von 175 Metern, ist 134 Meter breit und wird durch einen Wald aus über 800 Säulen gestützt. Von der hölzernen Decke hängen halbrunde Leuchtlampen ins märchenhafte Säulenmeer herunter, werfen ein dezentes Licht auf die rot-weißen Bögen und leuchten den Marmorboden aus. Die Moschee ist in vier Teile gegliedert. Nach der Reconquista entfernte man zahlreiche Säulen. Das gotische Kirchenschiff setzte man unter dem Habsburger Kaiser Karl V. ein. So wandert das Auge noch heute nach oben, gleitet über goldene Mosaike und erfreut sich an bunten Blumenmotiven – ein wahres Erbe der Menschheit. Überwältigender kann eine Reise kaum enden!

Linke Seite oben: Die Stadt Ronda erstreckt sich erhöht auf einem Bergrücken.

Linke Seite unten: In vielen Orten Andalusiens gedeihen Orangenbäume.

Die Plaza de Toros in Ronda hat ein eigenes Museum.

47 Apulien

Im Rausch der Farben

mittel | 390 km | ca. 7 Tage | Italien

Wer sich nach einem langen Winter im April nach Frühling sehnt, der findet ihn in Apulien. Blühende Macchia, azurblaues Meer. Am Absatz des italienischen Stiefels sind Geschichte und Kultur allgegenwärtig. Das Beste: Die Touristen sind noch nicht da, die Straßen sind leer, die Luft ist angenehm warm. Perfekt zum Radfahren!

Charakter
Die Route zeichnet sich durch eine ruhige Streckenführung und gute Asphaltstraßen aus. Das Terrain ist meist leicht wellig und die Steigungen sind in der Regel moderat.

Wegmarkierung
Der Veranstalter hat die Tour an markanten Stellen mit Aufklebern markiert.

Bett & Bike
Apulien bietet verschiedene Unterkunftstypen an, vom Luxushotel über Ferienwohnungen bis zum Agriturismo.

E-Bike
E-Bike-Verleih über FUNActive Tours

An- und Rückreise
Anreise per Flugzeug nach Bari-Palese oder Brindisi-Casale; per Bahn nach Matera und Lecce. Mit dem Auto sind es von Berlin nach Matera 1860 km, von Hamburg 2020 km, von Köln 1760 km, von München 1270 km. Parken bei der ersten Unterkunft. Wer von Lecce nach Matera zurückfahren möchte, ist auf zwei Bahnen (www.trenitalia.com und www.ferrovieappulolucane.it) angewiesen.

Veranstalter
FUNActive Tours bietet drei Apulien-Radreisen an (inkl. Gepäcktransport, Leihräder u. a.). Transfers zum Flughafen oder Bahnhof sind hinzu buchbar. FUNActive Tours, Bahnhofstraße 3, I-39034 Toblach, Tel. +39/0474/77 12 10, www.italybike.info

Information
www.viaggiareinpuglia.it; Italia – Offizielle Internetseite: www.italia.it; www.enit.it; www.bicitalia.org

Von Matera nach Ostuni – 117 km Die Höhlenwohnungen von Matera wirken so, als wären sie aus der Zeit gefallen. Sie scheinen direkt aus dem nackten Tuffstein zu wachsen und ziehen sich von einem Hügel bis hinab in eine Schlucht. In den 1960er-Jahren lebten hier noch rund 20 000 Menschen. Wie konnte man es in der von der Malaria verseuchten Stadt aushalten? Ohne Strom? Ohne fließendes Wasser? Matera liegt weit im Süden Italiens, in der Region Basilicata. Die Vorfahren des gefeierten Regisseurs Francis Ford Coppola stammen von hier. Er schwärmte: »Wenn man die Basilicata sieht, sieht man Felder, Weinberge und wunderschöne Landschaftsstriche. Man sieht die Welt so, wie sie sein sollte.« Weniger pathetisch beschrieb der Schriftsteller Carlo Lev in seinem Buch *Christus kam nur bis Eboli* die Missstände in der Gegend. Er verbrachte Mitte der Dreißigerjahre ein Jahr der politischen Verbannung in der Basilicata.

Filmfreunde kennen Matera vielleicht, denn hier drehte Mel Gibson den Großteil der Außenszenen seines Filmes »Die Passion Christi«. Auch die UNESCO war begeistert von den Sassi di Matera und erhob die Höhlenwohnungen 1993 zum Weltkulturerbe.

Bis zur nächsten Welterbestätte sind es gerade einmal 70 Radkilometer. Es ist Alberobello. Die Stadt liegt bereits auf apulischem Boden und vermittelt ein komplett anderes Bild. Freundlich, hell, putzig: So könnte man die sonderbaren Kegelbauten umschreiben, von denen sich rund 1400 Stück über die Altstadt verteilen. Die Bewohner nennen die fotogenen Behausungen mit ihren spitz zulaufenden Dächern liebevoll »Trulli«. Die Bauweise, die ohne Mörtel auskommt, geht angeblich auf Gian Girolamo II. d'Acquaviva zurück, der eine königliche Bestimmung aushebeln wollte. Sie besagte, dass man weitere Siedlungen nur mit einer Genehmigung errichten durfte. Um den Erlass zu unterlaufen, schichteten die Einheimischen stets neue Kegelbauten auf, die sie im Fall eines sich nähernden Inspektors rasch wieder abreißen konnten, was Steuern sparte.

Die Andenkenläden und Restaurants der malerischen Stadtteile Aia Piccola und Monti sind keine zwei Kilometer entfernt, da rollt man mitten hinein in ein Apfelbaumblütenmeer. Hier im Valle d'Itria begrenzen aufgeschichtete Steinmauern die Grundstücke. Dazwischen ruht das Auge auf sanft geschwungenen Wiesen, weiß getünchten Trullis, Weizenfeldern und Gärten. In der Weinstadt Locorotondo vertrauen wir uns der Fahrradroute IT1B an. Steil ansteigende Terrassen umgrenzen den beschaulichen Ort. Die Winzer setzen vor allem auf die Weißweintrauben Verdeca und Bianco d'Alessano, für die sie das begehrte DOC-Siegel erhalten haben. Auf der Weiterfahrt wird das Terrain zusehends hügeliger. Vorbei an der Gemeinde Martina Franca hält die Route auf Ostuni zu.

Linke Seite: Die Baia Verde liegt im Osten Apuliens.

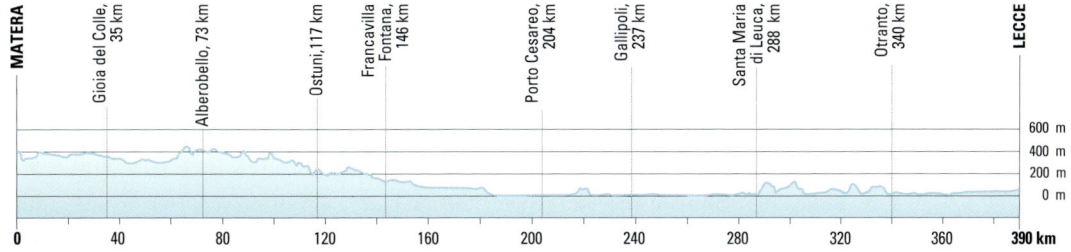

Tour 47 Apulien

Links: In den Städten gibt es allerlei leckere Speisen zu kaufen.

Rechts: Das Zentrum von Alberobello steht unter dem Schutz der UNESCO.

Von Ostuni nach Gallipoli – 120 km Ostuni gleicht einer Festung, die ihr Baumeister auf drei Hügelkuppen gesetzt hat. Wer die ineinander verschachtelten und übereinander getürmten Häuser sieht, muss zudem an Legosteine denken. Die Bewohner haben die Fassaden gekalkt. Daher spricht man von der »Weißen Stadt«. Ringsum dehnt sich eine alte Kulturlandschaft aus. Ihr passt man beim Radfahren seinen Rhythmus an. Der Weg führt durch Weingärten, an Oliven- und Mandelbäumen vorbei. Hinter Avetrana blitzt der Golf von Tarent. Hier entfaltet sich die ganze Pracht der Küste: einsame Sandstrände, Felsenklippen, lauschige Badeorte. Apulien erlebte in den letzten 2500 Jahren eine wechselvolle Vergangenheit. Griechen, Römer, Byzantiner, Normannen sowie Staufer drückten dem strategisch günstig am Mittelmeer gelegenen Territorium ihren Stempel auf. Später regierten hier die Königshäuser Anjou, Aragón, Habsburg und Bourbon. Sie alle hinterließen der Nachwelt bedeutende Bauwerke und schufen damit ein reiches Kulturleben. Ein gutes Beispiel der verschiedenen Einflüsse ist Gallipoli. Griechische Kolonisten gründeten die »schöne Stadt« 265 v. Chr. unter dem Namen Kallipolis. Die Kirche haben die Spanier erbaut, und das Castello Angioino wurde unter der byzantinischen Herrschaft begonnen und von einem Baumeister der Krone Aragóns vollendet.

Von Gallipoli nach Lecce – 153 km Apulien besitzt 800 Kilometer Küstenlinie. Das Gebiet südlich von Gallipoli gehört zu den malerischsten des Landes. Romantiker nennen diesen Abschnitt »Maledivenküste«. Das geschäftige Stadttreiben mit seinen Motorrollern und Kleinwagen liegt rasch hinter uns. Was bleibt, ist das beständige Rauschen der Brandung. In der Tat ist alles so, wie es in den Reiseführern steht: Die Strände sind wie weiß gepudert, das klare Meer schimmert je nach Lichteinfall, mal türkis, mal tiefblau. Das Sträßchen führt an glatt geschliffenen Felsen vorüber, passiert hier einen herrlichen Aussichtspunkt und da eine einsam gelegene Bucht. Die

Rechte Seite: In der verwinkelten Altstadt von Otranto kann man länger verweilen.

Basilika Santa Maria Finibus Terrae – »das Ende der Welt« – bildet den Auftakt zur nächsten Etappe. Vor der im 17. Jahrhundert errichteten Kirche dehnt sich ein weitläufiger Platz aus. Dahinter markiert ein schlanker Leuchtturm das Kap. Rechts breitet sich der Golf von Tarent aus. Linker Hand schlagen die Wellen des Ionischen Meeres ans Ufer. Sie wecken die Vorfreude auf die kommenden Stunden. Baia Verde nennen die Apulier diesen Küstenabschnitt. Er ist gespickt mit großartigen Meeresgrotten, steil in die See abfallenden Kalksteinmassiven und bizarren Karstbögen. In der Luft liegt der Wohlgeruch der Macchiasträucher, die wie gelbe Farbtupfer aus den grünen Hängen leuchten. Dazwischen krallen Pinienwälder und Kakteen ihre Wurzeln in die trockenen Böden. Mittendrin hangelt sich die Panoramastraße von einer Hügelkuppe zur nächsten.

Otranto ist ein weiteres Fischerstädtchen, das zum Bleiben und Flanieren einlädt. Die Kathedrale mit dem bedeutenden Mosaikfußboden, der Hafen und das Castello Aragónese vereinen sich zu einem Kunstwerk, das uns nach der Etappe lange umherspazieren lässt. Am finalen Reisetag sieht das Programm 50 Kilometer vor. Zunächst folgt man noch zwei Stunden der Küste. Dann schwenkt die Tour ins Hinterland ab. In den vergangenen Tagen umrundeten wir den unteren Teil der Region Salento, sprich den Stiefelabsatz Italiens. Nun steht der Schlussakt an und die letzte Perle der Reise – Lecce. Die Hauptstadt der Provinz gleicht einem steinernen Geschichtsbuch. Kunstexperten sprechen hier vom Lecceser Barock. Er geht auf das 17. und 18. Jahrhundert zurück. Der opulente Baustil zeichnet sich durch die Vielfalt der plastischen Dekorationen aus. Am Abend leuchten die Schaufassaden der Paläste goldgelb. Touristen spazieren über die belebten Plätze und tauchen in stille Gässchen ein. Hinter der Basilika Santa Croce stehen sie an einer Gelateria Schlange. Auch wir kaufen uns ein Eis und schlendern weiter. Sieben Tage sind wir durch die mediterrane Landschaften Süditaliens gestrampelt, haben Kirchen besichtigt und uns durch die herzhafte Küche geschlemmt. All das hat Spuren hinterlassen.

48 Sizilien

Im Schmelztiegel der Kulturen

mittel   244 km   ca. 5 Tage   Italien

Charakter
Die ruhige Strecke führt oft bergab oder ist flach; sie ist komplett asphaltiert und weist zwei längere Steigungen auf, die aber nicht steil sind. In den Städten geht es oft lebhaft zu.

Wegmarkierung
Der Veranstalter FUNActive Tours hat die Route mit Pfeilsymbolen markiert. Zwischen Donnalucata und Syrakus hilft zusätzlich die lokale Radbeschilderung.

Bett & Bike
Auf www.medinbike.eu sind einige Bike-Hotels aufgelistet.

E-Bike
E-Bike-Verleih über FUNActive Tours.

An- und Rückreise
Per Flug nach Catania. Bei der langen Anreise mit dem Zug (www.trenitalia.com und www.nightjet.com) oder Bus (www.fernbusse.de) empfiehlt sich eine Zwischenübernachtung. Mit dem Auto sind es von Berlin nach Palazzolo Acreide 2360 km, von Hamburg 2570 km, von Köln 2260 km, von München 1800 km. Im Startort parkt man bei der ersten Unterkunft.

Veranstalter
FUNActive Tours bietet drei Strecken auf Sizilien an, darunter »Durch die Barockstädte Siziliens« (inkl. Gepäcktransportort und Leihräder), Transfers zum Flughafen zubuchbar. FUNActive Tours, Bahnhofstraße 3, I-39034 Toblach, Tel. +39/0474/77 12 10, www.italybike.info

Information
Italia – Offizielle Internetseite: www.italia.it; Italienische Zentrale für Tourismus ENIT, www.enit.it; www.medinbike.eu; www.bicitalia.org

Jahrtausendelang drückten fremde Völker Sizilien ihren Stempel auf und hinterließen wahre Kulturperlen. Radler, die den Südosten der größten Mittelmeerinsel bereisen, erliegen rasch ihrem Charme: Leckeres Essen, schöne Landschaften und dazu sehenswerte Städte – hier findet jeder das Passende.

Von Palazzolo Acreide nach Pozzallo – 96 km Die größte Mittelmeerinsel bedeutet alles in einem: Mafia, Badestrand, Kulturperle. Sizilien ist grün, mediterran, mal laut, mal leise. Sizilien ist vor allem ein erstklassiges Ziel im Frühling. Mächtig wacht der 3323 Meter hohe Vulkan Ätna über der

Landschaft. Ihm zu Füßen stehen sich unzählige Sträßchen in alle Himmelsrichtungen davon. Auf ihnen radelt man von einer Attraktion zur nächsten. Radfreundlich ist das Terrain im Südosten der Insel. Dort liegen die acht spätbarocken Städte des Val di Noto, die seit 2002 zum UNESCO-Welterbe gehören. Vier dieser Schmuckstücke möchten wir auf der Reise kennenlernen: Noto, Scicli, Módica und Palazzolo Acreide. Hier startet unsere Tour in 670 Metern Höhe. Syrakuser Einwohner gründeten die Stadt unter dem Namen Akrai im Jahr 664 v. Chr. Mit ihr wollten sie den Handel im Binnenland Siziliens schützen. Heute liegt das antike Zentrum ein Stück außerhalb. Archäologen haben bisher ein 36 Hektar großes Ausgrabungsgebiet erforscht und entdeckten zwei Tempel, einen dorischen Aphroditetempel und einen Feralitempel.

Daneben führen dunkle Wohnhöhlen in den Untergrund hinein. Gut erhalten ist das griechische Theater. Es entstand unter Hieron II., König von Syrakus, und bot 600 Zuschauern Platz. Das Auge steigt die Sitzreihen empor. Zwölf Stufen. Oben, wo das Grau der glatt geschliffenen Steine in eine blühende Wiese mündet, verharrt der Blick. In der Ferne, weit im Norden, glänzt der Schnee überzuckerte Kegel des Vulkans Ätna. Wir spazieren zu den Fahrrädern, treten in die Pedale und folgen dem leicht bergab führenden Fahrsträßchen ins Val di Noto. Es ist eine Seelenlandschaft, die uns sofort in ihren Bann schlägt. Steinmauern begleiten das Asphaltband rechts und links. Sie fassen Weideflächen und Olivenbäume ein. Dort, wo es das Terrain zulässt, dehnen sich Felder aus. Die milde Luft ist erfüllt vom Duft der Wildkräuter und Blumen, die wie bunte Farbtupfer das offene Hügelland überziehen.

Abends, wenn die Schatten nach den Niederungen greifen, ist mit Módica das zweite Barockjuwel erreicht. Die Räder kommen am Aussichtspunkt Collina dell'Itria zum Stehen. Unter uns zieht sich, vom Licht der tief stehenden Sonne in Szene gesetzt, ein Häusergewürfel die umliegenden Hänge hinauf. Am 9. Januar 1693 bebte der Boden Siziliens, Gebäude stürzten ein, komplette Orte verschwanden von der Bildfläche. Nach der Tragödie, bei der rund 60 000 Menschen ums Leben kamen, erfolgte der Wiederaufbau, so auch in Módica. Die Bewohner legten neue Straßenzüge an, errichteten Kirchen und schmucke Palazzi. Wohin wir den Kopf drehen, sehen wir Barockelemente, Fabelwesen und ausladende Balkone – nichts war der reichen Obrigkeit zu teuer. Módica ist berühmt für seine Schokolade. Die Spezialität, die auf alte Rezepte der Azteken zurückgeht, zeichnet sich durch einen hohen Kakaoanteil,

Linke Seite: Sizilien empfängt Radler im Frühling mit blühenden Landschaften und ruhigen Straßen.

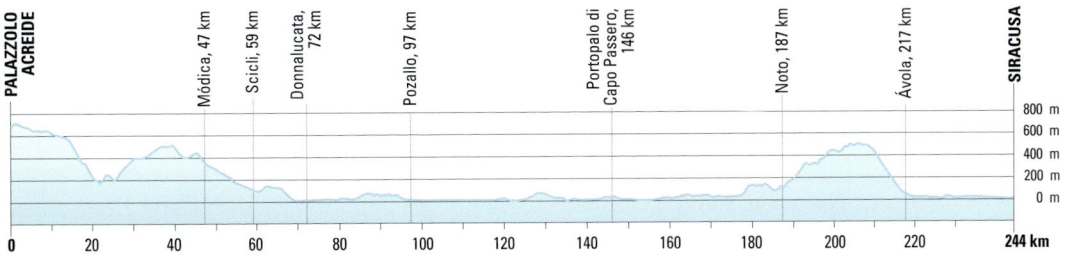

Sizilien für Entdecker

Die größte Insel des Mittelmeeres gleicht einem kleinen Kontinent. Hier gibt es einiges: lauschige Buchten, Vulkane, fruchtbare Flächen und ruhige Mittelgebirge. Nur Flachland ist selten. Radler finden hier schier unbegrenzte Möglichkeiten für Touren; die vorgestellte ist eine der leichtesten. Beliebt ist eine Mehrtagesrunde um den Vulkan Ätna. Man kann sogar hoch oben auf einer Piste durch die Lavafelder fahren. Rennradler zieht es an die Nordküste. Dort steigen die Berge unmittelbar von der Küste an und bieten ein Traumrevier für Kletterziegen. Im Süden hat man die Route Medinbike (www.medinbike.eu) markiert, die Trapani mit Syrakus verbindet.

viel Kristallzucker und erlesene Gewürze aus. Eine der besten Adressen vor Ort ist der Laden L'Antica Dolceria Bonajuto am Corso Umberto I. Auf den holzverkleideten Auslagen stehen kleine Tafeln neben Probierschüsselchen. Man kauft Schokolade und radelt weiter gen Süden.

Das Sträßchen Via Comunale Fiumara folgt einem Wasserlauf nach Scicli hinein – die dritte Welterbestadt der Reise, wieder mit barocker Pracht. In Sizilien pflegt man seine Traditionen, so auch in Scicli. Jedes Jahr im März zieht beim Ritt des San Giuseppe ein Fackelzug durch die Altstadt. Da Radler in der Regel erst später im Jahr über die Insel steuern, ist das Fest der Madonna di Milici im Mai der bessere Tipp. Es erinnert an die Schlacht der Sarazenen und der Normannen. Serienfans kennen das im Stil der Neorenaissance erbaute Rathaus nur zu gut. Denn hier befindet sich in der Verfilmung der Kriminalromane von Andrea Camilleri die Dienststelle von Salvo Montalbano. Weitere Drehorte entdecken Filmliebhaber in Madica, Ragusa und an der Küste. Der Commissario hat eine Schwäche für die sizilianische Küche, von der man sich als Radler nur all zu gern anstecken lässt. Montalbano freut sich auf das Essen, und wir können es kaum abwarten, am Meer zu stehen. Nach zehn genussvollen Kilometern ist es so weit, dann blitzt es hinter den flachen Dünen hervor. Friedlich liegt es da. Aquamarinblau.

Von Pozzallo nach Noto – 91 km Pozzallo ist ein typisches Küstenstädtchen an der Südküste Siziliens. Die Straßen des schachbrettartigen Zentrums laufen alle auf die Kirche San Pietro zu. Wer von dort zum Meer spaziert und dort nach rechts, kommt zu dem kleinen Hafen. Er ist heute bekannt aus den Nachrichten, denn die italienische Marine und Küstenwache bringen hier in Pozzallo immer wieder Flüchtlinge an Land. Bedrückt radelt man weiter die Küste entlang, vorbei an Ferienanlagen, Stränden, Eisdielen. Das Capo Passero markiert die Südostspitze Siziliens. Hier trifft das Libysche Meer auf das Ionische Meer. Zehn Kilometer nördlich ist das Naturreservat Riserva naturale orientata Oasi faunistica di Vendicari erreicht. Hinter dem sperrigen Namen verbirgt sich das mit 1450 Hektar wichtigste Feuchtgebiet der Insel, denn hier mündet der Fluss Tellaro ins Meer. Seine Sedimente bildeten Pantani, kleine Seen, die sich in die weitläufigen Dünen betten. Hier wachsen Binsen, Schilf und Riedgras. Darin streifen Stachelschweine und Sumpfschildkröten umher, stellen Füchse Kaninchen nach.

Unser nächstes Ziel ist Noto. Die Stadt lag einst sechs Kilometer entfernt und wurde im 5. Jahrhundert v. Chr. von den Sikelern gegründet. Als die Araber Sizilien in drei Verwaltungsbezirke unterteilten, war Noto eine der Hauptstädte. Bis ins Jahr 1091 befand sich hier die letzte muslimische Bastion in Italien. Die Insel liegt an der Nahtstelle von der Eurasischen, Apulischen und Afrikanischen Platte. Diese drängt nach Norden, faltet die Berge auf und ist auch für den Vulkanismus in der Region verantwortlich. Immer wieder entladen sich die Spannungen in schweren Erdbeben, so wie in jenem des Jahres 1693. Es zerstörte mehrere Orte fast komplett, darunter auch Catania, Ragusa und Módica. In Noto war es derart schlimm, dass man sich für einen Neuanfang entschied. So entstand die Stadt unter der Federführung Rosario Gagliardis an anderer Stelle neu. Der Baumeister plante breite, von Barockbauten flankierte Prachtstraßen. Üppig ausstaffierter Barock begegnet einem an vielen Stellen Siziliens, doch nirgendwo ist er so präsent wie in der 24 000-Einwohner-Stadt. An jeder Ecke stößt man auf liebevoll ausgearbeitete Details: Schmiedeeiserne Geländer verzieren die vielen Balkone, prächtige Treppen führen zu Villen und Palazzi. Die Schaufassaden der Kirchen richtete man gen Südwesten, zur Sonne hin aus. Die UNESCO begründete ihre Entscheidung, das Val di Noto 2002 zum Weltkulturerbe zu erheben, so: »Die Städte des Val di Noto stellen den Höhepunkt und die letzte Blütezeit der Barockkunst in Europa dar. Die acht Städte im Südosten Siziliens, die charakteristisch für das Siedlungsmuster und die Stadtform dieser Region sind, sind ständig durch Erdbeben und Ausbrüche des Ätna bedroht.« In Noto hat man die Kathedrale am reichsten dekoriert. Zu ihrem Portal führt eine Freitreppe, die allabendlich zur Bühne wird. Wenn die Nacht über Noto hereinbricht, flanieren elegant gekleidete Sizilianer von allen Seiten herbei und lassen sich auf den beleuchteten Stufen nieder.

Von Noto nach Syrakus – 57 km Auf dem finalen Teilstück treten wir am Stadtrand ein letztes Mal hinaus in die karge Landschaft der Monti Iblei. Inmitten der Hochfläche schneidet der zehn Kilometer lange Canyon Cavagrande 250 Meter tief ins Kalkgestein. Sattgrüne Büsche krallen ihre Wurzeln in die Abhänge. Dazwischen rauscht der Fluss Cassibile durch sein felsiges Bett. Freudig radeln wir wieder los, denn die Straße kippt zur Küste hin ab. Die Räder nehmen Geschwindigkeit auf, Kurve um Kurve. Der Fahrtwind fährt angenehm unter den Helm. Er fächert die

Módica ist eine der spätbarocken Städte des Val di Noto, die zum UNESCO-Welterbe erklärt wurden.

Der Erste Punische Krieg

Zwischen den Jahren 264 bis 241 v. Chr. flammte im Mittelmeer der Erste Punische Krieg auf: Rom gegen Karthago; die junge Republik gegen die See- und Handelsmacht aus Nordafrika. Die Schauplätze waren Korsika, Sardinien und Sizilien. Nach mehreren riesigen Seeschlachten fiel Sizilien als begehrte Beute an die Römer. Diese holzten das Inland großflächig ab und verwandelten es zur Kornkammer ihres aufstrebenden Reichs. Die Herren vom Tiber regierten ihre erste Provinz bis 440 n. Chr. und hinterließen bedeutende Kulturschätze. Dazu gehören die Villa Romana Casale bei Piazza Armerina und die Villa Tellaro bei Noto.

Der Dom von Palazzolo Acreide hat eine große Freitreppe.

salzige Brise des nahen Meeres in die Nase. Die ersten Häuser tauchen auf. Sie gehören zur Stadt Ávola. Dahinter liegt ein großes Obstanbaugebiet. Als die Araber im 9. Jahrhundert das Heft auf Sizilien in die Hand nahmen, veränderten die mitgebrachten Nutzpflanzen das Bild der Insel. Unter anderem fanden Orangen, Zitronen, Dattelpalmen, Zuckerrohr und Baumwolle ideale Wuchsbedingungen vor, von denen die Landwirte heute noch profitieren. Stunden später schwebt die Silhouette von Syrakus über dem Wasser einer Bucht. Wir sind am Ziel.

Das Herz der Stadt schlägt auf der Insel Ortygia. Die strategische Lage des geschützten Naturhafens und die benachbarten Mündungen der Flüsse Anapo und Ciane waren für die Griechen im 8. Jahrhundert v. Chr. ausschlaggebend dafür, hier eine Kolonie zu gründen. Das Machtzentrum erblühte, zog Geistesgrößen wie Platon, Archimedes und Aischylos an. Danach prägten Römer, Byzantiner, Araber, Normannen, Staufer und Spanier das Leben in Syrakus. Die Ruine des Apollontempels und das Theater stammen aus der griechischen Epoche. Roms Herrschaft hinterließ ein Amphitheater und die weitverzweigten Katakomben. Das Castello Maniace erinnert an die Regentschaft Friedrichs II., und der mehrfach umgestaltete Dom erhielt sein heutiges Bild in der Barockzeit. Er ziert die lang gestreckte Piazza del Duomo. Wer die von den Statuen der Apostel Petrus und Paulus flankierte Freitreppe hinaufschreitet, betritt besonderen Boden. Bereits vor 2700 Jahren stand hier ein Athena-Heiligtum, in das man im 7. Jahrhundert eine christliche Kirche hineinbaute. Damals ummauerte man die dorischen Säulen des Siegestempels, die noch heute gut sichtbar aus der Seitenfassade hervorragen. Wer das Völkergemisch von Siracusa hautnah erleben möchte, der spaziert durch das Gassengeflecht zum dicht umdrängten Markt. Die Verkäufer bieten all die köstlichen Früchte feil, die in den verstrichenen Tagen unseren Weg begleiteten: Orangen, Zitronen, Tomaten, Oliven, Erdbeeren, Trauben. Dazu gibt es Backwaren, Käse, Wurst und importierte Gewürze. Fischhändler preisen lautstark den Fang an. Im Kopf nehmen wir diese Bilder mit nach Hause, ebenso die mediterranen Frühlingslandschaften, den weiten Himmel und das Meer. Sizilien im April per Fahrrad erkunden – ein Traum!

In Palazzolo Acreide gibt es mehrere Aussichtspunkte auf die Stadt mit ihren vielen Kirchen.

49 Dinarisches Gebirge und Skutarisee

Geheimtipp im Südosten Europas

schwer 622 km ca. 12 Tage Montenegro

Charakter
Der Rundkurs verläuft auf ruhigen Straßen und Nebenwegen. Längere Abschnitte legt man auf den Toptrails zurück. Diese fünf Touren verlaufen meist auf Asphalt oder breiten Schotterwegen. Montenegro ist sehr bergig, und die einzelnen Steigungen sind oft sehr lang.

Wegmarkierung
Die fünf Toptrails sind markiert. Dennoch sollte man die GPS-Daten aus diesem Buch benutzen.

Bett & Bike
Für Fahrradfahrer hat man spezielle Bed & Bike-Betriebe mit den gleichen Standards wie in Deutschland eingerichtet.

E-Bike
Für die steigungsintensive Route sind E-Bikes ideal, eigenes Elektrorad mitnehmen.

An- und Rückreise
Mit dem Flugzeug nach Podgorica oder Tivat. Von München, Zürich und Wien per Zug über Belgrad nach Montenegro (www.oebb.at, elvira.mav-start.hu, www.zcg-prevoz.me). Fernbusse nach Montenegro über www.eurolines.de. Mit dem Auto sind es von Berlin nach Podgorica 1800 km, von Hamburg 1980 km, von Köln 1800 km, von München 1180 km. Parkplatzinfos über www.podgorica.travel. Von Kotor zurück nach Podgorica muss man sich ein Taxi mieten.

Information
Nationale Tourismusorganisation von Montenegro, www.montenegro.travel; www.bjelasica-komovi.me; www.eurovelo8.com/countries/montenegro

Radler, die ein wenig Entdeckergeist mitbringen, werden von der Vielfalt Montenegros begeistert sein: Das ehemalige Königreich verspricht auf engstem Raum einsame Bergregionen, tiefe Canyons und gleich sechs Nationalparks. Malerische Küstenstädte, die so manchen kulturellen Schatz hüten, runden eine erlebnisreiche Reise ab.

Von Podgorica nach Žabljak – 214 km Touristen, die Montenegro bereisen, unterteilen sich in zwei Gruppen. Jene vor einer Radtour und die anderen danach. Denn wer die Hauptstadt Podgorica ansteuert, hat den Kopf voller Vorurteile und Fragen: Gibt es dort ruhige Radrouten? Kann man auch entspannt reisen? Wie sind die Menschen? In dem Land, das mit seinen 13 812 Quadratkilometern flächenmäßig gut in das Bundesland Schleswig-Holstein hineinpasst, gibt es fünf Toptrails. Diese wurden 2010 zwar für Mountainbiker angelegt, doch der Großteil lässt sich problemlos mit einem Trekkingrad befahren. Ein bisschen planen und schon ergibt sich eine abwechslungsreiche Rundtour. Wir strampeln hinter Nikši, der zweitgrößten Stadt Montenegros, auf die weite Hochebene von Lovac hinauf. Die Bergstraße ist ein Traum. Sie gehört zur Tour Nr. 4. Der Tourismusverband umwirbt die Route mit dem Titel »Unendliche Landschaften« – vom Steinmeer zum Grasmeer. Die schmale Straße windet sich durch die weite Wiesenlandschaft, die von großen Steinblöcken übersät ist. Gelegentlich sieht man Einsiedlerhöfe, deren Bewohner dem kargen Terrain in mühseliger Arbeit kleine Felder abgerungen haben. Schließlich ist auf 1487 Metern Höhe der Pass erreicht und die Nebenstraße stürzt sich ins nächste Tal hinunter.

Jede Kurve bringt neue spektakuläre Bilder. Anschließend zieht sich der Weg in einen dichten Laubwald hinein. Wo die Bäume zurückweichen, fällt der Blick in eine tief eingeschnittene Canyonlandschaft. Bereits nach wenigen Stunden sind die Zweifel beseitigt. Überall schauen einem die Montenegriner neugierig nach, halten auf der Straße respektvoll Abstand und winken freundlich. Die Wege sind besser als erwartet, die Berglandschaft und die langen Anstiege sind im wahrsten Sinne des Wortes atemberaubend. So radeln wir auf geschotterten Forstwegen durch den Piva-Canyon. Man staute ihn 1976 mit der 220 Meter hohen Mratinje-Talsperre auf. So entstand der mit 33 Kilometern längste See Montenegros.

Montenegro hält viele einsame Straßen und Pisten für Radler bereit.

Sein Wasser leuchtet türkis. Daraus wachsen die Berge steil empor. Den malerischen Anblick muss man sich als Radler aber erst erarbeiten. Die höchste Stelle passieren wir auf dem 1908 Meter hohen Sedlopass. Er liegt im Durmitor-Nationalpark, der seit 1980 zum UNESCO-Weltnaturerbe gehört. In dem Bergmassiv ragen 48 Gipfel über die 2000-Meter-Marke hinaus. Ihr König ist der Bobotov Kuk mit 2522 Metern.

Von Žabljak nach Virpazar – 184 km Die 623 000 Einwohner nennen ihre Heimat Montenegro auch Crna Gora, was beides so viel wie Land der schwarzen Berge bedeutet. Es blickt auf turbulente Zeiten zurück. Meistens wurde die Gegend von fremden Mächten regiert – als Spielball der großen Imperien Europas hin- und hergezerrt. Römer und Türken drückten der Region jahrhundertelang ihren Stempel auf und hinterließen gleichzeitig beeindruckende

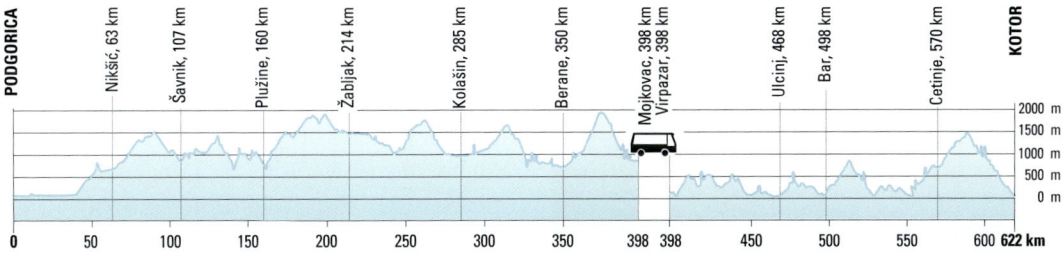

Tour 49 Dinarisches Gebirge und Skutarisee

kulturgeschichtliche Denkmäler. Später schauten Venedig, Frankreich und das Habsburgerreich vorbei. Die 1910 erlangte Selbstständigkeit Montenegros, das man in jenem Jahr zum Königreich erhob, währte nur kurz. Bereits nach dem Ersten Weltkrieg wurde es Teil des Vielvölkerstaats Jugoslawien. Am 3. Juni 2006 war es dann so weit, man löste sich von Serbien – und die Welt war wieder um einen Staat reicher.

Im Norden liegt Žabljak. Die auf 1456 Metern höchstgelegene Stadt Montenegros ist ein idealer Ausgangspunkt für Ausflüge in die Berge. Beliebt ist eine Raftingtour auf der Tara. Wer ihr folgt, ist begeistert, denn der Fluss hat Europas längsten (78 Kilometer) und tiefsten (1300 Meter) Canyon geformt. Wir folgen nun den Toptrails Nr. 1 und Nr. 4 nach. Bei der Stadt Kolašin treffen wir das erste Mal auf den Fluss. Dort zieht es Touristen in den Nationalpark Biogradska Gora. Er entstand aus einem Schutzgebiet, das der damalige Fürst Nikola I. 1878 einrichtete. Seitdem konnte der Urwald mit seinen Rotbuchen ungestört wachsen. Im Nationalpark gibt es kaum Wege. Aber einer führt mittendurch – diesen nutzt der Toptrail Nr. 3. In Serpentinen tasten wir uns zu einem See, dem Biogradsko Jezero hinab und sind verzuckt. Doch hier heißt es Abschied nehmen vom Inland, denn von der Stadt Mojkovac geht es mit dem Zug an die Küste, schließlich hat Montenegro noch einiges mehr zu bieten.

Von Virpazar nach Kotor – 224 km Im zweiten Reiseteil wechselt die Umgebung. Ab der Siedlung Virpazar vertrauen wir uns dem Toptrail Nr. 5 an. Er steuert durch die Adriastädte Bar und Ulcinj bis an die Grenze von Albanien. Dort schlägt er einen Haken und dreht Richtung Nordwesten. Hier läuft unsere Radtour abermals zur Höchstform auf – die Passage am Skutarisee steht an. Dieser ist 48 Kilometer lang und bis zu 14 Kilometer breit. Seine Wasserfläche teilen sich beide Staaten. Im Westen trennt ihn das bis zu 1594 Meter hohe Gebirge Rumija von der Adria ab. Die Hänge sind mit Gesteinsblöcken übersät. In dem begrenzten Raum zwischen den Felsen breitet sich eine spärliche

Der Komarnica-Canyon bricht neben der Straße steil ab.

Vegetation aus Büschen und Blumen aus. Die wenigen Bäume finden auf dem felsigen Untergrund kaum Halt – sie werden nur mannshoch. Das Asphaltband und die Strommasten sind die einzigen Zeugnisse des Menschen in der mediterranen Landschaft. Von einer Anhöhe aus genießen Radler den Blick auf den blau leuchtenden Skutarisee (Skadarsko Jezero).

Hinter Virpazar steigt ein ruhiges Sträßchen in die Berge hinauf. Der nächste Stopp gilt Cetinje. Der 15 000 Einwohner zählende Ort war vom Ende des 15. Jahrhunderts bis 1918 die Hauptstadt Montenegros. Im Ersten Weltkrieg besetzte Österreich-Ungarn das Land, das anschließend zum Königreich Jugoslawien gehörte. An die vergangenen Tage erinnern heute noch die prächtigen Botschaftsgebäude. Einen lohnenden Besuch verspricht das Kloster von Cetinje. Der heutige Bau ist bereits der dritte, denn zweimal zerstörten durchziehende türkische Heere das Manastir. In der schlicht gehaltenen Rekonstruktion beeindrucken die Klosterschatzkammer und der Reliquienschrein des heiligen Peter von Cetinje.

Die EuroVelo 8 führt uns über 22 Spitzkehren hinunter ans Meer. In Kotor greifen wir ein letztes Mal zur Fahrradbremse. Die UNESCO hat die Altstadt und die nahe gelegenen Bergketten Orjen und Lovćen 1979 in die Liste des UNESCO-Weltkultur- und Naturerbes aufgenommen. Die geschützte Lage am Ende der fjordartigen Bucht ließ Kotor zu einem bedeutenden Handelszentrum aufsteigen. Sein Wohlstand spiegelt sich in einer vielfältigen Architektur wider. Man stellt das Rad ab und spaziert hinauf zur Festung Sv. Ivan. Der Blick schweift über die verschachtelten Ziegeldächer und Kirchtürme hinweg auf die Bucht. Dort sieht man nun häufig ankernde Kreuzfahrtschiffe. Montenegro ist längst kein weißer Fleck mehr auf der Tourismuskarte. Doch das Hinterland genießt noch immer den Status eines Geheimtipps. Wir haben über 600 Kilometer auf dem Tacho stehen. Wie war das noch mit den Zweifeln am Anfang? Ja, man kann in Montenegro Fahrrad fahren, sehr gut sogar. Die Einheimischen sind freundlich, die Straßen meist gut.

Linke Seite oben: Cetinje war bis 1918 die Hauptstadt des Landes und imponiert durch prachtvolle Bauten wie hier das Kloster.

Linke Seite unten: Wer Montenegro im Oktober bereist, erlebt einen Farbenrausch.

Tour 49 Dinarisches Gebirge und Skutarisee

50 Kreta

Urlaubsfeeling der Extraklasse

schwer 483 km ca. 10 Tage Griechenland

Charakter
Der beschriebene Rundkurs verläuft auf ruhigen Straßen und asphaltierten Nebenwegen. Kreta ist sehr bergig. Da die einzelnen Steigungen oft lang sind, empfiehlt sich eine bergtaugliche Fahrradübersetzung.

Wegmarkierung
Die Fahrradroute ist nicht markiert.

Bett & Bike
Die meisten Unterkünfte – in allen Preisklassen – liegen an der Küste, und es findet sich immer ein Platz fürs Fahrrad. Auch im Inland übernachtet man in schönen Herbergen.

E-Bike
Für die vielen Steigungen eignen sich E-Bikes, ausleihen z. B. bei www.adams-ebikes-crete.com oder www.olympicbike.com.

An- und Rückreise
Kreta erreicht man über die Flughäfen Iráklio und Chania. Man kann auch, sehr zeitaufwendig, mit Zug, Fernbus (www.eurolines.de) oder Auto nach Griechenland reisen. Es empfiehlt sich die Nutzung einer Fähre, z. B. von Venedig aus nach Griechenland (www.minoan.gr, www.anek.gr) und einer weiteren Fähre (www.bluestarferries.com) nach Kreta.

Information
Visit Greece, www.visitgreece.gr

Geschichte im Zeitraffer, antike Mythen, hohe Gebirge und malerische Küstenorte: Auf Kreta taucht man als Radler tief in die verschiedenen Welten der größten Insel Griechenlands ein und wird von den Einheimischen freundlich begrüßt. Für das leibliche Wohl sorgen die mediterrane Küche und der kretische Wein.

Von Iráklio nach Agia Galini – 168 km Minoer, Hellenen, Römer, Sarazenen, Byzantiner, Venezianer, Osmanen und Griechen: Die Liste der Herrscher auf Kreta ist lang und gleicht einem offenen Geschichtsbuch. Jedes Volk hinterließ auf der größten Insel Griechenlands beeindruckende Spuren. Das kulturelle Erbe findet man vor allem in der Inselhauptstadt Iráklio. Im Hafen steht man staunend vor der Festung Koules. Wie die Wappen mit dem Markuslöwen verraten, entstand das Bollwerk unter der Regentschaft Venedigs. Wer noch ältere Relikte studieren möchte, besucht das Archäologische Museum. Hier erstrahlen, effektvoll ausgeleuchtet, kostbare Funde wie die »Schlangengöttin«, die »Stierspringer«, der berühmte »Diskos von Phaistos« und der »Helm aus Eberzähnen«. Wir sind im Norden der Insel. Der Blick gleitet vom Ägäischen Meer hinüber zum Ida-Gebirge, das den gesamten Horizont im Südwesten einnimmt. Die lang gestreckten Berge sind im Gipfelbereich kahl und baumlos. Jenseits der Vororte von Iráklio schraubt sich eine ruhige Straße in die Höhe. An den Talflanken krallen knorrige Olivenbäume ihre Wurzeln in den Boden. Zwischen den Anbauflächen strampeln wir durch verschlafene Dörfer. Die weißen Häuser sieht man bereits aus der Ferne, wie sie sich die Hänge hinaufziehen.

Rechte Seite:
Meeresfrüchte in Réthimno

Zaros imponiert durch seine ruhige Lage in den Bergen.

Auf dem nächsten Abschnitt unternehmen wir einen Ausflug ins Umland. Ziel des Rundkurses ist die fruchtbare Messara-Ebene. Der Fluss Geropotamos liefert frisches Bergwasser. Die Mittelmeersonne wärmt das von hohen Gipfeln umrahmte Tiefland. Seit Jahrtausenden versorgt das 150 Quadratkilometer große Agrargebiet Kreta mit Lebensmitteln. Hier gedeiht alles, was gesund und schmackhaft ist: Oliven, Tomaten, Gurken, Melonen, Bohnen, Kürbisse, Auberginen, Kiwis und Avocados. Über der Messara-Ebene erhebt sich ein Ort voller Rätsel – die Ausgrabungsstätte Festós. Forscher vermuten, dass Menschen ab 4000 v. Chr. auf dem Plateau siedelten. Seine prägende Epoche erlebte Festós um die Jahrhundertwende 1900 v. Chr. Damals errichteten die Minoer hier den ersten Palast. Neugierig inspizieren wir die großen, mit Steinplatten besetzten Plätze und tappen die breiten Treppen rauf und runter. Dabei hält man immer wieder inne und nimmt die gut erhaltenen Mauerreste in Augenschein. Der Wind fegt über die steinernen Zeitzeugen der offenen Hügelkuppe hinweg. Er trägt die Gedanken hinüber in die Zeit der Minoer, in der die älteste Hochkultur Europas erblühte.

Ein komplett anderes Bild zeigt sich im zehn Kilometer entfernten Fischerdorf von Mátala. Der griechischen Mythologie zufolge soll in der von Felsen eingerahmten Bucht einst der Göttervater Zeus in Gestalt eines Stieres an Land gegangen sein. Im Schlepptau hatte er die phönizische

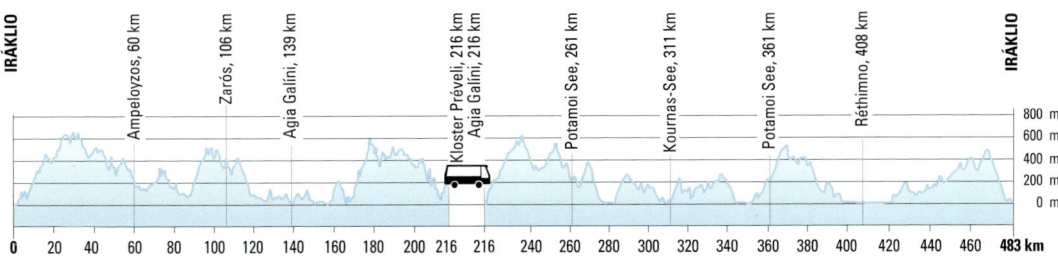

Tour 50 Kreta

Blick in den Hafen von Agia Galini

Königstochter Europa, die er nach Kreta entführte. Diese und andere Geschichten regen noch heute die Fantasie der Besucher aus der ganzen Welt an. In den 1960er- und 1970er-Jahren zog es u. a. Cat Stevens, Joni Mitchell und Bob Dylan in die abgeschiedenen Blumenkinderkommunen.

Von Agia Galini nach Kournas-See – 143 km Auf den nächsten Etappen spürt man weiteren griechischen Mythen nach. In Agia Galini wecken zwei blendend weiße Statuen die Fantasie. Eine an den Fels befestigte Plakette verrät, dass sich an dieser Stelle der geniale Erfinder Dädalus und sein ungestümer Sohn Ikarus in die Lüfte schwangen. Der Mythologie zufolge flohen sie mit selbst gebauten Flügeln vor dem König Minos, der alle Seewege kontrollierte. Als Ikarus der Sonne zu nahe kam, schmolz das Wachs seiner Flügel, und er stürzte vor Ikaria ins Meer.

Von Agia Galini aus steuern wir das Mönchskloster Preveli an. Es imponiert aus dreierlei Gründen: durch die schlichte Architektur mit den glatten Fassaden, die Stille und die spektakuläre Lage. Hinter dem alten Gemäuer ragt ein mit niedrigen Sträuchern bewachsener Felsrücken auf. 170 Meter tiefer rollen die türkisblauen Wogen des Mittelmeeres an einem wunderschönen Palmenstrand aus. Sichelförmig schiebt sich der Sand in das verlockende Wasser hinein. Rechts kann man im warmen Meer planschen und links den Körper im klaren Bergbach Megalopotamos abkühlen. Er hat kurz vor seiner Mündung eine atemberaubende Schlucht ins Küstengebirge geschürft. Ein anderes Bild zeigt sich an der Nordküste. Die Berge ragen erst weit im Hinterland auf. Das Terrain steigt sanft aus dem Meer empor und schafft Platz zum Siedeln.

Nach dem Abstecher nach Preveli geht es weiter nach Réthimno, dem bekanntesten Ort in der Region und drittgrößte Stadt Kretas. Der Leuchtturm markiert den Eingang zum venezianischen Hafen. Berühmt ist das malerische Gebäudeensemble für die vielen Restaurants. Die Kellner haben ihre Tischgarnituren bis an die vertäuten Boote aufgereiht, sodass fast kein Durchkommen ist. Fangfrisch und auf Eis gebettet setzen sie auf den Auslagen Schalentiere, Meerbrassen, Meeräschen und Muscheln in Szene. Ein Besuchermagnet ersten Ranges ist die Festung Fortezza. Das Bollwerk nimmt den nördlichen Teil der Altstadt ein und schiebt sich wie ein Riegel ins Kretische Meer. Von den trutzigen Befestigungsmauern aus überwachten die Venezianer den Handelsstützpunkt. Unter Sultan İbrahim fiel Réthimno im Oktober 1646 nach einer 14-tägigen Belagerung an die Osmanen. Die Herren aus Anatolien blieben bis 1897 und hinterließen im Ortsbild prägende Bauten, die den staunenden Tourist immer wieder zur Kamera greifen lassen. Wer seinen Blick von den betörenden Gewürzläden lösen kann und hinauf zu den renovierten Erkern schweifen lässt, der entdeckt filigran gearbeitete Details wie Blumen, Blätter und Gesichter. Wenige Schritte entfernt verschmelzen ehemalige Moscheen zu orthodoxen Kirchen. Von hier aus unternehmen wir einen Ausflug zum Kournas-See.

Von Kournas-See nach Iráklio – 172 km Der Kournas-See ist der einzige natürliche Süßwassersee Kretas. Er hat einen Durchmesser von 1,5 Kilometern und ist bis zu 40 Meter tief. Das Wasser schimmert an den Rändern grünlich, in der Mitte ist es tiefblau. In ihm leben Krebse, Sumpfschildkröten und Seeschlangen. Wir drehen den Lenker gen Osten und strampeln zurück nach Iráklio. Unterwegs lohnt ein Besuch des Klosters Arkadi. Lange Zeit hatten die Griechen die Klosterkirche ständig vor Augen, denn sie zierte bis zur Einführung des Euro die 100-Drachmen-Scheine. Dies nicht ohne Grund, denn Arkadi erlitt ein tragisches Schicksal. Im November 1866 griff ein osmanisches Heer mit 15 000 Mann das Kloster an. Darin verschanzten sich 964 Menschen. In der Endphase des Kampfes zogen sich die Überlebenden ins Pulvermagazin zurück. Um nicht in die Hände der Feinde zu fallen, sprengten sie sich selbst in die Luft. Nur ein Mädchen überlebte die Tragödie. An der Ostmauer des Klosters hängt eine Steinplatte mit der Inschrift: »Diese Flamme, die in dieser Krypta entfacht wurde und das ruhmreiche Kreta von einem Ende zum anderen erleuchtete, war eine Flamme Gottes, in der die Kreter für die Freiheit verbrannten.«

Küstenstraße bei Agia Galini

Tourenliste

Großes Bild: Der Südosten Finnlands ist bekannt für seine Seen und Wälder (Tour 8). Links: Die Brücke in Szolnok über den Fluss Theiß (Tour 39); Rechts oben: Die Sognefjellet-Mountain-Road ist eine der spektakulärsten Bergstrecken Europas (Tour 3); Rechts unten: Das Zuiderzeemuseum (Tour 15).

Tourenliste

Zusätzliche Flussradwege

Beachten Sie, dass nicht alle hier aufgeführten Routen durchgehend ausgebaut sind. Vor allem die Fertigstellung der EuroVelo-Routen dauert noch Jahre.

Name	Kilometer	Land	Startort	Zielort	Information
EuroVelo Routen					
EuroVelo 1: Atlantikküsten-Route	8.200 km	NO, GB, IE, FR, ES, PT	Nordkap (NO)	Sagres (PT)	www.eurovelo.org
EuroVelo 2: Hauptstadt-Route	5.500 km	IE, GB, NL, DE, PL, BY, RU	Galway (IE)	Moskau (RU)	www.euroroute-r1.de
EuroVelo 3: Pilger-Route	5.100 km	NO, SE, DK, DE, BE, FR, ES	Trondheim (NO)	Santiago de Compostela (ES)	www.eurovelo.org
EuroVelo 4: Mitteleuropa-Route	4.000 km	FR, BE, DE, CZ, PL, UA	Roscoff (FR)	Kiew (UA)	www.eurovelo.org
EuroVelo 5: Via Romea Francigena	3.900 km	GB, FR, BE, DE, LU, CH, IT	London (GB)	Brindisi (IT)	www.eurovelo.org
EuroVelo 6: Fluss-Route	3.650 km	FR, CH, DE, AT, SK, HU, RS, RO	Nantes (FR)	Constanta (RO)	www.eurovelo6.org
EuroVelo 7: Sonnen-Route	7.400 km	NO, SE, DK, DE, CZ, AT, IT, MT	Nordkap (NO)	Malta (MT)	www.eurovelo.org
EuroVelo 8: Mittelmeer-Route	5.900 km	ES, FR, MC, IT, SI, HR, ME, AL, GR	Cádiz (ES)	Athen (GR)	www.eurovelo.org
EuroVelo 9: Bernstein-Route	1.930 km	PL, CZ, AT, SI, IT, HR	Danzig (PL)	Pula (HR)	www.eurovelo.org
EuroVelo 10: Ostseeküsten-Route	8.000 km	DE, PL, LT, LV, EE, RO, FI, SE, DK	Flensburg (DE)	Flensburg (DE)	www.eurovelo.org
EuroVelo 11: Osteuropa-Route	6.000 km	NO, FI, EE, LV, LT, PL, SK, HU, RS, MK, GR	Nordkap (NO)	Athen (GR)	www.eurovelo.org
EuroVelo 12: Nordseeküsten-Route	6.200 km	DE, DK, SE, NO, GB, NL	Hamburg (DE)	Hamburg (DE)	www.northsea-cycle.com
EuroVelo 13: Eiserner-Vorhang-Route	10.400 km	NO, RU, FI, EE, LV, LT, PL, DE, CZ, AT, SK, HU, SI, HR, RO, RS, BG, MK, GR, TR	Grense Jakobselv (FI)	Tsarevo (GR)	www.ironcurtaintrail.eu
EuroVelo 15: Rheinradweg	1.230 km	CH, AT, DE, NL	Andermatt (CH)	Rotterdam (NL)	www.demarrage.eu
EuroVelo 17: Rhône Radweg	1.160 km	CH, FR	Andermatt (CH)	Montpellier (FR)	www.viarhona.com
Albanien (AL)					albania.al
EuroVelo 8: Mittelmeer-Route	5.900 km	ES, FR, MC, IT, SI, HR, ME, AL, GR	Cádiz (ES)	Athen (GR)	www.eurovelo.org
Bulgarien (BG)					www.bulgariatravel.org
EuroVelo 6: Fluss-Route	3.650 km	FR, CH, DE, AT, SK, HU, RS, RO	Nantes (FR)	Constanta (RO)	www.eurovelo6.org
EuroVelo 13: Eiserner-Vorhang-Route	10.400 km	NO, RU, FI, EE, LV, LT, PL, DE, CZ, AT, SK, HU, SI, HR, RO, RS, BG, MK, GR, TR	Grense Jakobselv (FI)	Tsarevo (GR)	www.ironcurtaintrail.eu
Belgien (BE)					
EuroVelo 3: Pilger-Route	5.100 km	NO, SE, DK, DE, BE, FR, ES	Trondheim (NO)	Santiago de Compostela (ES)	www.eurovelo.org
EuroVelo 4: Mitteleuropa-Route	4.000 km	FR, BE, DE, CZ, PL, UA	Roscoff (FR)	Kiew (UA)	www.eurovelo.org
EuroVelo 5: Via Romea Francigena	3.900 km	GB, FR, BE, DE, LU, CH, IT	London (GB)	Brindisi (IT)	www.eurovelo.org
EuroVelo 12: Nordseeküsten-Route	6.200 km	DE, DK, SE, NO, GB, NL	Hamburg (DE)	Hamburg (DE)	www.northsea-cycle.com

Name	Kilometer	Land	Startort	Zielort	Information
Europaradweg R1	3.500 km	FR, BE, NL, DE, PL, RU, LT, LV, EE	Boulogne-sur-Mer	St. Petersburg	www.euroroute-r1.de
LF 1 Nordseeroute – Flandern	150 km	FR, BE, NL	Boulogne-sur-Mer (FR)	Den Helder (NL)	www.groteroutepaden.be
LF 2 Städteroute – Flandern	150 km	BE	Essen (BE)	Brüssel (BE)	www.groteroutepaden.be
Flandernroute	800	BE	Brügge	Brügge	www.rad.flandern.com
W0 – Hauptstädte-Radweg	240 km	BE	Brüssel (BE)	Bastogne (BE)	www.ravel.wallonie.be
W2 – Bier-Radweg	179 km	BE	Braine (BE)	Elouges (BE)	www.ravel.wallonie.be
W3 – Radweg des Karnevals	113 km	BE	Tubize (BE)	La Louviere (BE)	www.ravel.wallonie.be
W4 – Kanäle, Ströme und Flüsse	190 km	BE	Leers-Nord (BE)	Anhee (BE)	www.ravel.wallonie.be
W5 – Von Tal zu Tal	264 km	BE	Hoegaarden (BE)	Martelange (BE)	www.ravel.wallonie.be
W6 – Am Wasser entlang	170 km	BE	Chaudfontaine (BE)	Verviers (BE)	www.ravel.wallonie.be
W7 – Auf der Ardennen-Route	207 km	BE	Lanaye (BE)	Bouillon (BE)	www.ravel.wallonie.be
W8 – Zwischen Venn und Famenne	235 km	BE	Momignies (BE)	Losheimergraben (BE)	www.ravel.wallonie.be
W9 – Naturerlebnis-Radweg	157 km	BE	Raeren (BE)	Virton (212 km)	www.ravel.wallonie.be
Grünroute	370 km	DE, BE	Düren (DE)	Hasselt (NL)	www.gruenmetropole.eu
Maas-Radweg	1.150 km	FR, BE, NL	Pouilly-en-Bassigny (FR)	Rotterdam (NL)	www.maasradweg.eu
RurUfer-Radweg	170 km	BE, DE, NL	Signal de Botrange (BE)	Roermond (NL)	www.rurufer-radweg.de
Bosnien und Herzegowina (BA)					www.bhtourism.ba
EuroVelo 8: Mittelmeer-Route	5.900 km	ES, FR, MC, IT, SI, HR, ME, AL, GR	Cádiz (ES)	Athen (GR)	www.eurovelo.org
Dänemark (DK)					www.visitdenmark.de
EuroVelo 3: Pilger-Route	5.100 km	NO, SE, DK, DE, BE, FR, ES	Trondheim (NO)	Santiago de Compostela (ES)	www.eurovelo.org
EuroVelo 7: Sonnen-Route	7.400 km	NO, SE, DK, DE, CZ, AT, IT, MT	Nordkap (NO)	Malta (MT)	www.eurovelo.org
EuroVelo 10: Ostseeküsten-Route	8.000 km	DE, PL, LT, LV, EE, RO, FI, SE, DK	Flensburg (DE)	Flensburg (DE)	www.eurovelo.org
EuroVelo 12: Nordseeküsten-Route	6.200 km	DE, DK, SE, NO, GB, NL	Hamburg (DE)	Hamburg (DE)	www.northsea-cycle.com
Nationalroute Nr. 1 – Nordseeküstenroute	560 km	DK	Rudbøl	Skagen	nordseeradweg.dk
Nationalroute Nr. 2 – Hanstholm – København	420 km	DK	Hanstholm	Kopenhagen	cyclistic.dk
Nationalroute Nr. 3 – Heerwegsroute	450 km	DK	Padborg	Frederikshavn	cyclistic.dk
Nationalroute Nr. 4 – Søndervig – København	310 km	DK	Søndervig	Kopenhagen	cyclistic.dk
Nationalroute Nr. 5 – Ostseeküstenroute	650 km	DK	Sønderborg	Hulsig	cyclistic.dk
Nationalroute Nr. 6 – Esbjerg – København	330 km	DK	Esbjerg	Kopenhagen	cyclistic.dk
Nationalroute Nr. 7 – Rødby – Sjællands Odde	240 km	DK	Rødby	Sjællands Odde	cyclistic.dk
Nationalroute Nr. 8 – Ostseeradweg	900 km	DK	Rudbøl	Møn	cyclistic.dk
Nationalroute Nr. 9 – Gedser – Helsingør	290 km	DK	Gedser	Helsingør	cyclistic.dk
Nationalroute Nr. 10 – Rund um Bornholm	110 km	DK	Rønne	Rønne	cyclistic.dk

Name	Kilometer	Land	Startort	Zielort	Information
Nationalroute Nr. 12 – Rund um den Limfjord	610 km	DK	Aalborg	Aalborg	cyclistic.dk
Grenzroute	130 km	DE, DK	Flensburg	Højer	www.sh-tourismus.de
Estland (EE)					
EuroVelo 10: Ostseeküsten-Route	8.000 km	DE, PL, LT, LV, EE, RO, FI, SE, DK	Flensburg (DE)	Flensburg (DE)	www.eurovelo.org
EuroVelo 11: Osteuropa-Route	6.000 km	NO, FI, EE, LV, LT, PL, SK, HU, RS, MK, GR	Nordkap (NO)	Athen (GR)	www.eurovelo.org
EuroVelo 13: Eiserner-Vorhang-Route	10.400 km	NO, RU, FI, EE, LV, LT, PL, DE, CZ, AT, SK, HU, SI, HR, RO, RS, BG, MK, GR, TR	Grense Jakobselv (FI)	Tsarevo (GR)	www.ironcurtaintrail.eu
Route Nr. 1	981 km	EE	Ikla	Narva	www.visitestonia.com
Route Nr. 2	233 km	EE	Pärnu	Tallinn	www.visitestonia.com
Route Nr. 3	402 km	EE	Valga	Narva	www.visitestonia.com
Route Nr. 4	603 km	EE	Valga	Tallinn	www.visitestonia.com
Route Nr. 5	305 km	EE	Värska	Pärnu	www.visitestonia.com
Europaradweg R1	3.500 km	FR, BE, NL, DE, PL, RU, LT, LV, EE	Boulogne-sur-Mer	St. Petersburg	www.euroroute-r1.de
Tour de LatEst	1.075 km	LT, EE	Sigulda (LT)	Sigulda (LT)	tourdelatest.vidzeme.com/en/
Finnland (FI)					www.visitfinland.com
EuroVelo 10: Ostseeküsten-Route	8.000 km	DE, PL, LT, LV, EE, RO, FI, SE, DK	Flensburg (DE)	Flensburg (DE)	www.eurovelo.org
EuroVelo 11: Osteuropa-Route	6.000 km	NO, FI, EE, LV, LT, PL, SK, HU, RS, MK, GR	Nordkap (NO)	Athen (GR)	www.eurovelo.org
Durch den Süden Finnlands	360 km	FI	Turku	Kouvola	www.pyoraillensuomessa.fi
Helsinki-Mikkeli	310 km	FI	Helsinki	Mikkeli	www.pyoraillensuomessa.fi
Helsinki-Tampere	250 km	FI	Helsinki	Tampere	www.pyoraillensuomessa.fi
Mittelfinnland-Route	340 km	FI	Helsinki	Jyväskylä	www.pyoraillensuomessa.fi
Östlicher Königsweg	320 km	FI	Helsinki	Lappeenranta	www.pyoraillensuomessa.fi
Via Finlandia	596 km	FI	Tampere	Vaasa	www.pyoraillensuomessa.fi
Westlicher Königsweg	270 km	FI	Helsinki	Turku	www.pyoraillensuomessa.fi
Frankreich (FR)					de.france.fr
EuroVelo 1: Atlantikküsten-Route	8.200 km	NO, GB, IE, FR, ES, PT	Nordkap (NO)	Sagres (PT)	www.eurovelo.org
EuroVelo 3: Pilger-Route	5.100 km	NO, SE, DK, DE, BE, FR, ES	Trondheim (NO)	Santiago de Compostela (ES)	www.eurovelo.org
EuroVelo 4: Mitteleuropa-Route	4.000 km	FR, BE, DE, CZ, PL, UA	Roscoff (FR)	Kiew (UA)	www.eurovelo.org
EuroVelo 5: Via Romea Francigena	3.900 km	GB, FR, BE, DE, LU, CH, IT	London (GB)	Brindisi (IT)	www.eurovelo.org
EuroVelo 6: Fluss-Route	3.650 km	FR, CH, DE, AT, SK, HU, RS, RO	Nantes (FR)	Constanta (RO)	www.eurovelo6.org
EuroVelo 8: Mittelmeer-Route	5.900 km	ES, FR, MC, IT, SI, HR, ME, AL, GR	Cádiz (ES)	Athen (GR)	www.eurovelo.org
EuroVelo 15: Rheinradweg	1.230 km	CH, AT, DE, NL	Andermatt (CH)	Rotterdam (NL)	www.demarrage.eu
EuroVelo 17: Rhone Radweg	1.160 km	CH, FR	Andermatt (CH)	Montpellier (FR)	www.viarhona.com
EuroVelo19: Maasradweg	1.050 km	FR, NL	Langres (F)	Rotterdam (NL)	de.eurovelo.com/ev19
Canal de Nantes à Brest	340 km	FR	Nantes	Brest	www.af3v.org
Dreiland-Radweg	195 km	CH, DE, FR	Basel	Basel	www.veloland.ch
Europaradweg R1	3.500 km	FR, BE, NL, DE, PL, RU, LT, LV, EE	Boulogne-sur-Mer	St. Petersburg	www.euroroute-r1.de
Paneuropa-Radweg	1.540 km	FR, DE, CZ	Paris	Prag	www.paneuropa-radweg.de
La Bretagne à Vélo	1.500 km	FR	Rennes	Rennes	velo.tourismebretagne.com
La Vélo Francette	615 km	FR	Ouistreham	La Rochelle	www.lavelofrancette.com
La vallée du Lot à vélo	163 km	FR	Cahors	Damazan	www.tourisme-lot.com

Name	Kilometer	Land	Startort	Zielort	Information
Le Canal des 2 mers à vélo	800 km	FR	Royan	Sète	www.canaldes2mersavelo.com
Maas-Radweg	1.150 km	FR, BE, NL	Pouilly-en-Bassigny (FR)	Rotterdam (NL)	www.maasradweg.eu
Tour de Bourgogne	800 km	FR	Dijon	Dijon	www.le-tour-de-bourgogne-a-velo.com
Tour de Manche	1.200 km	FR, GB	Cherbourg (FR)	Cherbourg (FR)	www.tourdemanche.com
Véloroute de la Garonne	107 km	FR	Cierp Gaud	Carbonne	www.tourisme-midi-pyrenees.com
Véloroute de la Vallée du Lot	500 km	FR	Aiguillon	Lozère	www.eptb-rhone.fr
Véloroute de la Vallée du Tarn	107 km	FR	Saint Sulpice	Trébas-les-Bains	www.tourisme-midi-pyrenees.com
VeloRoute SaarLorLux	473 km	DE, FR, LU	Saarbrücken (DE)	Saarbrücken (DE)	www.tourismus.saarland.de
Veloscenic Cycle Route: Paris–Mont-Saint-Michel	450 km	FR	Paris	Mont-Saint-Michel	www.veloscenic.com
Voie Verte des Deux Mers	560 km	FR	Bordeaux	Sète	www.eptb-rhone.fr
Griechenland (GR)					www.visitgreece.com.de
EuroVelo 8: Mittelmeer-Route	5.900 km	ES, FR, MC, IT, SI, HR, ME, AL, GR	Cádiz (ES)	Athen (GR)	www.eurovelo.org
EuroVelo 11: Osteuropa-Route	6.000 km	NO, FI, EE, LV, LT, PL, SK, HU, RS, MK, GR	Nordkap (NO)	Athen (GR)	www.eurovelo.org
EuroVelo 1: Atlantikküsten-Route	8.200 km	NO, GB, IE, FR, ES, PT	Nordkap (NO)	Sagres (PT)	www.eurovelo.org
Ballyshannon und Larne	452 km	NI	Ballyshannon	Larne	www.cycleni.com
Belfast to Ballyshannon	390 km	NI	Belfast	Ballyshannon	www.cycleni.com
Kingfisher Trail	370 km	NI	Enniskillen	Enniskillen	www.cycleni.com
Loughshore Trail	181 km	NI	Portadown	Portadown	www.cycleni.com
North West Trail	326 km	NI	Ballyshannon	Ballyshannon	www.cycleni.com
Strangford Lough Cycle Trail	132 km	NI	Comber	Comber	www.cycleni.com
Tain Trail	500 km	NI	Roscommon	Roscommon	www.discoverireland.ie
Island (IS)					de.visiticeland.com
Italien (IT)					www.enit.de
EuroVelo 5: Via Romea Francigena	3.900 km	GB, FR, BE, DE, LU, CH, IT	London (GB)	Brindisi (IT)	www.eurovelo.org
EuroVelo 7: Sonnen-Route	7.400 km	NO, SE, DK, DE, CZ, AT, IT, MT	Nordkap (NO)	Malta (MT)	www.eurovelo.org
EuroVelo 8: Mittelmeer-Route	5.900 km	ES, FR, MC, IT, SI, HR, ME, AL, GR	Cádiz (ES)	Athen (GR)	www.eurovelo.org
BI2 – Ciclovia del Po	1.960 km	IT	Sorgente	Delta del Po	www.bicitalia.org
BI5 – Ciclovia Romea	800 km	IT	Tarvisio	Rom	www.bicitalia.org
BI6 – Ciclovia Adriatica	1.730 km	IT	Triest	Leuca	www.bicitalia.org
BI8 – Ciclovia Conero Argentario	400 km	IT	Monte Conero	Argentario	www.bicitalia.org
BI9 – Ciclovia Salaria	300 km	IT	Ostia	San Benedetto del Tronto	www.bicitalia.org
BI10 – Ciclovia dei Borboni	300 km	IT	Neapel	Bari	www.bicitalia.org
BI11 – Ciclovia degli Appennini	1.800 km	IT	Colle di Cadibona	Reggio Calabria	www.bicitalia.org
BI12 – Ciclovia Pedemontana Alpina	540 km	IT	Savona	Triest	www.bicitalia.org
BI13 – Ciclovia dei Tratturi	300 km	IT	Vasto	Gaeta	www.bicitalia.org
BI14 – Ciclovia dei Tre Mari	400 km	IT	Otranto	Sapri	www.bicitalia.org
BI15 – Ciclovia Svizzera mare	500 km	IT	Locarno	Ventimiglia	www.bicitalia.org
BI16 – Ciclovia Ti-Bre dolce	750 km	IT	Verona	Rom	www.bicitalia.org
BI18 – Fano Grosseto	400 km	IT	Fano	Grosseto	www.bicitalia.org
Drau-Radweg	500 km	IT, AT, SL	Toblach	Legard	www.drauradweg.com
Eisacktal Radweg	100 km	IT	Brenner	Bozen	www.eisacktal.com

Tourenliste

Name	Kilometer	Land	Startort	Zielort	Information
Etschtal Radweg	300 km	IT	Reschen	Verona	www.suedtirol.com
Parenzana	125 km	IT, SL, HR	Triest	Porec	www.parenzana.net
Pustertaler Radweg	105 km	IT	Mühlbach	Lienz	www.suedtirol.com
Südtirol-Radweg	270 km	IT	Sterzing	Glu8rns	www.suedtirol-radweg.it
Kroatien (HR)					croatia.hr
EuroVelo 6: Fluss-Route	3.650 km	FR, CH, DE, AT, SK, HU, RS, RO	Nantes (FR)	Constanta (RO)	www.eurovelo6.org
EuroVelo 8: Mittelmeer-Route	5.900 km	ES, FR, MC, IT, SI, HR, ME, AL, GR	Cádiz (ES)	Athen (GR)	www.eurovelo.org
EuroVelo 9: Bernstein-Route	1.930 km	PL, CZ, AT, SI, IT, HR	Danzig (PL)	Pula (HR)	www.eurovelo.org
Mur-Radweg	450 km	AT, SL, HU, HR	Mureck	Ormož	www.mura-drava-bike.com
Parenzana	125 km	IT, SL, HR	Triest	Porec	www.parenzana.net
Lettland (LV)					www.latvia.travel
EuroVelo 10: Ostseeküsten-Route	8.000 km	DE, PL, LT, LV, EE, RO, FI, SE, DK	Flensburg (DE)	Flensburg (DE)	www.eurovelo.org
EuroVelo 11: Osteuropa-Route	6.000 km	NO, FI, EE, LV, LT, PL, SK, HU, RS, MK, GR	Nordkap (NO)	Athen (GR)	www.eurovelo.org
Europaradweg R1	3.500 km	FR, BE, NL, DE, PL, RU, LT, LV, EE	Boulogne-sur-Mer	St. Petersburg	www.euroroute-r1.de
Tour de LatEst	1.075 km	LT, EE	Sigulda (LT)	Sigulda (LT)	tourdelatest.vidzeme.com/en/
Litauen (LT)					www.lithuania.travel
EuroVelo 10: Ostseeküsten-Route	8.000 km	DE, PL, LT, LV, EE, RO, FI, SE, DK	Flensburg (DE)	Flensburg (DE)	www.eurovelo.org
EuroVelo 11: Osteuropa-Route	6.000 km	NO, FI, EE, LV, LT, PL, SK, HU, RS, MK, GR	Nordkap (NO)	Athen (GR)	www.eurovelo.org
Europaradweg R1	3.500 km	FR, BE, NL, DE, PL, RU, LT, LV, EE	Boulogne-sur-Mer	St. Petersburg	www.euroroute-r1.de
Luxemburg (LU)					www.visitluxembourg.com
VeloRoute SaarLorLux	473 km	DE, FR, LU	Saarbrücken (DE)	Saarbrücken (DE)	www.tourismus.saarland.de
Malta (MT)					www.visitmalta.com
EuroVelo 7: Sonnen-Route	7.400 km	NO, SE, DK, DE, CZ, AT, IT, MT	Nordkap (NO)	Malta (MT)	www.eurovelo.org
Mazedonien (MK)					www.exploringmacedonia.com
EuroVelo 11: Osteuropa-Route	6.000 km	NO, FI, EE, LV, LT, PL, SK, HU, RS, MK, GR	Nordkap (NO)	Athen (GR)	www.eurovelo.org
Moldawien (MD)					www.moldovaholiday.travel
Montenegro (ME)					www.montenegro.travel
EuroVelo 8: Mittelmeer-Route	5.900 km	ES, FR, MC, IT, SI, HR, ME, AL, GR	Cádiz (ES)	Athen (GR)	www.eurovelo.org
Top Trail 1	595 km	ME	Herceg Novi	Herceg Novi	www.montenegro.travel
Top Trail 2	382 km	ME	Nikšić	Nikšić	www.montenegro.travel
Top Trail 3	385 km	ME	Mojkovac	Mojkovac	www.montenegro.travel
Top Trail 4	474 km	ME	Podgorica	Podgorica	www.montenegro.travel
Top Trail 5	262 km	ME	Cetinje	Cetinje	www.montenegro.travel
Niederlande (NL)					www.holland.com
EuroVelo 2: Hauptstadt-Route	5.500 km	IE, GB, NL, DE, PL, BY, RU	Galway (IE)	Moskau (RU)	www.euroroute-r1.de
EuroVelo 4: Mitteleuropa-Route	4.000 km	FR, BE, DE, CZ, PL, UA	Roscoff (FR)	Kiew (UA)	www.eurovelo.org
EuroVelo 12: Nordseeküsten-Route	6.200 km	DE, DK, SE, NO, GB, NL	Hamburg (DE)	Hamburg (DE)	www.northsea-cycle.com
EuroVelo 15: Rheinradweg	1.230 km	CH, AT, DE, NL	Andermatt (CH)	Rotterdam (NL)	www.demarrage.eu
EuroVelo19: Maasradweg	1.050 km	FR, NL	Langres (F)	Rotterdam (NL)	de.eurovelo.com/ev19
LF2: Stedenroute	340 km	NL, BE	Amsterdam	Brüssel	www.fietsplatform.nl
LF3 Hanzeroute	135 km	NL	Kampen	Millingen	www.fietsplatform.nl
LF3 Maasroute	230 km	NL	Arnhem	Maastricht	www.fietsplatform.nl
LF3 Rietlandroute	170 km	NL	Holwerd	Kampen	www.fietsplatform.nl

Name	Kilometer	Land	Startort	Zielort	Information
LF4 Midden-Nederlandroute	290 km	NL	Den Haag	Enschede	www.fietsplatform.nl
LF7 Oeverlandroute	385 km	NL	Alkmaar	Maastricht	www.fietsplatform.nl
LF9 NAP-Route	455 km	NL	Nieuweschans	Breda	www.fietsplatform.nl
LF10 Waddenzeeroute	275 km	NL	Callantsoog	Nieuweschans	www.fietsplatform.nl
LF11 Prinsenroute	125 km	NL	Den Haag	Breda	www.fietsplatform.nl
LF12 Maas- en Vestingroute	220 km	NL	Maassluis	Nijmegen	www.fietsplatform.nl
LF13 Schelde-Rheinroute	290 km	NL	Vlissingen	Venlo	www.fietsplatform.nl
LF14 Saksenroute	240 km	NL	Lauwersoog	Enschede	www.fietsplatform.nl
LF15 Boerenlandroute	260 km	NL	Alkmaar	Enschede	www.fietsplatform.nl
LF20 Flevoroute	265 km	NL	Haarlem	Groningen	www.fietsplatform.nl
LF51 Kempenroute	110 km	NL, BE	Eindhoven	Antwerpen	www.fietsplatform.nl
agri – cultura	300 km	DE, NL	Aalten	Winterswijk	www.muensterland-tourismus.de
Dollard Route	200 km	DE, NL	Emden	Emden	www.dollard-Route.de
Europaradweg R1	3.500 km	FR, BE, NL, DE, PL, RU, LT, LV, EE	Boulogne-sur-Mer	St. Petersburg	www.euroroute-r1.de
Maas-Radweg	1.150 km	FR, BE, NL	Pouilly-en-Bassigny (FR)	Rotterdam (NL)	www.maasradweg.eu
RurUfer-Radweg	170 km	BE, DE, NL	Signal de Botrange (BE)	Roermond (NL)	www.rurufer-radweg.de
United Countries Tour	600 km	DE, NL	Haren (DE)	Haren (DE)	United Countries Tour
Vennbahn Radweg	125 km	DE, NL	Aachen (DE)	Troisvierges (NL)	www.vennbahn.eu
Via Romana	257 km	DE, NL	Xanten (DE)	Xanten (DE)	www.via-romana.de
2-Länder-Route	275 km	DE, NL	Aachen	Nijmegen	www.niederrhein.de
Norwegen (NO)					www.visitnorway.de
EuroVelo 1: Atlantikküsten-Route	8.200 km	NO, GB, IE, FR, ES, PT	Nordkap (NO)	Sagres (PT)	www.eurovelo.org
EuroVelo 3: Pilger-Route	5.100 km	NO, SE, DK, DE, BE, FR, ES	Trondheim (NO)	Santiago de Compostela (ES)	www.eurovelo.org
EuroVelo 7: Sonnen-Route	7.400 km	NO, SE, DK, DE, CZ, AT, IT, MT	Nordkap (NO)	Malta (MT)	www.eurovelo.org
EuroVelo 11: Osteuropa-Route	6.000 km	NO, FI, EE, LV, LT, PL, SK, HU, RS, MK, GR	Nordkap (NO)	Athen (GR)	www.eurovelo.org
EuroVelo 12: Nordseeküsten-Route	6.200 km	DE, DK, SE, NO, GB, NL	Hamburg (DE)	Hamburg (DE)	www.northsea-cycle.com
Nasjonal sykkelrute Nr. 1	?	NO	Svinesund	Kirkenes	www.cyclingnorway.no
Nasjonal sykkelrute Nr. 2	?	NO	Porsgrunn	Stavanger	www.cyclingnorway.no
Nasjonal sykkelrute Nr. 3	?	NO	Kristiansand	Ålesund	www.cyclingnorway.no
Nasjonal sykkelrute Nr. 4	?	NO	Bergen	Oslo	www.cyclingnorway.no
Nasjonal sykkelrute Nr. 5	?	NO	Larvik	Molde	www.cyclingnorway.no
Nasjonal sykkelrute Nr. 6	?	NO	Røros	Hardanger	www.cyclingnorway.no
Nasjonal sykkelrute Nr. 7	?	NO	Halden	Nidaros	www.cyclingnorway.no
Nasjonal sykkelrute Nr. 8	?	NO	Oppdal	Molde	www.cyclingnorway.no
Nasjonal sykkelrute Nr. 9	?	NO	Halden	Trondheim	www.cyclingnorway.no
Nasjonal sykkelrute Nr. 10	?	NO	Lindesnes	Nordkap	www.cyclingnorway.no
Österreich (AT)					www.austria.info
EuroVelo 6: Fluss-Route	3.650 km	FR, CH, DE, AT, SK, HU, RS, RO	Nantes (FR)	Constanta (RO)	www.eurovelo6.org
EuroVelo 7: Sonnen-Route	7.400 km	NO, SE, DK, DE, CZ, AT, IT, MT	Nordkap (NO)	Malta (MT)	www.eurovelo.org
EuroVelo 9: Bernstein-Route	1.930 km	PL, CZ, AT, SI, IT, HR	Danzig (PL)	Pula (HR)	www.eurovelo.org
EuroVelo 13: Eiserner-Vorhang-Route	10.400 km	NO, RU, FI, EE, LV, LT, PL, DE, CZ, AT, SK, HU, SI, HR, RO, RS, BG, MK, GR, TR	Grense Jakobselv (FI)	Tsarevo (GR)	www.ironcurtaintrail.eu
Bodensee-Radweg	261 km	DE, AT, CH	Konstanz	Konstanz	www.bodensee.eu

Tourenliste

Name	Kilometer	Land	Startort	Zielort	Information
Ennsradweg	265 km	AT	Flachau	Enns	www.ennsradweg.com
Feistritztalradweg	110 km	AT	Feistritzsattel	Fürstenfeld	www.steiermark.com
Grenzlandradweg R5	194 km	AT	Kramesau	Arbesbach	www.radfahren.at
Jubiläumsradweg	265 km	AT	Kittsee	Kalch	www.burgenland.info
Kamp-Thaya-March Radweg	425 km	AT	Krems	Marchegg	www.ktm-radweg.at
Mozart-Radweg	377 km	AT, DE	Salzburg	Salzburg	www.salzburgerland.com
Mur-Radweg	450 km	AT, SL, HU, HR	Mureck (AT)	Ormož (HR)	www.murradweg.com
Mühlviertelradweg	240 km	AT	Grein	Engelhartszell	www.muehlviertel.at
Raabtalradweg R11	115 km	AT, HU	Raab-Ursprung	Szentgotthárd	www.raabtal-radweg.at
Radweg Prag – Wien	456 km	CZ, AT	Prag (CZ)	Wien (AT)	www.czechtourism.com
Römer-Radweg	232 km	D, AT	Passau	Enns	www.passauer-land.de
Tauern-Radweg	270 km	AT, DE	Krimmler Wasserfall (AT)	Passau (DE)	www.tauernradweg.com
Traisental-Radweg	111 km	AT	Traismauer	Mariazell	www.traisentalradweg.at
Trans Nationalpark Biketour	470 km	AT	Windischgarsten	Windischgarsten	www.transnationalpark.at
Traunradweg	100 km	AT	Gmunden	Traunbrücke	www.radfahren.at
Ybbstalradweg	103 km	AT	Lunz am See	Ybbs an der Donau	www.ybbstalradweg.at
Weinland Steiermark Radtour	400 km	AT	Graz	Graz	www.steiermark.com
Wienerwald-Radrunde	215 km	AT	Wien	Wien	www.niederoesterreich.at
Polen (PL)					www.polen.travel
EuroVelo 2: Hauptstadt-Route	5.500 km	IE, GB, NL, DE, PL, BY, RU	Galway (IE)	Moskau (RU)	www.euroroute-r1.de
EuroVelo 4: Mitteleuropa-Route	4.000 km	FR, BE, DE, CZ, PL, UA	Roscoff (FR)	Kiew (UA)	www.eurovelo.org
EuroVelo 9: Bernstein-Route	1.930 km	PL, CZ, AT, SI, IT, HR	Danzig (PL)	Pula (HR)	www.eurovelo.org
EuroVelo 10: Ostseeküsten-Route	8.000 km	DE, PL, LT, LV, EE, RO, FI, SE, DK	Flensburg (DE)	Flensburg (DE)	www.eurovelo.org
EuroVelo 11: Osteuropa-Route	6.000 km	NO, FI, EE, LV, LT, PL, SK, HU, RS, MK, GR	Nordkap (NO)	Athen (GR)	www.eurovelo.org
East Carpathian Greenway	300 km	PL, SK, UA	Stakčín (SK)	Stakčín (SK)	greenways.pl
Europaradweg R1	3.500 km	FR, BE, NL, DE, PL, RU, LT, LV, EE	Boulogne-sur-Mer	St. Petersburg	www.euroroute-r1.de
Halskette des Nordens	870 km	PL	Szczecinek	Szczecinek	aktiv.polen.travel/fahrrad
Oder-Radweg	313 km	PL	Olawa	Brzeg	aktiv.polen.travel/fahrrad
Transwielkopolska Trasa Rowerowa	470 km	PL	Okonek	Siemianice	www.polen.travel
Warthe-Radweg	500 km	PL	Jeziorko	Kostrzyn	www.polen.travel
Weichsel-Radweg	1.200 km	PL	Barania Góra	Gdańsk	www.wtr.kujawsko-pomorskie.pl
Portugal (PT)					www.visitportugal.com
EuroVelo 1: Atlantikküsten-Route	8.200 km	NO, GB, IE, FR, ES, PT	Nordkap (NO)	Sagres (PT)	www.eurovelo.org
Route Ecovia do Litoral	214 km	PT	Cabo São Vicente	Vila Real de Santo António	www.visitportugal.com
Rumänien (RO)					www.rumaenien-tourismus.de
EuroVelo 6: Fluss-Route	3.650 km	FR, CH, DE, AT, SK, HU, RS, RO	Nantes (FR)	Constanta (RO)	www.eurovelo6.org
Russland (RU)					www.visitrussia.org.uk
EuroVelo 2: Hauptstadt-Route	5.500 km	IE, GB, NL, DE, PL, BY, RU	Galway (IE)	Moskau (RU)	www.euroroute-r1.de
EuroVelo 10: Ostseeküsten-Route	8.000 km	DE, PL, LT, LV, EE, RO, FI, SE, DK	Flensburg (DE)	Flensburg (DE)	www.eurovelo.org
Europaradweg R1	3.500 km	FR, BE, NL, DE, PL, RU, LT, LV, EE	Boulogne-sur-Mer	St. Petersburg	www.euroroute-r1.de

Name	Kilometer	Land	Startort	Zielort	Information
Schweden (SE)					visitsweden.de
EuroVelo 3: Pilger-Route	5.100 km	NO, SE, DK, DE, BE, FR, ES	Trondheim (NO)	Santiago de Compostela (ES)	www.eurovelo.org
EuroVelo 7: Sonnen-Route	7.400 km	NO, SE, DK, DE, CZ, AT, IT, MT	Nordkap (NO)	Malta (MT)	www.eurovelo.org
EuroVelo 10: Ostseeküsten-Route	8.000 km	DE, PL, LT, LV, EE, RO, FI, SE, DK	Flensburg (DE)	Flensburg (DE)	www.eurovelo.org
Åsnen Runt	140 km	SE	Alvesta	Alvesta	www.svenska-cykelsallskapet.se
Astrid Lindgren Leden	216 km	SE	Jönköping	Västervik	www.svenska-cykelsallskapet.se
Banvallsleden	250 km	SE	Halmstad	Karlshamn	www.svenska-cykelsallskapet.se
Bergslagsrundan	230 km	SE	Nora	Kopparberg	www.svenska-cykelsallskapet.se
Dalslandsleden	358 km	SE	Vänersborg	Vänersborg	www.svenska-cykelsallskapet.se
Ginstleden	205 km	SE	Laholm	Göteborg	www.svenska-cykelsallskapet.se
Göta-Kanal-Leden	190 km	SE	Sjötorp	Mem	www.svenska-cykelsallskapet.se
Gotlandsleden	500 km	SE	Visby	Visby	www.svenska-cykelsallskapet.se
Höglandstrampen	350 km	SE	Nässjö	Nässjö	www.svenska-cykelsallskapet.se
Hylteslingan	165 km	SE	Halmstad	Halmstad	www.svenska-cykelsallskapet.se
Kattegattleden	370 km	SE	Helsingborg	Göteborg	www.kattegattleden.se
Kronobergstrampen	350 km	SE	Alvesta	Alvesta	www.svenska-cykelsallskapet.se
Längs Strömsholms kanal	120 km	SE	Borgåsund	Smedjebacken	www.svenska-cykelsallskapet.se
Mälardalsleden	444 km	SE	Stockholm	Stockholm	www.svenska-cykelsallskapet.se
Näckrosleden	700 km	SE	Nyköping	Nyköping	www.svenska-cykelsallskapet.se
Runt Vättern Leden	410 km	SE	Askersund	Askersund	www.svenska-cykelsallskapet.se
Siljansleden	320 km	SE	Orsa	Orsa	www.svenska-cykelsallskapet.se
Skånespåret	800 km	SE	Trelleborg	Trelleborg	www.svenska-cykelsallskapet.se
Slöjdleden	100 km	SE	Torsås	Torsås	www.svenska-cykelsallskapet.se
Smålandsleden	253 km	SE	Jönköping	Kalmar	www.svenska-cykelsallskapet.se
Sverigeleden	2.620 km	SE	Helsingborg	Karesuando	www.svenska-cykelsallskapet.se
Västgötaleden	1.140 km	SE	Mariestad	Mariestad	www.svenska-cykelsallskapet.se
Vättern-Sommenleden	345 km	SE	Gränna	Gränna	www.svenska-cykelsallskapet.se
Schweiz (CH)					www.myswitzerland.com
EuroVelo 5: Via Romea Francigena	3.900 km	GB, FR, BE, DE, LU, CH, IT	London (GB)	Brindisi (IT)	www.eurovelo.org
EuroVelo 6: Fluss-Route	3.650 km	FR, CH, DE, AT, SK, HU, RS, RO	Nantes (FR)	Constanta (RO)	www.eurovelo6.org
EuroVelo 15: Rheinradweg	1.230 km	CH, AT, DE, NL	Andermatt (CH)	Rotterdam (NL)	www.demarrage.eu
EuroVelo 17: Rhone Radweg	1.160 km	CH, FR	Andermatt (CH)	Montpellier (FR)	www.viarhona.com
Bodensee-Radweg	261 km	DE, AT, CH	Konstanz	Konstanz	www.bodensee.eu
Rhein-Route Nr. 2	430 km	CH	Andermatt	Basel	www.veloland.ch
Nord-Süd-Route Nr. 3	365 km	CH	Basel	Chiasso	www.veloland.ch
Mittelland-Route Nr. 5	370 km	CH	Romanshorn	Lausanne	www.veloland.ch
Jura-Route Nr. 7	280 km	CH	Basel	Nyon	www.veloland.ch
Aare-Route Nr. 8	305 km	CH	Oberwald	Koblenz	www.veloland.ch
Herzroute	720 km	CH	Rorschach	Lausanne	www.herzroute.ch
Serbien (RS)					www.serbia.travel
EuroVelo 6: Fluss-Route	3.650 km	FR, CH, DE, AT, SK, HU, RS, RO	Nantes (FR)	Constanta (RO)	www.eurovelo6.org
EuroVelo 11: Osteuropa-Route	6.000 km	NO, FI, EE, LV, LT, PL, SK, HU, RS, MK, GR	Nordkap (NO)	Athen (GR)	www.eurovelo.org
Slowakei (SK)					slovakia.travel/de
EuroVelo 6: Fluss-Route	3.650 km	FR, CH, DE, AT, SK, HU, RS, RO	Nantes (FR)	Constanta (RO)	www.eurovelo6.org
EuroVelo 11: Osteuropa-Route	6.000 km	NO, FI, EE, LV, LT, PL, SK, HU, RS, MK, GR	Nordkap (NO)	Athen (GR)	www.eurovelo.org
East Carpathian Greenway	300 km	PL, SK, UA	Stakčín (SK)	Stakčín (SK)	greenways.pl

Name	Kilometer	Land	Startort	Zielort	Information
Slowenien (SL)					www.slovenia.info
EuroVelo 8: Mittelmeer-Route	5.900 km	ES, FR, MC, IT, SI, HR, ME, AL, GR	Cádiz (ES)	Athen (GR)	www.eurovelo.org
EuroVelo 9: Bernstein-Route	1.930 km	PL, CZ, AT, SI, IT, HR	Danzig (PL)	Pula (HR)	www.eurovelo.org
Drau-Radweg	500 km	IT, AT, SL	Toblach	Legard	www.mura-drava-bike.com
Mur-Radweg	450 km	AT, SL, HU, HR	Mureck	Ormož	www.mura-drava-bike.com
Parenzana	125 km	IT, SL, HR	Triest	Porec	www.parenzana.net
Spanien (ES)					www.spain.info
EuroVelo 1: Atlantikküsten-Route	8.200 km	NO, GB, IE, FR, ES, PT	Nordkap (NO)	Sagres (PT)	www.eurovelo.org
EuroVelo 3: Pilger-Route	5.100 km	NO, SE, DK, DE, BE, FR, ES	Trondheim (NO)	Santiago de Compostela (ES)	www.eurovelo.org
EuroVelo 8: Mittelmeer-Route	5.900 km	ES, FR, MC, IT, SI, HR, ME, AL, GR	Cádiz (ES)	Athen (GR)	www.eurovelo.org
Camino del Cid en bicicleta	1.485 km	ES	Saragossa	Teruel	www.caminodelcid.org
Camino Natural del Corredor	210 km	ES	Cáceres	Badajoz	extremadurabtt.gobex.es
Camino Natural del Guadiana	1.000 km	ES	Laguna Blanca	Ayamonte	extremadurabtt.gobex.es
Camino Natural del Tajo	850 km	ES	Albarracín	Cedillo	extremadurabtt.gobex.es
Vias Verdes (Mehrere Bahnradwege)	2.500 km	ES			www.viasverdes.com
Tschechien (CZ)					www.czech-tourist.de
EuroVelo 4: Mitteleuropa-Route	4.000 km	FR, BE, DE, CZ, PL, UA	Roscoff (FR)	Kiew (UA)	www.eurovelo.org
EuroVelo 7: Sonnen-Route	7.400 km	NO, SE, DK, DE, CZ, AT, IT, MT	Nordkap (NO)	Malta (MT)	www.eurovelo.org
EuroVelo 9: Bernstein-Route	1.930 km	PL, CZ, AT, SI, IT, HR	Danzig (PL)	Pula (HR)	www.eurovelo.org
Elberadweg	1.165 km	CZ, DE	Riesengebirge	Cuxhaven	www.elberadweg.cz
Mährische Weinradwege	1.200 km	CZ	Brün	Brün	www.vinarske.stezky.cz
Paneuropa-Radweg	1.540 km	FR, DE, CZ	Paris	Prag	www.paneuropa-radweg.de
Radweg Bayern-Böhmen	525 km	DE, CZ	Bischofsgrün	Fichtelberg	www.euregio-egrensis.de
Radweg Bayern-Thüringen-Sachsen Böhmen	525 km	DE, CZ	Marktredwitz	Marktredwitz	www.euregio-egrensis.de
Radweg München-Regensburg-Prag	450 km	DE, CZ	München	Prag	www.ostbayern-tourismus.de
Radweg Prag – Wien	456 km	CZ, AT	Prag (CZ)	Wien (AT)	www.czechtourism.com
Ukraine (UA)					www.traveltoukraine.org
EuroVelo 4: Mitteleuropa-Route	4.000 km	FR, BE, DE, CZ, PL, UA	Roscoff (FR)	Kiew (UA)	www.eurovelo.org
East Carpathian Greenway	300 km	PL, SK, UA	Stakčín (SK)	Stakčín (SK)	greenways.pl
Ungarn (HU)					de.gotohungary.com
EuroVelo 6: Fluss-Route	3.650 km	FR, CH, DE, AT, SK, HU, RS, RO	Nantes (FR)	Constanta (RO)	www.eurovelo6.org
EuroVelo 11: Osteuropa-Route	6.000 km	NO, FI, EE, LV, LT, PL, SK, HU, RS, MK, GR	Nordkap (NO)	Athen (GR)	www.eurovelo.org
Mur-Radweg	450 km	AT, SL, HU, HR	Mureck	Ormož	www.mura-drava-bike.com
Vereinigtes Königreich (GB) **England**					www.visitbritain.com
EuroVelo 1: Atlantikküsten-Route	8.200 km	NO, GB, IE, FR, ES, PT	Nordkap (NO)	Sagres (PT)	www.eurovelo.org
EuroVelo 2: Hauptstadt-Route	5.500 km	IE, GB, NL, DE, PL, BY, RU	Galway (IE)	Moskau (RU)	www.euroroute-r1.de
EuroVelo 5: Via Romea Francigena	3.900 km	GB, FR, BE, DE, LU, CH, IT	London (GB)	Brindisi (IT)	www.eurovelo.org
EuroVelo 12: Nordseeküsten-Route	6.200 km	DE, DK, SE, NO, GB, NL	Hamburg (DE)	Hamburg (DE)	www.northsea-cycle.com
Cornish Way	331 km	GB	Land's End	Bude	www.sustrans.org.uk/map
Derby to York	310 km	GB	Derby	York	www.sustrans.org.uk/map
Devon Coast to Coast	229 km	GB	Ilfracombe	Plymouth	www.sustrans.org.uk/map

Name	Kilometer	Land	Startort	Zielort	Information
Downs and Weald	298 km	GB	London	Hastings	www.sustrans.org.uk/map
Garden of England	215 km	GB	Dover	London/Hastings	www.sustrans.org.uk/map
Hadrian's Cycleway	303 km	GB	Ravenglass	South Shields	www.hadrian-guide.co.uk
National Route 2	580 km	GB	Dover	St. Austell	www.sustrans.org.uk/map
National Route 3	544 km	GB	Land's End	Bristol	www.sustrans.org.uk/map
National Route 4	700 km	GB	London	Fishguard	www.sustrans.org.uk/map
National Route 5	600 km	GB	Reading	Holyhead	www.sustrans.org.uk/map
National Route 6	627 km	GB	London	Threlkeld	www.sustrans.org.uk/map
National Route 7	965 km	GB	Sunderland	Inverness	www.sustrans.org.uk/map
National Route 8	413 km	GB	Cardiff	Holyhead	www.sustrans.org.uk/map
National Route 9	112 km	GB	Belfast	Slieve Gullion	www.sustrans.org.uk/map
Pennine Cycleway – Peak District	128 km	GB	Derby	Holmfirth	www.sustrans.org.uk/map
Pennine Cycleway – South Pennines	200 km	GB	Holmfirth	Appleby	www.sustrans.org.uk/map
Pennine Cycleway North Pennines	241 km	GB	Berwick on Tweed	Penrith	www.sustrans.org.uk/map
Sea to Sea (C2C)	325 km	GB	Whitehaven/Workington	Newcastle/Sunderland	www.c2c-guide.co.uk
South Midlands	238 km	GB	Oxford	Derby	www.sustrans.org.uk/map
Thames Valley	160 km	GB	London	Oxford	www.sustrans.org.uk/map
The Coast & Castles route	320 km	GB	Newcastle	Edinburgh	www.newcastle-edinburgh-cycleway.co.uk
Walney to Wear & Whitby	288 km	GB	Walney Island	Sunderland	www.sustrans.org.uk/map
Three Rivers	128 km	GB	Middlesbrough	South Shields	www.sustrans.org.uk/map
West Midlands Cycle Route	291 km	GB	Oxford	Derby	www.sustrans.org.uk/map
Schottland					
Aberdeen to the Shetland	806 km	GB	Aberdeen	Shetland Isles	www.sustrans.org.uk/map
Coast & Castles North	276 km	GB	Edinburgh	Aberdeen	www.sustrans.org.uk/map
Coast and Castles South	321 km	GB	Newcastle	Edinburgh	www.sustrans.org.uk/map
Forth & Clyde	548 km	GB	Gourock	Edinburgh	www.sustrans.org.uk/map
Lochs & Glens North	344 km	GB	Inverness	Glasgow	www.sustrans.org.uk/map
Lochs & Glens South	344 km	GB	Glasgow	Carlisle	www.sustrans.org.uk/map
Wales					
Celtic Trail East	244 km	GB	Severn Bridge	Swansea	www.sustrans.org.uk/map
Celtic Trail West	364 km	GB	Swansea	Fishguard	www.sustrans.org.uk/map
Lon Cambria & Lon Teifi	320 km	GB	Lôn Cambria	Shrewsbury	www.sustrans.org.uk/map
Lon Las Cymru (North)	281 km	GB	Builth Wells	Holyhead	www.sustrans.org.uk/map
Lon Las Cymru (South)	220 km	GB	Chepstow/Cardiff	Builth Wells	www.sustrans.org.uk/map
North Wales Coastal Route	168 km	GB	Holyhead	Chester	www.sustrans.org.uk/map
Weißrussland (BY)					www.belarus.by
EuroVelo 2: Hauptstadt-Route	5.500 km	IE, GB, NL, DE, PL, BY, RU	Galway (IE)	Moskau (RU)	www.euroroute-r1.de
Zypern (CY)					www.visitcyprus.com
EuroVelo 8: Mittelmeer-Route	5.900 km	ES, FR, MC, IT, SI, HR, ME, AL, GR	Cádiz (ES)	Athen (GR)	www.eurovelo.org

Register

Abbaye Sainte-Marie de Fontfroide 113
Agia Galini 268, 270
Aigle 130, 131
Alba 224, 225
Alberobello 255
Alesund 32, 33
Alpe-Adria-Radweg 158, 159
Alpenpanorama-Route 128
Altötting 140
Altstätten 123
Amsterdam 90, 94, 95
Angers 104
Ankershagen 61
Antwerpen 84, 86, 87
Appenzell 129
Apt 114, 116
Arcos de la Frontera 250, 252
Arendal 36, 37
Arensburg 185
Armagh 73
Arques 113
Asti 222, 224
Augsburg 143
Aurlandsvegen 30
Autour du Luberon à vélo 115
Avenue Verte Paris – London 80
Avignon 114, 117, 119

Baar 109
Bad Aussee 168
Bad Bentheim 96, 97
Bad Gastein 156
Bad Ischl 168
Balaton-Radweg 212
Balatonalmádi 212, 214
Balf 179
Baltimore 75
Bantry 76
Bartoszyce 205
Beara Way Cycle Route 77
Beauvais 79
Belfast 68
Bellinzona 135
Belluno 152
Bergen 34

Berlin 60, 65
Béziers 111
Białystok 206, 207
Biertan 236, 238
Bischofshofen 156
Bisserup 58
Blois 102
Blönduos 20, 22
Bodø 26, 29
Borgarnes 19
Boulogne-sur-Mer 84
Bozen 145, 146, 147
Breitenbrunn 179
Brennerpass 149, 150
Brighton 81, 82
Brønnøysund 24
Brügge 87, 88
Bryggen 34
Budweis 208, 210
Bukowina 241
Burgeis 146
Bushmills 70
Bützow 63

Cañete la Real 250
Carcassonne 112
Carpentras 116, 117, 118
Carrickfergus 70
Caunes-Minervois 110, 112
Cavaillon 115, 116
Celje 226, 227
Céreste 116
Český Krumlov 209
Cetinje 267
Chaldon 82
Chateauneuf-du-Pape 119
Chur 134
Clonakilty 75
Coleraine 68, 70
Collodi 244
Colmar 106, 108
Cortina 150, 152
Cosne-Cours-sur-Loire 101
Coulsdon 82
Crawley 82
Cucugnan 112, 113

Dalfsen 99

Dalsnibba-Pass 32
Danzig 198, 201
Darfeld 96
Darlowo 198, 200
Decin 211
Den Oever 90, 92, 94
Dieppe 79
Donau-Radweg 161, 162
Donauwörth 143
Donnerskirchen 179
Dornach 163
Dračevac 234
Drau-Radweg 151, 171, 172, 174
Dresden 210
Dronningruta 33
Durrus 74, 76

Eastbourne 81
Egersund 34, 36
Einsiedeln 122, 123
Ekerö 41
Eksjö 45, 46
Elblag 203
Emlichheim 98
Enkhuizen 92
Enniskillen 70, 72
Enø 58
Estoi 247
Eugendorf 167
EuroVelo8 222
EuroVelo9 226
EuroVelo10 43, 184, 189
EuroVelo11 216
EuroVelo13 187, 189
Eyeries 77

Faro 247
Feistritz an der Drau 173
Feistritz im Rosental 174
Fernwege Berlin – Kopenhagen 57
Fertöd 176, 179
Fertörakos 179
Filisur 134
Fjordstien 57
Flåmdalen 30

Flandern 84
Florenz 245
Forges-les-Eaux 80
Fredrikstad 37
Freiburg 130
Friesland 94
Fuškulin 234
Füssen 142, 145

Gallipoli 256
Galtby 50
Gent 86, 87, 88
Gien 101
Giethoorn 94
Gisors 78, 79
Glarus 128, 129
Glengarriff 77
Gournay-en-Bray 79, 80
Grado 158, 159
Gränna 45, 46
Gransee 61
Green Velo 202
Greifenburg 170, 172
Grenna 46
Grenzroute 57
Grono 135
Gruyères 126, 131
Gura Humorului 238, 240
Güstrow 63

Haapsalu 183, 184, 186
Hall in Tirol 138
Hallstatt 166, 167
Hardenberg 97, 99
Harderwijk 95
Haugastol 30
Haugesund 35
Heerweg 57
Hellesylt 33
Helsingor 58
Helsinki 51, 52
Hévíz 215
Hiiumaa 184
Hindås 42
Hluboká nad Vltavou 210
Højerup 64
Horn 26

Horten 38
Hummelvik 48

Inn-Radweg 136
Innichen 171
Innsbruck 136, 137, 138
Insel Heroy 28
Interlaken 123, 125
Iráklio 268, 271
Isafjörður 21
Izola 230

Jæe 36
Jois 179
Jönkoping 46
Jūrmala 191

Kadyny 204
Kampen 92, 94
Kämpen 99
Kanfanar 234
Kap Lindesnes 36
Kärdla 182, 185
Kaunas 192
Kaupanger 31
Keflavík 18, 20
Kenmare 76, 77
Kerimäki 54
Keszthely 212, 214, 215
Kinsale 74
Kittuis 50
Kjölur-Hochlandpiste 22
Klaipėda 188, 195, 197
Køge 57, 65
Koguva 186
Kolašin 266
Kołobrzeg 199
Königsberg 197
Kopenhagen 56, 59
Korsør 58
Kotor 266
Kournas-See 270, 271
Krakow am See 63
Kufstein 138
Kuivastu 187
Kuldiga 190
Kuressaare 185, 186
Kurvenstraße D 33 115

La Charité-sur-Loire 100
La Loire à Vélo 100

La Punt 134
Laar 98
Lacken-Radweg B 20 178
Lærdal 30, 31
Lagoa 248
Landsberg am Lech 143
Lappeenranta 52, 54
Larne 70
Larvik 38
Lavamünd 174, 175
Le Havre 80
Leba 200, 201
Lecce 256, 257
Leirvik 35
Lekamoya 25
Les Ocres en vélo 116
Lewes 81
Lidzbark Warmiński 202, 205
Lienz 171, 172
Liepāja 189
Limburg 84
Limfjordroute 57
Limone Piemont 222
Linnoitus 52
Linz 160, 162
Litoměřice 211
Locorotondo 255
Lom 31, 32
London 81, 83
Londonderry 71
Lourmarin 115
Lovund 28
Lucca 243
Lunga Via delle Dolomiti 151

Maison-Laffitte 79
Málaga 250
Malbork 202
Mallnitz 156
Maloja 136
Mariefred 41
Mariehamn 48
Marktl 140
Martin 132
Mátala 269
Matera 254
Maurach 150
Mayfield 81
Mazan 118
Mechelen 87
Medulin 234, 235

Meiringen 124
Melk 162, 164
Memel 197
Meung-sur-Loire 101
Międzyzdroje 198
Mikkeli 53
Minija 196
Modica 259
Modrava 208, 209
Moggio Udinese 158
Mojkovac 266
Molsheim 109
Moncarapacho 247
Montecatini Terme 242, 243
Montižana 234
Montreux 125
Mörbisch am See 179
Mormoiron 118
Moss 38
Motovun 230, 232
Mugeba 234
Mühldorf 140
Muhu 184
Mulhouse 106
München 149
Munksjö 46

Næstved 56, 58
Nantes 105
Narbonne 113
Nationalpark Jotunheimen 32
Nauders 145
Neusiedl am See 176, 179
Neusiedler-See-Radweg 177, 178, 179
Nevers 100
Newcastle 72, 73
Newhaven 81
Nikšić 264
Nordhorn 96, 97
North Sea Cycle Route 39
Noto 259, 260, 261
Nykøbing 63

Obernai 109
Olhão 246, 247
Omagh 72
Ommen 99
Oravi 54
Orissaare 185, 186

Orléans 100, 101
Ørnes 28, 29
Ostsee-Radweg 183
Ostuni 254, 256
Otranto 257
Øye 33

Palanga 188
Palazzolo Acreide 258, 259
Palma del Río 252
Palmanova 159
Parikkala 55
Paris 78
Pärnu 186, 187
Passau 136, 141, 160, 165
Patreksfjörður 21
Pavilosta 188, 189, 190
Peacehaven 81
Perpignan 113
Pfunds 145
Piran 228
Pirna 211
Pisa 242
Pistoia 243, 245
Pobierowo 199
Podersdorf am See 177
Podgorica 264
Podpe 228
Pontebba 156, 158
Poreč 233
Pozzallo 258, 260
Præstø 64
Prag 210
Praia de Albandeira 247, 248
Preveli 270
Purbach 179
Pustertaler Radweg 150, 151
Puumala 52, 53

Radfernwegs Kuninkaantie 51
Radweg Berlin – Kopenhagen 61
Radweg Nr. 6 65
Rakitna 226, 228
Rallarvegen 30
Raudoné 195
Reschenpass 142, 145
Retais 50
Réthimno 270
Reykjavík 19

Register

Rheinsberg 61
Ribeauvillé 109
Riga 190, 191
Rimske Toplice 228
Rødvig 64
Rorschach 122
Rosegg 174
Rosenheim 138
Rosental 172
Roskilde 58
Rostock 61, 63
Rottingdean 81
Roudnice 211
Roussillon 116
Route Nr. 93 72
Rovinj 234
Rumia 201
Rusken 44, 46
Rust 179

Saaremaa 184, 186
Saint-Laurent-de-la-Cabrerisse 113
Saint-Nazaire 104
Saint Polycarpe 112
Saltfjellet-Svartisen-Nationalpark 29
Saltvik 49
Salzburg 153, 166, 169
Salzkammergut-Radweg 169
San Bernardino 135
San Vittore 135
Sandnessjøen 24, 25, 28
Sankt Peter 173
Sargans 123
Saumur 101, 103, 104
Saverne 108, 109
Savonlinna 53, 54
Schärding 141
Schokland 94
Scicli 259, 260
Seaford 81
Seewalchen am Attersee 167, 169
Senlis 79
Seredžius 195
Sète 110

Sevilla 252
Sibiu 236, 237, 240, 241
Sighişoara 240
Šilutė 195
Silvaplana 132, 134
Skælskør 58
Skibbereen 75
Sliwno 207
Småland 44
Smalininkai 195
Snøvegen 30
Soazza 135
Södertälje 41
Sogndal 32
Spielfeld 226
St. Margrethen 128
St. Wolfgang 165
Stara Pasłęka 205
Stavanger 35
Steinkjer 26
Stende 190
Stockholm 40, 42, 48, 49
Stokkvagen 29
Strängnäs 40, 42
Straßburg 109
Straße Fv. 17 26
Stykkisholmur 18, 20
Sümeg 214
Suwałki 205, 206
Świnoujście 198
Syrakus 261
Szeged 216, 218, 219
Szolnok 218

Tacozijl 94
Tallinn 182
Talsi 190
Tapolca 214
Tauerntunnel 153, 156
Tauragė 195
Tenhult 47
Tettuccio 244
Thalgau 167
Thann 107
Thun 129, 130
Thusis 134, 135

Tiefencastel 134
Tiszafüred 216, 218
Tiszatardos 216
Toblach 150, 170, 171
Tokaj 216
Tollose 58
Tongeren 84
Torbole 147
Torsholma 50
Tours 103
Trakai 194
Tranås 46
Trient 147
Triest 230
Trosa 41, 42
Trzebiatów 199
Tukums 190
Tulln 164
Tumba 43
Turin 222, 224, 225
Turku 48, 50, 51
Tyholmen 37

Überlandstraße A 11 189
Udine 158
Unzing 167
Urnes 32

Vainutas 194, 195
Vaison-la-Romaine 119
Västergötland 44
Vega 26
Veliuona 195
Velo Traversée Nord Sud 79
Véloroute du Calavon 116
Véloroute du Rhin 109
Venedig 152
Via Claudia Augusta 143
Via Verde de la Sierra 251
Villach 157, 173
Vilnius 192
Vimmerby 44
Vinci 244
Virpazar 265, 266, 267
Vittorio Veneto 152
Volx 116

Vormsi 185
Vyšší Brod 209

Waniewo 207
Warrenpoint 73
Wasserburg am Inn 138, 140
Węgorzewo 205
Weißenstein 173
Werdenburg 123
Wesenberg 60
Whitehead 70
Wien 164
Wissembourg 109
Wuenheim 108

Xelb 248

Žabljak 264, 265, 266
Zahara de la Sierra 251
Zurich 94
Zwolle 99
Žygaičiai 195

Þingeyri 21
Þingvellir 22

Ebenfalls erhältlich ...

ISBN 978-3-7654-4977-2

ISBN 978-3-7343-1294-6

ISBN 978-3-7654-5046-4

ISBN 978-3-7343-1375-2

www.bruckmann.de

Impressum

Verantwortlich: Johannes Abdullahi
Redaktion: Gotlind Blechschmidt
Layout: Comtex Büro für Medien- und Printdesign; Rudi Stix
Repro: Cromika
Kartografie: Kartographie Huber, Heike Block
Herstellung: Alexander Knoll, Anna Katavic
Printed in Slovenia by Florjancic

Sind Sie mit diesem Titel zufrieden? Dann würden wir uns über Ihre Weiterempfehlung freuen.
Erzählen Sie es im Freundeskreis, berichten Sie Ihrem Buchhändler, oder bewerten Sie beim Onlinekauf.
Und wenn Sie Kritik, Korrekturen, Aktualisierungen haben, freuen wir uns über Ihre Nachricht an Bruckmann Verlag, Postfach 40 02 09, D-80702 München oder per E-Mail an lektorat@verlagshaus.de.

Unser komplettes Programm finden Sie unter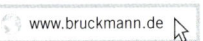

Alle Angaben dieses Werkes wurden vom Autor/von den Autoren sorgfältig recherchiert und auf den neuesten Stand gebracht sowie vom Verlag geprüft. Für die Richtigkeit der Angaben kann jedoch keine Haftung übernommen werden, weshalb die Nutzung auf eigene Gefahr erfolgt. Insbesondere bei GPS-Daten können Abweichungen nicht ausgeschlossen werden. Sollte dieses Werk Links auf Webseiten Dritter enthalten, so machen wir uns die Inhalte nicht zu eigen und übernehmen für die Inhalte keine Haftung.
In diesem Buch wird aus Gründen der besseren Lesbarkeit das generische Maskulinum verwendet. Weibliche und anderweitige Geschlechteridentitäten werden dabei ausdrücklich mitgemeint, soweit es für die Aussage erforderlich ist.

Empfehlung der Redaktion
Sie sind auf der Suche nach weiterführender Literatur? Dann empfehlen wir Ihnen den Titel »Deutschlands schönste Radfernwege« von Thorsten Brönner.

Bildnachweis: Alle Bilder im Innenteil und auf dem Umschlag stammen vom Autor.
Umschlagvorderseite: An der Helgelandküste in Norwegen radelt man zwischen dem Meer und den Bergen Richtung Polarkreis (Tour 2).
Umschlagrückseite: Auf dem Radweg Berlin-Kopenhagen (Tour 10)

Die Deutsche Nationalbibliothek verzeichnet diese Publikation in der Deutschen Nationalbibliografie; detaillierte bibliografische Daten sind im Internet über http://dnb.d-nb.de abrufbar.

2. Auflage 2020
© 2020, 2018 Bruckmann Verlag GmbH,
Infanteriestraße 11a, 80797 München

ISBN 978-3-7343-0667-9